赤本メディカルシリーズ
Akahon Medical Series

〔国公立大〕 医学部の英語

3訂版

黒下俊和 編著

JN045999

K 教学社

はしがき

　本書は，国公立大学医学部を目指す受験生のために必要な実戦的英語力を，効率よく養成できるように編まれた二次試験（個別試験）向けの対策書です。

　二次試験は大学によって問題の傾向や設問の種類が異なりますが，医学部のボーダーラインは高く，どの大学でも高いレベルの英語力が求められます。

　目標とする得点を安定して取るためには，2つの方法があります。
　1つ目は読解のスピードアップを図ること。これはたとえてみれば，障害物競走のタイムを縮めることです。障害物の種類と位置を頭に叩き込んで，同じコースを何度も繰り返し走る練習を重ね，徐々にペースを上げていくようなものです。
　2つ目は，試験のレベルよりも少し難度の高い英文を読んでおくこと。これはたとえてみると，高跳びのバーを少し上げて練習を重ねるということです。この2つ目の，自分の力よりも少し高いレベルに目標をおくというのは，レベルアップを図る際にとても重要であり，かつ効果的な方法なのです。つまり鍛えたいところに負荷をかけて練習するという方法です。

　普段から少し難しいさまざまなタイプの問題に取り組み，それによって読解の技能や答案作成力および思考力を鍛えていかねばなりません。大切なのは適切な難度とテーマを兼ね備えた英語問題を数多く解くこと。そのために作られたのが本書なのです。
　本書を1冊仕上げれば，どのようなタイプの問題にも対処できる真の実力と大きな自信がつきます。本書を有効に活用して，志望の医学部に見事合格されることを切に願っています。

編著者しるす

·· CONTENTS ··

Part 1 >>> 長文読解編

| ★ | やや易 | ★★ | 国公立大学二次試験の標準難度 |
| ★★★ | やや難 | ★★★★ | 超難問 |

Part 2 >>> 英作文編

★	やや易	★★	国公立大学二次試験の標準難度
★★★	やや難	★★★★	超難問

本書の特色と構成

　国公立大学の英語の二次試験は，そのほとんどが長文読解と英作文の記述式問題で，レベル・質ともに高いものが出題されます。本書では，高いレベルの出題に対処できる力を養えるよう，医学部を有する国公立の総合大学，および医科系単科大学の入試問題の中から，医学部受験生が演習しておくべき代表的良問を精選しました。

　また，国公立大学の二次試験では，長文読解問題のウェートが大きいのも特徴の一つです。そこで 50 題のうちの 36 題を長文読解編（ Part 1 ）とし，十分な演習を積めるようにしています。 Part 1 は，テーマによって Chapter 1 ～ Chapter 6 に区分しています。

　 Part 2 の英作文編は，出題形式によって Chapter 1 の和文英訳， Chapter 2 の自由英作文に区分し，さらに，多様な出題形式に対応するため， Chapter 3 として読解問題との融合問題を設けました。

　以下，項目別に具体的に説明していきます。

● 長文読解編

✎ 長文のテーマ

　一般的に，「○○医科大学」という名称がついた医科系単科大学の場合，試験時間に対して問題の分量が多く，内容も専門的で難しいのが特徴です。

　また，総合大学であっても，医科系の単科大学と統合した大学では，医学部に関しては別問題の独自入試を行っているところも多いのが現状です。これらの大学の医学部の英語入試問題は，医科系単科大学と同様，多くの場合，医学・医療に関連した題材から出題されます。

　医学部を有する国公立大学のうち，東大・京大など多くの総合大学では，英語の二次試験は全学部共通の問題ですが，それゆえに出題内容も多岐にわたります。

　そこで，本書で扱う英文のテーマは，ある基準のもとに選びました。その基準とは「医学部を志望する人が，知りたい，読みたい，読んでおいたら役に立つテーマ」です。

　医学部へ入るのが狭き門だからといって，そこを突破するためにただ難問を集めただけの問題集は，受験生にとっては苦痛でしかなく，途中で投げ出したくなりますよね。続けていくには "reward　system"（「報酬系」：脳のドーパミン神経系のように，欲求が満たされたときに活性化してその個体に快感を与える神

経系）なるものが必要です。「これはやっておくべきだ」と思わせる何かですね。本書の問題は，医学部志望者にとっては，すべてが興味深いものでしょう。

　たとえば，問題 13 の「抗生物質が未熟児に与える悪影響」（富山大）や問題 14 の「プラセボ対照型臨床試験」（東京医科歯科大）といった英文は，現代の医療の一端や問題点を教えてくれます。また，身体・病気と健康，医学・医療と医療倫理のほか，脳と精神，心理とコミュニケーションなど，医療系の頻出テーマに触れ，医学部ならではの長文読解問題に慣れておきましょう。そのほか科学と生物学，環境問題などの現代社会の諸問題も取り上げています。いずれも興味深く啓発的なものを集めており，科学や社会についての幅広い知識を身につけることができます。本書を読み進めて問題を解いていくうちに，英語の力がついていくだけでなく，「医師を目指して勉強しているのだ」という実感や充実感を味わっている自分に気づくことでしょう。

　また，医療系の英文では，使われる専門用語にはっきりした傾向があり，ある程度の専門的な英単語は知っておく必要があります。用語が普段見慣れているのとは違った意味で用いられていたり，簡単な語が思わぬ意味を持つ場合があります。以下の例文を見てみましょう。

---

①The <u>plaques</u> contain a mix of cholesterol, fats, fibrous tissue, and white blood cells.

　<u>プラーク</u>にはコレステロール，脂肪，繊維状組織，そして白血球が混じり合ったものが含まれている。

②Catheter <u>intervention</u> is less <u>invasive</u>.

　カテーテル<u>治療</u>は，<u>侵襲性</u>がより小さい。

③Drug companies are looking increasingly to Third World countries to conduct placebo-controlled <u>trials</u>.

　製薬会社は，プラセボ対照<u>試験</u>の実施を第三世界の国々にますます期待している。

④Surgical patients <u>are</u> particularly <u>affected</u> by stress because they have no control over their lives while "under <u>the knife</u>."

　外科患者は，<u>メス</u>のもとにある（＝手術している，手術中で〔の〕）間は自分の命をどうすることもできないので，特にストレスに<u>見舞われる</u>。

⑤When surgical patients are allowed to listen to their own choice of music just before surgery, they have fewer <u>complications</u> following their operation.

　外科患者が自分で選んだ音楽を手術直前に聞くことを許されると，術後の<u>合併症</u>が減少する。

⑥She ran a blood <u>culture</u> herself and found no bacteria.

　彼女は自ら血液<u>培養</u>を行ったが細菌はまったく見つからなかった。

---

①**plaque** は「粥腫（じゅくしゅ），粥（かゆ）状硬化」という意味ですが，歯科

治療においては「歯垢（しこう）」という意味になります。「粥腫」は，医療現場ではカタカナで単に「プラーク」と言います。医学を志す人は知っておくべき語でしょう。

②intervention は医療現場においては「治療」とか「診療行為」という意味で用いられます。invasive は医療の文脈では「侵襲性の」という意味で，要するに「（メスで切り開いたりカテーテルやチューブ，スコープ（内視鏡），注射針，放射線照射その他で）体を傷つける」という意味です。traumatic という語が使用されることもあります。近年の治療や外科手術では，身体にかかる負担をできるだけ小さくする「低侵襲性の」治療や手術が選ばれる傾向にあります。

③trial はここでは「治療実験（＝治験 clinical trial)」の意味です。

④be affected は「（病気などに）襲われる，冒される」という意味で，the knife はここでは「メス」→「外科手術」の意味で用いられています。

⑤complications は，医学的文脈では複数形で「合併症」の意味です。

⑥culture はここでは「培養」という意味です。

　これらの用語は，医療系の英文を数多く読んで医療の文脈に親しんでいくことによって，より容易に対処できるようになるでしょう。また，「抗生物質」や「糖尿病」「肥満」といった医療の基礎的専門語に関しては，本書の演習によって自然に身についていくことでしょう。

解説と全訳

　本書の最も大きな特色は，わかりやすく丁寧な解説です。解答に至る論理的プロセスについて解説しており，そのプロセスを読むことで，「問題解決のノウハウ」「問題の種類と形式に応じた考え方」を習得できるよう心がけました。また英文の内容理解の一助となるよう，必要に応じて 補注 をつけました。医療系の背景知識を身につけるためにも，ぜひ読んでおいてください。全訳 も，固有名詞も含めてできるだけ正確かつ自然な日本語訳を示すようにしています。

構文研究

　問題英文中，文構造が複雑であるとか，受験生が誤読する恐れがある箇所については，構文研究 という項目を設けました。冒頭の数字は，問題文中の段落と，その段落内での英文のある行を示しています（たとえば，❶ *ll.* 3-7 は，第1段の3〜7行目）。ここで取り上げた英文が，すらすらと理解できれば，構文を読み取る力は十二分にあると言えるでしょう。

● 英作文編

　本書のもう1つの柱である英作文編では，入試問題の中から医療や健康・身体や現代社会に関する重要なトピックを14題選び，考え方・解き方を示しています。

✎ 和文英訳

　和文英訳の解説は，文構造と語句の両面から解説しています。日本語の「読み換え」による文構造決定の方法や，使用できる語句表現を複数示し，解答例も原則として複数示しています。これを読めば，和文英訳のコツが習得できるでしょう。

✎ 自由英作文

　自由英作文や論述型英作文も，考え方・方針の立て方など，ポイントをわかりやすく具体的に説明しています。このタイプの問題には，出題者の意図が明確に表れます。つまり，大学側が受験生に求めているものとか，考えてほしいこと，あるいは知っておいてほしいトピックやテーマが出題されています。出題者の意図がわかれば，これを面接試験や小論文試験に生かすこともできます。本書で取り上げたトピックの重要性は，医療の現場に身を置けば，すぐに実感として理解することになると思います。

　例えば，問題46の「コミュニケーション技術」（浜松医科大）については，昨今よく取り上げられるトピックであり，特にページを割き，詳しい解説を示しています。解答例をよく読んで研究しておくことを勧めます。

✎ 融合問題

　読解英文のあるタイプの和文英訳や，長文読解の中で出題されている自由英作文を，融合問題として収載しています。問題を解くために読むべき箇所が長く，踏まえるべき内容が多いと言えますが，順を追って慌てずに取り組みましょう。

　❗ 英作文の解答例については，文体面の的確さや表現の正確さを期すために，ネイティブによるチェックを行っています。

● 難易度と標準解答時間

✏️ 難易度

　それぞれの問題は，各 Chapter ごとに標準→難へと配列しています。問題英文自体の難易度や分量，設問の種類や分量を考慮に入れ，解答に要する時間やそこで要求される思考力等を総合的に判断し星 2 つ（国公立大学二次試験の標準難度）を基準として，星の数が多くなるほど難しいということを表しています。

★	やや易
★★	国公立大学二次試験の標準難度
★★★	やや難
★★★★	超難問

《長文読解編》　★ 1 題　　★★ 19 題　　★★★ 14 題　　★★★★ 2 題
《英作文編》　　★ 2 題　　★★ 2 題　　★★★ 6 題　　★★★★ 4 題

✏️ 標準解答時間

　問題文の分量と難易度，設問の数・種類等を総合して，標準的な解答時間を「目標○分」という形で示しています。これは実際の入試における解答時間を示したものではなく，

　本書の問題にじっくり取り組んで実戦力を養成するのに必要と思われる時間を，本書のために編著者が独自に設定したもので，あくまでも 1 つの目安です。ですから，解答を進めていて時間切れになっても，そこで中止する必要はありません。大切なのは，問題を最後までやり終えること。時間が足りなかった場合は，解答・解説を読んだ後，どこでどうして時間がかかったのかを考えればよいのです。

　実際の試験時間は，ほとんどが本書の設定時間よりも短いので，他の問題演習や入試の際には，そのことを念頭に置いて取り組んでください。

本書の利用法

● 問題を解く順序

　基本的には,「長文読解編」→「英作文編」の順に解いていきましょう。その際,長文読解編・英作文編とも以下の2通りの方法があります。

　①各 Chapter ごとに解いていく(つまり Chapter 内の掲載順に演習する)。
　②各 Chapter の☆の問題をまず解き,それが終わったら次に☆☆の問題,その次に☆☆☆の問題,最後に☆☆☆☆の問題を解く(つまり難度順に解いていく)。

　難度順に解いていく場合は,難問を残して途中で投げ出してしまうことのないようにしましょう。本書の真価は「難問をいかにして解くか」にあるのですから。「継続は力なり」です。最後までやりとげた者のみが得られる達成感を思う存分味わってください。

● 問題の解き方

 長文読解編

①まず設問にざっと目を通した上で,英文を最初から読み進めて解答していく。解答は必ず実際にノートに書いてみること(後で見直すことができるようにしておく)。記述力を養成するにはこれが大切である。このとき,辞書は使わないようにしよう。

②答案を書き終えたら,解答を見て答え合わせをする。間違った問題やわからなかった問題は, 解説 を読んで解答のプロセスや考え方を理解しておく。必要な事項をノートに書き込むようにするとよい。正解できた問題であっても,自分の考え方が正しかったのかどうかを確認する意味で, 解説 はよく読んでおくこと。ここでは辞書を積極的に活用する。 補注 なども軽視せずに必ず確認するように。

③解説を読んだ後, 構文研究 を学習する。

④ 全訳 を参照しながら英文を読み返して,自分の読解が正しかったかどうかを確認する(間違った設問には印をつけておき,日をおいて再度アタックするとよい)。テーマについての知識を深め,考察し,定着させるようにしよう。解きっぱなしにしないこと。

⬤ 論述問題：東京医科歯科大の問題には，例年，400～600字ほどの本格的な論述問題が含まれています。解答をきちっと作成しようとすると時間的にかなりきついと感じるかもしれません。論述問題に関しては，論述のポイントがきちんと押さえられていれば，それでよしとしてもよいでしょう。しかし，小論文など論述型入試を受験する場合は，表現力養成のために，実際に解答を作成してみることを勧めます。

✏ 英作文編

①和文英訳は，英訳する際の文構造をまず決定する。方針が立たない場合にもあきらめず，和文をパラフレーズして考えるとよい。自由英作文は，その記述内容（語数が多い場合は，まずパラグラフ構成）を決定する。難しい場合は具体例を考えてみて，思いついたことを箇条書きにしてみる。この段階は日本語で構わない。設計図を描いてまず全体の骨組みを作る。その際，英訳が難しいと思われる表現は避けるか，平易な表現に変換可能かどうかを考えておく。

②英訳文または英作文をノートに書いてみる。語数制限がある場合は，自分が書いた英文が1行あたり何語なのかを確認しつつ，作文していく。

③解答と照らし合わせ，解説 および ✔ 語句，補注 がある場合はそれもよく読んで研究しておく。テーマ英作文は解答例を研究しておく。重要なポイントはノートに書き込んでおくとよい。

　問題集を解くに当たって大切なことは，解けない問題が一部あってもそこで立ち止まったり，あきらめたりせずに先に進むことです。そして一通りやり終えたら，できなかった問題に再度チャレンジしてみましょう。最後までやり通すことによって，自信と実力が身につきます。学習計画を立て，最後まであきらめずに頑張って，ぜひ本書を仕上げてください。

● 本書で用いている主な記号・略号

- S   主語
- V   動詞
- O   目的語
- C   補語
- *A, B, C*   任意の語句が含まれていて，そのすべてが名詞のときに使用。

          例：take *A* to *B*「*A* を *B* に連れて行く」
- ～，…   任意の語句が含まれていて，上記の定義に該当しないときに使用。

          例：the＋比較級～，the＋比較級…「～すればするほど，ますます…」
- …   中略
- （　）   省略可能
- 〔　〕   言い換え可能
- to *do*   to 不定詞
- *doing*   動名詞や現在分詞
- *do*   原形動詞
- *done*   動詞の過去分詞
- be   be 動詞
- *one's*   人称代名詞の所有格（his, their など）の代表形
- *oneself*   再帰代名詞（himself, herself など）の代表形

Part 1

長文読解編

長文読解編は，6章に分かれた計36題の入試問題から成っています。
「解答」「解説」「全訳」「構文研究」の4つを柱に各問題に取り組んで
いけば，十分な量の演習によって高い効果が得られるでしょう。
英文のテーマは多様で，知的好奇心を刺激してくれるものばかりです。
背景知識を広げるための素材としても，活用していきましょう。
本編を完了するころには，医学部に合格するために必要な英文読解の
力がしっかりと身についているはずです。

Chapter 1 》》身体・病気と健康

1 人類と感染症の歴史 ★★

 滋賀医科大 目標 20 分

全 訳

❶ 人間の疾病形態に影響を与えた最初の大きな衝撃は，我々の祖先が約 500 万年前に木から地面に下りたことであった。おそらくこれは，アフリカが乾燥し，サバンナが森林に取って代わった時期に起こったのであろう。このように木から下りたことは，我々の祖先の食事，生活様式，病気の負担に変化をもたらした。

❷ 今やしっかりと地に足を着けた一つの種として，我々は活動領域を水平的に考えがちである。しかし，すべての環境は著しく異なるタテのさまざまな区域をもっているのである。森の中では，哺乳類や鳥や虫の中には，葉の茂った樹木の上層部にある日光やエサを必要とする種もあれば，地面の上にある日陰や湿気やエサを必要とする種もある。地面と木の上端の間にはいくつもの中間的なゾーンが存在しているかもしれない。その通常の位置がほんの数メートル移動するだけで，一つの種の獲物・捕食動物・細菌が著しく変化することがある。

❸ たとえば今日，我々は病気が新たなタテのゾーンに侵入するのをよく目にする。中央アメリカおよび南アメリカでは，木の上端にいるサルが蚊によって黄熱病ウイルスに感染している。そこにいるサルや蚊はめったに下層部には下りてこないため，その病気は森林の上層部に隔離された状態のままとなる。熱帯地方の材木に対する商業的需要のために伐採者が森林に入り込み，彼らが木を切り倒したとき，木とともに蚊の大群が地面に下りてくる。そして蚊は最も手近な恒温動物である伐採者をエサにし，ウイルスを伝染させる。市街へ戻るやいなや，感染したその労働者は都市での黄熱病の流行を引き起こしてしまうのである。

❹ 我々の祖先は地面に下り立つことにより新たな病気にさらされることになったが，その後，狩りをするようになるにつれ，食べ物が植物性タンパク質から肉を含むような食事になったことで，その後の何万年，いや何十万年にもわたって病気の負担における別の変化がもたらされた。それぞれの新しい生態系の中で，移動して狩りをする人々は，新しい獲物，新しい病原菌媒介生物（病原菌のキャリア），そして新しい寄生虫に出くわした。その結果，動物原性感染症，つまり人間に伝染しうる動物性の感染症の猛攻撃を受けることになったのである。人間にとっては新たに出現したものであるため，その細菌は通常の宿主にいるときよりもはるかにひどい症状を起こすことがしばしばあった。ゆえに，人間のいかなる致命的な感染症も，人間自身が最近になって得たものであると疑うべきなのである。

解　説

問1　vertical zones「垂直ゾーン」に関する記述は第2段第2〜4文にあるので，それらをまとめる。

● **第2文**：環境はタテにもさまざまな区域に分かれている。

● **第3文**：葉の茂った梢（樹木の最上部）部分の日光やエサを求める種もあれば，地面の日陰や湿気やエサを求める種もあり，地面から梢の間にはいくつかの中間層が存在する。

● **第4文**：通常の生息位置が数メートル変わるだけで，種の獲物，捕食動物，そして細菌が根本的に変わることがある。

問2　黄熱病（yellow fever）に関する記述は第3段にある。この部分は第2段で述べられた vertical zones が変わることにより生態が変化することの具体例となっている。

POINT　まとめる際は以下の項目を盛り込むこと。

①サルに黄熱病を感染させる蚊が樹木の上端部に存在

②人間が樹木を伐採して蚊が地面に下りる

③伐採者が黄熱病に感染

④伐採者が都市部に戻り，黄熱病を流行させる

● the warm-blooded animals nearest at hand, the loggers「最も手近なところにいる恒温動物，つまり伐採者」

● On returning「戻るとすぐ」は，on *doing*「〜するとすぐ，〜と同時に」の形。

✓**語句**　mosquito「蚊」 infect *A* with *B*「*A* に *B* を感染させる」 remain isolated「孤立したままである」 timber「木材」 feed on 〜「〜を常食とする」 transmit「病気を移す，伝染させる，感染させる」 set off urban epidemics of 〜「都市部での〜の流行を引き起こす」

補注　黄熱病（正式名「黄熱」）：蚊（ネッタイシマカ）の媒介で伝染し，特効薬はないが，ワクチン接種によって予防が可能。野口英世は黄熱の研究中に，この病気に感染して死亡したと言われている。

問3　第4段第3文中の zoonoses の直後に同格として述べられている animal infections that can be transmitted to humans を和訳すればよい。

● 本問では zoonoses という単語の知識が問われているのではなく，同格を導く文構造が見抜けるかどうかが問われているのである。

✓**語句**　zoonoses（単数形＝zoonosis）「動物原性感染症，人獣伝染病」 animal infection「動物感染」

問4 第1段第1文の our ancestors' descent 以下をまとめる。

- 設問に対する直接的な答えとなりうる部分は第4段にあるが,「最も重要なできごとは何か」という問いに語句の形で端的に答えるには,第1段第1文の表現が最適。この部分をほぼそのまま訳すとよい。
- ancestors' descent from ~「~からの祖先の降下」→「祖先が~から下りたこと」

構文研究

❹ *ll.* 1-4 [After <u>our ancestors' descent to the ground</u> <u>exposed</u> <u>them</u> (to new
S' V' O'＝our ancestors
diseases),] <u>the change</u> [in their diet from plant protein to include
S
meat, (as they became hunters),] <u>brought about</u> <u>another change</u> (in
V O
disease burden over the next tens or hundreds of thousands of
years).
我々の祖先は地面に下り立つことにより新たな病気にさらされることになったが,その後,狩りをするようになるにつれ,食べ物が植物性タンパク質から肉を含むような食事になったことで,その後の何万年,いや何十万年にもわたって病気の負担における別の変化がもたらされた。

- the change 以下の長い主部に注意。the change in ~ from A to B, as …「…につれての,~におけるAからBへの変化」という構造。なお,目的語には another change in ~ over …「…にわたる~における変化」という構造が見られる。
- from plant protein to include meat は from A to B の B が不定詞になっており,変則的だが,from plant protein to the diet which included meat「植物性タンパク質から肉を含む食事に」というように,B の部分を名詞表現に置き換えて考える。plant protein「植物性タンパク質」 diet「日常の食べ物」
- ✓ **語句** expose A to B「AをBにさらす,触れさせる」 bring about ~「~をもたらす」 burden「負担,苦しみ」 tens or hundreds of thousands of ~「何万,何十万もの~」

❹ *ll.* 7-8 Being new to people, the germs often caused far worse symptoms
than <u>those</u> in their usual hosts.
＝the symptoms
人間にとっては新たに出現したものであるため,その細菌は通常の宿主にいるときよりもはるかにひどい症状を起こすことがしばしばあった。

- Being new は分詞構文。ここでは理由を表す。
- ✓ **語句** be new to ~「~にとっては初めてである,初体験である」 germ「細菌」 symptom「症状」 host「寄生動植物の宿主」

解 答

問1 森林においては，地面から樹木の上端部まで，高さによって環境がいくつ
かの区域に分かれており，それぞれで生息する種が異なるが，種が生息する区
域をわずかでも変えたとき，その生態が大きく変わることがある。

問2 森林の樹木の上端部に生息するサルのみに黄熱病を感染させていた蚊が，
人間が木を伐採したために地面まで下りてきてしまい，そこにいた伐採者に黄
熱病を感染させ，その伐採者が都市に病気をもち帰って，都市部での感染が爆
発的に広がった。

問3 動物から人に伝染しうる感染病。

問4 500万年ほど前，人類の祖先が木の上から地面に下りたこと。

2 調理法の文化的差異と食の安全性

🎓 北海道大　　　　　　　　　　　　　　　　　　　　⏱ 目標 25 分

全 訳

❶　だれもがおいしくて安全な食べ物を食べたいと思っている。しかし，さまざまな文化に触れると，食の安全や味に対する人々の態度は，生得的・生物学的なものとは限らないということがわかる。食べ物の調理や提供の仕方に関する前提や慣習から，人々が何をどのように食べるかについて文化が及ぼしている影響がはっきり見えてくる。たとえば，ある文化では，ある種の新鮮な食材はそのまま，つまり洗ったり皮をむいたり熱したりといったどんな下準備もしないで食べられるとみなされるが，別の文化では，同じ食材が食べてもよい状態になる前に何らかの調理が必要とされる，といったこともあるだろう。

❷　そのような振る舞いや信念を同じ文化圏の人間が客観的に見ることは往々にして難しいものなので，他の文化の食習慣を見ると驚かされることがある。「刺身」がそのよい例だ。「刺身」はいくつかの調理の過程（洗って切ることから独特な盛り合わせに至る）を経てできあがるものなのだが，熱を加えることは手順にない。(2)日本の消費者は，「刺身」の特性は，それが生ものであるという事実と直接関係していることを自明のことと考えている。対照的に，他の文化では，肉や魚が食べられるとみなされるためには焼いたり炒めたりといったような調理が必要だというのが従来の考え方であろう。これらの文化では，「刺身」は生のままでおいしく安全に食べることができるものではなく，たとえその味はどうであれ，調理されていないがゆえに安全に食べることができないと思われている。新鮮な鶏卵も日本では一般的に生で食べられている食材だ。たとえばご飯にかけるほか，「すき焼き」の具材を浸して食べるためのものとしてである。しかし英国やアメリカ合衆国の人々の大半は，鶏卵に何らかの形で熱を加えない限り，それは人が食べるのに適さないと信じている。

❸　しかし，他の文化背景をもつ人がある種の食べ物を食べる方法が，同じように，多くの日本人には型破りなものだとみなされることもあるだろう。たとえば，リンゴやブドウの皮を食べる日本人はほとんどいない。この場合，食べ物の調理に関する違いは熱を加えるかどうかではなく，その食材の一部を取り除くか否か，ということである。世界の多くの地域の人々は皮をむかずにリンゴやブドウを食べる。ヨーロッパ人なら「(4)リンゴを木からもぎ取って食べることよりも健康的で美味なことがありうるだろうか」と思うかもしれない。だがこのような感じ方を多くの日本人が共有することはない。

❹　ある食べ物の調理の仕方について，文化が異なればその慣習も異なるし，何をおいしいと思うかも異なるのは明らかなことだ。しかし，一部の一般的な調理方法（場合によっては何らかの調理過程の欠如）が科学的な観点からは安全とは言えないケースもあることに疑いの余地はない。いかに美味であれ，生の肉や魚には，検出できないことも多いサナダムシのような有害な寄生虫の卵が含まれている可能性がある。鶏卵は，適切に保存しないで長期間食べずにいると，容易にサルモネラ菌のような細菌を発生させてしまう。サルモネラ菌による中毒はふつう入院に至ることはないが，幼い子どもや高齢者にとっては大変危険だ。加えて，リンゴやブドウの皮を食べることは食物繊維摂取のよい方法ではあるが，殺虫剤（非有

機農法で栽培される多くの果実を虫から守るために使われる毒物）を摂取する危険も伴う。したがって，文化を超えれば「蓼食う虫も好きずき」であるかもしれないが，安全は別問題である。だから私たちは文化的には受け入れられている食べ物の調理と消費の仕方に伴う危険性について，常に意識していなければならない。

解 説

問1 下線部は「たとえば，ある文化では，いくつかの種類の新鮮な食材が，（ a ）食べられるとみなされているかもしれない，つまり，洗ったり皮をむいたり加熱したりするといったようないかなる類の準備もなしに」が直訳。

● 空欄直前の be considered edible は「食べることができる〔食用になる〕とみなされる」という意味。edible は形容詞であり，選択肢のいずれもこの語につなげることはできないし，(A)・(B)・(D)は文法がおかしく意味も不明である。唯一(C)の as they are は「そのままで」という意味の独立した節であり，これが正解となる。この場合，英文は edible のところでいったん切れており，as they are「そのままで」は副詞節として be edible を修飾している。つまり空欄部分は，「そのままで食べられるとみなされている」という意味になる。

問2 「日本の消費者たちは，刺身の質は，それが生ものだという事実に直接結びついているということを当然だとみなす」が直訳。

● take it for granted that ～「～を当然のこととみなす」という構文の it は，that 節を指す形式目的語。grant 自体は「～を容認する」という意味で，「～を容認されたものと考える」がもともとの意味。that 節の主語は the quality of *sashimi* で，the fact の同格節中の it は *sashimi* を指す。

✓ **語句** quality「（物の）質，品質，（他と違った）特性，特質」 raw「生の」

問3 in order (b) them to be considered edible

● in order to be considered edible「食べられるとみなされるためには」という副詞句の不定詞の前に them がついている点に注目する。不定詞の直前に「for＋名詞」を置くと不定詞の主語を表すので，空欄に for を入れると，them を to be considered の主語とすることができる。この them が指しているのは，そのすぐ上の行にある meat and fish（that 節の主語）である。

問4 「木からリンゴをもいでそれを食べること以上に健康的でおいしいものは何でありうるのか？」が直訳。

● more healthy and delicious than という比較級が主たる文構造。2つ目の and は

picking（an apple from the tree）と eating（it）をつないでいる。

●could は弱い可能性を表し，「ひょっとしたら可能性として，そういうことがありうるかもしれない」という筆者の不確かな気持ちを表す。もしここが What is more healthy …? となっていれば，筆者の確定的な気持ちが出ていることになる。

✔️ **語句** pick「〜を摘む，もぎ取る」

問5　下線部の意味は「我々は文化的に受け入れられている食料の生産と消費方法に伴う危険性を常に自覚しておくべきだ」である。

●選択肢の意味は？

(A)「生卵や皮をむいていない果物を食べることは，有害なバクテリアや殺虫剤（pesticides）が理由で，ある状況下では危険なことがある」

(B)「皮をむいていないリンゴやブドウを食べることは体重増加の原因になるかもしれない」

(C)「幼い子どもと老人のみが，特定の細菌の攻撃を受けやすい」

✔️ **語句** vulnerable to 〜「〜に対して傷つきやすい，もろい，〜にかかりやすい，〜の攻撃を受けやすい」

(D)「おいしいとみなされているものに関する思い込みは，実際は食物の調理をよりよく理解することから生じる」

●生鮮食品の危険性については第4段第3文以降に記述があり，第4文に，鶏卵の保存が適切でない場合，サルモネラ菌などの細菌が発生する危険性が，そして第5文では，サルモネラ菌の毒性が述べられており，第6文では，リンゴやブドウの皮を食べた場合に，有毒な殺虫剤（insecticides）を取り込んでしまう危険について述べられている。これらに該当する選択肢は(A)であり，(B)〜(D)は文中にそのような記述がない。

問6　選択肢の意味と，一致・不一致の検討。

(A)「食品の調理過程については，筆者はもっぱら熱の使用を意味している」→これは，くだいて言えば「食品の調理過程という言葉を，筆者は熱を加えるという意味でのみ使っている」という意味だが，第1段下線部の記述には washing と peeling も含まれており，これに合わない。

(B)「食品を消費する文化的に確立された方法は，食の安全に関する科学的原則に合わないかもしれない」→第4段第2文の「いくつかのありふれた食品の調理過程，あるいはその過程の欠如は，科学的観点から見ると安全でない」に一致する。

(C)「日本以外の食文化では，生の状態の魚は食べられる食材の分類に入らないところもある」→第2段第6文の「刺身は調理されていないがゆえに食べるのには安全でない」という記述に一致する。these cultures は1つ前の第5文の other cultures つまり「日本以外の文化」を指す。

(D)「異文化との接触がほとんどない民族は、食に関連した自分たちの慣習を自然で標準的だと見る傾向がある」→第2段第1文前半に「そのような振る舞いや信条（such activities and beliefs）を、同じ文化にいる人間が客観的に見ることはしばしば困難である」と述べられている。「同じ文化にいる」＝「異文化との接触がない」、「客観的に見ることは困難」＝「主観的にしか見られない」ということなので、この選択肢(D)は第2段第1文前半の意味に合致すると考えることができる。なお、such activities and beliefs の具体例は、第1段最終2文に述べられている。

(E)「どんな調理であれ食品調理を習得するのに必要なのは反復練習である」→このような記述は文中にない。

(F)「本能のみが、人が何をどのように食べるのかを決める」→第1段第2文の、food safety and taste「食の安全と好み」に対する人々の態度は、すべてが innate or biological「生まれつき備わっていたり生物学的であったりする」わけではない、という記述に矛盾する。

(G)「世界のすべての文化が、皮をむいていない果物を食べることを自然なことだと考えている」→第3段最終文の「しかしこの考え方（＝リンゴを木からもいでそのまま食べるという考え）は多くの日本人には共有されない」という記述に合わない。

● ちなみに、選択肢が「すべて…だ」や「すべて…でない」という形になっている場合は正解でない場合が多い。「すべて」を証明することは難しく、例外が1つでもあればその命題は即、成り立たなくなるからだ。

構文研究

❷ *ll.* 9-11 In these cultures, *sashimi* is <u>not</u> thought of |as| raw, delicious and safe to eat, <u>but rather</u> |as| uncooked, and therefore possibly unsafe to eat, regardless of how it may taste.
これらの文化では、刺身は、生でおいしくて食べて安全であると考えられているというよりも、むしろ、調理されていなくて、それゆえ、それがどのような味がするのかに関係なく、もしかしたら食べるには安全でないと考えられている。

● be thought of as 〜「〜と考えられる」←think of *A* as *B*「*A* を *B* だと考える」

✓ 語句 ▶ not 〜 but (rather) …「〜ではなく（むしろ）…」　regardless of 〜「〜に関係なく」

解 答

問1 (C)

問2 日本の消費者は，「刺身」の特性は，それが生ものであるという事実と直
接関係していることを自明のことと考えている。

問3 for

問4 リンゴを木からもぎ取って食べることよりも健康的で美味なことがありう
るだろうか。

問5 (A)

問6 (B)・(C)・(D)

3 西洋の食生活がもたらす健康問題 ★★

🎓 福井大　　　　　　　　　　　　　　　　　　　　⏰ 目標 25 分

全 訳

❶　1982 年の夏，オーストラリア西部のダービーという町の近くの集落に暮らす，太りすぎで糖尿病をかかえた中年のアボリジニー 10 人のグループが，彼らがこれまで経験してきた西洋化という一連の過程を一時的に元に戻すことで，彼らの健康問題も改善するのかを調べるための実験に参加することに同意した。彼ら 10 人は数年前にオーストラリアの未開地を離れてから，全員が 2 型糖尿病を発症した。また，体内の細胞がインシュリンに対する感度を失うインシュリン抵抗性の兆候も見られ，血液中のトリグリセリドの数値も高かった。トリグリセリド値が高いことは，心臓疾患の危険因子である。「メタボリック症候群」や「シンドロームＸ」とは，これらのアボリジニーたちが患ってきた複雑な健康問題を表す医学用語である。食事に含まれる大量の精製炭水化物と，座りがちな生活習慣が相まって，インシュリンホルモンが体内の炭水化物と脂肪の新陳代謝を調整している複雑なシステムを狂わせていたのだ。メタボリック症候群は 2 型糖尿病の発症だけでなく，肥満，高血圧，心臓疾患とも関連しており，さらにはある種のがんと関連している可能性もある。メタボリック症候群は，先住民たちが西洋の生活様式を取り入れ，通常それに伴って栄養状態が変化した後で，典型的に生じる多くの「文明の病」の原因である可能性があると信じている研究者たちもいる。

❷　10 人のアボリジニーたちは昔ながらの故郷に戻った。そこは，一番近くの町からオフロード車で 1 日以上かかるオーストラリア北西部の孤立した地域である。文明を後にした瞬間から，その集団の男女は店の食べ物や飲み物を手に入れることができなくなった。大事なことは，彼らが自分たち自身で狩りや採集をした食料だけを頼りにするということだった。この実験を考えた栄養学の研究者であるケリン=オーディアは，彼らの日々の食事摂取を観察して記録し，彼らの健康状態を注意深く観察するため，その集団に同行した。

❸　アボリジニーたちは，未開地での 7 週間の滞在を沿岸部での生活と内陸部での生活に分けていた。沿岸部にいる間，彼らの食事は主に海産物で，鳥やカンガルー，さらにその地域の昆虫の，脂肪分を含む幼虫で栄養を補っていた。より多くの植物性の食物を見つけようと，2 週間後には内陸部に移動し，川沿いの場所に落ち着いた。そこでは，淡水魚や甲殻類に加え，食事は，カメ，ワニ，鳥，カンガルー，イチジク，そしてハチミツが含まれるほどに種類が増えていた。この狩猟採集による食べ物と以前の食事との違いは明白であった。オーディアは実験の前，「都会での暮らしの主要な食材は，小麦粉，砂糖，米，炭酸飲料，アルコール飲料，粉ミルク，安くて脂肪分の多い肉，ジャガイモ，タマネギ，そしてときたま新鮮な果物や野菜をとっていた」と報告している。つまり，西洋の食事のローカル版である。

❹　未開地で 7 週間を過ごした後，オーディアがアボリジニーたちから採血すると，健康に関するほぼすべての数値が明らかに改善していることがわかった。全員の体重が減り，血圧も下がっていた。彼らのトリグリセリドの値は正常値まで下がっていた。細胞組織内のオメガ 3 脂肪酸の割合は劇的に増加していた。「要するに」とオーディアは結論づけた。「<u>比較的</u>

短い期間，従来の狩猟採集民の生活様式に戻ることで，糖尿病のアボリジニーのあるグループにおいては，2型糖尿病の代謝異常のすべては，大きく改善されるか完全に正常化されていたのです」

❺　オーディアは，その後のこと，つまり，アボリジニーたちが未開地に残るか文明社会に戻るかのどちらを選択したかを報告していないが，もし彼らが西洋の生活様式に戻っていれば，彼らの健康問題も元に戻っていると考えて差し支えないだろう。私たちは1世紀前から，いわゆる西洋特有の病——肥満，糖尿病，心臓疾患，高血圧，食生活に関連する特定のがんなど——が数多く存在することを知っているが，これらは，民族がその伝統的な食事と生活様式を捨てるとすぐに，ほぼ決まって現れ始める病気である。オーディアがアボリジニーたちを未開地に連れて戻る前，私たちが知らなかったことは，西洋の食事の最も有害な影響のいくつかは，すぐに一変させることができるということである。少なくともある程度までは，食生活の変遷のテープを巻き戻し，そのダメージのいくつかを元に戻すことができるように思われる。私たち自身の健康への影響は潜在的に重大である。

解　説

問1　空所の前後の意味と文法から，空所に入る語を確定していこう。

空所(1)　「メタボリック症候群は多くの『文明病』の（　1　）かもしれない」

選択肢　1）be opposed to ～「～に反対して」

　　　　2）be equal to ～「～に匹敵して」

　　　　3）be aware of ～「～に気づいて」

　　　　4）be at the root of ～「～の原因で」

● 直前の文に，「メタボリック症候群は type 2 diabetes, obesity, high blood pressure, heart disease, certain cancers と関係がある」とある。「関係がある」とは「因果関係がある」ということなので，4）が正解。この root は「根源」とか「原因」という意味。

空所(2)　「その考えは彼らが（　2　）」

選択肢　1）「厳密に地元の店やレストランで食料を得るということだ」

　　　　2）「もっぱら自分で狩猟採集した食料に依存するということだ」

　　　　3）「出発に先立って，主として近隣から食料を集めるということだ」

　　　　4）「医療専門家の指導のもと，健康によい食料を受け取るということだ」

● ここはセミコロン（；）に続く部分であり，セミコロンの前部には「文明を離れた瞬間から，グループの男女は店の食料や飲料を手に入れることができなくなった」とある。これは「非文明的な環境で食料を自ら調達する」ことを意味するので，2）が正解。

● 空所の前の for them は不定詞の主語。

空所(3)　「…しかし，もし彼らが実際に西洋の生活様式に戻れば，彼らの健康問題も

（西洋に）戻ったということを（　3　）」

選択肢　1）「想定しても安全だ」　　　　2）「その考えを捨てるのが賢明だ」
　　　　3）「決定するには早すぎる」　　　4）「裏づけるのは明らかだ」

● 下線部(1)の実験結果に，従来の狩猟採集民の生活に戻るとメタボリック症候群は改善されたとあるので，逆に西洋の生活に戻れば健康問題も西洋のものに戻るという，空所に続く記述を支持する内容の選択肢 1）を選ぶ。

問2　実験の目的は本文冒頭，第 1 段第 1 文の an experiment 以下に述べられている。

● an experiment to see if temporarily reversing the process of westernization they had undergone might also reverse their health problems「彼らが経験してきた西洋化の過程を一時的に逆転させることが，彼らの健康問題も逆転させるかどうかを調べるという実験」

● see if ～「～かどうか調べる」→if 節の主部は temporarily から undergone まで。

● westernization（that）they had undergone「彼らが経験してきた西洋化」

✓**語句**　temporarily reversing ～「～を一時的に逆転させること」 reverse「～を反対にする，逆転させる，一変させる，元に戻す」

問3　第 1 段第 4 文が該当箇所。

● Metabolic syndrome has been associated not only with the development of type 2 diabetes, but also with obesity, high blood pressure, heart disease, and possibly certain cancers. →type 2 diabetes, obesity, high blood pressure, heart disease, certain cancers の 5 つの疾病を日本語で答えればよい。

✓**語句**　be associated with ～「～と結びついている」 obesity「肥満」

問4　「2 型糖尿病の代謝異常のすべては，糖尿病のアボリジニーのあるグループにおいては，伝統的狩猟採集民の生活様式への比較的短期の逆戻りによって，大きく改善されたか，または完全に正常化された」が直訳。

●「S は A か B のいずれかだった」がメイン構造。

● all of から type 2 diabetes までが主部。述部は，were either greatly improved or completely normalized … lifestyle まで。副詞句 in a group of diabetic Aborigines と by 以下は（were）greatly improved「大きく改善された」と（were）completely normalized「完全に正常化された」の両方を修飾している。

✓**語句**　metabolic abnormalities「代謝異常」 normalize「～を正常化する」 by a relatively short reversion to ～「～への比較的短期の逆戻りによって」 hunter-gatherer「狩猟採集民」

問5 第4段第2文から第4文にかけて述べられている。

- **第2文**：had lost weight / (had) seen their blood pressure drop→「体重の減少 / 血圧の低下」
- **第3文**：triglyceride levels had fallen into the normal range→「トリグリセリド値の正常値までの低下」
- **第4文**：proportion of omega-3 fatty acids in their tissues had increased dramatically→「細胞組織内のオメガ3脂肪酸の比率が劇的に増加」
- 以上の4点を答える。

問6 下線部は「少なくともある程度は，我々は栄養摂取の推移のテープを巻き戻して，そのダメージのいくつかを元に戻すことができるように思われる」という意味。

- 本文で紹介された，健康に問題を抱えたアボリジニーたちに関する実験結果をまとめればよい。

構文研究

> **❶** *ll.* 10-13 Large amounts of refined carbohydrates in the diet combined with a sedentary lifestyle had disordered <u>the complicated system</u> / <u>by which</u> the insulin hormone regulates the metabolism of carbohydrates and fats in the body.
> 食事に含まれる大量の精製炭水化物と，座りがちな生活習慣が相まって，インシュリンホルモンが体内の炭水化物と脂肪の新陳代謝を調整している複雑なシステムを狂わせていたのだ。

- 「前置詞＋関係代名詞」でつながっている英文は，前置詞の前までの部分をいったん把握し，後半部は関係代名詞にその先行詞を代入して，「前置詞＋関係代名詞の先行詞」という形で訳し下ろして意味を把握していく。例文の場合，前半部=「座りがちで体を動かさない生活様式と結びついた，食事中の大量の精製炭水化物が<u>その複雑なシステム</u>を乱していた」であり，後半部=「<u>その複雑なシステム</u>によって，インシュリンホルモンが体内の炭水化物と脂肪の新陳代謝を調整しているのだ」である。
- この2つのパートをつなげればよいが，「前置詞＋関係代名詞」の構文は，前置詞のもつ意味を訳出して1つの文に和訳すると不自然な日本語になる。自然な日本語に訳そうとすると，前置詞のもつ意味が消えるのが普通である。

解　答

問1　(1)— 4)　(2)— 2)　(3)— 1)
問2　アボリジニーたちが経験してきた西洋化の過程を一時的に元に戻すことによって，彼らの健康問題も元に戻せるかどうかを調べるという実験。
問3　2型糖尿病，肥満，高血圧，心臓疾患，ある種のがん
問4　比較的短い期間，従来の狩猟採集民の生活様式に戻ることで，糖尿病のアボリジニーのあるグループにおいては，2型糖尿病の代謝異常のすべては，大きく改善されるか完全に正常化されていた。
問5　体重が減少した / 血圧が低下した / トリグリセリド値が低下した / 細胞組織内のオメガ3脂肪酸の比率が劇的に増加した
問6　健康に問題を抱えていたアボリジニーたちが，実験のために西洋の生活様式から昔の狩猟採集民の食生活に一時的に戻ったことで，抱えていた健康問題が改善されたことが明らかになったから。

4　つらい経験にどう向き合うか ★★★

🎓 弘前大　　　　　　　　　　　　　　⏱ 目標 20 分

全 訳

❶　もしあなたが 46 歳のとき，ひどいオートバイの事故で本人だとわからなくなってしまうほどのやけどを負い，さらに 4 年後，飛行機事故で腰から下が麻痺してしまったらどうなるだろうか。その後，大金持ち，立派な講演者，幸せな新婚者となり，さらには実業家としても成功を収めることが想像できるだろうか。自分が急流下りをし，スカイダイビングをし，行政官庁に立候補することなど想像できるだろうか。

❷　W. ミッチェルは，2 度の恐ろしい事故によって，顔は色の異なる皮膚の移植片でキルトの刺し子のようになり，手の指はなくなり，車いす上で足がやせ細り動かなくなった後，これらすべてのこと，そしてそれ以上のことをやってのけたのだ。

❸　オートバイ事故で体の 65％以上にやけどを負った後，ミッチェルは 16 回の手術に耐えたが，その結果，フォークを持つことも，電話のダイヤルを回すことも，だれかの助けなしでトイレに行くこともできなくなってしまった。しかし元海兵隊員のミッチェルは，自分が打ち負かされたとは決して思わなかった。「私がこの自分の宇宙船の全責任を負っているのです。上昇するのも，下降するのも私が決めます。私にはこの状況をつまずきととらえるのか，それともはじまりととらえるのか選択できるのです」と彼は言った。6 カ月後，再び彼は飛行機を操縦していた。

❹　ミッチェルはコロラドにヴィクトリア調の家を購入し，ちょっとした不動産と，飛行機，バーを買った。その後，彼は 2 人の友人といっしょに薪ストーブの会社を共同設立し，その会社はヴァーモント州で 2 番目に大きい会社となった。

❺　そしてオートバイ事故から 4 年後，ミッチェルの操縦する飛行機が離陸の際，滑走路に墜落し，12 個の胸部脊椎骨がつぶれ，腰から下は一生麻痺することになってしまった。「(2)私はいったいどうなっていくのだろうかと思いました。このような仕打ちを受けるなんて，私が何をしたというのでしょうか？」

❻　しかしミッチェルはくじけず，できるだけ自分でいろいろなことがもう一度できるようになるため，日夜努力した。彼は，鉱物の採掘によって町の美しさと環境が破壊されるのを救うため，コロラド州のクレステッド・ビュートの市長に選ばれた。その後，国会議員に立候補し，“かわいいだけではない”というスローガンでその変わってしまった容姿を強みに変えた。

❼　初めはショックを与えてしまうような容姿と身体的な障害を抱えているにもかかわらず，ミッチェルは急流下りを始め，恋をして結婚し，行政学の修士号を取得し，空を飛び，環境問題の活動や講演活動を続けた。

❽　ミッチェルの揺るぎない前向きな姿勢は，「トゥデイ・ショー」や「グッド・モーニング・アメリカ」といったテレビ番組で取り上げられ，『パレード』，『タイム』，『ニューヨーク・タイムズ』やその他の出版物でも特集記事が組まれた。

❾　「下半身が麻痺する前，私ができることは 1 万個ありました。しかし今では 9 千個です。

失ってしまった千個について思い悩むか，残った９千個に集中するかです。私は人生で２つの大きな打撃を経験しました。私はそれを人生をあきらめる言い訳にしないと選択したのですが，ならば，今あなた方が抱えている，あなた方を後退させてしまうような経験も新たな視点で見ることができるでしょう。(5)<u>一歩下がってより幅広い視野をもち，『結局のところ，それはたぶん大したことではないだろう』と言う機会を得ることができるのです</u>」

❿ 「自分に何が起こるのかではなく，起こったことに対して何をするのかが大切だ」ということを忘れないでほしい。

解 説

問1 「２度の恐ろしい事故」とは？

● 第１段第１文に，「46歳のときにひどい**オートバイ事故で大やけど**を負い，その４年後に**飛行機の墜落事故で下半身麻痺となった**」と述べられている。さらに，最初のオートバイ事故については第３段第１文で詳細が述べられ，「ミッチェルが体の65％以上をやけどし，フォークを取り上げることも電話のダイヤルを回すことも，介護なしでトイレに行くこともできなくなった」とある。２回目の飛行機事故については，第５段第１文に，自分が操縦する飛行機が離陸時に滑走路に墜落し，「12個の胸部脊椎骨がつぶれ（crushing→圧迫骨折し），一生（←permanently「永久に，終身」）下半身麻痺となったことが述べられている。

> **補注** ヒトの脊椎は，７個の「頸椎」，12個の「胸椎」，５個の「腰椎」，さらに仙骨と尾骨で形成されている（ミッチェルの場合，胸椎がすべて圧迫骨折したということであろう）。それぞれの椎骨の間には，クッションの役割を果たす椎間板がある。

問2 「私はいったい自分に何が起こっているのだろうと訝った。このようなことに値する何を私はしたというのか？」が直訳。

> I wondered what the hell was happening to me. What did I do to deserve this?
> （挿入句）（不定詞）

● wonder「～かと（不思議に）思う，～かと訝る」→wonder what ～「何が～なのかと思う」

● the hell「いったい」→挿入句。on earth や in the world も同じ意味で使用される。

● 不定詞 to deserve の用法は，この文の和訳からすると〈判断の根拠を表す副詞用法の不定詞〉のようにもとれるが，この不定詞はむしろ形容詞用法で，疑問詞 What を修飾していると考えるべきであろう。たとえば，I did nothing to deserve this.「私はこれに値する〔これを受けてしかるべき〕ことは何もしていない」という英文の to deserve は，nothing を修飾する形容詞用法の不定詞であり，I did nothing that deserved this. と同じ。この nothing が疑問詞 what に置き換

えられたものと考えればよい。What did I do to deserve this? は，What did I do that deserved this? と言い換えることができる。

✓ **語句** deserve「〜に値する，〜を受けてしかるべきである」

問3 "Not just another pretty face." のスローガンが訴えようとしていること。

● このスローガンは，直訳すると「単にもう一つのきれいな顔というだけではない」となる（be not just a pretty face は慣用句で，「かわいいだけでなく，思ったよりも有能だ」という意味）。

● 第4段に，ミッチェルがオートバイ事故の後，薪ストーブ会社を興して大企業に仕立てたことが述べられ，また第6段には，飛行機事故の後，コロラド州の都市の市長に選出され，その後，アメリカ議会選に出馬したことが述べられているので，経営や政治の才能にも秀でていたことがうかがえる。

● 「もう一つのきれいな顔」というのは，下線部(3)の前の turning his odd appearance into an asset「その奇妙な外観を強みに変えて」と関係がある。オートバイ事故で大やけどを負った彼は，おそらく顔にケロイドが残るなど，お世辞にも「きれいな顔」とは言えないが，それを強烈な「個性」という強み（asset）に変え，その顔を，慣用句をもじって another pretty face と言っているのである。

問4 下線部の意味は「下半身が麻痺する前，私ができることは1万個あった。今は9千個だ。私にできることは，失った千個について思い悩むか，残っている9千個に力を注ぐかのいずれかだ」。

● これは，コップに水が半分残っているとき「もう半分しかない」ととるのか，「まだ半分ある」ととるのか，ということと同じである。ミッチェルの場合は，失ったものを悔やむのではなく残ったものを大切にしていこうという考え方であり，同じ事象をマイナス面からではなくプラス面から見ていこうとしていることがわかる。

問5 「あなたは一歩下がって，視野をより広く取り，『所詮，それはたぶん大したことではないだろう』と言う機会をもつことができる」が直訳。

✓ **語句** step back「一歩下がる，（客観的に考えるために）距離を置く」 take a wider view「より幅広い見方〔考え方〕をする」 have a chance to say「言う機会をもつ」 a big deal「大したこと」 after all「結局（は），所詮」

構文研究

❾ *ll.* 4-6　If I have chosen not to use them as an excuse to quit, then maybe some of the experiences you are having which are pulling you back can be put into a new perspective.

私は人生で受けた2回の打撃を，あきらめの口実としては使わないことを選択してきたのだが，だとしたら，あなたたちが今経験していて，あなたたちを引き戻そうとしている事柄のいくつかは，新たな視点でとらえることができるのだ。

● If I have chosen は仮定法ではない。この部分は筆者が実際に行ってきたことを述べている直説法である。

● them は前文の two big bumps in my life を指す。

● the experiences you are having は「あなたたちが今経験しているさまざまな体験」。関係代名詞 which の先行詞も the experiences である（二重限定用法）。

✓ **語句** choose not to *do*「～しないことを選択する」 excuse「口実，弁明，弁解」 quit「あきらめる，降参する」 pull ~ back「～を引き戻す，～の前進を妨げる」 put ~ into a new perspective「～を新しい観点〔視点〕で見る〔とらえる，考察する，判断する〕」

解 答

問1　1度目の事故：オートバイ事故で体の65％以上にやけどを負い，フォークを持つことも電話をかけることも，介護なしでトイレに行くこともできなくなった。

2度目の事故：自分が操縦する飛行機が離陸時に滑走路に墜落して12個の胸部脊椎骨が損傷し，下半身が一生麻痺することとなった。

問2　私はいったいどうなっていくのだろうかと思いました。このような仕打ちを受けるなんて，私が何をしたというのでしょうか？

問3　重度のやけどで変わり果てた姿を強烈な個性という強みに変えただけでなく，自分は経営や政治の才能にも秀でているのだということを訴えようとしている。

問4　失ったものに執着して後悔し続けるのではなく，残ったものに焦点を当て，未来志向の前向きな見方をするのがよいと言いたいのだと考えられる。

問5　一歩下がってより幅広い視野をもち，「結局のところ，それはたぶん大したことではないだろう」と言う機会を得ることができるのです。

Chapter 2 ≫ 医学・医療と医療倫理

5 薬の安全な使用法

🎓 浜松医科大　　　　　　　　　　　　⏰ 目標 20 分

全 訳

現代の薬文化

❶ 普通の薬を服用したとき，時として，予期せぬ結果が出ることがある。すなわち，薬が本来意図されているものとは異なる何らかの結果を生む可能性があるということである。これらの予期せぬ結果が出た場合，それを副作用と呼ぶ。副作用が出た場合には必ず，直ちにその薬の服用をやめ，かかりつけの薬剤師に，症状を和らげかつ副作用を起こさない薬があるか尋ねた方がよい。薬の副作用が深刻な場合には，直ちに医師に助言を求めるべきである。

❷ ラベルに記載された服用量なら安全な薬でも，大量に服用すると非常に危険なこともある。たとえば，アスピリンが危険であると考えられることはめったにないが，アスピリンを大量に投与された幼児の中毒事故の報告は多く，インフルエンザにかかっている子どもの場合，ライ症候群が発症する可能性もある。大人でも，ある種の鎮痛剤を過度に服用すると腎臓に深刻な障害を引き起こす可能性がある。胃の不調を和らげる薬の中には，過度に服用すると体内の酵素分泌に不調をきたし，深刻な消化器系の病気を引き起こしかねないものがある。店頭販売の薬は，かかりつけの医師の指導がなければ，定期的・継続的には，あるいは大量には，決して服用しない方がよい。医師にかかる必要が生じるような重い病気にかかることもありうるからである。

❸ 服用されるそれぞれの薬は，体に作用するだけでなく，服用中の他の薬の効能を変えてしまうこともありうる。そしてそれが時には危険な反応，命にかかわる反応をさえ引き起こしうるのである。たとえばアスピリンは，心臓病患者に投与される薬に含まれている血液の抗凝固効果を増大させる。したがってそのような薬を服用中の患者は，頭痛の際アスピリンを服用すると，大量に出血する危険にさらされるかもしれないのである。複数の薬を同時に服用する際は，かかりつけの医師に相談して指導を仰いだ方がよい。複数の薬が安全に同時服用できるかどうかは薬剤師にも尋ねることができる。

解 説

▶空所(1)〜(15)は，文法的根拠および文脈から判断し決定する。

(1) intended「意図された」が入る。

●所有格 its と，形容詞修飾を受ける代名詞 one との間なので，形容詞またはそれに

相当する語句を探す。文脈から one は effect「効果，結果」を指していると考えられ，「薬はその（　　　　）な結果以外の何らかの結果を引き起こすかもしれない」の空所を考える。(1)を含む文の前後にある a side effect「副作用〔予想外の結果〕」，adverse reactions「有害反応〔副作用〕」といった語もヒントになる。

(2)　stop「〜を中止する」が入る。

● 「有害反応〔副作用〕が出たときはその薬を摂取することをすぐ（　　　　）すべきだ」の空所部分。助動詞 should の後なので動詞の原形が入るが，直後が動名詞なので，動名詞を目的語にとる動詞を選ぶ。

(3)　pharmacist「薬剤師」が入る。

● 所有格 your の後なので名詞が入る。Ask「〜を尋ねる」の意味から，それは人間だとわかる。その人は can suggest a drug「薬を提案できる」人である。

(4)　relieve「〜を軽減する，和らげる」が入る。

● 助動詞の後なので動詞の原形がくる。「症状を（　　　　）するが，副作用を起こさない薬」と考える。but that の that の先行詞は a drug である。

(5)　consult「〜に助言を求める」が入る。

● If 節に続く主節が始まる部分であるが，動詞が見あたらないことから，ここに動詞が入って命令文になることがわかる。「すぐに医師に（　　　　）しなさい」という意味になると考える。

　✔ 語句 ▷ consult ＋人＋ for advice「人に助言を求める」

(6)　large「多量の，かなりの」が入る。

● 名詞 doses の前なので，形容詞またはそれに相当する語が入る。dose は dosage 同様，「服用量」という意味。「規定の服用量なら安全な薬でも（　　　　）になると非常に危険」という意味になると考える。dose(s) の意味は文脈から推測できる。large doses「（薬の）大量摂取」としてひとかたまりで覚えておこう。

(7)　seldom「めったに〜ない」が入る。

● is thought of as 〜「〜と考えられている」という受動態の，is と thought の間なので，副詞が入る。アスピリンは普通の家庭薬なので，「アスピリンは危険であると考えられている」は一般常識に反する。したがって，何か否定語が入ると考える。

(8)　development「発症」が入る。

● 形容詞の possible の後であり，後に of が続くので，名詞が入ると考える。as well as の前にアスピリンによる中毒事故の例が述べられているので，as well as の後も何か体に悪い例が述べられていると考える。of の後に「ライ症候群」という病名が続くので，「ライ症候群の（　　　　）の可能性」と考える。

補注 「ライ症候群」とは，インフルエンザ感染後，アスピリンを服用している小児にまれに急性脳症等を引き起こす，原因不明の病気。

(9) painkilling「鎮痛の，痛み止めの」が入る。

● 名詞 drugs の前なので，形容詞相当語句が入る。excessive use「過度の使用」が「深刻な腎障害を引き起こすかもしれない」とあるので，適量を摂取すれば問題のない薬だと考える。

(10) in excess「過度に」が入る。

● when (they are) taken（　　　）は，ここでは「（　　　）に摂取すると」という条件を表すと考えられる。したがって空所には程度を表す副詞が入るはず。drugs for relief of stomach upsets「胃の不調を和らげるための薬」が when taken（　　　）「（　　　）摂取されると」，causing serious digestive problems「深刻な消化器系の病気を引き起こす」ということなので，直前文にある excessive use と同様の語句が入ればよいと考える。

(11) basis「基礎，基準」が入る。

● regular と continued はいずれも形容詞なので（continued は過去分詞の形容詞用法），空所には名詞が入る。on a regular, continued（　　　）の，前置詞 on に着目する。on a（　　　）というように前置詞 on と結びつく名詞を検討すると，on a ～ basis「～を基準〔原則〕として」というイディオムが浮かぶ。ここでは ～ に上記の2つの形容詞が入り，「定期的・継続的基準で」のような意味になる。

(12) could が入る。

● 空所の後が原形なので，助動詞が入ると考える。選択肢には助動詞は1個しかない。この could は can よりも小さな可能性を表す。

(13) not only が入る。

● 空所の後の acts on が文の動詞なので，Each drug you take「あなたが飲む薬それぞれ」が文の主語とわかる。すると，空所には何か副詞が入ることになるが，後に but may also とある点に着目する。「体に作用するだけでなく，服用中の他の薬の効能を変えもするかもしれない」という意味を作る。

(14) fatal「命取りになる，致命的な」が入る。

● 空所の後の reactions が名詞なので，形容詞が入ると考える。dangerous or even（　　　）reactions「危険な，あるいは（　　　）でさえありうる反応」という形から，dangerous よりもさらに危険度が高いという意味を表す語が入る。

(15) together が入る。

● ここは文法的には何も入らなくても OK なので，文脈から判断していく。空所の前が several drugs「複数の薬」であること，また空所を含む段落が，複数の薬を同時服用する際の思わぬ害について書かれていることから判断する。

▶（　①　）～（　⑤　）は，前後の意味から確定していく。

① to が入る。

- 「薬に対する副作用」だから to を入れる。reaction to ～で「～に対する反応」という意味。

② with が入る。

- 「インフルエンザにかかっている子どもたち」だから with を入れる。「病気にかかっている」という意味を表す前置詞は with である。under は使わない。

③ in が入る。

- 「体内の酵素分泌の乱れ」という意味になる。an upset は名詞で「乱れ，不調」の意味。secretion は secret「秘密」と関係のある語で，「分泌（物）」という意味。「体内の分泌物における乱れ」ということだから，in が入る。

④ on が入る。

- except があるからといって，反射的に for を入れてはならない。except for ～ だと「医師の助言以外は，店頭販売の薬を使用してはならない」となり，意味がおかしくなる。

  POINT 「～（助言など）に従って，基づいて」という意味を表す前置詞は on。

  ✓ 語句 on someone's advice「人の助言に従って，忠告に基づいて」

⑤ for が入る。

- ここは「頭痛に対してアスピリンを用いる」となると考えられる。したがって for。medicine for ～「～の薬」と同様の用法。

構文研究

❸ *ll.* 7-8 <u>Your pharmacist</u> <u>can tell</u> <u>you</u> [<u>whether certain drugs can safely be</u>
　　　　　　　　　S　　　　　V　　　O　　　　O（文の最後まで）

taken together].
あなたの薬剤師はあなたに，ある種の薬が一緒に安全に服用できるかどうかを告げることができる。

- この英文は SVOO の第4文型。Your pharmacist can tell you＝You can ask your pharmacist と置き換えることができる。
- whether certain drugs can safely be taken together は能動態に変えると，whether you can safely take certain drugs together のようになる。

解 答

(1)—セ　(2)—ク　(3)—サ　(4)—ウ　(5)—ケ　(6)—エ　(7)—キ　(8)—ス　(9)—シ
(10)—ア　(11)—カ　(12)—コ　(13)—ソ　(14)—オ　(15)—イ
① to　② with　③ in　④ on　⑤ for

6　輸血法の発明と血液型

🎓 九州大　　　　　　　　　　　　　　　　　　　　⏰ 目標 25 分

全 訳

❶　髪の毛ほど人を区別する上で目安となるものはほとんどない。新生児や見知らぬ人や指名手配中の犯人を描写する際に，我々が必要とするいくつかの特徴のまさに最初の一つが髪の毛なのである。黒髪か金髪か，ウェーブのかかった毛か直毛か，ふさふさしているかはげかかっているか。(1)こうしたさまざまな可能性のある髪の毛に関する特徴のすべてによって，一度も出会ったことのない人に対して我々が頭の中で作り上げるイメージは即座に膨らむことになる。

❷　髪の毛のタイプは人を区別することのできる極めて視覚的な目印となる特徴であるが，遺伝的に我々の間で受け継がれたはるかに大きな相違点は，何かが我々の注意を喚起しないかぎり，目に見えることがなく隠れたままなのである。こうした遺伝的に受け継がれた相違点の中で，最初に明らかにされたのは血液型であった。ある人がどの血液型に属しているかは，その人を見ただけではわからない。単に一滴の血液を見たとしても，それだけではやはりわかりはしない。血液はすべて見た目にはほとんど同じだからである。(2)2 人の人から採血した血液を混ぜ合わせる段になって初めて，血液の違いが明らかになってくるのである。そして，輸血法が発明されるまではだれにも人の血液を混ぜ合わせる理由などなかったので，血液型は隠れたままであった。

❸　記録では，最初の輸血は 1628 年にイタリアで行われたが，非常に多くの人が激しい拒絶反応で死んだため，輸血の実施はフランスやイギリスと同様にイタリアでも禁止された。子羊の血液を使った何例かの実験的な輸血が行われ，特に 1660 年代にイギリスの医師リチャード=ローワーが行ったものはとりわけ有名だが，結果は相変わらずひどいもので，輸血という考えは 2 世紀にわたって断念されることになった。ヒトの血液を使った輸血は，出産後に起きる，しばしば致命的なものになることの多かった出血と戦うために 19 世紀中葉に再開され，1875 年までに 347 件の輸血が記録されている。しかし，多くの患者が，輸血された血液への拒絶反応が引き起こす，時として致命的な結果に依然として苦しんでいた。

❹　そのころ科学者は，問題を引き起こしている血液型の違いを発見しつつあった。ある血液型の別の血液型に対する拒絶反応の本質を発見したのはフランスの生理学者レオナール=ラロワで，それは 1875 年にさまざまな種の動物の血液を混ぜたときのことであった。彼は，血液細胞が凝集し，しばしば破裂することに気づいたのだ。しかし，生物学者のカール=ラントシュタイナーが何が起きているのかを解明し，ヒトの血液型の最初の分類体系を発見したのは，ようやく 1900 年になってからのことだった。その分類体系によって，ヒトの血液型は，A 型，B 型，AB 型，O 型に分けられるのである。血液提供者の血液型が輸血を受ける患者の血液型と適合すれば拒絶反応は起こらない。しかし，適合しない場合，血液細胞は凝集し破裂して，激しい拒絶反応を引き起こすのである。南米のインカ族の人々は輸血の実施に成功していたという歴史的証拠がある。(3)今では南米の先住民の大部分が同じ血液型（O型）であるということがわかっているので，インカ族の人々が行っていた輸血の方が，ヨー

ロッパで行われた輸血の試みと比べてはるかに危険性の低いものであっただろう。なぜなら
ば，血液提供者と患者の両方がO型に属し，したがって血液型が完全に適合するという見込
みが十分にあったからである。

解　説

問1　「これらすべてのさまざまな可能性は，我々が一度も会ったことのないだれか
について我々が頭の中に形成するイメージを即座に増やす」が直訳。

> all these different possibilities add immediately to the picture we build up
> 　　　　　S　　　　　　　　　V　　　　　　　　　　　　　　　O　　　the picture を修飾
> in our minds of someone [we have never met]
> 　　the picture を修飾　　　someone を修飾

- possibilities「可能性」　下線部(1)直前のコロン（：）の前にあるように，人の髪の
  毛がその色や形状や量においてさまざまである可能性を指す。
- add to ～＝increase「～を増やす」　ここでは，add と to の間に副詞が割り込ん
  でいる。add to の目的語は the picture … met である。
- immediately＝at once「即座に」
- the picture (which) we build up in our minds「我々が頭の中に作り上げるイメ
  ージ」
- of someone (whom) we have never met「我々が一度も会ったことのないだれ
  かの」　of someone … met の部分は the picture を修飾。

問2　「2人の人の血液を混ぜ合わせ始めたときに初めて，相違点が自らを明らかに
し始める」が直訳。

> It is only when you begin to mix blood from two people that the differences
> It is ～ that … で，強調構文を形成　　　　　　　出所を表す
> begin to make themselves apparent
> 　　　　　＝differences

- It is ～ that …「…なのは～だ」（強調構文）　only when you begin to mix blood
  from two people「2人の人から採血した血液を混ぜ合わせ始める段になって初め
  て」が強調されている。
- make themselves apparent「自ら自身をはっきりとさせる」　再帰代名詞の使用
  から，主語は the differences「相違点」であることがわかる。「相違点がそれ自身
  をはっきりと見えさせ始める」とは，「相違点がはっきりと見え始める」というこ
  と。

✔️**語句** only when ～「～してやっと，～して初めて」　blood from ～「～の血液」

問3　「今では南米の先住民のほとんどは同じ血液型（O型）をしていることがわか
っているので，インカ族の輸血は，ヨーロッパでの試みよりもずっと危険性が小さ
かったであろう」が直訳。

> Since we now know that most native South Americans have the same
> ＝As / Because
> blood group（Group O），the Inca transfusions would have been much less
> 　　　　　　　　　　　　　　　S　　　　　　　　　V（過去の推量）
> dangerous than attempts in Europe

- Inca「インカ族」　インカ帝国は15世紀から16世紀にかけて南米ペルー南部のク
スコを中心として栄えた。
- would have been ～「～だったであろう」（過去に対する推量）
- attempts＝transfusion attempts／attempts at transfusion「輸血の試み」
- ✓ 語句　native「先住民の」　blood group「血液型」　transfusion「輸血」

問4　第3段第2文が該当文。同段第1文の記述も参考にする。

- 「いつ実験を行ったか」：in the 1660s「1660年代に」
- 「どのような実験を行ったか」：some experimental transfusions using lamb's
blood「子羊の血液を使った実験的な輸血」
- 「その結果はどうであったか」：no better（than the first blood transfusions in
Italy in 1628）「（多くの人が亡くなった1628年のイタリアでの最初の輸血と）同
じくらい悪かった」　no betterの比較の対象は，第3段第1文冒頭のThe first
blood transfusionsで，これは，so many people diedとあるように，結果が良く
なかったことが述べられている。

POINT　no better（than ～）＝as bad（as ～）「～と同じくらい悪い」
no＋比較級＋than ～＝as＋比較級の反意語の原級＋as ～
ex. no more than ～＝as little〔few〕as ～「～にすぎない」
　　no less than ～＝as much〔many〕as ～「～も」

問5　第4段第4文が該当文。この文全体の構造に関しては後述の「構文研究」を参
照のこと。

- 「いつ発見したか」：not until 1900「1900年になって初めて」
- 「どのような発見をしたか」：discovered the first human blood group system,
which divides people into Groups A, B, AB and O「A型，B型，AB型，O型
に分類されるヒトの血液型の分類法を初めて発見した」

補注　Karl Landsteiner：カール=ラントシュタイナー（1868～1943年）　オーストリアの病理・
免疫学者。1930年に，血液型発見の業績でノーベル生理学・医学賞を受賞。

構文研究

❹ *ll.* **5-8** But it was not until 1900 [that the biologist Karl Landsteiner worked
強調構文の一種　　　　　that 節は文の最後まで

out what was happening and discovered the first human blood group
worked out の目的語

system, which divides people into Groups A, B, AB and O].
現在時制は「不変の真理」を示す

しかし 1900 年になって初めて，生物学者のカール=ラントシュタイナーは何が起こっているのかを解明し，ヒトの血液型の最初の分類法を発見したが，この区分法ではヒトを A 型，B 型，AB 型，そして O 型に分類する。

● it was not until ~ that …「~して初めて…した」 この構文は基本的には強調構文。that 節は，文の最後まで続いている。
● what was happening の what は関係代名詞ととることもできるが（その場合は「起こっていること」という意味になる），ここでは疑問詞ととる。つまりこの部分は間接疑問文で，worked out の目的語になっている。
● which の先行詞は the first human blood group system で，動詞 divides が時制の一致を受けないで現在形なのは，それが現在にも通用する真理だからである。
✓ **語句** work out ~「~を（苦労して）解決する」

解　答

問 1 こうしたさまざまな可能性のある髪の毛に関する特徴のすべてによって，一度も出会ったことがない人に対して我々が頭の中で作り上げるイメージは即座に膨らむことになる。

問 2 2 人の人から採血した血液を混ぜ合わせる段になって初めて，血液の違いが明らかになってくるのである。

問 3 今では南米の先住民の大部分が同じ血液型（O 型）であるということがわかっているので，インカ族の人々が行っていた輸血の方が，ヨーロッパで行われた輸血の試みと比べてはるかに危険性の低いものであっただろう。

問 4 1660 年代に，子羊の血液を使った輸血の実験を行ったが，結果はそれまでのヒトの場合の輸血と同様，失敗に終わった。

問 5 1900 年に，ヒトの血液は A 型，B 型，AB 型，O 型に分類されることを発見した。

7　安楽死をめぐる問題　★★

🎓 和歌山県立医科大　　　　　　　　　⏰ 目標30分

全 訳

❶　何年も前，私は友人の母親とその区画を散策した。私たちが歩いていると，彼女は突然銃声のような音をたてた。しかし注意深く聞くと，その音は切り離された言葉の断片のようで，まるで彼女の会話がテープ録音であり，その大部分が消去されていたかのようだった。もしかするとその音は彼女の人格の残りの断片だったのかもしれない。そしてその人格は，そのころにはほとんど知られていなかったアルツハイマー病と呼ばれる病気によって，どこか暗い場所へと連れていかれていたのだ。

❷　これこそ，ジャネット＝アドキンスが車の中に横たわり，死をもたらす薬物を体内に注入するボタンを押したときに恐れていたような生活だったのかもしれない。アドキンス夫人の主治医は，彼女の自我がアルツハイマー病の沼の中に消滅するまであと数年あると考えていた。しかしその病気に出くわしたことのある人ならだれでもそのジレンマを知っている。すなわち，死にたいと思うかもしれないころには，そんなことはとてもできないほど病気が進行してしまっているのだ。以前は英語の先生だったアドキンス夫人は，そのような未来をのぞき込み，そして自ら命を絶ってしまったのである。

❸　もし彼女が一人でそうしたのなら，彼女の事件はささいなものであっただろう。しかし彼女は自殺用機械を自作した安楽死請負人であるジャック＝ケヴォーキアンのところへ行ったのである。アドキンス夫人は穏やかに死にいたるためにそれを使った。そしてケヴォーキアン博士は第一級殺人罪で告訴されたのだ。

❹　これは検察官たちが，「メッセージを送っている」とみなす類の事件である。まるで我々は法律という窓の中に石を投げ込むのを待っている腕白坊主のようなものである。アドキンス夫人は拳銃を使ったり，高いビルから飛び降りたりしても彼女の求めることは達成できただろう。だが彼女はケヴォーキアン博士のところへ行った。なぜなら彼女は穏やかな死を望んでいたからであり，それは我々が死刑囚に対してさえ与えることがあるような死である。

❺　この事件にはメッセージがあるが，それは検察官が伝えるメッセージではない。それは，恐ろしい病気にだけでなく延命治療にも直面して，わずかでも自分の思い通りにし続けるために，我々がどれほど必死になっているかを示している。たぶんほとんどのアメリカ人は，アドキンス夫人のように，まだ病気に害されていないうちに自分の人生を終わらせたいとは思わないだろう。そしてたった一つの国，オランダだけは，医師の幇助による自殺を認めている。しかし，薬物治療や外科手術，そして病気の進行ののち，生き続けてはいるが自分の尊厳を失った，以前の自己の抜け殻にすぎないものになってしまったことに気がつく人が何千人もいるのだ。

❻　かつて私の友人が私に，母親が卵巣がんで苦しんでいるのだが，すばらしい医者にかかっていると言った。その医者は親切で思いやりがあり，治療の手順を徹底的にすべて説明してくれた。しかし友人はその医師の最もすばらしい点を明かした。それは「彼は私に母親が使っている鎮痛薬をどれだけ服用すれば致死量になるかを教えてくれた」ことである。

❼ そのように，慈悲の気持ちで科学を受け入れ可能なものにする仕事にひっそりと取り組む医者もいる。肺炎の治療はされず，新しい一連の薬も試されない。アメリカ病院協会は，この国で起こる死の70％は，延命技術を使わないという協議による何らかの合意があると言っている。

❽ ナンシー=クルーザンの事件はもうすぐ解決するかもしれない。両親は彼女の人生は数年前に終わったと信じているが，ミズーリ州は，最高裁判所までずっと戦ったのち，この32歳の女性の栄養補給管を取りはずすことに対する異議申し立てを取り下げた。7年間植物人間状態だったナンシー=クルーザンと，計画的な自殺を家族と話し合っていたジャネット=アドキンスの事件はまったく異なっている。それでもやはり，クルーザンの一家もアドキンス夫人もどちらも同じものを切望していた，それはコントロール感だった。

❾ 難しい事件は悪い法律を作ると私の弁護士は言っており，そしてこれはそういう事件なのである。「ドナヒュー」という番組にゲスト出演していた安楽死の信奉者であるケヴォーキアン博士は，アドキンス夫人が自分の人生を終わらせる決心をするのに重大な役割を果たした。しかし，難しい事件が時には困難な問題に光をあてることもある。医療に従事する者は，その職業上可能なことと，それを行うことによって患者が犠牲にしなければならない人間らしさとの間のバランスをとる方法を見つけようとし続けなければならない。人々は，自分たちがそのバランスをとることに参加できるような法律，避けがたい人生の現実を織り込んだ法律を要求しなければならない。

解　説

問1　a euthanasia entrepreneur の意味を文脈から推測し，同義語句を英文後半に探せばよいのだが，ここは下線部がだれなのかを頭に入れて後半部を読んでいけば，すぐに見つかる。

● 下線部は Jack Kevorkian のことであるが，下線部に続いてこの人物は「自殺用機械を自作した」とある。したがって，a euthanasia entrepreneur は自殺に関して肯定的な意見のもち主だと考えて，最後の4つの段落を読んでいけばよい。最終段第2文に Dr. Kevorkian という名が出てきて，それと同格的に an assisted-suicide zealot「幇助自殺の信者」とあり，これが求める語句であるとわかる。

✔ **語句** euthanasia entrepreneur「安楽死請負人」

問2　筆者は下線部に続く as though 以下で sending a message という行為がどのようなものかを比喩的に説明しているので，それを本文に沿って具体的に説明する。

● as though we were naughty school children「まるで我々が腕白な学童であるかのように」
● waiting to throw rocks「石を投げようと待っている」
● through the windows of the law「法律という窓を突き破って」

問3 下線部を含む文の後半を参考に，同じ段の第2文（It illustrates how …）の内容をまとめればよい。

- but it is not the one prosecutors send「しかしそれは検察官が伝えるメッセージではない」(one は代名詞)
- It（＝The message）illustrates how desperate we have become「そのメッセージは，我々がいかに必死になっているかを明らかにしている」
- to retain a small amount of control「少しばかりの（自分の体や意思を自分で操作できるという）コントロールを保持しようとして」
- <u>in the face</u> *not only* of horrible illnesses *but* of medical treatments that lengthen the process of dying「恐ろしい病気にだけでなく死にゆく過程を長引かせる医療にも直面して」
- →なお，なぜ延命治療に直面して我々がコントロールを保持しようと必死にならねばならないのかは同段最終文に説明されているので，これも解答に盛り込むようにするとよい。いたずらに命を長引かせるだけの医療は人としての尊厳を失わせるからである。

問4 Hard cases make bad law「難しい事件は悪い法律を作る」

- 安楽死の是非について，法的観点から考えてみるとよい。安楽死のような問題はとても微妙なのでケース・バイ・ケースで判断すべきであり，法律で十把一絡げにはできないのではないかという示唆が本文から読み取れる。既存の法律が適用されない事例が生じたとき，それに法的規制をかけようと新たに法律が作られると，それは良い方向に規制するというよりもむしろ，悪い方向に規制してしまうと考えればよい。

問5 「医療従事者は，その能力と人的犠牲とを釣り合わせる方法を見つけ続けねばならない」が直訳。

- 基本的には，字数指定の部分和訳であるが，直訳ではわかりづらいので，意味をよく理解した上で，説明的に和訳する必要がある。
- its は profession を指し，their は its capabilities「医師の能力，医師たちにできること」を指している。
- their human costs とは「医師たちにできることから生じる人的犠牲」，つまり「医学の進歩によって延命治療など，機械を使って半強制的に患者を生かしておくことができるようにはなったが，そのことによって患者が人間らしさや人間としての尊厳を失うこと」を意味する。

✓ **語句** medical profession「医療専門家，医療従事者，医師たち」 ways to balance ～「～のバランスをとる方法，～を釣り合わせる方法」 human cost「人

的犠牲」

問6 「クルーザンの一家とアドキンス夫人のどちらもが切望していたもの」とは何か？

● 第5段第2文（問3の該当箇所）参照。a sense of control「コントロール感」とは「自分の心身は自分で思うように操れているという感覚」。ロの decision がやや紛らわしいが，患者たち（あるいはその家族）が求めているのは「決定」そのものというよりは，自分で決定する権利，あるいはそうできているという感覚であるはずなので不適。

構文研究

❺ *l.* 1　There is a message in this case, but it is not <u>the one</u> (that) prosecutors
= message

send.
この事件にはメッセージがあるが，それは検察官が伝えるメッセージではない。

● one は代名詞で message を受ける。prosecutors send は one を修飾する形容詞節。one の後に that または which を補うことができる。
✓ **語句** case「事件」 prosecutor「検察官，検事」

❺ *ll.* 1-4　It illustrates how desperate we have become to retain a small amount
S　V　O（文の最後まで）　= in order to retain

of control in the face |not only of| horrible illnesses |but of| medical
A

treatments [that lengthen the process of dying.]
B　先行詞は medical treatments

それは，恐ろしい病気にだけでなく延命治療にも直面して，わずかでも自分の思い通りにし続けるために，我々がどれほど必死になっているかを示している。

● how 以下は間接疑問文で，文の最後までが illustrates の目的語。
● desperate「必死の」（ここは「絶望的な」とか「向こう見ずの」という意味ではない）
● become to retain は「保持するようになる」という意味にはならないので注意（「～するようになる」は come to *do* や get to *do* を用いる）。
✓ **語句** illustrate「～を例証する，説明する」 in the face not only of A but of B「B だけでなく A にも直面して」

解　答

問 1　an assisted-suicide zealot

問 2　法律という窓に石を投げ込むような行為。すなわち，法律上安楽死は認められていないが，その法律を意図的に破って何らかのメッセージを伝えようとする行為。

問 3　恐ろしい病気にかかるだけでなく，苦痛を伴う延命治療を受ける中で人間としての尊厳が失われてしまうかもしれないという現実に直面して，わずかでも自分の思い通りにしようとして人がどれほど必死になるかということ。

問 4　難しい事件によって，現行法の不備が明らかになって，実情にそぐわない悪法が作られてしまうということ。

問 5　医療の仕事に携わる者は，延命治療などその職業上可能なことと，それを行うことによって患者が犠牲にしなければならない人間らしさや尊厳との間のバランスをとる方法を，求め続けなければならないということ。(97 字)

問 6　イ

8 乳がんの手術法 ★★

🎓島根大 ⏱目標30分

全 訳

❶ メリーランド州臨床学会の 1894 年 4 月 20 日の会議に出席していた医師のだれもが，今まさに口頭発表されようとしている医学論文がその日の目玉になることを疑っていなかった。実際，講堂には，それを聞くためだけにはるばるボルチモアへやって来た人もいた。彼らは，他のことにはほとんど注意を払っていなかった。そしてついにウィリアム=スチュワート=ハルステッドという発表者の名前が告げられた。彼が勤務する病院はほんの 6 年前に設立されたが，その病院は，米国の医学教育のシステムを改革するための優れた可能性をもつものとしてすでに認められていた。その病院はジョンズ・ホプキンズ大学医学部と提携していたのだが，その医学部はさらに新しく，その日より 1 年足らず前に開設されたのだ。その医学部は，公表された使命を達成する兆しをすでに見せていた。その使命とは，米国内の他のどこにも実質的には存在しなかった科学的治療法を若い医師に経験させることにより，若い医師の教育に革命を起こすことであった。②ジョンズ・ホプキンズ大学医学部とその付属病院に採用されたすべての才能ある熱心な若い教職員の中で，ハルステッドほど職業的かつ個人的好奇心の対象になっていた医師はいなかった。その 42 歳の外科医は，多くの人にとっては，風変わりで引っ込み思案な人物のように思われた。

❷ 明らかに落ち着きがなく，だが同時に超然として彼がそこに立ったとき，③彼の憂うつな表情は，そこに集まった医師たちの相手をするくらいなら顕微鏡や手術台を相手にする方がずっといいということを示していた。というのは，訓練されていなくて，いまだに未熟な米国の外科医学の専門領域に実験科学の諸原則を適用するというひたむきな改革運動から気を散らすものすべてに，この外科医は腹を立てていたからだ。ハルステッドにとっては，病気の複雑な過程を理解することだけでなく，科学的根拠に基づいた外科手術の取り組みに助けられた際の体の自然治癒力を理解することもまた重要であった。

❸ その日の朝にジョンズ・ホプキンズ大学のこの教授が発表する論文で，彼が提案している新しい手術の成果が発表されるだろうというニュースが公表されていた。その手術法は，乳がんに好結果をもたらす治療法が提供できる可能性を秘めていた。乳がんは，その損傷に対して医師が，医学の歴史を通してずっと手も足も出なかった病気であった。このがんは，犠牲になったほとんどすべての女性の命を，とりわけ惨たんたるありさまで奪った。多くの場合，乳房の中の治療されていない悪性のしこりはゆっくりと増殖し続け，ついには張り裂けて皮膚の表面に現れ，次には周辺の組織を侵食し始めるのだ。④乳房があったところに広がっていく潰瘍の存在にただ何年か耐えたあとに，ほとんどの患者は死亡した。その潰瘍は胸壁の下層にある筋肉，そしてやがてはその下の肋骨をすら痛みを伴ってむしばんでいき，その間ずっと，広がり続ける周辺部からは絶えず汚い液がにじみ出て，においを発するのだった。経験豊かな医師のほとんどは，がんの塊が最初に発見されてから女性が 5 年も生きているのを見たことがなかった。通常，診断と死亡の間の間隔は，5 年の半分にも満たなかったのである。

解 説

問1 the medical paper about to be presented は「まさに発表されようとしている医学論文」の意味。

● about to be presented は the medical paper を修飾する形容詞句。about の前に which was が省略されていると考えればよい。

● 医学論文のテーマは，第3段第1文中に述べられている。a new operation …, one（＝a new operation）that held the promise of providing successful treatment for breast cancer「乳がんに対し有効な治療を提供できる可能性を秘めた新しい手術法」を簡潔にまとめる。

● 第3段第1文の解説を以下に示しておく。

● 「ホプキンズ大学のこの教授によってその朝読まれることになっている論文は，彼が提案している新しい手術の成果を紹介するだろうという知らせが公にされていた。その手術は乳がんという病気（その損傷に対して医師は医学の全歴史を通じてずっと無力であった）の成功的治療を提供できる可能性を秘めていた」が直訳。

The word had gone out [that the paper to be read by the Hopkins
　　S　　　　V　　　　　　The word の同格節
professor that morning would present the results of a new operation he

was proposing], one [that held the promise of providing successful
one は代名詞（＝a new operation）　　one を先行詞とする関係代名詞節
treatment for breast cancer], a disease [against whose damages
　　　　　　　　　　　　　　　breast cancer と同格　　　　先行詞は disease
physicians had been impotent throughout the course of medical history].

● The word had gone out that … 「…という知らせが公にされていた」 that 節は The word と同格。同格節が長いので，間に述語動詞 had gone out が入ってきている。

● the Hopkins professor「ホプキンズ大学のこの教授」 これはつまり，ハルステッドその人。定冠詞 the がついている点に注意。

● one that held the promise の one は代名詞で，a new operation を指す。that … は one を先行詞とする関係代名詞 that が導く形容詞節。

● a disease against whose damages physicians had been impotent は，a disease ＋against the disease's damages physicians had been impotent → physicians had been impotent against the damages of the disease と書き換えてみるとわかりやすい。「『医師たちがその病気の損傷に対してずっと無力であった』その病気」ということ。a disease は breast cancer「乳がん」を指す。

● physician「医師」（doctor の正式語）

✓ **語句** go out「公にされる，公表される，発表される」 paper「論文」 present「～を発表する」 results「成果」 operation「手術，手術法」 hold the promise of ～「～する可能性を秘めている」 treatment「治療」 impotent「無力な」 throughout the course of ～「～の全期間にわたって」

問2 「ジョンズ・ホプキンズ大学医学部とその病院に採用されたすべての才能ある情熱的な若い学部員のうちで，ハルステッドよりも職業上の，そして個人的な好奇心の対象である者はだれもいなかった」が直訳。

> Of all the talented and enthusiastic young faculty members [who had
> 先行詞は members
> been recruited to the Johns Hopkins Medical School and its hospital],
> none was more the object of professional and personal curiosity than
> S   V   C
> Halsted.

● Of all … its hospital は副詞句。of all ～「すべての～の中で」

● none was more the object of … than Halsted「ハルステッドよりも…の対象だった者はいなかった」 この部分は比較級。more the object は「より多くの対象」という意味で，more は the object を修飾している。

✓ **語句** talented「才能がある」 enthusiastic「熱心な，熱中している，情熱的な」 faculty「大学の学部」 recruit「～を採用する，募集する」

補注 ハルステッド（William Stewart Halsted）（1852～1922年）：アメリカの外科学の父。多方面にわたる新しい手術法を考案。ジョンズ・ホプキンズ大学（アメリカ，ボルチモアにある名門私立大学。付属病院は全米トップランキングに入る）の外科教授として多くの弟子を養成した。手術時のゴム手袋の使用は彼に始まる。

問3 「彼の憂うつな表情は，集まった医師たちとのつき合いよりも顕微鏡や手術台とのつき合いの方をずっと好むということを示していた」が直訳。

> his gloomy expression suggested [that he would much prefer the
>   S   V   O (that節)
> company of his microscope or operating table to that of the assembled
>   A   B
> doctors].

● prefer A to B「BよりもAを好む」 Aにあたるのが the company of his microscope or operating table「彼の顕微鏡あるいは手術台とのつき合い」，Bにあたるのが that of the assembled doctors「集まった医師たちのそれ（that）」。that は代名詞で，the company を指す。

✓ **語句** gloomy「憂うつな」 expression「表情」 suggest「～をそれとなく示す」 the company of ～「～とのつき合い」 assembled「集まった，集結した」

問4 「乳房があったところに広がっていく潰瘍の存在にただ耐える何年間かのあと，ほとんどの患者は死亡した。その潰瘍が，胸壁の下にある筋肉，そしてやがてはその下の肋骨でさえも痛みを伴ってむしばんで進んでいき，その間ずっと，常に拡大する周辺部から，絶えずにじみ出る汚い液のにおいを発して」が直訳。

Most patients died only after years of enduring the presence of an
    S   V   動名詞表現
expanding ulcer [where the breast had been], / painfully eroding its way
                   先行詞は ulcer   分詞構文① (主語は ulcer)
through the underlying muscle of the chest wall and in time even the ribs
          through の目的語①   through の目的語②
beneath, / all the while giving off the smell of foul fluid [that oozed
(前の muscle と並列)   分詞構文② (主語は ulcer)   先行詞は fluid
constantly from its ever-widening circumference].

● years of enduring the presence「存在に何年も耐えること」(動名詞を用いた表現)

● painfully eroding … と all the while giving off … はともに分詞構文で，付帯状況を表す。

→分詞構文の主語は原則として主節の主語に一致するが，ここでの分詞構文の主語はいずれも，文の主語の Most patients ではない。この分詞構文の主語はいずれも an expanding ulcer で，関係副詞 where 以下はすべて，an expanding ulcer「拡大する潰瘍」の説明になっている。

● 訳文を作成する場合は，had been のところで文をいったん切り，painfully eroding 以下を，The ulcer painfully eroded its …, and all the while it gave off … というように節に変換し，この部分を独立させて和訳すればよい。

● the ribs beneath = ribs below「その下の肋骨」

● fluid「流体」 この単語は liquid「液体」と gas「気体」の総称だが，ここでは「液(体)」と訳しておけばよい。

● ever-widening「常に拡大する，拡大し続ける」(ever- +分詞は「常に〔絶えず〕～する」という意味を表す)

✓ **語句** presence「存在」 expanding ulcer「拡大する潰瘍」 erode its way through ～「～をむしばんで進んでいく」 underlying muscle「下にある筋肉」 chest wall「胸壁」 in time「やがて，そのうち」 all the while「その間ずっと」 give off ～「～を発する」 foul「不潔な，汚い，臭い」

構文研究

❷ *ll.* **3-6** For this surgeon resented any distraction from his single-minded crusade to apply the principles of laboratory science to the undisciplined and still immature American specialty of surgery.

というのは，訓練されていなくて，いまだに未熟なアメリカの外科医学の専門領域に実験科学の諸原則を適用するというひたむきな改革運動から気を散らすものすべてに，この外科医は腹を立てていたからだ。

● For は前文の記述内容の理由が述べられることを示す（＝That is because）。
● to apply は前の名詞（crusade）と同格の，不定詞の形容詞用法。「～するという…」と訳す。
● undisciplined and still immature は全体が American specialty を修飾している。
✓ **語句** apply *A* to *B*「*A* に *B* を適用する」

❷ *ll.* **6-8** To Halsted, it was important to understand not only the complex processes of disease but also the body's methods of healing itself when aided by the efforts of a scientifically based surgery.

ハルステッドにとっては，病気の複雑な過程を理解することだけでなく，科学的根拠に基づいた外科手術の取り組みに助けられたときに身体が自らを治す方法を理解することもまた重要であった。

● not only *A* but also *B*「*A* だけでなく *B* も」 これは understand の目的語。
● the body's methods of healing itself とは「体の自然治癒力」のこと。
● when と aided の 間 に it（＝the body）was が省かれている。when 以下は the body's methods of healing itself を修飾している。

解 答

問1 乳がんの有効な新手術法に関する研究発表。（20字）
問2 ジョンズ・ホプキンズ大学医学部とその付属病院に採用されたすべての才能ある熱心な若い教職員の中で，ハルステッドほど職業的かつ個人的好奇心の対象になっていた医師はいなかった。
問3 彼の憂うつな表情は，そこに集まった医師たちの相手をするくらいなら顕微鏡や手術台を相手にする方がずっといいということを示していた。
問4 乳房があったところに広がっていく潰瘍の存在にただ何年か耐えたあとに，ほとんどの患者は死亡した。その潰瘍は，胸壁の下層にある筋肉，そしてやがてはその下の肋骨をすら痛みを伴ってむしばんでいき，その間ずっと，広がり続ける周辺部からは絶えず汚い液がにじみ出て，においを発するのだった。

9 広まる商業的遺伝子検査とその問題点 ★★★

🎓横浜市立大　　　　　　　　　　　　　　　　　　　　⏰目標25分

全　訳

❶　医療産業以外の分野の企業が続々と遺伝子検査の市場に参入しつつある。それゆえに，人々はがんや糖尿病などのある種の病気にかかるリスクを簡単に見つけられるようになっている。

❷　人々はそうした検査を受けることを決める前に，現在利用可能な遺伝子検査の，正確性を含めた本質を正しく理解する必要がある。

❸　この市場に最近参入してきた企業には，Yahoo! やDeNA などのインターネット関連企業が含まれる。遺伝子検査サービスを提供している企業の数は，2009 年の340 社から2012 年には約740 社と倍以上に増えている。そしてさらに多くの企業が参入を企てている。遺伝子検査サービスは医療行為ではないので免許を必要としないためである。

❹　こうした企業は，情報サービスとみなされているものを提供しており，実際の遺伝子検査の業務は検査機関に委ねている。

❺　しかし，このサービスの商業化は問題もはらんでいる。商業的遺伝子検査のセールスポイントは，口の中を綿棒でこすって検査機関に送付するだけで，さまざまな病気に自分がかかるリスクを知ることができる点である。最大の問題はそうした検査の正確性である。

❻　遺伝子検査のベンチャー企業でGoogle 社が投資している23andMe 社は，わずか100 ドル弱で「254 の病気・体調について健康報告を提供する」とうたう「パーソナル・ゲノム・サービス」を開始している。しかし，アメリカ食品医薬品局は2013 年11 月に同社に対して，遺伝子検査の正確性に対する懸念を理由に，唾液採取キットの販売を停止するよう命じた。

❼　遺伝子検査の結果は，ある病気になるリスクと高い関連性がある，ただそれだけにすぎないということをよく覚えておく必要がある。遺伝子に加えて，食事，喫煙，飲酒，ストレス，睡眠不足，運動不足といった後天的要素が，がんを含むいくつかの病気の原因である。

❽　遺伝子検査サービスの利用者は，遺伝子検査で，ある病気にかかるリスクを上昇させる異常の存在が発見されても，必ずしもその病気にかかるとは限らないということを知っておくべきである。

❾　そういうわけで，遺伝子検査だけを信じ込むのは賢明ではない。検査結果のせいで自分の将来に過度に悲観的になる人もいるかもしれない。遺伝子検査サービスを提供する企業は，検査結果を受診者に説明する際には注意を払うことが求められる。

❿　提供企業はまた，個々の被検者の遺伝子データは個人情報なので，扱う際には最大限の注意を払うべきである。そのようなデータが流出することは何としても避けねばならない。各検査機関には遺伝子検査で得られたデータを研究目的に転用しようという動きが見られる。データの取り扱いにはどんなささいなミスも許されない。

⓫　政府は，商業的遺伝子検査の信頼性を確立するための規則を早急に定める必要がある。そのようなサービスを提供する企業に最低限求めるべきことは，検査から得られる遺伝子データを含む個人情報の取り扱いに関する企業の方針，検査機関に関する関連情報はもちろん，

検査の目的と限界，検査の考えられるデメリット，臨床上の有効性の科学的根拠も利用者に対して明確にすることである。

> **解 説**

▶設問内容が本文の構成に沿ったものとなっているので，解答は作成しやすい。設問で問われている遺伝子検査の利点・問題点・留意点について順番に読み取っていく。

問1 遺伝子検査（genetic testing）の最大の利点と最大の問題点を述べている箇所を本文中に探す。

● **遺伝子検査の最大の利点**：第1段に，makes it possible … such as cancer and diabetes とある。この「人ががんや糖尿病のようなある種の病気にかかるリスクを簡単に見つけることができる」は遺伝子検査の利点に関する記述なので，この部分を答えればよい。

✓ **語句** develop「（病気）を発症する，（病気）になる」 diabetes「糖尿病」

● **遺伝子検査の最大の問題点**：第5段は，Still, commercialization of the services carries some problems. で始まる（文中の services とは第3段第2文の genetic testing services「遺伝子検査サービス」のこと）。下線部に注目し，この段落を見ていくと，最終文に，The biggest issue is the accuracy of such tests.「その最大の問題点は，そのような検査の正確さである」とあり，第6段末尾に，concerns over the accuracy of its genetic examinations「その遺伝子検査の正確さに対する懸念」（its はグーグルが投資している遺伝子検査のベンチャー企業を指す）とあることから，これが遺伝子検査の最大の問題点と考えられる。

問2 「遺伝子検査を提供する業者が留意すべき事」に関する記述を3点本文中に探す。

● 本文では「提供業者」が（the）providers という語で示されているので，この語を探していく。すると，第9段，第10段，第11段（最終段）にそれぞれ，providers … must〔should〕という記述が見つかる。providers および must / should という語が使用されている箇所が，留意点が述べられている該当箇所である。

● **1点目＝第9段最終文**：The providers of genetic testing services must be careful when explaining test results to people.「遺伝子検査サービスを提供する業者は，結果を人々に伝える際に注意しなければならない」
第9段第2文にその理由として，The results of testing may cause some people to be unduly pessimistic about their future.「検査結果が原因で将来に対して過

度に悲観的になる者もいる」とあるので，これを解答に含めてもよい。

● 2点目＝第10段第1文：The providers also should handle data on individual examinees' genes with utmost care ….「…提供業者はまた，検査を受けた個人の遺伝子に関するデータを最大限の注意を払って扱うべきである」

第10段第2文：Leakage of such data must be prevented at any cost.「情報の漏洩はどんなに費用がかかっても防がねばならない」

✔語句 at any cost「どんな犠牲〔費用〕を払っても」

第10段最終文：There must be no lapses in the management of data.「データ管理に不注意によるどんな小さな間違いもあってはならない」

→第2文と最終文は第1文の記述を具体的に補強したもの。第1文を補強するという形でこの3文をまとめる。

● 3点目＝第11段（最終段）第2文：At the very least, providers of such services should be required to ①make clear to users ②the purpose and limits of tests, ③their possible disadvantages and ④the scientific grounds of their clinical usefulness, as well as ⑤company policy on handling personal information including genetic data acquired from the test and ⑥the relevant information on testing institutes.「少なくとも，そのようなサービスの提供業者は，利用者に②検査の目的と限界，③考えられるデメリット，④臨床面の有用性の科学的根拠，⑤検査から得られる遺伝子データを含む個人情報の扱いに関する会社の方針，⑥検査機関についての関連情報を明らかにするよう求められるべきである」

POINT 下線部①は make A clear to users「Aを利用者に対して明らかにする」が倒置され，Aが後に回されたもの。Aに当たる部分は下線部②〜⑥のすべて。

問3 本文中に利用できる語句がある場合はそれを利用する。本問の場合，「〜といった」＝such as 〜 や，「〜を含む」＝including が利用できるだろう。

● 「食事」diet→日常の習慣的にとる食事は meal ではなく diet を使用する。
● 「〜といった」は such as 〜 で表す。
● 「睡眠不足」lack of sleep と「運動不足」lack of exercise では lack of が共通なので，lack of sleep or exercise とまとめてもよい。
● 「後天的要素」acquired factor→AIDS「後天性免疫不全症候群」のA は acquired のA で，正式には acquired immunodeficiency syndrome と表記。
● 「いくつかの病気」some diseases→病名がはっきりしている具体的な病気を指す場合は，disease(s) が好まれる。
✔語句 「遺伝子に加えて」in addition to genes 「がんを含むA」A including cancer 「AがBの原因である」A is the cause of B / A causes B / A is responsible for B

構文研究

❽ *ll.* **1-3** Users of genetic testing services should know that <u>the discovery</u> in genetic examinations <u>of</u> the presence of irregularities that raise the risk of developing certain diseases does not necessarily mean they will develop them.

ある種の病気になるリスクを高める異常の存在が遺伝子検査で見つかっても，それがその病気にかかるということを必ずしも意味しないということを，遺伝子検査サービスの利用者は知っておくべきだ。

●the discovery of ～「～の発見」→「～を発見すること，～が発見されること」という名詞句に，in genetic examinations「遺伝子検査において」という副詞句が挿入されている。the discovery (in genetic examinations) of the presence of … ということ。

●文全体の動詞である know の目的語となる that 節は文の最後まで。この that 節の主部は，the discovery から certain diseases までで，その動詞は does not mean「意味しない」である。また，動詞 raise の前の that は関係代名詞で，その先行詞は irregularities である。

✓ **語句** presence「存在」 irregularities「異常，障害」←irregularity「不規則」 raise the risk「リスクを高める」

解 答

問1 最大の利点は，人ががんや糖尿病のようなある種の病気にかかるリスクを簡単に見つけることができること。最大の問題点は，検査の正確性に疑問が残ること。

問2 ・検査結果を伝える際には，検査を受けた人が将来について悲観しすぎることがないよう，注意を払って伝えなければならない。

・検査を受けた個人の遺伝子に関するデータを最大限の注意を払って扱うべきであり，情報の漏洩やどんな小さなミスもあってはならない。

・検査の利用者に対して，検査の目的と限界，考えられるデメリット，臨床面の有用性の科学的根拠，検査から得られる遺伝子データを含む個人情報の扱いに関する会社の方針，検査機関についての関連情報を明らかにしなければならない。

問3 In addition to genes, some acquired factors such as diet, smoking, drinking, stress, lack of sleep, and lack of exercise are the cause of some diseases including cancer.

10 患者を治療する際に医師が抱くさまざまな感情

🎓 大分大　　　　　　　　　　　　　　　　　　　　⏰ 目標 20 分

全 訳

❶　47 歳で，双子の母親である女性が，2 日前に始まった腹痛のため，私のところへ訪ねて来る。検査したところ，彼女は大腸閉塞を発症しているように見える。この事態はまれで，深刻である可能性を秘めている，なぜならば，閉塞した腸は破裂し，悲惨な結果を伴うことがあるばかりでなく，閉塞を引き起こしている可能性がある原因にはいくつかの非常に深刻な状態が含まれているからでもある。

❷　我々は，彼女を病院の緊急治療室に急いで連れて行く。CT スキャンで，腸が結腸にある塊で閉塞されていることが確認できる——これでがんの可能性が一層高まる。彼女はその夜に手術を受ける。外科医の調査結果により，塊による腸閉塞が見られるが，これはがんではなく子宮内膜症である，ということが判明する。通常は子宮内面を覆っている組織が骨盤内の他の部位に癒着したときに，この良性の症状が起きる。この患者は大手術を受けなければならないけれども，彼女は大丈夫だろう。

❸　こうしたすべてのことが起きている間，医師は何を感じていたのか？　私が最初に抱いた感情は，彼女に対する懸念だった——私が好きだった人が危篤だったのだから。第二の感情は，私が過去に何かを見落としていたのではないかという心配だった，そして，私は，そうだったかどうか調べるために彼女の病歴を見直した（見落としはなかったようだった）。第三の感情も，心配であった。病院のシステムはきちんと機能するのだろうか？（金曜日の午後遅くだったのだ）彼女は，私が手助けしてもらいたかった医師から適切な処置をしてもらうだろうか？　第四の感情は，恐れだった。がんだろうか？　彼女は回復するだろうか？

❹　彼女が大丈夫であると知ったとき，私の抱いた第五の感情は嬉しさであった。私は，偶然ナースステーションにいた私の教えている数人の学生に，この話を上機嫌で話した。私は，この知らせを共有するために，妻に電話をした。この文章を書いている今も，私の嬉しさはそのままだ。

❺　私が注目に値すると思うのは，私の一連の感情が医療と科学との重要な区別を表しているということである。医療は，何かを欲する。具体的には，医療は患者に回復してほしいと思い，良い結果を出してほしいと思う。科学は，少なくとも原則としては，何も欲せず，結果に無関心である。重いボールの方が軽いボールより速く落下しても，あるいは，その逆であっても，ガリレオは嬉しいとも悲しいとも思わないのだ。彼は，念入りに観察して，事実を解釈することに関心があるのだ。しかし，医師は何かを望む，他者のために善を望むのだ。そして，この好意，この慈善は，我々の職業の最も深いところにある核心であり，最も確かな指針なのである。

解　説

問1　語句整序と空所補充の融合問題である。まず，空所前後の文脈および，そこで使用されている語（句）と，整序のために与えられている語（句）との結びつきから，各空所にａ〜ｃのどれを入れるのかを選ぶ。

(1)　空所(1)に続く文に，obstructed intestine「ふさがれた腸→腸閉塞」および obstruction「閉塞」という語（句）があるので，このつながりからｂを並べかえて入れる。なお，このエッセーの最初の2つの段落は，臨場感と緊迫感を出す効果を狙って，演劇の台本のト書き同様，現在時制で書かれている。

● When（she is）examined「（彼女が）検査を受けると」に続く部分。主語は she だと考えられ，動詞は3単現形をとるので，she appears を作る。続いて，to と have，そして an obstruction という名詞から，「閉塞をもっているように見える」という意味になるように，appears to have an obstruction という句を作る。残った語で「彼女の大腸の」という句を作り，an obstruction にくっつける。

(3)　空所(3)の前の記述は女性に対する処置に関するものであり，また，ａは空所(5)に入ると考えられることから，空所(3)にはｃを並べかえたものを入れる。

● would she に続く部分なので，まず動詞の原形が入ると推測できる。したがって，まず get から始めて，次にこの目的語の care from 〜「〜からの治療」を続ければよいのだが，その前に，空所の前の properly の存在に注目し，筆者が「適切な」治療を気にしていることを読み取る。ゆえに，care の前に properly と同義の appropriate（品詞は異なるが）をつけて，get appropriate care from を作ると，次は the doctors が続くのが自然。残った I と to と needed を，help me につながるように並べかえればよい。help が原形なので，to は help の前にくる。あとは the doctors（that）I needed という形を作ればよい。ここの needed to help me は，needed in order to help me ということである。

(5)　空所(5)の直前に the heavier とあり，並べかえる語（句）に than があるところから，比較級の英文だと推測できる。ガリレオの時代は，人々は「重い物体は軽い物体よりも速く落ちる」と思い込んでいたという背景知識があれば簡単。

● 「より重いボールはより軽いボールよりも速く落ちる」という意味になるように並べかえる。

問2　語句整序の問題。

(2)　下線部(2)の直前の文に，「女性の状態は<u>良性の</u>（benign）ものであるものの，通常は子宮内表面を<u>覆っている</u>（lining：ここの line は「（〜の内側）を覆う」という意味）組織（→つまり子宮内膜）が骨盤内の子宮以外のところで増殖している」とあるので，手術は必要となる。したがって，「この患者は手術は必要だが，良性

なので心配はない」という意味の文になるように並べかえればよいと考える。

● 主語は the patient で，「大きな外科手術を受けねばならない」と考えて，must undergo major surgery と続け，あとは，she will be（fine）とすればよい。

(4) まず語（句）の意味を確認しよう。

> ✔ 語句 emotion(s)「（さまざまな）感情」 noteworthy「顕著な，注目に値する」 crucial「きわめて重大な，決定的な」 distinction「区別」 encode「〜を記号化する」 strike「打つ，心に浮かぶ」strike *A* as *B* で「*A* に *B* だと思わせる」。 sequence「連続」

● 下線部(4)のある文は What で始まっているが文尾に疑問符がないので，この What は関係代名詞か，あるいは主語で間接疑問文の形になっていると考えられる。下線部は「医療と科学の間の」から続く部分である。あとの第 2 〜 4 文に，「医療は良い結果を求めるが科学は結果には無関心」とあり，医療と科学は大きく異なるということが述べられている。

● distinction が「区別」という意味なので，まずこの語を between の前につけておく。「医療と科学の間の区別」という句ができあがる。文頭の What が関係代名詞だと考え，What strikes me as noteworthy という形を作ってみると，「私に注目に値すると思わせるものは」という名詞節ができる。これを文の主部として，動詞は is を選び，その後に that my … と続けると，「私に注目に値すると思わせるものは，私の X が，医療と科学の間の区別を Y することだ」のようになる。X の部分は，所有格 my の直後であるので，of emotions も a crucial も不可。したがって，sequence of emotions と続けるしかなく，その後に Y に当たる動詞 encodes がきて，その目的語が a crucial distinction（between …）となる。

● my sequence of emotions「私の一連のさまざまな感情」は単数扱い。動詞は sequence に合わせる。

解 答

問 1 (1) she appears to have an obstruction of her large intestine

(3) get appropriate care from the doctors I needed to

(5) ball falls faster than the lighter ball

問 2 (2) patient must undergo major surgery, she will be

(4) strikes me as noteworthy is that my sequence of emotions encodes a crucial distinction

11 死をコントロールすることは可能なのか ★★★

🎓 福島県立医科大　　　　　　　　　　　　　　　　　⏱ 目標35分

全 訳

❶　私たちが死を免れることができないということほど根本的な問題はない。私たちは死ぬ運命にあり，私たちはそれを知っている。それは恐ろしく，変えることができない真実であり，私たちが信頼できる数少ない絶対的真実の1つである。その他の顕著な絶対的真実は2+2＝4 のような数学的なものになりがちである。フランスの哲学者であり数学者でもあるブレーズ=パスカルが最も恐れていたのが「無限に広がる空間の静けさ」であったが，これは時間の終わりを取り囲んでいるのは無であり，私たちがそのことについて知らないことを意味する。

❷　というのは死とは時間の終わりであり，経験の終わりであるからだ。たとえ宗教心が強く来世を信じていたとしても，そのとき，万事が変わることは確実である。つまり，永遠の天国（または地獄）にいるか，または，何らかの生まれ変わった魂として存在するのかのどちらかとなる。宗教心がなければ，死は意識の終わりとなる。そして，おいしい食事を味わい，良い本を読み，美しい夕日を見，性行為をし，誰かを愛することの終焉は意識とともに去る。どちらにしても気がめいってしまう。

❸　私たちは人々が私たちのことを記憶している限り存在している。私は19世紀のウクライナで暮らす曽祖父母のことを思い浮かべる。彼らはどのような人物なのだろう？　彼らについて書かれたものはなく，写真もなく，何も残っていない。彼らの遺伝子だけが私たち現在の世代の中に，薄まった形で，残っているのである。

❹　何をすべきなのか？　私たちは自分の遺伝子を拡散し，本やエッセーを書き，定理を証明し，詩や交響曲を作り，絵を描く──何らかの功績をあげるどのようなことも。現代科学はより発展しうるのであろうか？　死ぬ運命をコントロールできる未来を考えることはできるのだろうか？　その可能性を考えるのはおそらくあまりにも楽天的すぎるが，いろいろと憶測をしたくなる気持ちは大きくなりすぎてしまうものである。

❺　たとえば，私が101歳まで生きるとしよう。その場合，私にはまだ半分の人生が残っている。ここで死ぬ運命をコントロールする2つの方法が考えられるだろう。すなわち，1つは細胞レベルの方法で，もう1つは体と遺伝学，認知科学，サイバーテクノロジーを統合することによる方法である。他の方法もあることは確かである。しかし，まず初めに，少なくとも現代の科学によれば，死ぬ運命を完全に覆すのは不可能であるということをはっきりさせておきたい。推測はさておき，現代物理学は過去へのタイムトラベルを許さない。残念ながら，ぱっとタイムマシンに飛び乗って，何度も繰り返し，若いころを再体験することはできない（実際はそれは少し恐ろしいことに思えるが）。因果関係は容赦のない女王なのである。また，人は自分が吸血鬼であり（私は自分が吸血鬼であればと思うことが何度かあったが），かつ物理法則を超越しない限り，熱力学の第二法則から実際に逃れることはできない。つまり人体のように，環境と影響しあい，そこから栄養やエネルギーを吸収することができるオープンシステムでさえ，ゆっくりと劣化していくのだ。やがて私たちは酸素をひどく燃焼し

ていくのである。私たちは生き，そして衰える。ここに生命の残酷な妥協がある。つまり，生き続けるためには何かを食べる必要があるが，食べることによって私たちは自分を殺しつつあるのだ。細胞レベルで言えば，ミトコンドリアは食物をエネルギーに変換する小さなエンジンの役割を果たしている。飢餓状態にある細胞はより長生きする。どうやらサーチュインファミリーのタンパク質がそのプロセスの一因となっており，細胞が自己破壊する生体プログラムである通常のアポトーシスを阻害しているようだ。

❻ 適切な量のサーチュインや何か他のもので，人間の老化をかなり遅らせることができるのだろうか？ 数十年以内には可能になるかもしれない。遺伝子作用もまた通常のミトコンドリアの呼吸を阻害する可能性があり，mclk 1 遺伝子の発現が低下するとネズミの老化が遅れることが示されている。シノラブディス=エレガンスという線虫にも，似たようなことが実際に起きている。これらのことが示すのは，老化に関する同じ分子レベルのメカニズムが動物界で起こっているということである。

❼ これら 2 つのメカニズムが結びつくことで，そう，2040 年までに，科学者たちは細胞の老化の秘密を解き明かせるのではないかと推測することができる。それにより平均寿命が125 歳かそれ以上になる可能性も出てくるのだが，これは現在のアメリカの約 77 歳の平均寿命からすると大変な伸びとなる。もちろんそうなれば，とりわけ社会保障システムをかなり圧迫することになるだろう――しかし，それまでには，定年が 100 歳くらいになっているかもしれない。

❽ 私の人生のこれから先 50 年ほどのうちに，2 つ目の可能性が実現する可能性ははるかに低いだろう。それはヒト・クローンの作製と私たちのすべての記憶を巨大なデータベースに蓄積した装置を組み合わせることである。ある年齢のクローンに，それに対応する記憶を注入するのだ。ほら，ご覧よ！ このクローンはあなたになりますか？ 実際にはだれにもわからない。もちろん，単なる記憶のないクローンはだめだ。人とは，その記憶なのである。

❾ 同じアイデンティティで生き続けるためには，私たちは記憶を保ったままでいなければならない――もちろん，自分のことが嫌で，過去を忘れたいと思わない限り。したがって，そのようなとてつもない技術の発展が可能だと仮定すれば，今の自分が年をとり，体力がなくなったとき，私たちは自分の新しい複製に移れるだろう。私の同僚の中には，今世紀中にそういった技術が手に入れられると断言している者もいる。

❿ 私は生まれつき楽天家であるが，それはかなり疑わしいと思っている。おそらく私はそういったことを経験することはなく，同僚もまた経験することはないだろう。しかしながら，死をコントロールすることは人間の究極の夢であり，他のあらゆることを変えてしまう可能性があるということに疑いの余地はない。それによって引き起こされるだろう，世の中を一変させる社会的および倫理的混乱については別のエッセーに残しておく。その間，私はメアリー=シェリーの『フランケンシュタイン』の助言に従うことにする。おそらく私たちがまったく準備できていない革新的なことがあるだろうから。

解 説

問 1 Causality is an unforgiving mistress. の意味していることを問う問題である。

● 設問に，causality は the relationship between cause and effect つまり「原因と結果の間の関係」⇒「因果関係」，mistress は a woman who is in a position of authority or control つまり「権威や支配の地位にある女性」⇒「女性支配者，女王，女主人」とある。

● unforgiving は forgiving「（過ちなどを）許す」の反意語で，「（過ちなどを）許さない，（情け）容赦のない，厳しい」という意味。したがって，下線部は「因果関係は容赦のない女王だ」が直訳。

● この意味を具体的に説明すればよい。下線部の少し前の，But first で始まる第5段第4文に，at least according to current science, mortality can never be completely reversed「少なくとも現代科学によれば，死を免れないこと〔死すべき運命〕を完全に逆転させることは絶対にできない」とある。さらに第5文に，Speculation aside, modern physics forbids time travel to the past.「思索は別にして，現代物理学は過去へのタイムトラベルを禁じている」とあり，第6文には「タイムマシンに飛び乗って青年期を何度も送ることはできない」とある。

● これらの記述から，「因果関係」は時間の流れは不可逆であるという物理法則を意味しており，「容赦のない女王」は，その比喩だと考えられる。「容赦のない」とは「非常に厳格である」=「時間という物理法則を曲げることはできない」ということ。

問2 a combination of these two mechanisms「これら2つのメカニズムの組み合わせ」

● 下線部からさかのぼりながら，この「2つのメカニズム」が説明されている箇所を探していく。

● 第6段最終文に，the same molecular mechanism for aging という語句があり，これらのメカニズムは「老化」に関する「分子的メカニズム」に関係があると推測できる。

● 第6段第1文に，sirtuin「サーチュイン」の適切な摂取が老化を遅らせることができるのか？とある。第3文には，Genetic action (may) also interfere with the usual mitochondrial respiration「遺伝子の作用もまた，通常のミトコンドリアの呼吸を妨げる（かもしれない）」とあり，コロン（：）に続いて，reduced expression of the mclk 1 gene has been shown to slow down aging in mice「mclk 1 遺伝子の発現が減少するとマウスの老化が遅れることがわかった」とある。したがって，「2つのメカニズム」とは「サーチュイン」と「mclk 1 遺伝子」の2つが関与するメカニズムであることがわかる。

● 「サーチュイン」は第5段の最終文に初出であり，ここに「サーチュインファミリー」が「通常のアポトーシスを妨げる」とあるので，ここも解答に含める。なお，第6段第3文の「通常のミトコンドリアの呼吸」がなぜ老化につながるのかは，第5段最後から2つ目の文の Starving cells live longer.「飢えた細胞はより長く生きる」と関係がある。

問3 Inject the clone of a certain age with the corresponding memories. 「ある年齢のクローンに，その年齢に応じた記憶を注入する」

● この後の記述を見ていくと，同じ段落の最終2文に，Certainly, just the clone without the memories won't do. We are what we remember. 「記憶をもたないクローンは，（クローンとして）十分ではない。人とは，その記憶なのだ」とある。

> **補注** 仮にクローン技術で自分の複製を作ったとしても，それは自分の一卵性双生児を赤ん坊から育てていくということと一緒。遺伝子は自分と同一なので，見た目は自分と同じ人間に育っていくが，育った環境も時代も異なる個体がまったく同じものになることは考えられない。

問4 I seriously doubt it 「私は本気でそれを疑っている」

● 直前の第9段最終文に such technologies will become available within the century「そのような科学技術が今世紀内に使えるようになるであろう」とあり，下線部の it はここを指している。

● such technologies の具体的説明はさらにその前文にあり，move to a new copy of ourselves when the current one gets old and weakened「現在の自分が年をとって体が弱くなると，自分の新しい複製に移る」ことができるような技術のこと。

● 「自分の新しい複製に移る」理由は，第9段第1文の To keep on living with the same identity「同じアイデンティティで生き続けるため」ということなので，この部分も解答に含める。

構文研究

❿ *ll.* 4-5 | I |leave| the deeply transforming social and ethical confusion this would cause |to| another essay.
私は，このことが引き起こすであろう，世の中を一変させる社会的および倫理的混乱については，別のエッセーに残しておく。

● confusion の後に関係代名詞が省略されている。
✓ **語句** leave *A* to *B*「*A* を *B* に残す」 transforming「変化させる，一変させる」 ethical「倫理的」

2

解　答

問1　物理法則は厳格で絶対的であり，タイムマシンで過去に行くといったような，この法則を曲げることは決してできないということ。
　〈**別解**〉我々は決して，物理法則から逃れることはできないということ。

問2　サーチュインによって通常のアポトーシスが阻害されるメカニズムと，mclk 1遺伝子の発現が低下することで老化が遅れるメカニズムの2つを組み合わせること。

問3　人のアイデンティティはその人間が覚えているもののすべてなので，年齢に応じた記憶をもたないクローンは，クローンとしては不十分だから。

問4　同じアイデンティティを保って生き続けるために，年をとり体が弱くなったときに，その時点の記憶を自分の新たな複製に入れるという技術が今世紀中に利用できるようになること。

12 医療における質の改善の取り組み

🎓 島根大　　　　　　　　　　　　　　　　　　　　⏰ 目標 40 分

全 訳

❶　医療における質の改善は，チームの取り組みであり，サービスを使う人たちとその介護者や家族と支援者を含むとき，最も効果的である。これらの人たちは，健康に関する事柄において，病気という個人的な体験から専門的な知識を直接もたらすばかりでなく，医療制度の向こうにある生活からの技術ももたらす。

❷　医療のいくつかの面を改善する必要があることは疑いがないが，質の不足は，あらゆる角度から明確に述べる必要がある。私たちはいろいろなことをよりよくすることができたり，よりよいことを行ったりすることもできる。だが，この 2 つは通常は違ったように行動することを意味する。患者や介護者とその支援者は，医療の異なる観点を持つ重要な源泉である。

❸　患者に関与するように勧めることは，ちょうどよいときに敬意をもって行われる必要がある。たとえば，質の指標を論じる委員の会合において，参加している親を「お母さん」と呼ぶことは品位を落とすことである。(1)このレンズを通してだれかを見ると，彼らがその職業経歴の中で得ていたかもしれない他の人生経験に気づかなくなってしまう。私たちは，患者としての経験から得たものであろうが，または，他の個人的経験あるいは職業的経験から得られたものであろうが，人々が会合の場に持ち寄るすべての属性，資質，技能を謹んで認める必要がある。

❹　医療の改善において，私たちは，身の上話を語ることから，より広い集団を代表していることや，共同生産におけるパートナーまで，眼に見えない脚本で，さまざまな役割を演じるように患者に求めている。こういった役割のどれが演じるよう患者に求められているのかは常に明らかなわけではない。患者は，期待された 2 つの役割の間で板挟みになったり，求められていることを見つけ出そうとしているのかもしれない。この状況では，よりよく行動することは，あらゆる貢献の関係性と実用的な影響を改善することを意味している。

❺　患者の関与のレベルは，プロジェクトの要求度と個人の好みによって異なるだろう。すべてのレベルで，インプットの質は，量を凌駕する。患者と介護者は，サービスの経験に対して求められる洞察と求められない洞察をすでに提供している。さらなるフィードバックの要求の目的が明確でないならば，「フィードバック疲労」が始まるかもしれない。新しい情報がいつもよりよい情報であるとは限らない。

❻　言語の質に注意を払うことは，対話がうまくいき日々協力できる基盤である。多くの患者と介護者は，治療中に彼らが出会ったたった 1 つの言葉が引き起こした苦痛について述べることができる。特に，新しい言葉と呼び名に関して，私たちはその持ち主に対して敬意を払うことが重要である。たとえば，認知症の経験を持つ患者のみがどのサービスが実際認知症に優しいかを実証することができる。

❼　近年，私たちは，伝統的な患者対医者の関係の境界線の質的な拡大を経験してきた。病状について臨床医や研究者と知識を交換しているとき，医療界の外部から知識を持ち込みつつ，患者の支援者はより自信をつけてきている。だが，すべての臨床医が，診察の間や医療

サービスの改善を話し合っている際に，患者の貢献のすべてを歓迎するまでに，私たちにはまだいくらか（改善のために）やるべきことがある。よりよい医療の１つの例は，患者や介護者や医療の専門家が「怖くて○○○ということを聞くことも口に出すこともできなかった」と言うのをもはや聞かないことであろう。

❽　これらの個人的な出会いを超えて，患者は，医療を改善するための組織的な変革において，重要な役割も持っている。速度，量，統一性，専門化のような時としてお互いに競合する要因の微妙なバランスが，すべて直接的に，医療サービスを使う人たちに影響する。だから，彼らの視点が，このより大きな状況にも影響を与える必要がある。組織的な改善のすべての面に人びとや介護者や家族や支持者を関与させるためのモデルがすでに存在する。これらに一貫した特徴は，時機を得ているということである――早期の関与が常によりよいことなのだ。

❾　あらゆる質の改善の取り組みは，もしその「改善」が一元的であるならば，患者にとって意図しない付随的障害を生み出すかもしれない。利用者が，小児病棟にトースターのある台所という避難所や定期的な点滴による治療の間にビスケットを食べる楽しみがなくて寂しい思いをしない限り，改善の試みの欠陥は目に見えないだろう。(5)変革の過程の初期に適切な協力をすれば，これらの予想もしていない結果がどのようなものになるのか，そしてそれらを避けるにはどうすればいいのかについての洞察が得られる。協力は両方向に働く。決定の理論的根拠と私たち皆が働いているさまざまな（組織的な，臨床的な，個人的な）制約に対して，より深いつながりと認識があれば，私たちは一緒に学ぶことができる――そして，それはいつもよりよいことなのだ。

❿　サービスを使っている人たちにとって，よりよい医療は個人的なものである。なぜならば私たちは日々の生活の実状に合わせて病気をなんとか上手に自己管理しているからだ。しばしば，「よりよい」は，実際，限られた選択肢の一覧から一番ましなものを選ぶことを意味する。患者の観点から見て何がよりよいのかを判断するために，その出発点はひどく心を乱す人生の出来事であることを私たちは忘れてはならない。病気にかかったまま生きることは，質の改善の取り組みに対する巨大な価値のある類まれな洞察を個人に与える。これらの取り組みは，患者の体験の質的な性質を認識し，臨床サービスを提供する医療専門家の体験と等しい優先権を患者の体験に与えなければならない。たとえ私たちの言語とシステムが必ずしもその２つの要素のつながりを反映しないとしても，それらは密接につながっている。

解　説

問1　下線部の構成は以下のとおり。

> Looking at someone through this lens blinds us to the other life
> S（無生物主語）　　　　　　　　V
> experiences they may have had in their professional career.
> the other life experiences を修飾　they は someone を受けている

● 「このレンズを通してだれかを見ることは，彼らがその職業経歴の中で得ていたかもしれない他の人生経験に対して我々を盲目にさせる」が直訳。

→「このレンズを通して人を見ると，彼らがその職業経歴の中で得ていたかもしれない他の人生経験に気づかなくなってしまう」

- blind には「～に気づかせないようにする，判断力を奪う」という意味がある。
- someone は正式には he / she で受けるが，この英文のように they で受けることも多々ある。
- they 以下はいわゆる接触節。直前に関係代名詞が省略されている。have experiences は「経験をする」，the other＋複数名詞は「その他の～のすべて」を意味する。
- may have had ～は完了形助動詞で「～したかもしれない」という意味。

問2　this situation「この状況」
同じ段の第1文～第3文にかけて「この状況」の具体的内容が述べられているので，そこを簡潔にまとめる。

- **第1文**：In healthcare improvement we are asking patients to play a range of roles (in an invisible script, from telling their story, to being representative of …, to partners in co-production.)「医療の改善において，私たちは患者にさまざまな役割を演じるように求めている」
- from 以下は，from A, to B, to C「A から B，さらに C までの」という構造。
- **第2文**：It's not always clear which of these roles patients are asked to play.「こういった役割のどれが患者に演じるよう求められているのかは常に明らかなわけではない」
- **第3文**：Patients can find themselves stuck between two expected roles or trying to find out what is required.「患者は，期待された2つの役割の間で板挟みになったり，求められていることを見つけ出そうとしているのかもしれない」
- まとめると，「医療の改善において，患者はさまざまな役割を演じるように求められているが，どんな役割が求められているのかが常にはっきりしているわけではない中で，患者が期待された2つの役割の間で板挟みになったり，自分に求められていることを見つけ出そうとしている状況」となる。

✓ **語句** (be) stuck「動けなくなって，行き詰まって」

問3　for successful dialogue and everyday collaboration「対話の成功と日々の協力のための」が修飾する語句を完成する。冒頭部が文の主語になると予想できる。
イディオムが推測される場合は，まずイディオム部分を作り，使用した語を消去して残った部分を完成していく。

- attention / paying / to から，paying attention to ～「～に注意を払う」というイディオムが推測できる。前置詞 to の目的語は名詞句になるはずなので the quality of language「言葉の質」だと見当をつけると，「言葉の質に注意すること」という動名詞句が文の主語になることがわかる。残った語で，is the foundation（for …）「…のための基礎である」を作ればよい。

問4   we still have some way to go

- 下線部は「私たちはまだ進むべきいくらかの道のりがある」が本来の意味。これは「私たちにはまだやるべきことがいくらかある」という意味を表している。
- 下線部に続く部分に some way to go の内容が述べられている。before all clinicians welcome every patient contribution「すべての臨床医が患者の貢献のすべてを歓迎するまでに」
- either during consultations or in discussing service improvements「診察の間や医療サービスの改善について話し合っている際に」
- One example of better healthcare might be that …「よりよい医療の1つの例は…ということかもしれない」
- we no longer hear patients, carers, or healthcare professionals say, "I was too afraid to ask or say …"「私たちは患者や介護者や医療専門家が『怖くて○○○ということを聞くことも口に出すこともできなかった』と言うのをもはや耳にすることはない」
- 該当部分を簡潔にまとめると，「患者や介護者や医療専門家が『○○○ということを怖くて聞くことも口に出すこともできなかった』と言うのをもはや聞かなくて済むように，よりよい医療のために，まだやるべきことがいくらかあるということ」となる。

問5   下線部の構成は以下のとおり。

> Proper collaboration early in the change process can give insight into
> S　　　　　　　　　　Proper collaboration を修飾
> what these unintended consequences might be and how to avoid them.
> and で how to avoid them と結ばれている間接疑問文　　　unintended consequences を指す

- 「変革の過程の初期における適切な協力が，これらの予想もしていない結果がどのようなものになるのかの洞察，そしてそれらを避ける方法に対する洞察を与えてくれる」が直訳。→「変革の過程の初期に適切な協力をすれば，これらの予想もしていない結果がどのようなものになるのか，そしてそれらを避けるにはどうすればいいのかについての洞察が得られる」
- ✓ **語句** proper collaboration「適切な協力」 early in the change process「変革の過程の早い時期の」 give insight into ～「～に対する洞察力を与える」 unintended consequences「意図していない（予想もしていない）結果」 might be は will be や単なる be 動詞の are より弱い推量を表す。

問6 下線部直前の better actually means の解釈がポイント。

● better はここでは名詞で「よりよいということ」という意味で使用されており，means は mean「意味する」の3単現形。→「しばしば，よりよいということは〜を意味する」という文脈が完成するよう下線部の語を並び替えればよい。

● means の目的語に動名詞の choosing を入れてみる。整序する語に worst があるが，「よりよいことを選ぶ」という文脈では，worst はそのままでは使えない。worst の意味を逆転させるために，前に the least を付けると the least worst「悪いものの中で一番ましな」という意味の慣用句ができる。この worst は名詞。ただし the least worst は頻出度が低いので，高校生には難しい表現であろう。

● 残った語を並び替えると，of a limited menu「限られた選択肢一覧の中で」という句ができる。この menu はコンピュータを使用する際の，オプションのリストを意味する「メニュー」と同じ。

● まとめると，(means) choosing the least worst of a limited menu「限られた選択肢一覧から，悪いものの中でも一番ましなものを選ぶ」という意味の語句ができる。

問7 The two elements が何を指しているのかを見極める。

● The two elements「2つの要素」は，その直前の文中の patient experience「患者の体験」と the experience of healthcare professionals providing clinical services「医療サービスを提供している医療専門家の体験」を指している。

● hand in glove は「ぐるになって，緊密に連携して，結託して」という意味で，密接につながっていることを意味する慣用句。fit「合う，一致する」はここでは be 動詞と同じような意味を表していると考えればよい。

● 以上の2つをつなげればよい。

構文研究

❸ *ll.* **5-8** We need to respectfully acknowledge all the attributes, qualities, and skills that people bring to the table, <u>whether gained</u> through their
= whether they are gained

patient experiences or other personal or career experiences.

私たちは，患者が経験したことから得たものであろうが，他の個人の体験あるいは職業上の経験から得たものであろうが，人が話し合いの席に持ち込むすべての属性，資質，技能を謹んで認める必要がある。

● whether gained は whether they are gained の省略。they は all the attributes, qualities, and skills that people bring to the table を指す。whether 以下は respectfully acknowledge を修飾する。

✓ 語句▶ respectfully「うやうやしく，謹んで」　bring ~ to the table「~を話し合いの席に持ってくる」

❼ *ll.* **2-4** Patient advocates are becoming more confident <u>when exchanging</u>
= when they are exchanging

knowledge with clinicians and researchers about medical conditions, <u>bringing</u> in their knowledge from outside the medical arena.
exchanging を修飾

医療界の外部から知識を持ち込みつつ，病状について臨床医や研究者と知識を交換しているとき，患者の支援者はますます自信を強めていくのだ。

● when exchanging は when they(＝patient advocates) are exchanging の省略。
● bringing は付帯状況を表す分詞構文で，exchanging を修飾。

✓ 語句▶ advocate「支持者，支援者」　clinician「臨床医」　arena「場，界」

解 答

問1　このレンズを通して人を見ると，彼らがその職業経歴の中で得ていたかも
しれない他の人生経験に気づかなくなってしまう。

問2　医療の改善において，患者はさまざまな役割を演じるように求められてい
るが，どんな役割が求められているのかが常にはっきりしているわけではない
中で，患者が期待された2つの役割の間で板挟みになったり，自分に求められ
ていることを見つけ出そうとしている状況。

問3　Paying attention to the quality of language is the foundation

問4　患者や介護者や医療専門家が「怖くて〇〇〇ということを聞くことも言う
こともできなかった」と言うのをもはや聞かなくて済むように，よりよい医療
のためにまだやるべきことがいくらかあるということ。

問5　変革の過程の初期に適切な協力をすれば，これらの予想もしていない結果
がどのようなものになるのか，そしてそれらを避けるにはどうすればいいのか
についての洞察が得られる。

問6　choosing the least worst of a limited menu

問7　「患者の体験」と「医療サービスを提供している医療専門家の体験」は密
接につながっているということ。

13 抗生物質が未熟児に与える悪影響 ★★★★

🎓 富山大   ⏱ 目標 50 分

全 訳

❶ ステロイドの投与量を変えるべきだろうか？ 利尿剤を投与すべきなのだろうか？ 補給チューブは外した方がよいのだろうか？ レイチェル=グリーンバーグ医師は，ノースカロライナ州ダラムのデューク大学医療センターの新生児集中治療室（NICU）の薄暗い小部屋を歩き回りながら，数多くの重大な決断を下す。彼女の手に託されている小さな子どもたちの様子を確認していると，心地よいメロディを奏でるモビールの下，オープン型のベビーベッドの中で落ち着きをなくしている赤ん坊もいる。体重が 500 グラム未満の体が極めて小さな赤ん坊は，透明プラスチックのケースの中で眠る。病室の隅では，コンピュータモニターに「手を洗うこと！」といったメッセージが静かに力強く映し出される。

❷ 巡回の終わり近くになって，若い新生児医のグリーンバーグは，移ってきたばかりのひとりの赤褐色の肌と薄くて黒い髪の女の子の所に行く。その子は地域の病院から最近移ってきたのだ。予定日より 4 週間早く生まれ，NICU のほとんどの子よりも状態はよかったのだが，グリーンバーグはカルテに書かれたあるメモが気にかかる。地域の病院の医師は感染症の検査を行わずにその赤ん坊に抗生物質を与えていたのだ。グリーンバーグはその薬剤が必要だったのだろうかと考えている。彼女が血液培養を行ったところ，細菌は見つかっていない。その赤ん坊は感染症にかかっていなかったのかもしれない。あるいはかかっていて，抗生物質が効いていたのかもしれない。知るすべもなく，グリーンバーグはその投与を続ける。

❸ その赤ん坊と同様に，アメリカでは早産で生まれた 50 万人近くの赤ん坊の大多数は，感染の証拠がない場合でも抗生物質を与えられる。未熟児の多くは，血液検査で感染していないことが判明した後でも，その薬剤の投与が続けられる。しかし，その慣習は，病院で最も病気にかかりやすい患者を保護する最善の方法であるとかつては考えられていたが，今では疑問視されつつある。「そうした抗生物質を与えるリスクの方が，実際にはその効果を上回るかもしれないことに私たちは気がつき始めているのです」とゲーンズビルにあるフロリダ大学の新生児医ジョーゼフ=ノイは語る。

❹ ある研究によれば，ある種の感染症とたたかう上で有効ではあるが，そうした薬が新生児の発達途中の腸管内微生物相を一掃してしまうことで，他の感染症を助長してしまうこともある。腸管内微生物相はビタミンを合成し，免疫系を支えていくといった多様な機能を持つ何兆もの常在菌である。そうした微生物生態系を破壊することで，赤ん坊，特に未熟児に対する全面的な抗生物質投与は以後の人生でぜんそくや肥満などの多くの問題を促進しかねない。しかも，最近の研究から判明しているのは，未熟児が NICU から出てしばらくすると，多くの抗生物質耐性菌を保有することもあり，そのことは本人だけではなく，さまざまな人々を危険にさらす可能性がある。

❺ あらゆる医学分野において医師たちは抗生物質の乱用の危険性に目覚めつつある。ところが，NICU での変化は遅々として進まない。デューク大学のモニターに現れるもう 1 つのメッセージは，「抗生物質が解決策とは限らない！」というものである。だが，多くの新生

児医は，担当中に赤ん坊が死んでしまうのではないかという恐れを振り払えず，自分たちの習慣を変えることをためらっている。「私たちは努力しているのです…認識を改めるために，そして抗生物質が常に安全策であるという思い込みと戦うために」とグリーンバーグは語る。

❻　ノイはちょっとした臨床試験を行うことで決定的な証拠を提供することを望んでいる。その臨床試験とは，機械的に抗生物質を投与されていたであろう未熟児から無作為抽出し，投薬する代わりに治療を行わない対照群に入れるというものである。2年にわたって彼のチームは腸管内微生物相と健康を調べるだろう。ノイの同僚の中には抗生物質を与えないことに対して不安を感じる者もいるが，ノイは答えが必要とされていると語る。「こうした抗生物質をもっと賢く使うために私たちができることは何でしょうか？　これこそが今現在新生児集中治療における最大の問題の1つだと思うのです」

❼　今日では，妊娠28週の早産児は通常生存する。24週で生まれた赤ん坊の半数以上も，しばしば重大な障害が残るものの，生き延びる。多くは抗生物質のおかげであり，未熟児の未発達な免疫系だけの力ではたたかうことができなかったであろう感染症を予防してきたのである。こうした成功例がNICUでの抗生物質の常用の着実な増加を促進することとなった。最終的な集計では，NICUで処方される上位4つの薬剤の中の3つは抗生物質であった。

❽　しかし，抗生物質はそれが防止することを目的とした問題そのものの危険性に赤ん坊がますますさらされることもあることに科学者は徐々に気がつき始めた。たとえば，『小児医学』に掲載された2009年の画期的研究では，グリーンバーグの同僚マイケル＝コッテンは，抗生物質を摂取する日が一日増えるごとに，未熟児は重大な疾病である壊死性腸炎にかかるか，または死亡する可能性が，著しく高まることを証明した。

❾　最初の微生物が私たちの体内でコロニーを作るのはいつなのか——誕生前なのか出産中なのか——に関しては研究者の論議が続いているが，グリーンバーグなど多くの研究者たちは幼児が初期に抗生物質を服用してしまうと，そうした不可欠な常在菌の定着を阻害してしまうという懸念を抱いている。腸管内微生物相はほとんど臓器そのものと言ってもよいもので，肝臓とほぼ同じだけの重量がある。免疫系を準備する上で決定的な役割を果たすと考えられており，人間の脳と同じ数だけの神経伝達物質を生み出す。遺伝的要因や抗生物質などの環境要因は人生の初期においてその組織を形成する。その後，3歳ごろになると，準安定期が始まり，「その構造から抜けられなくなってしまうのです」とミズーリ州セントルイスにあるワシントン大学の微生物学者ゴータム＝ダンタスは語る。

❿　ダンタスは微生物相が確立されつつある未熟児内のそうした働きの原因を追跡して明らかにし始めた。そしてセントルイス子ども病院の未熟児の便のサンプルを調べてみると，子ども全員が抗生剤を投与されてきたことを発見して衝撃を受けた。その結果，サンプルはどれも対照群として使うことができなくなった。その代わりに，数日間だけ抗生物質を投与された未熟児の便のサンプルを，数カ月にわたって投与された未熟児の便と比較した。長期にわたって抗生物質の投与を受けた赤ん坊は，数日間だけの投与を受けた赤ん坊と比べて細菌の多様性がわずか10分の1にすぎないことがわかった。さらに，そうした赤ん坊の主要な居住細菌は「腸内の悪性の病原体」であった，と彼は語る。「私たちの推測では，抗生物質の強い力のせいで，生存可能な細菌はそれだけであり，おそらくNICUの院内環境の表面から入ってくるものでしょう」

⓫　過去2年にわたって，ダンタスは赤ん坊が退院した後で，そうした多様性が減少した微生物相がどうなったかを追跡してきた。彼が明らかにしたことによると，初めのうちは，未熟児の微生物相は制限された状態が続いた。ところが，生後4〜6カ月になるころには，正

期産児のものと変わらない多様性を持つようになっていった。しかし，未熟児は発育上重要な段階に達した際に微生物による通常の補完組織を持っていなかったために，「本当の意味で追いつくことは決してないだろう」とダンタスは推測している。

❿ 抗生物質の初期の使用とぜんそくや自己免疫疾患および肥満などの疾患の間に関連性が示唆されるケースが増えていることは，ダンタスの研究によって説明が可能かもしれない。たとえば，64,580 人の子どもの診療記録を過去にさかのぼって分析すると，生後 24 カ月の間に抗生物質を投与された子どもの方が，幼児期に肥満になる危険性が高くなっていた。

⓭ ダンタスは，NICU で抗生物質を投与された 2 歳児たちの微生物相を検査したとき，気がかりな結果をもう 1 つ発見した。それは検査を行ったすべての抗生物質に耐性を持つ微生物であった。実はその子どもたちの腸は基本的に抗生物質耐性菌の温床となっていたのである。「状況はまったく暗澹たるものとは言えないかもしれませんが，バラ色のものではないことは確かです」と彼は語る。「感染の危険性があることは承知していますが，そうした薬の明らかな効果を示す，説得力のあるデータや証拠を目にしたことはまったくありません」

解 説

問1 空欄の前後の意味を把握し，文脈に合う選択肢を選ぶ。

(A) 第 1 段では，新生児集中治療室で医師が未熟児の体調を案じている様子が描写されている。これを把握した上で，各選択肢の意味を見ていく。

(a)「抗生物質が解決策とは限らない！」

(b)「こういった抗生物質をもっと賢く使うために私たちに何ができるか？」

(c)「手を洗うこと！」

(d)「そうした抗生物質を与えるリスクの方が，実際にはその効果を上回るかもしれないことに私たちは気づき始めている」

(e)「抗生物質はなぜ選ばれた未熟児の免疫システムを壊したのか？」

→(c)以外の選択肢は抗生物質に関する情報についてのものだが，抗生物質に関する情報は空欄(A)までには述べられていないのですべて不適切。したがって，感染症予防の基本である手洗いを訴える(c)が正解。

(D) 直前部に「未熟児の多くに感染症対策として無条件に抗生物質が与えられる慣例が疑問視されている」とある。これに続く第 4 段の冒頭に「薬剤が他の感染症を助長する可能性がある」ことが述べられている。「抗生物質という薬には害があるかもしれない」という文脈から(d)が最も適切。

(H) 空欄の後に，医師は「抗生物質は常に安全策だという思い込みとたたかう」とある。したがって「抗生物質は安全ではないかもしれない」→「解決策にはならないかもしれない」と考えられるので，(a)が適切。

(J) 空欄直後に「これこそが今現在新生児集中治療における最大の問題の 1 つ」とある。未熟児に無条件で抗生物質を与える慣例が疑問視される一方で，投与しないこ

とに不安を感じる医師もいるという，空欄直前までで述べられている状況を踏まえると，抗生物質をどう使うか，その使用法に言及している(b)が最も適切。

問 2 a note in her chart concerns Greenberg「彼女のカルテにあるメモがグリーンバーグに懸念を抱かせる」

●chart＝medical〔hospital〕chart　「カルテ」

(a)　グリーンバーグ医師の関心（事実の部分）は直後の Doctors at the community hospital had given the baby antibiotics without testing for an infection.「地域の病院の医師たちは感染症の検査をせずに赤ん坊に抗生物質を与えていた」に具体的に述べられている。この部分がそのまま指定字数内に収まる。

(b)　懸念はその次の文，Greenberg wonders whether the drugs（＝antibiotics）were necessary.「グリーンバーグはその薬剤（＝抗生物質）が必要だったのだろうかと考える」に述べられている。グリーンバーグの疑問をそのまま和訳すれば指定字数内に収まる。

✓ **語句** community hospital「地域病院」 antibiotic(s)「抗生物質」（通例複数形）infection「感染症」 drug「薬，薬剤，薬物，麻薬」

●test「検査する」の用法：test A for B「B がないかどうか A を検査する，B のために A を調べる」（本文ではこの A に該当する部分は省略）　*ex.* test someone for an infection「感染症に感染していないか人を検査する」 test someone for allergies「アレルギーがないか人を検査する，人のアレルギー検査をする」 test a new drug for safety「新薬の安全性を調べる」

問 3 that practice, once considered the best way to protect a hospital's most vulnerable patients, is now being challenged

(a)　動詞 challenge はここでは「〜に異議を唱える，〜を疑問視する」の意味で使用されている。日本語の「挑戦（する）」は一般には try を使用する。

✓ **語句** dispute「〜に異を唱える，〜に反論する」 invite 〜 to a fight「〜を戦いに誘う」 take on a trial「（製品など）を試用する」 inspire「〜を鼓舞する，着想を与える」 throw down「投げ落とす，挑戦などを突き付ける，挑む」

(b)　下線部(C)の文構成は以下のとおり。

```
that practice, / once considered the best way to protect a hospital's most
    S              挿入節　once の後に it was が省略
vulnerable patients, / is now being challenged
                          V　進行形受動態
```

「その慣習は，かつては病院で最も病気にかかりやすい患者を保護する最善の方法

と考えられていたが，今では疑問視されつつある」が直訳。この問題では「その慣習」の具体的内容を明確にすることが求められている。

◉that practice の具体的内容は直前の2文に述べられているので，以下の2文の内容をまとめ，訳文に入れる。

① (Like that baby,) the vast majority of the nearly half-million infants born prematurely in the United States are given antibiotics, even without evidence of infection.「アメリカでは早産で生まれた50万人近くの新生児の大多数は，感染症の証拠がなくても抗生物質を与えられる」

② Many premature infants are kept on the drugs even after blood tests say they are not infected.「多くの未熟児は感染していないことが血液検査でわかった後も薬剤を与え続けられる」

→まとめると「感染の有無に関係なく未熟児に抗生物質を投与するという慣習」となる。

◉once は「かつては」という意味の副詞。英文の主節は that practice is now being challenged で，進行形受動態の形になっている。once considered … vulnerable patients は分詞構文で，挿入形式となっている。接続詞を用いて書きかえると，that practice is now being challenged, though it was once considered the best way to protect a hospital's most vulnerable patients となる。

◉infant「乳児，赤ん坊」 prematurely「早産で」→infants born prematurely「未熟児（＝premature infants）」

✓語句 majority「大多数」 keep on ～「～を続けたままにしておく」 be infected「感染して」 practice「慣習，慣例」 vulnerable「もろい，脆弱な，傷つきやすい，病気にかかりやすい，攻撃を受けやすい」

(c) 「感染の有無に関係なく未熟児に抗生物質を投与するという慣習」がなぜ支持されるのかと考える。すると，抗生物質によって未熟児の命が救われているからという推測が成り立つ。そうした新生児の現状を述べているのが第7段第1文 (Today, babies born as early as 28 weeks routinely survive, as do more than half of those born at 24 weeks although often with significant disabilities.) である。

①文頭：Today, babies born 文尾：with significant disabilities

②日本語訳：「今日では，妊娠28週の早産児は通常生存する。24週で生まれた赤ん坊の半分以上も，しばしば重大な障害が残るものの，生き延びる」

→この英文の文構造については後述の「構文研究」も参照のこと。

◉babies born as early as 28 weeks「(妊娠)28週という早い時期に生まれる赤ん坊」→「妊娠28週の早産児」

✔ 語句 as early as ～「～もの早くに，早くも～に」 routinely「日常的に，いつ
も決まって」 with significant disabilities「重大な障害がある」

問4 語句整序の問題。

● 直後に those drugs may encourage others by wiping out an infant's
developing gut microbiome とある。ここの others は先行の infections を受けて
other infections の意味だと考えられるので，「そういった薬は新生児の発達途中
の腸管内微生物相を一掃してしまうことによって他の感染症を助長してしまうこと
もある」という意味となる。下線部にある while は「～する一方で，～だけれど
も」という譲歩の意味を表す語なので，下線部は「感染症を抑える」という意味に
なると見当をつける。

● helping は help（to）*do*「～するのを助ける」という形で使用すると見当をつける。
while が though と同じ譲歩の意味を表すと考えると，even while＋SV は even
though＋SV「たとえ～でも」と同じ接続詞句と考えられる。また，fight は fight
infections で「感染症とたたかう」となる。以上を総合すると，(even) while
helping fight infections という節ができる。certain は「ある種の」という意味の
形容詞として infections の前に置けばよい。

問5 blanket，a host に最もよく当てはまる意味の語を選ぶ。

(F) blanket は，名詞だと「毛布，覆い」，動詞だと「覆う」，形容詞だと「一律の，
全面的な」という意味。したがって(f)の thorough「全面的な」が最も適切。毛布
が一面を覆うイメージからも類推できる。blanket antibiotic dosing は「抗生物質
の一律投与」という意味。←dose「～に投薬する，服用させる」

(G) a host of＋複数名詞は「多数の～」という意味。したがって(e)の a large
number が適切。

問6 a small clinical trial「ちょっとした臨床試験」

● 下線部の直後にコロン（：）がある。これはその後に説明や理由，具体例が続くこ
とを示す符号。解答はこの後の2文の内容をまとめればよい。

● A random selection of premature infants who would have been given
antibiotics automatically will instead be placed in a nontreatment control
group. For 2 years, his team will track their microbiomes and health.「本来
なら機械的に抗生物質を投与されていたであろう未熟児から無作為に選び出して，
投薬する代わりに治療を行わない対照群に入れる。彼のチームは2年間，未熟児の
腸管内微生物相と健康を調べるだろう」
→この日本語訳の合計は93字なので，これを85字以下に減らせばよい。

● 「抗生物質の機械的な投与が行われるはずだった未熟児を無作為に選び出して薬剤投与をしない対照群に入れ，2年間，その腸管内微生物相と健康を調べる」とまとめると70字で収まる。

● premature infants who would have been given antibiotics は仮定法過去完了で，「本来なら抗生物質が投与されたであろうに実際は投与されなかった」という意味。

● instead「その代わり」は，「be given antibiotics automatically の代わりに」ということ。

問7 Dantas recently began tracing those dynamics in premature babies「ダンタスは未熟児内のそういった働きの原因を追跡して明らかにし始めた」

✓**語句** trace「～の原因を突き止める，（たどって）明らかにする」 dynamics「物事が作用し，反応し，互いに影響を与える様，相互の働き，動力学」

● 下線部に続く第2文～第6文にそれぞれの空欄の該当箇所がある。該当箇所をそのまま和訳すると，指定字数内にほぼ収まる。

(a) 第2文：… every child had been exposed to antibiotics「抗生物質にさらされていた」
→「抗生物質を投与されていた」（12字）

(b) 第3文：… none of the samples could serve as controls「対照群として使えなかった」（12字）

✓**語句** serve as ～「～として役立つ，～に使える」

(c) 第4文：… he compared stool samples from premature infants who had been exposed to antibiotics for just a few days to stool from those exposed for a few months「抗生物質を数日間投与された未熟児の便と数カ月間投与された未熟児の便を比較した」（38字）

✓**語句** compare A to B「A と B を比較する」 those exposed = the premature infants who had been exposed

(d) 第5文：… babies on long-term antibiotics had only a 10th of the bacterial diversity of those exposed for just a few days「抗生物質を長期間投与された赤ん坊は，数日間しか投与されなかった赤ん坊の10分の1しか腸内細菌の多様性がない」（52字）
→このままでは字数がオーバーするので，「抗生物質を長期間投与された赤ん坊は，数日間のみ投与された赤ん坊の10分の1しか腸内細菌の多様性がない」（49字）とまとめる。

(e) 第6文：… their dominant inhabitants were "bad gut pathogens"「そうした赤ん坊の主常在菌は悪性の腸管内病原体である」（25字）
→「腸内細菌の多様性が低い赤ん坊の主要腸内菌は悪性の病原体である」（31字）

としてもよい。

✔ 語句 ▶ dominant「支配的な，優勢な，主要な」 inhabitant「特定の場所に住み着いている人，動物，菌類等」

問8 Dantas has traced「ダンタスは以下のことを追跡して明らかにした」

● ダンタスが明らかにしたのは，下線部直後（what happened to …）より「そうした赤ん坊が退院した後，多様性が減少した腸管内細菌がどうなったのか」ということ。(a)～(h)の英文の意味をそれぞれ確認し，本文と照らし合わせていく。

(a)「抗生物質の初期の使用と，未熟児に一般に見つかる病気には強い関連があるように思われた」→第12段第1文に「ぜんそく，自己免疫疾患，肥満」との関連が示唆されており，第2文には幼児期の肥満との統計的関連性が示されているものの，これらの病気が未熟児に一般に見つかる病気であるという記述はない。

(b)「未熟児の微生物相は，生後6カ月までには満期（正期・臨月）出産児と同じ多様性になっていることがわかった」→第11段第3文（But by 4 …）の内容と一致する。

(c)「未熟児の悪性病原体は集中治療室の空気に由来する」→第10段最終文の，… and they（＝bugs）probably are coming in from surfaces in the NICU「悪性病原菌はたぶん新生児集中治療室の表面各部に由来する」という記述と矛盾する。bug(s)「ばい菌，微生物」 surfaces は治療室の床や壁，器具，機器等すべての表面部分。

(d)「退院後少しの間，未熟児の腸管内微生物相の多様性は少なくなっていた」→第11段第1・2文の内容に一致する。

(e)「未熟児が退院後に抗生物質を摂取すると何らかの影響を受けることが研究からわかった」→退院後に抗生物質を摂取するといった記述はない。

(f)「抗生物質を初期に使用すると未熟児の免疫システムだけではたたかうことができない感染症を確実に予防した」→第4段第1文（問4で問われている箇所）の内容に合わない。

(g)「未熟児の微生物相は，発達の重要段階に達したときに期待された多様性にまで成長していなかった」→第11段最終文の内容に一致する。lacked a normal microbial complement は「微生物に関して正常に補完してくれるものがなかった」という意味。key developmental milestones「重要な発達上の局面」と crucial periods of development「発達の重大な時期〔段階〕」は同義。

(h)「未熟児の腸管内微生物相は肝臓とほぼ同じ重さであることが一般にわかった」→腸管内微生物相の重量については第9段第2文に記述があるが，これが未熟児の腸管内微生物相についてのものだという記述はどこにもない。なお，liver は「肝臓」を意味する。

❻ *ll.* **1-3** A random selection of <u>premature infants</u> <u>who would have been given</u>
　　　　　　　　　　　　　　　S　　　　　　　　premature infants を修飾

antibiotics automatically <u>will instead be placed</u> in a nontreatment
　　　　　　　　　　　　　　　V　主語は premature infants

control group.
本来なら機械的に抗生物質を投与されていたであろう未熟児を無作為に抽出したも
の を，抗生物質を与える代わりに，治療をしない対照群に入れるというもの。

●この部分は，前述の a small clinical trial : に続く部分で，主部は A random selection から automatically まで。動詞は will instead be placed である。平叙文であるが，コロン（：）に よって，a small clinical trial と同格の名詞節のような存在となっている。

●コロンは，その後に前述の文の具体例や理由，補足説明等が続くことを意味する記号。文脈に 応じて，「たとえば」「というのは」「つまり」といった意味を持つ。この例では，同格節を作 る接続詞 that のような働きをしている。

●would have been given は仮定法過去完了で，「本来なら与えられたであろう（が実際は与え られなかった。なぜなら無作為抽出され，治療を受けない対照群に入れられることになったか ら）」ということ。

●instead は「その代わりに，しかしそうせずに」という意味の副詞で，具体的には「抗生物質 を投与される代わりに」ということ。

●control group「対照群」→臨床試験において，新しい治療を受けない（＝nontreatment の）グ ループを指す。新しい治療を受けるグループは治療群（treatment group）と言う。対照群は， 新しい治療法や薬の効果があるかどうかを調べるために，治療群と比較対照されるものである。 →問題 14 の「プラセボ対照型臨床試験」も参照のこと。

✓ 語句 automatically「自動的に，機械的に」

❼ *ll.* 1-2 Today, <u>babies born</u> as <u>early as</u> 28 weeks routinely survive, <u>as</u> do
= babies (who are) born ~もそう〔同じ〕だが

more than half of <u>those born</u> at 24 weeks <u>although often</u> with
= the babies (who are) born =, although they often survive

significant disabilities.

今日では，(妊娠) 28 週という早期に生まれた赤ん坊は日常的に生き延びる。(妊娠) 24 週で生まれた赤ん坊も半数以上は生き延びる。もっとも，しばしば重大な障害を抱えて生き延びるのだが。

● as do ~ は「~もそう〔同じ〕だが」という意味。do の部分は be 動詞や助動詞 (do / does / did も含めて) が使用される。 as do more than half of those born at 24 weeks は，more than half of those born at 24 weeks survive, too と同じ意味を表す。*ex.* Frank is a good doctor, as was his grandfather. 「フランクは優秀な医師だ。彼の祖父もそうだったが」 I go to school by bike every day, as do most of my classmates. 「私は毎日自転車で通学する。私の級友のほとんどもそうだが」

● although は「もっとも~だが」という意味で，補足の譲歩節。although often with ~ は although they [=the babies who are born at 24 weeks] often survive with ~ の省略。いわゆる「省略構文」においては，省略されている語句は直前 (同じ文中か直前の文) にある。それ以上さかのぼって探さないこと。

● disability「障害」 何らかの能力が欠けていることを意味する。これに対して disorder は何らかの不調や異常が身体または精神にあることを意味する。それは ability と order の持つ意味を考えればわかるだろう。

✓ 語句 as early as ~「~もの早くに，~もの初期に」 *ex.* as early as the 7th century「早くも 7 世紀に」 *cf.* as late as ~「~もの遅くに (最近に)，やっと~になって」 *ex.* as late as the 20th century「やっと 20 世紀になって」

❼ *ll.* 3-4 Much of <u>the credit goes to</u> antibiotics, <u>which</u> have prevented
先行詞は antibiotics

infections <u>that</u> a premature infant's immature immune system <u>could</u>
先行詞は infections

<u>not have fought</u> on its own.
仮定法過去完了 it は premature infant's immature immune system を指す

功績の多くは抗生物質に与えられる。抗生物質は未熟児の未発達な免疫系だけではたたかうことができなかったであろう感染症を予防してきたからだ。

● 関係代名詞 , which は , because they (=antibiotics) と同じ意味。
● could not have fought は「(未熟な免疫系では) たたかうことができなかっただろう (が実際は抗生物質があったのでたたかうことができた)」という意味を表す。
● go to ~「~に与えられる」←「~のもとに行く」から。
✓ 語句 credit「功績，名誉」 immature「未熟な」 immune system「免疫系」 on *one's* own
=by *oneself* / alone

解 答

問1 (A)—(c) (D)—(d) (H)—(a) (J)—(b)

問2 (a)地域の病院の医師たちが感染症の検査をせずに赤ん坊に抗生物質を与えていた（という事実）（35字）

(b)投与した抗生物質は必要だったのだろうか（という懸念）（19字）

問3 (a)—①

(b)早産で生まれた新生児の多くが抗生物質を与えられ，感染していないことが血液検査でわかった後も抗生物質を投与され続けられるという慣習は，かつては病院で最も病気にかかりやすい患者を保護する最善の方法と考えられていたが，今では疑問視されつつある。

(c)①文頭：Today babies born 文尾：with significant disabilities

②今日では，妊娠 28 週の早産児は通常生存する。24 週で生まれた赤ん坊の半分以上も，しばしば重大な障害が残るものの，生き延びる。

問4 while helping fight certain infections

問5 (F)—(f) (G)—(e)

問6 本来なら機械的に抗生物質を投与されていたであろう未熟児を無作為に抽出し，薬剤を投与する代わりに治療を行わない対照群に入れ，2 年間，未熟児の腸管内微生物相と健康を調べる。（84字）

問7 (a)抗生物質を投与されていた（12字）

(b)対照群として使えなかった（12字）

(c)抗生物質を数日間投与された未熟児の便と数カ月間投与された未熟児の便を比較した（38字）

(d)抗生物質を長期間投与された赤ん坊は，数日間のみ投与された赤ん坊の 10分の 1 しか腸内細菌の多様性がない（49字）

(e)腸管内細菌の多様性が低い赤ん坊の主要腸内菌は悪性の病原体である（31字）

問8 (b)・(d)・(g)

14 プラセボ対照型臨床試験　★★★★

🎓東京医科歯科大　　　　　　　　　　　　　　　⏱目標90分

全　訳

❶　医師の間での究極の倫理基準によれば，患者の病気を治療するために医師はあらゆる可能な手段を使わなければならない──しかし，これは臨床試験，つまり試験であって治療ではないと解されるものにも当てはまるのだろうか。臨床試験では，より長期的な観点で広く人々の健康に恩恵を与えるのに活用できる知識を得ることと，患者が治療を受けるという基本的権利との間に，まず緊張関係が存在する。

❷　(ア)科学者にとって，究極の基準とは綿密な検証に耐える結果を出すことだ。医師や研究者にとって，新薬のテストにおける「ゴールドスタンダード（価値基準）」とはプラセボ対照試験による研究であるが，このような研究ではまったく治療を受けない患者が出てしまう。かかる基準は倫理的なジレンマを呈することになる。というのも，医薬認可局ははっきりした科学的なデータが必要だということに重きを置く傾向があり，そのようなデータは，新薬をある対照を設けて，つまりプラセボを対照剤としてテストしたときに最もうまく得られるからだ。さらに，効果のある薬の代わりにただの糖衣錠を与えられる可能性が30％から50％あるような医薬品試験に，先進諸国の患者を説得して参加してもらうのがだんだん困難になっているということもある。

❸　その結果，製薬会社はプラセボ対照試験を行うのに，次第に第三世界の国々を当てにするようになってきており，そしてそれゆえ医療界では，「医療帝国主義だ」と異議を唱える多くの声が上がっている。

❹　この問題は，世界医師会（WMA）がヘルシンキ宣言として知られているその指針を2000年10月に修正してから過熱している。最初は，第二次世界大戦中におけるナチスの医師たちの虐待行為に対して作られたニュルンベルク綱領の後を受けるものとして1964年に出されたこの宣言は，法的拘束力はないものの，ヒトを対象とした研究倫理の普遍的な基盤として一般的に認められている。新しい修正指針では，認可されている治療法が存在する場合にプラセボを使用することは禁止されており，「新しい方法についての恩恵，危険，負担および効果は，現在使われている最良の予防，診断，治療の方法についてのそれぞれを対照として試験されるべき」であり，すべての患者が「最善と証明されている診断および治療方法を保証されるべき」であるとされている。

❺　一番最近の修正は，1990年代半ばにタイとアフリカで行われた，076試験として知られているエイズ治療薬の試験の結果なされたものだった。この治験では，低用量の治療でエイズが子どもに感染するのを防げるかどうかを見るために，妊娠した女性にプラセボかアジドチミジンのいずれかが与えられた。他の治験方法としては，見込みのある新薬が，すでに認可されている薬品を対照剤としてテストされる非劣性試験があっただろう。しかし問題は，そのような試験では，プラセボ対照試験を使った研究よりもずっと解釈の難しい結果が出てくる可能性があることである。

❻　生命を脅かす病気にかかっている患者は治療し，患者もその子どもも不当な危険にさら

してはならないという一般に認められた倫理基準のため，076試験は合衆国およびヨーロッパ諸国でなら禁止されていただろう。しかし，治験のスポンサーであるアメリカ疾病管理センターとアメリカ国立衛生研究所は，かかる地域の女性が抗HIV治療薬を利用することは概してできないという理由から，発展途上国での当該治験の実施は許可されるべきだと主張した。これはつまり，彼らの考えは，治療のチャンスが半々だとしても，まったく治療を受けられないよりはましだということであり，試験中の治療は医療が最小限しかない発展途上国にまさにうってつけであると主張しているのである。これに反対の見解として，「もと植民地だった貧しい国々に住む人々は，研究のもとに起こりうる搾取から守られなければならない。さもなければ，こうした国々での劣悪な医療が，研究を支援している国の倫理基準なら決して通らないような研究を正当化するのに利用される可能性がある」と市民健康調査団体のピーター=ルーリーは主張した。

❼　欧州連合や日本が修正された宣言を強く支持している一方で，合衆国での新薬認可の責務を負う機関であるアメリカ食品医薬品局（FDA）は，いまだはっきりした態度をとっていない。2001年3月，FDAは報告書を提出し，その中で「FDAはこの修正をFDAの規約に入れるという措置はまだとっていない」と述べた。さらに，「世界医師会の動きでFDAの規約が変わったわけではない」とも記している。逆説的になるが，この文書では，FDAは「ヘルシンキ宣言（ただしここでは，1989年以降の前回の改訂版ヘルシンキ宣言のことを言っているのであるが）に含まれる倫理規範，または調査が行われる国の法律のどちらであれ，人体実験の被験者に，より大きな保護を与える方に適合する場合にのみ，海外での臨床研究を容認する」とも述べられている。2001年1月，FDAは「生命を脅かす病気についてのプラセボ対照試験の使用：発展途上国がその答えなのか？」という題目の組織内部の会議を開いた。議論の主題は，ペンシルベニア州にある製薬会社，ディスカバリー・ラボラトリーズ社が，呼吸窮迫症候群（RDS）という致命的な症状のある未熟児の治療をするのに使われる新しい界面活性物質の治験のために，ラテンアメリカで行うよう計画したプラセボ対照研究であった。

❽　ディスカバリー・ラボラトリーズ社の社長，ロバート=ケイプトーラによると，以前に行われた他の薬での非劣性試験は，最終的に認可されたものの，あいまいな結果しか出なかったので，今度は彼の会社の薬品サーファキシンを，プラセボを対照剤として試験する必要があったということだ。「我々は数種類の治験を考えており，およそ9カ月かけてFDAと話し合いをしてきました」とケイプトーラは言った。確かにFDAの記録文書には，「スポンサーは，他の界面活性物質を対照としてRDS治療の界面活性物質のヨーロッパでの非劣性試験を行うことも計画している」と書かれている。

❾　さらに，ディスカバリー社がプラセボ対照試験の対象としている国々への報奨として，同社は新生児用の設備のない地域にそうした設備を建設し，10年間にわたって生産コストをほんのわずかに上回るだけの値段で同社の薬品を提供することを提案した，とケイプトーラは説明した。すでにそのような設備の1つは建設済みだとも彼はつけ加えた。ケイプトーラは，ラテンアメリカに提案したプラセボ対照試験は倫理にもとるものではないと信じている。なぜならば，未熟な肺のまま生まれた新生児がその地域で治療を受けられることは，相対的に見てほとんどないからである。「事実上こうした国々では，薬を必要としている患者の80％から90％は何の治療も受けていないのです」と彼は言い，また，多数の発展途上国の代表者が，自分たちの国に新生児設備を建設し，治験を行ってくれるようディスカバリー社に依頼しているとつけ加えた。

❿　しかし，プラセボ対照研究の結果を受け入れるかどうか，あるいは医薬品メーカーに非劣性試験を求めるかどうかを決めるのは新薬を認可する機関である。そして，プラセボ使用の最も強力な支持者の１人は，FDA の医薬品査定調査局の医療政策局長であるロバート=テンプルだ。ヘルシンキ宣言の来るべき修正に先手を打って，テンプルは 2000 年 9 月に 2 部構成の記事を *Annals of Internal Medicine* に発表し，それにより，大半の治験でプラセボを使用することを科学的に弁護するための下地を作った。テンプル——そして，ほとんどの科学者——は，薬品試験においてはプラセボ対照試験が最も強力なデータを生むと信じており，それゆえ，生命を脅かす度合いが最も深刻な状況を除くすべての場合に，そのような研究計画が必要だと信じている。「修正された宣言はあまりにも融通性がなさすぎる。それに，頭痛や脱毛，アレルギー，胸焼けといった症状や，インフォームド・コンセントのもとで患者を傷害や死の危険にさらすことのないようなその他の命に別状のない症状でプラセボを使うこととの区別ができていない」と彼は述べた。要約すれば，FDA にとって，命に別状のない場合の医療試験に対する公衆衛生上の要請は，試験で治療を受ける個人の権利よりも優先されなければならないということだと，テンプルは主張しているのである。

⓫　対照的に，世界医師会は個々の患者の権利が常に科学上の要請より優先されなければならないと考えており，そしてもしそうでなければ，エイズ治療薬の治験やナチスドイツで行われたように研究の悪用がなされる危険があると世界医師会会長，デロン=ヒューマンは述べてきた。(ｲ)言い換えれば，倫理と患者１人１人の保護が，科学や公衆衛生が必要とするものよりも優先されなければならないということだ。「1 つ以上のプラセボ対照の優越性試験で明快な結果が出ている場合は，プラセボ対照試験をまた新しく行うべきではない」と，ジョージタウン大学のケネディー倫理研究所所長，ルロイ=ウォルターズは言った。「次の段階としては，同等有効性対照試験を行うべきだ」と彼はつけ加えた。実際，ハーバードの公衆衛生学部が海外の患者でアジドチミジンの無作為割付同等性試験を行ったところ，以前に行われたプラセボ対照試験と同じ結果が出たのだった。「この場合には，試験に参加することですべての患者が恩恵を受けたわけです」とウォルターズは述べた。もっとも，同等性試験では，倫理的な研究の名のもとに，時には何らかの科学的な情報が犠牲になるかもしれないということも彼は認めているが。

⓬　このように，FDA が大半の状況でのプラセボの使用を擁護していること，また合衆国の製薬会社による海外での試験が増えていることで，この議論は今後も続きそうだ。2001 年 6 月に，研究危機保護局に代わって新しく被験者保護局（OHRP）が，アメリカ保健福祉省に作られた。2001 年 1 月，OHRP の初代局長であるグレッグ=コスキは，発展途上国で試験を行うことにより生じる倫理問題を監視する新しい部署を設けた。(ｦ)改訂版ヘルシンキ宣言に対してアメリカ合衆国が支持するか異議を唱えるかの決断を下すのは，単に時間の問題かもしれない。

解　説

▶英文はプラセボ（偽薬）対照型臨床試験の倫理的問題について論じたかなりの長文で，語彙も難解。内容真偽問題や英問英答問題の該当箇所も，すんなりとは見つからない。600 字の論述問題もあり，医学系英語の最難関の部類に入る問題だが，敬遠せずに挑戦してみる価値はある。

問1 「本文中で，下線が引かれた以下の語句・表現は何を指すか，英語で答えよ」
　　該当段落を冒頭から下線部まで読んでみれば，たいていは，その範囲内に見つかる。

(a)　their infants の their＝**pregnant women**（第5段）
● their は複数名詞を指す代名詞なので，複数名詞を探すと，Thailand and Africa
または pregnant women「妊娠した女性」が見つかるが，infants「赤ん坊」との
結びつき，および transmission of the disease「病気（＝エイズ）の（母子）感
染」から，この infants は「胎児」と考えるべきで，their が指すものは，
pregnant women であると判断できる。

(b)　their thinking の their＝**the US Centers for Disease Control and the US
National Institutes of Health**（第6段）
● この their も複数名詞を指している。第6段中，下線部までの範囲での複数名詞は
いくつかあるが，ここは thinking の後を読めば答えが見つかる。「治療のチャンス
が半々だとしても，まったく治療を受けられないよりはよい」と考えているのはだ
れかを考える。プラセボ対照試験を擁護する立場に立っているのは，076試験
（trial 076）のスポンサーである，2つの機関に他ならない。

(c)　its＝**Discovery Labs**
● この部分は，第8段第1文に出てくる Discovery Labs「ディスカバリー・ラボラ
トリーズ社」の社長の話として，its drug のプラセボ対照試験の必要性が述べられ
ていることから，its は Discovery Labs を指すと考える。

(d)　One such unit＝**A neonatal unit**
● 「そのような設備の1つ」ということなので，すでにそういう記述が存在するはず
だから，unit という語に関連した語句を探すと，1つ前の英文に neonatal units
とあるのが見つかる。

(e)　such a design＝**placebo-controlled trials**
● 第10段第4文ではロバート＝テンプルの意見が述べられており，such a design
「そのような計画」が必要だという根拠は，同文の believe that 以下にあるように，
プラセボ対照試験が医薬品試験では最も強力なデータを生むということだから，
such a design は placebo-controlled trials を指していると考えられる。

問2 「以下の記述が正しい（T）か間違っている（F）かを判断し，正しい答えを
　　丸で囲め」　各記述中に含まれた語句を本文中に探し，すばやく該当箇所を見つけ
　　ることが大切である。

(1)　F　「**ナチスの医師たちは，ヘルシンキ宣言により処罰された**」
● 第4段第2文に，ヘルシンキ宣言は，ナチスの医師たちの第二次世界大戦中の虐待
行為に対して作られたニュルンベルク綱領の後を受けて1964年に作られたことが
述べられているが，ナチスの医師がヘルシンキ宣言によって処罰されたという記述

はない。

> 補注 ヘルシンキ宣言（Declaration of Helsinki）：正式名称「人間を対象とする医学研究の倫理的原則」。医学研究者が自らを規制するために，人体実験に関する倫理規範として，1964年にフィンランドの首都ヘルシンキで開かれた世界医師会第18回総会で採択。本文中にもあるとおり，第二次世界大戦中のナチスの虐待行為に対して作成されたニュルンベルク綱領の後を受けるものとして出された。
> ニュルンベルク綱領（Nuremberg Code）：医学的研究のための被験者の意思と自由を保護する基本原則。1947年，ニュルンベルク裁判の判決をもとに採択された。研究目的の医療行為（具体的には人体実験）を行うにあたって厳守すべき項目からなる。

⑵　F　「改訂版ヘルシンキ宣言は，医薬品試験に関する倫理基準についての決定的文書として満場一致で受け入れられている」

● 第4段第2文後半に「ヘルシンキ宣言は普遍的な倫理基準として一般に認められている」とあるが，同段第3文にあるように「新版は認可治療法が存在する場合のプラセボの使用を禁止している」。そのため「改訂版ヘルシンキ宣言に対してはアメリカの新薬認可機関のFDAが支持・不支持の態度をはっきりとさせていない」ことが第7段第1文に述べられている。

> 補注 改訂版ヘルシンキ宣言（revised Declaration of Helsinki）：1964年の採択以来，ヘルシンキ宣言は時代の影響を受けて何度か改訂を加えられた。第1次改訂は1975年に東京での総会で採択され，以後，1983年に第2次改訂がベニスで，1989年には第3次改訂が香港で，1996年には第4次改訂が南アフリカの総会で行われ，そして2000年にはエディンバラの総会で，ヒトゲノム計画に関して改訂された。その後，2004年の東京総会，2008年のソウル総会，2013年のブラジル・フォルタレザ総会で，プラセボやインフォームド・コンセント，医療リスク問題，プライバシー保持等に関してさらなる追加・修正が加えられるなど，絶えず改訂され続けている。

⑶　F　「アフリカとタイで行われたAZTの治験結果は，プラセボ対照試験ではなく非劣性試験（a non-inferiority trial）を使ったので，あいまいなものだった」

● 第5段第1文に「妊婦たちにプラセボかAZTが投与された」とあるので，プラセボ対照試験が行われたことがわかる。

> 補注 非劣性試験：文字どおり，被験薬が比較薬剤（実薬，またはプラセボ）に比べて臨床的に「劣らない」有効性を持つことを証明する目的で行われる試験。複数薬剤の効果が臨床的に「同等である」ことを示し，その有効性を検証しようとする「同等性試験（equivalence test／trial）」と呼ばれるものの多くがこの「非劣性試験」である。

⑷　T　「アメリカ疾病管理センターは，076試験のように，第三世界の国々でプラセボを使ったリサーチを行う研究を支持している」

● 第6段第2・3文に，アメリカ疾病管理センターはまさに076試験のスポンサーであり，プラセボ対照試験を支持していること，およびその理由が述べられている。

⑸　T　「ロバート＝テンプルは，医薬品試験で最も有用なデータを得るには，プラセボの使用は欠かせないと考えている」

● 第10段第4文（問1の(e)で検討した箇所）の内容と一致する。

問3 「以下の問いに英語で答えよ」 本文の記述を利用すればよい。該当箇所をいかにすばやく見つけるかがポイント。

⑴ 「非劣性試験を使いたがらない研究者がいるのはなぜか」

● 第5段最終文の，the problem is 以下の記述を利用する。that 節の主語 such trials は，具体的に non-inferiority trials に置き換え，以下を抜き出して解答を作成する。また Why …? で聞かれているので，解答は Because で始めること。

⑵ 「第三世界の国々でプラセボ対照試験を行うことは倫理にもとらないと言う製薬会社があるのはなぜか」

● どのみち第三世界では医療が受けられないのだから，半々でも治療の可能性があった方がましだろうというのが製薬会社の言い分である。

POINT 盛り込むべきは，第6段第2文の since 以下と第3文。

　①「この地域の女性は一般に抗 HIV 治療薬が手に入らない」

　②「治療の可能性が五分五分でもゼロよりまし」

● これらを質問に対する答えとして適切な形になるようまとめる。その際，第三世界全体に当てはまるよう若干表現を変える必要がある。

● 第9段第3文と第4文の，ロバート=ケイプトーラ（ディスカバリー社社長）の考え，「未熟な肺をもって生まれたその地域の赤ん坊は，ほとんど治療を受けられず，薬が必要な患者の80～90％が何の治療も受けられない」も根拠として利用できそうだが，こちらは事例が限定的すぎるきらいがある（第三世界全体に敷衍しにくい）ので上記の箇所を利用するのが妥当だろう。

⑶ 「ルロイ=ウォルターズによれば，プラセボ対照試験で薬品の効果のはっきりした結果が得られた場合，次の実験ではどのような治験を行うべきか，また，その種の治験の利点は何か」

● 倫理的問題をはらむプラセボ対照試験は必要最小限にとどめ，すべての被験者が利益を被ることができる他の試験方法（ここでは同等有効性対照試験）を用いるべきだ，というのがルロイ=ウォルターズの主張。これより，第11段第4文（The next step …）と，同段最終文前半（'In this case, … in the study'）をまとめる。

問4 下線部訳はいずれも平易な箇所が問われている。

㋐ 「科学の職業にとって，最終的な基準は精査に耐える結果を生み出すことである」が直訳。

● この英文の主要構造は SVC（= to 不定詞）＋関係代名詞（主格）で，平易。語彙力が勝負。

● scientific profession「科学の専門職」→「科学者」

✓ 語句 ultimate「究極の，最終的な」 withstand「～に耐える」 scrutiny「綿密な検査，検証，精査，吟味」

⑴ 「言い換えれば，倫理と個々の患者の保護が，科学と公衆衛生の要求に優先しなければならない」が直訳。

● この英文も平易だが，of the individual patient は文脈から，protection のみにかかっていくと考えられる。

✔語句 take priority over 〜「〜に優先する」 needs「必要物，要求，需要」 public health「公衆衛生」

⑺ 「アメリカが改訂版ヘルシンキ宣言を支持するのかそれに異議を唱えるのかを決定するのは，単に時間の問題かもしれない」が直訳。

● ⑺・⑴よりは難しいが，それでも，標準難度の問題。

● It may be just a matter of time before … 「…するのは単なる時間の問題かもしれない」がメイン構文。

● before は接続詞で，その主語は the USA，動詞は decides である。to uphold と（to）challenge はいずれも decides の目的語。decide to V_1 or V_2 で「V_1 するのかあるいは V_2 するのかを決定する」という意味。

the USA decides ┬ to uphold the revised Declaration of Helsinki
              │ or
              └ (to) challenge it（= the revised Declaration of Helsinki）

✔語句 challenge「〜に異議を唱える」

問5　英語の論説文で典型的に見られるように，この文章も，その主題は第1段で述べられている。

● 第1文：臨床試験にも，実際の治療と同様の方法が適用できるのか。

● 第2文：臨床試験では，人々の健康に恩恵を与えるのに活用できる知識を得ることと，患者が治療を受けるという基本的権利との間に，緊張関係が存在する。

● 問われている「現代の医療における問題点」というのはこの2点であり，第2段以降に，第2文に見られる相対立する2つの立場，すなわち科学的成果を重んじる立場と，倫理を重んじる立場を「プラセボ対照試験」を具体的事例として論じているのである。

● まずは，与えられた3つの言葉に関する記述を拾い出してみよう。

①医療帝国主義→第3段。
　「製薬会社はプラセボ対照試験を行うのに，だんだん第三世界の国々を当てにするようになってきており，ゆえに医療界では『医療帝国主義』だとの異議を唱える多くの声が上がっている」
　→これは，科学的成果を重んじる側の行動を，倫理を重んじる側が批判するのに使う言葉である。前者がどういうことを行っており，後者はどうしてそれを批判するのかを述べればよい。

②ヘルシンキ宣言→第４段第２文。

「最初は，第二次世界大戦中におけるナチスの医師たちの虐待行為に対して作られたニュルンベルク綱領の後を受けるものとして 1964 年に出されたこの宣言は，ヒトを対象とした研究倫理の普遍的な基盤として一般的に認められている」

→これは，倫理を重んじる側の態度表明である。

③アメリカ食品医薬品局→第７段。

「欧州連合や日本が修正されたヘルシンキ宣言を強く支持している一方で，合衆国での新薬認可の責務を負う機関であるアメリカ食品医薬品局は，いまだはっきりした態度をとっていない」

→これは明確な姿勢をいまだとっていないものの，現在はどちらかというと科学的成果を重んじる側にある。

● 以上の３点を中心にまとめることになるが，設問は「現代の医療における問題点はどのようなものですか」ということなので，それを明確にしておくことが大切。

構文研究

❻ *ll.* 1-3　Due to the accepted ethical standard [that one must treat a patient
　　　　　　　　　　　　　　　　　　　　　ethical standard と同格節

with a life-threatening disease, or not expose her or her offspring to
　patient を修飾　　　　　　　　　　　　treat と並列

undue risk], trial 076 would have been forbidden in the USA and
　　　　　　　S　　　　V（仮定法過去完了）　　　　if 節の代用

Europe.

生命を脅かす病気にかかっている患者は治療し，患者もその子どもも不当な危険にさらしてはならないという一般に容認された倫理基準のため，076 試験は合衆国およびヨーロッパ諸国でなら禁止されていただろう。

● ethical standard と同格の that 節は undue risk まで。not expose … も，one must からかかっている。

● with … disease は treat ではなく patient を修飾。このあたりは文脈で判断する。

● 文の主語は trial 076 で，述部の would have been forbidden は仮定法過去完了形。これは If の隠れた仮定法で，条件部分は in the USA and Europe の中に隠れている（→「他の国はともかく合衆国およびヨーロッパ諸国では」ということ）。

✓ 語句　due to ～「～のために」（理由）　accepted「一般に認められた」　ethical standard「倫理基準」　life-threatening「生命を脅かす」　expose *A* to *B*「*A* を *B* にさらす」　offspring「子ども，子孫」　undue「不当な，不法な」　forbid「～を禁止する」

❼ *ll.* 7-11　Paradoxically, <u>the document</u> also <u>states</u> [that the FDA 'will accept a
　　　　　　　　　　　　　 S　　　　　　　　 V　　 O（文の最後まで）

foreign clinical study <u>only if</u> the study |conforms to| <u>the ethical</u>
　　　　　　　　　 will accept を修飾　　　　　　　　 conforms to の O₁

<u>principles</u> contained in the Declaration of Helsinki, here <u>referring to</u>
ethical principles を修飾　　　　　　　　　　　　　　　　　挿入句（referring は付帯

<u>the previous version from 1989</u>, or |to| laws of the country <u>in which</u> the
状況の分詞構文）　　　　　　　　　　　　　 conforms to の O₂　　　 ＝where

research is conducted — whichever provides greater protection of
　　　　　　　　　　 挿入句（補足的説明）

human subjects'].
　　逆説的になるが，この文書では，FDA は「ヘルシンキ宣言（ただしここでは 1989
　　年以降の前回の改訂版ヘルシンキ宣言のことを言っているのであるが）に含まれる
　　倫理規範，または調査が行われる国の法律のどちらであれ，人体実験の被験者に，
　　より大きな保護を与える方に適合する場合にのみ，海外での臨床研究を容認する」
　　とも述べられている。

- paradoxically（文修飾副詞）「逆説的に言って，逆説的になるが」
- states の目的語である that 節は文の最後まで。state「～を述べる」
- if 節の動詞 conforms to ～ の O は，the ethical principles（O₁）と laws of the country（O₂）。
- here … 1989 は挿入句。referring は分詞構文で，主語は the document である。「文書が言っているのは～のことだが」の意。
- ダッシュ（—）以下の whichever … は挿入句。「倫理規範か，国の法律かに適合する場合にのみ」というのが直前までの骨子であるが，それに「どちらでも被験者に，より大きな保護を与える方」という補足的説明を加えている。

✓ 語句 ▶ clinical study「臨床研究」 conform to ～「～に適合する，～の基準を満たす」 ethical principle「倫理原則，倫理規範，倫理綱領」 contain「～を含む」 refer to ～「～に言及する」 version「改訂版」 conduct「～を行う」 provide「～を提供する」 human subject「人体実験の被験者」

解 答

問 1　(a) pregnant women

(b) the US Centers for Disease Control and the US National Institutes of Health

(c) Discovery Labs

(d) A neonatal unit

(e) placebo-controlled trials

問 2　(1)—F　(2)—F　(3)—F　(4)—T　(5)—T

問3 ⑴ Because non-inferiority trials may produce results that are more difficult to interpret than placebo-controlled studies.

⑵ Because they believe that a 50 : 50 chance of treatment is better than no treatment at all, considering the fact that people in those countries generally have little or no treatment.

⑶ An active control equivalence trial should be used, and the advantage of that type of trial is that all patients benefited by being in the study.

問4 ㈦科学者にとって，究極の基準とは綿密な検証に耐える結果を出すことだ。

㈪言い換えれば，倫理と患者1人1人の保護が，科学や公衆衛生が必要とするものよりも優先されなければならないということだ。

㈫改訂版ヘルシンキ宣言に対してアメリカ合衆国が支持するか異議を唱えるかの決断を下すのは，単に時間の問題かもしれない。

問5 医療においては，患者の病気を治療することが究極の倫理基準であり，この点で臨床試験において議論が生じる。というのは，新薬の効果に関する最も有効なデータはプラセボ対照試験によって得られるが，この試験ではまったく治療を受けない患者が生じるからだ。また，先進諸国ではこの種の試験に参加する合意を患者から取りつけることが困難になってきているため，製薬会社は第三世界でプラセボ対照試験を行う傾向があり，これを医療帝国主義だと批判する声も上がっている。

　ヒトを対象とする医学研究の倫理基盤として一般に認められているヘルシンキ宣言が2000年10月に改訂され，認可された治療法がある場合のプラセボ使用が禁止された。しかし被験者の少なくとも半数が有効な薬を投与されるのであるから，医療事情の劣悪な第三世界でのプラセボ使用は倫理にもとるものではないとの主張もある。

　アメリカ食品医薬品局は，改訂版ヘルシンキ宣言を支持するか否かの態度を明確にしていないが，内部では，生命の危険がない場合には，公衆衛生上の必要性が患者個人の治療を受ける権利よりも優先されるべきだという考えが強い。これに対し世界医師会は，患者の権利が常に優先されるべきだと考えている。

　このように，科学と倫理，公衆衛生上の利益と個々の患者の権利との間で何を優先すべきなのか，どのように均衡を保つべきなのかが，現代医療における問題なのである。(600字以内)

Chapter 3 》》 脳と精神

15 コンピュータと脳 ★★

🎓富山大　　　　　　　　　　　　　⏱目標20分

全 訳

❶ (1)科学史家の間ではごくあたりまえのことだが，いかなる時代の生物学者も，生体の仕組みを理解しようと懸命になり，その時代の先端技術になぞらえる。17世紀の掛け時計から18世紀の踊る人形，ビクトリア朝の熱機関から今日の熱線追尾式の電子式誘導ミサイルに至るまで，どの時代の最先端工学も生物とはこういうものだという想像を新たなものにしてきた。こうしたあらゆる技術革新のうち，デジタルコンピュータがそれ以前のものを見劣りさせる見込みがあるとすれば，その理由は簡単である。コンピュータは単なる1つの機械ではないということだ。それはプログラムを変えることで簡単に，望まれるいかなる機械にもなる。計算機，ワープロ，カード索引，チェスの名人，楽器，体重あてゲーム機，そして，残念なことながら，占星術師にすらなるのである。また，天候，レミングの個体数の変遷，アリの巣，人工衛星のドッキング，バンクーバー市のシミュレーションもできるのである。

❷ いかなる動物の脳もその身体に搭載されたコンピュータであると言われてきた。ただし，それはコンピュータと同じように機能するわけではないし，コンピュータとは非常に異なった構成部品からなっているのだ。これらの構成部品はひとつひとつはコンピュータよりもずっと遅いが，巨大な並列回路で機能するので，まだほんの部分的にしか解明されていない何らかの方法によって，それらの数はそのスピードの遅さを補い，ある点で脳はデジタルコンピュータをしのぐのである。いずれにせよ，細かい機能が違うからといって，脳をコンピュータになぞらえることが力を失うわけではない。脳は身体に搭載されたコンピュータではあるが，それは脳の機能ではなく，その動物が生きていく上での脳の役割のためである。役割の類似点はその動物の身体の営みの多くの部分にまで広がるが，おそらくその中で最も目を見張らせるのは，脳が仮想現実のソフトと同じようなやり方で世界をシミュレートすることである。

解 説

▶コンピュータと脳について論じた論説文。英文は抽象的内容なのでやや難しいが，設問は標準的である。

問1 「いかなる時代の生物学者も，生体の仕組みを理解しようと必死に努力して，

その時代の先端技術になぞらえるということは，科学史家の間ではごく普通のことである」が直訳。

> It is commonplace among historians of science [that the biologists of any
> 形式主語   that 節は文の最後まで
> age[, <u>struggling</u> to understand the workings of living bodies,]
>   分詞構文
> <u>make</u> comparison with the advanced technology of their time].
> that 節の V

- It is commonplace that … 「…はごく普通のこと」がメイン構文。that 節中の struggling … living bodies は付帯状況を表す分詞構文の挿入句。
- historians of science「科学の歴史家」→「科学史家」
- make comparison with ~「~になぞらえる，~と比較する」 このイディオムは，make comparisons with ~ と複数形を用いるか，make a comparison with ~ とする方が普通。
- ✓ 語句 commonplace「ごく普通の，あたりまえの」 of any age「いかなる時代の〔でも〕」 struggle to *do*「~しようと奮闘努力する」 working「仕組み，働き，機能，メカニズム」 living body「生体」 advanced technology「先端技術」

問2 選択肢が少ないので，空欄に選択肢を 1 つ 1 つ当てはめてみて，文脈に合うかどうかを判断する。

(a) ここは，それぞれの時代の先端技術について述べている部分なので，(ロ)の of all these innovations「これらすべての技術革新の中で」を入れる。

(b) ここでは，コンピュータのプログラムを変えることによってコンピュータがどのような機械になりうるかを列挙しており，科学技術的なものは当然として，「占星術師（astrological soothsayer）にすらなる」ということだから，(イ)の even を入れる（「占星術師」は astrologer と表すのが普通）。

- 筆者が astrological soothsayer の前に I regret to say「残念ながら」を挿入しているのは，科学技術によって生まれたコンピュータが非科学的なものに使われることを快く思っていないため。

(c) 脳がコンピュータの仮想現実のソフトと同じように世界をシミュレートするということは，目を見張る（見事な）ことなので，(ハ)の perhaps most spectacularly of all「ひょっとするとあらゆるものの中で最も見事に」が入る。

問3 各単語の意味を知らなくても，接頭辞のもつ意味と前後の文脈から，絞り込むことは難しいことではない。

(2) outperform＝out-「~よりすぐれて」＋perform「行う」＝「~より性能がすぐれている」＝do better than ~

(3) disempower＝dis-「反」＋em-（＝en-)「〜を与える」＋power「力」＝dis-「反」
＋empower「力を与える」＝「力をそぐ，力を減じる」＝make less powerful
● 接頭辞 em- は一般には en- の形をとるが，文字 b，p，mの前では em- になる。

問4　本文の趣旨と異なっているものを選ぶ。

(イ)「コンピュータは他の機械とは異なるが，それは，コンピュータが1つの機械とし
てではなく，キーボードやモニターやディスクドライブやプロセッサー等の多くの
機械からなる複合体とみなすことができるからである」
→第1段第4・5文に「コンピュータは単なる1つの機械なのではなく，プログラム
をし直すと，好みのどんな機械にもなる」とあり，この下線第5文の内容に合わない。
したがって正解。

(ロ)「我々の脳の謎は部分的にしか解明されていないが，脳はデジタルコンピュータと
は対照的に，大きくなるにつれて思考速度は遅くなるということは現在知られてい
る」
→「脳の謎は部分的にしか解明されていない」という記述は第2段第4文後半にある
が，「脳は大きくなるにつれて思考速度は遅くなる」という記述はどこにもない。
したがって正解。

(ハ)「我々は不完全な思考能力を心配するには及ばない。というのも，必要な情報を得
るためにネットワークを作ることができるからだ」
→第2段第4文にある huge parallel networks は脳の並列神経細胞回路のことで，
ここで述べられている「ネットワーク」とは異なる。したがって正解。

(ニ)「構造的相違はあるが，我々の脳とコンピュータは同じ機能を果たし，脳はこの機
能をしばしばコンピュータよりも上手に果たしているといえる」
→第2段の内容に合う。特に第4文最後に見られる brains can, in certain respects,
outperform digital computers といった表現に注目。

**問5　英文の論説文の主旨は段落の冒頭にある場合が多い。この英文も第2段の第1
文で本文の主旨が述べられているが，同じ内容が第2段第6文で再度述べられ，そ
こでは同じ文の中にその根拠も述べられている。したがって「最も的確に」述べて
いる文としては，第6文を選ぶ方が妥当。**

● how it works「それがどう機能するのか」→「その機能」
● what it does「それが何をするのか」→「その役割」

✓ **語句** body's on-board computer「体内に搭載されたコンピュータ」 not
because of 〜 but because of …「〜のためではなく…のために」

補注 リチャード＝ドーキンス（Richard Dawkins）（1941〜）：筆者のリチャード＝ドーキンスはイ
ギリスの動物行動学者で，1976 年に発表した著書『利己的な遺伝子（The Selfish Gene)』で世界
的に広く知られている。

構文研究

❷ *ll.* 1-3　It (＝The brain of any animal) does not work in the same way as an electronic computer. It is made from very different components.
いかなる動物であれ，脳はコンピュータと同じように働くわけではない。脳は（コンピュータとは）非常に異なった部品から作られているのだ。

● in the same way as an electronic computer「コンピュータと同じような方法で」
● be made from〔of〕 ～「～から作られている」　このイディオムの場合，前置詞 from と of の区別はそれほど厳密なものではない。
✓ **語句** component「構成要素，部品」

3

❷ *ll.* 3-6　These are individually much slower, but they work in huge parallel
　　　　　　＝Components　　　　　　　　　　　　　　　＝components
networks so that [, by some means still only partly understood,] their
　　　　　　　　　結果　　　　　　　　挿入句　　　　　　　　means を修飾
numbers compensate for their slower speed, and brains can[, in
　　　　　　　　　　　　　＝components'
certain respects,] outperform digital computers.
　　　挿入句
これらの構成部品は個々には（コンピュータよりも）ずっと遅いが，巨大な並列回路で動くために，まだほんの一部しか解明されていない何らかの方法によって，その数がスピードの遅さを補い，脳はいくつかの点でデジタルコンピュータをしのぐのだ。

● so that … は前節から導かれる結果が続くことを示している。
● by some means still only partly understood は挿入副詞句で，work を修飾。understood は形容詞用法の過去分詞。still only partly understood が means を修飾。
● means は「方法，手段」の意。some means で「何らかの方法」。
✓ **語句** respect「点」

解　答

問1　科学史家の間ではごくあたりまえのことだが，いかなる時代の生物学者も，生体の仕組みを理解しようと懸命になり，その時代の先端技術になぞらえる。
問2　(a)—(ロ)　(b)—(イ)　(c)—(ハ)
問3　(2)—(ハ)　(3)—(イ)
問4　(イ)・(ロ)・(ハ)
問5　The brain is

16 子どもの精神の発達

🎓福島県立医科大　　　　　　　　　　　　　　　　　⏰目標 25 分

全　訳

❶　新生児がものを考え判断する大人に成長するのを見守るのは，真の意味で，この世の驚異のひとつである。赤ちゃんは一歩一歩成長して，世の中と積極的に関係をもつ能力がほとんどない個人から，複雑な考えを理解し，込み入った社会生活を計画し，存在の意味について思いをめぐらせ，さまざまな問題やたくさんのことを解決できる人間になっていく。幼児から大人への変化は非常に緩慢なので，日々それに気がつくことはほとんどない。にもかかわらずその変化は驚くべきものである。

❷　歳の違う子どもたちを互いに比べてみよう。彼らの言うことに注意深く耳を傾け，することを見守ってみよう。もちろん，どの子も独自の個性と能力をもった個人である。しかし，歳の違う子どもたちがどのように振る舞うかにはパターンがあることも心理学者は発見してきており，そういったパターンはすべての子どもたちに典型的に見られるものなのである。たとえば，たいていの 10 歳児が互いに多くの共通点があるように，5 歳児は他の 5 歳児と多くの共通点をもっているものである。発達心理学者が関心があるのは，子ども時代を通しての，このような規則的な変化のパターンである。

❸　歳の違う子どもたちがどう考えるかのささやかな一例と，それが心理学に提起するなぞを考察してみよう。9 歳のメアリと近所に住む 4 歳のサイモンは彼の家で生まれて間もない子犬のハニーと遊んでいる。ハニーはグレートデーンでいつか本当にとても大きな犬になるであろう。生まれてわずか数カ月なのに体高はもう 80 センチ以上ある。力が強く，この 2 人の子どもたちをプラスチック製のそりに乗せて部屋の中を引き回すことができる。メアリの母親がメアリをお茶の時間に連れて帰るために立ち寄る。彼女はメアリの犬のデイジーを連れている。デイジーは老犬で灰色である。チワワ犬で，小型の弱々しい動物である。

❹　さて，この 2 人の子どもたちはずっとデイジーを知っている。2 人ともハニーは生まれて間もない子犬であることは知っている。しかし 2 人ともこの 2 匹の犬の大きさの違いに心を奪われ混乱するようになる。サイモンは特に当惑している。ハニーはデイジーよりもあんなに大きいのにいったいどうしてデイジーより幼いのか？　ハニーは本当はデイジーより年上に違いないと彼は確信するにいたる。犬の大きさについてはそれ以外に説明がつかない。4 歳のサイモンにとって，赤ちゃんは小さいものであり大人は大きい，それで決まりなのだ。彼はただ，そうじゃないのだよと自分を納得させようとするあらゆる努力に混乱させられているのである。

❺　メアリはそこのところをもう少し微妙にとらえている。大きさと年齢に関するサイモンの一般的な観察はわかるけれども，赤ちゃんは実際はそんなふうに定義されるものではないということをメアリは知っているのである。象の赤ちゃんは年とったハツカネズミよりも必ず大きくなる。赤ちゃんというものは，サイモンの考えるように大きさによって定義されるというよりもむしろ，その種の若いものであると定義されるという原則を彼女は理解しているのだ。しかし，メアリはまだ困惑している。ここではハツカネズミと象を比較しているの

ではない。ここでの動物は両方とも犬である。ならば，幼いハニーがなぜ年老いたデイジーよりもあんなに大きいのか？ 大人の考えでは答えは明らかであるが，それは品種改良と遺伝学の考えにかかわるものであり，メアリには難しくて理解できない。サイモン同様，メアリも事はややこしいと思う。もっとも彼女の混乱はまったく異なる問題に由来するものであり，異なるレベルのものではあるが。サイモンが事実に反する理論を固く信じているのに対し，メアリは2つの相反する理論で混乱しているのである。

❻ このささやかな家庭内のエピソードは特殊なものではない。むしろこれは子どもの精神はどのように発達するかというなぞの典型例になっているのである。私が述べた例に出てくる2人の子どもはそれぞれ，大きさ，年齢，種についてひとつの考え方を示しているが，その考え方は，その年齢層の集団に典型的に見られ，互いに本質的に異なり，また大人の考え方とも異なるのである。

❼ これまでのところ，人間の精神がどのように発達するのかを完全に説明できる人はいない。答えが見つかるたびに新たななぞが生まれる。(a)精神がどのように発達するかを理解することが，人間性の本質を理解する際の最も重要な部分である。それは心理学の重要な課題のひとつであり，科学全体にとっても重要な知的冒険のひとつである。さらに，精神がどのように発達するかを研究することには，他にもっと実際的な理由もある。すべての子どもが等しく発達するわけではない。(b)通常の発達を理解すれば，本来の発達を遂げていない子どもはどこがうまくいかなかったのかがよりよくわかるし，そういった子どもたちを助ける方法が見つかるかもしれない。

解 説

問1 (1) …. Nevertheless, ~. 「…という事実にもかかわらず~」

● …に該当するのが，The change from … day to day.「乳幼児から大人への変化は非常にゆるやかなので，我々は日々それに気づくことはほとんどない」，~に該当するのが，the transformation is amazing「その変化は驚くべきものである」。この2つをまとめると「乳幼児から大人への変化は非常にゆるやかなので，我々は日々それに気づくことはほとんどないにもかかわらず（その変化は驚くべきものである）」となる。

(2) otherwise の意味と用法を把握するには，その前の部分をよく読むこと。

POINT otherwise には，以下の3通りの意味があり，文脈で決定する。

① 「さもなければ」（if not / or else）
② 「別のやり方で，違ったふうに」（in a different way / differently）
③ 「そのことがなければ，その他の点では」（in other respects）

● ここでは②の用法。

● persuade him otherwise は「彼（＝four-year-old Simon）に，otherwise（＝違ったように／そうでないのだと）納得させる」という意味なので，サイモンの思い込みを述べた部分を探し出して，その反対の意味を表すように答案を作成する。

サイモンの思い込みは，下線部の前文の For four-year-old Simon「4歳のサイモ
ンにとっては」に続く babies are small and adults are bigger「赤ん坊は小さく
大人は大きい」である。しかし，ここだけではない。

● persuade と同じ意味の語が，同じ第4段の空所（　B　）を含む文中で使用され
ている。convince がそれである。したがって，Honey must be（　B　）than
Daisy「ハニーはデイジーよりも（　B　）でなければならない」も，サイモンの
思い込みの部分。

● 結局「ハニーはデイジーより体は大きいけれども幼く，赤ちゃんが大人より大きい
場合もある」ということ。

● that is that は「それだけの話だ」の意。

(3)　two conflicting theories「2つの矛盾する理論」　これを本文から探すには，まず，
第5段第3文の principle「原理，主義」という語が theory の類義語であり，
define「～を定義する」はこれらの語に関連した語である点に注目する。

● two theories の1つ目は，第5段第3文の babies are defined as being the
young of the species, rather than by their size「赤ん坊はその大きさによって定
義されるというよりもむしろ，その種の若いものであると定義される」というもの。
これはつまり，「赤ん坊というものは，その大きさで定義されるものではない」と
いうこと。その具体例が同段第2文後半の a baby elephant is always going to
be bigger than an elderly mouse「象の赤ん坊は常に，成長したハツカネズミよ
りも大きい」である。つまり，異種間の比較においては大きさは意味をなさないと
いうことであり，この点はメアリも理解している（サイモンは理解していないが）。

● two theories の2つ目は，第5段第4文の But she is still puzzled. に続く，第5
～7文の部分。「ここで比較しているのはハツカネズミと象という異種動物ではな
く，両方とも犬なのに，幼いハニーの方が年とったデイジーよりもずっと大きい」
ということ。つまり，異種間なら赤ん坊の大きさが異なることはメアリも理解して
いるのだが，同種の犬の場合はなぜ，赤ん坊が成犬よりも大きいのか，サイモン同
様メアリにも十分理解できない。これが正解となる。メアリが puzzled「困惑し
て」いるのは，1つ目の theory と conflicting「矛盾している」からだということ
がわかれば，この該当箇所を見つけるのは簡単。

問2　A～Cの空所にふさわしい語を選ぶ問題。

A.　空所（　A　）を含む英文は，強調構文で書かれている。「発達心理学者
（developmental psychologist）が関心をもつのは，子ども時代を通じての
（　A　）のこれら規則的パターンなのだ」がその文意。第1段の終わりの2文に，
子どもの成長に伴う変化（change / transformation）についての記述があり，第
2段で出てくる patterns は，その change についてのものである。

B. 空所（　B　）については，1つ前の英文を，文脈から以下のように読んでみる。

> How can Honey be younger（than Daisy），when she is so much bigger
> （than Daisy）？＝Honey can't be younger than Daisy.

● How can Honey be …? は修辞疑問文。

> 　How can Honey be younger than Daisy?
> ＝Honey can't be younger than Daisy.
> ＝Honey must be older than Daisy.

C. 空所（　C　）は，下線部(3)の conflicting theories「矛盾する理論」という語句と，対照を表す接続詞 Where「〜であるのに」がヒント。事実に矛盾する（＝contradict）理論を4歳のサイモンは信じ込んでいるのに，9歳のメアリは理論が矛盾していることに混乱しているのである。

✓ 語句 ▶ contradict「〜に矛盾する，〜を否定する」　predict「〜を予想する」

問3　(a)「精神がどのように発達するのかを理解することは，人間であるということが何であるかのまさに本質を理解することの中心的部分である」が直訳。

● Understanding how minds grow「精神がどのように成長するのかを理解すること」が文の主部。2つの understanding はいずれも動名詞。

● the very nature of 〜「〜というまさにその本質」　very は形容詞で「まさにその」という意味。of は同格で「〜という」の意味。

● what it is to be human「人間であるということは何なのか」　この it は形式主語で，to be human を指す。

(b)「正常な発達を理解することによって，彼らが本来そうあるべきように発達できない者たちにとって，何が悪かったのかを私たちはよりよく理解できるし，ひょっとすると彼らを助ける方法を見つけることができるかもしれない」が直訳。

● By understanding normal development「通常の発達を理解することによって」（副詞句）　can better see を修飾する。

● we can better see 〜「私たちは〜をよりよく理解することができる」

● what has gone wrong for 〜「〜にとって何がうまくいかなかったのか」　間接疑問文で see の目的語。

● those who fail to develop「発達することができない子どもたち」（those＝children）

● as they should「彼らがそうあるべきように」　as they（＝those who fail to develop）should develop ということ。as は「〜するように」という意味で，様態を表す。

● maybe（we can）find ways to help them「ひょっとしたら彼ら（＝those who

fail to develop）を助ける方法を見つけることができるかもしれない」 ここは we can から枝分かれしている部分。

構文研究

❻ *ll.* 2-5 Each of the two children in my example shows a way of thinking about size, age and species [which is very typical of their own age group, and different in kind from one another, and from an adult way of thinking].

私が述べた例に出てくる2人の子どもはそれぞれ，大きさ，年齢，種についてひとつの考え方を示しているが，その考え方は，その年齢層の集団に典型的に見られ，互いに本質的に異なり，また大人の考え方とも異なるのである。

● which の先行詞は a way of thinking about size, age and species で，which 以下の関係詞節は文の最後まで。
● from で始まる2つの句は，いずれも different in kind を修飾する。

解 答

問1 (1)赤ん坊から大人への変化は非常にゆるやかなので，我々はその変化に日々気づくことはないにもかかわらず（その変化は驚くべきものだ），ということ。

(2)ハニーはデイジーより体は大きいけれども幼く，赤ちゃんが大人より大きい場合もあるということ。

(3)象の赤ん坊は常に成長したネズミよりも大きいといったように，異種間での赤ん坊と成体との大きさの比較はできないが，犬の場合は，犬という同一種なのに成犬よりも大きな赤ん坊が存在するという矛盾。

問2 A―イ B―ウ C―ア

問3 (a)精神がどのように発達するかを理解することが，人間性の本質を理解する際の最も重要な部分である。

(b)通常の発達を理解すれば，本来の発達を遂げていない子どもはどこがうまくいかなかったのかがよりよくわかるし，そういった子どもたちを助ける方法が見つかるかもしれない。

17 記憶の仕組み

🎓 東京大　　　　　　　　　　　　　　　　　　　　　⏰ 目標 15 分

全 訳

❶ チェスの名人はチェスの駒が盤上のどこにあったかを驚くほどよく覚えている。ある調査では，実際に行われた試合のチェス盤をほんの 5 秒見ただけで，国際的な名人は 25 個の駒のほぼすべてがどこにあったか思い出すことができたが，初心者はたった 4 個ほどしか思い出せなかった。さらに，チェス盤の駒を覚えているかどうかが後で試されることを，名人があらかじめ知っているかどうかは関係なかった。つまり，チェス盤を見るときに記憶しようという意図がなくても，名人はまったく同じ成果をあげたのである。しかし，試合の状況として意味のない，駒がでたらめに置かれた盤を見せられると，名人でも初心者と同じ程度しか思い出せなかった。

❷ 経験を積んだ俳優も，自分の専門的な知識の範囲内であれば，並外れた記憶力をもっている。彼らはたいへん長い台本を比較的容易に覚えるが，この理由はチェスの名人の場合とほぼ同じだ。最近の研究では，一語一語覚えようとしているというよりも，俳優は自分が演じる登場人物の動機や目的の手がかりを求めて台本を分析していることが明らかになっている。つまり，台本の言葉を，長年の経験で築き上げた自分の知識全体と無意識に結びつけているのだ。暗記は，意味を探し求めるというこの過程から自然に生まれた副産物なのである。ある俳優は言っている。「実際には暗記しているのではありません。努力して覚えているのではないのです。たまたま覚えてしまっているのです。ある日，かなり早い段階で，セリフが私の頭に入っているのです」 俳優がある台本の意味をとろうとする場合，ある登場人物が使うまさにその言葉について詳しく，かつ専門的な分析を行うことがしばしば必要になる。そのことが今度は，単にその一般的な意味だけではなく，何が述べられていたかを正確に思い出すことを促すのである。

解 説

▶論じられている事例から，帰納的に引き出すことのできる推論を作成する問題である。

● 字数が指定されているが，60〜70 字という字数は，中心となるアイデアをほんの一言で述べる程度の字数である。

● 内容説明問題や要旨作成問題と違って，自分の言葉を交えて解答を作成しなければならないので，表現の仕方が問題となる。解答に，ある程度の自由度があり，作成した答案が合っているのかいないのか，受験生は不安に駆られやすい。しかし，与えられた英文は比較的短いので，まずは英文をきちんと読んで，解答作成に必要な情報を読み取っていくことが大切。英文は 2 つの段落で構成されている。

▶第 1 段

● 論説文では普通，最初の段落に英文全体のテーマが述べられている。さらに，一般に各段落の冒頭にその段落の主題文（topic sentence）があるが，本英文でもその例にたがわず，第 1 文が第 1 段の主題文である。

> Chess masters can exhibit remarkable memory for the location of chess pieces on a board. 「チェスの名人はチェス盤上での駒の位置を驚くほどよく覚えている」

● 主題文の後には，主題文の論拠を支持する支持文（supporting sentence）が続くが，支持文は，具体例や理由の説明等により，主題文を補強していく。本英文でも，チェスの名人の記憶力が初心者と比べていかにすばらしいかということの例が述べられている。

● 主題文は段落の最後にくることもある。本英文の第 1 段最終文は，もう 1 つの主題文，いわば第 2 主題文とでもいうべきものである。

> But when the masters were shown a board consisting of randomly arranged pieces that did not represent a meaningful game situation, they could remember no more than the beginners. 「しかし，駒の配列がでたらめで，意味のある試合状況を表していないチェス盤を見せられたとき，名人は初心者と同じくらいしか覚えることができなかった」

✔**語句** exhibit「〜を示す」 location「位置，配置」 exposure「さらす（さらされる）こと」 whereas「だが一方」 matter「重要である」 perform「実行する，行う」 as well「同様にうまく」 glance at 〜「〜をちらっと見る」 with no intention to *do*「〜という意図なしに」 consist of 〜「〜からなる」 represent「〜を表す，示す」 no more than = only

▶第 2 段

● 第 2 段は，第 1 段で述べたことを裏づけるための段落である。ここでは新たに俳優の例が紹介されているが，第 2 段も，第 1 文が主題文である。

> Experienced actors, too, have extraordinary memory within their field of specialized knowledge ; they can remember lengthy scripts with relative ease, and the explanation for this is much the same as in the case of the chess masters. 「経験豊かな俳優も，自分の専門知識の範囲内であれば，並外れた記憶力をもっている。彼らはたいへん長い台本を比較的容易に覚えることができるが，これに対する説明は，チェス名人の場合とほぼ同じである」

● 第 2 文以降に，the explanation for this に該当する内容が述べられている。第 2

文に，rather than attempting word-by-word memorization, …, unconsciously relating the words in them (= scripts) to the whole of their knowledge, …「一語ずつ覚えていこうとするよりもむしろ，…，それら（＝台本）の言葉を無意識に彼らの知識全体と関連づけて，…」，memorization is … this process of searching for meaning「暗記は，意味を探し求めるというこの過程…」とある。

● with relative ease = relatively easily「比較的容易に」

● There's no effort involved = No effort is involved「努力はまったく必要ない」

● analyses は analysis「分析」の複数形。

✔ 語句　experienced「経験を積んだ，経験豊かな」 extraordinary「並外れた」 lengthy「長い，長ったらしい」 much the same as ～「～とほぼ同じ」 word-by-word「一語一語の，逐語的な」 analyze「～を分析する」 motivation「動機」 character「登場人物」 unconsciously relating A to B「A を B と無意識に結びつけながら」 built up「蓄積されてきた」 by-product「副産物」 as one actor put it「ある俳優が述べたように」 early on「始まったばかりで，早くから」 make sense of ～「～の意味を理解する」 which in turn ～「それが今度は～」 recall「思い出すこと，記憶（力）」ここでは名詞。

● 以上を整理すると次のようになる。
　第1段：チェスの名人の，駒の位置を覚える能力は並外れているが，配列がでたらめで，試合としての意味をなさない駒の位置は，初心者並みにしか覚えられない。
　第2段：俳優は台本のセリフを全体と関連づけて覚える。

● これを 60～70 字でまとめると次のようになる。

> 自分の専門分野で優れた記憶力を発揮する人は，各部分に意味づけをし，さらに各部分を単独ではなく，全体像の一部として把握理解して，覚えていく。
> （69字）

POINT　「意味づけして」または「意味を見いだして（意味を理解した上で）」という趣旨の表現と，「部分（個）と全体とのつながりを把握した上で」，または「部分（個）を全体の中でとらえて」という趣旨の表現が答案にあるかどうかがポイント。重要なのは，「意味」と「全体」の2つの単語が解答に含まれていることである。

3

構文研究

❶ *ll.* 2-3　After <u>just a single five-second exposure to</u> a board from an actual
= one five-second look 〔glance〕 at

game, …
実際の試合からとった盤面をたった1回5秒間見ただけで, …

●five-second exposure to ～「～に5秒間さらすこと」→「～を5秒間見ること」
●a board from an actual game「実際の（チェスの）試合からの盤面」とは,「実際に行われた試合からとった1つの局面」のこと。

---

❶ *ll.* 5-7　Moreover, it did not matter <u>whether the masters knew that their</u>
形式主語　　　　　　　　　　　　真主語

<u>memory for the board would be tested later</u> ; they performed just as
= because they

well when they glanced at a board with no intention <u>to remember</u> it.
= that they would remember

さらに, チェス盤の駒の配置を覚えているかどうかが後で試されることを, 名人があらかじめ知っているかどうかは問題ではなかった。というのも, 記憶しようという意図なしにチェス盤をちらっと見ても, 名人はまったく同じようにうまくいったからである。

●it did not matter の it は whether … later を指す形式主語。
●セミコロン（；）は, ピリオドよりは軽く, コンマ, コロンよりは重い性質をもつ。後にくる文が前文の理由・説明, または比較対照であることなどを示す。
●to remember は形容詞用法の不定詞で, 前の名詞と同格関係である。

解　答

自分の専門分野で優れた記憶力を発揮する人は, 各部分に意味づけをし, さらに各部分を単独ではなく, 全体像の一部として把握理解して, 覚えていく。（69字）

18 ヒトの不条理な夢 ★★★

🎓 京都大　　　　　　　　　　　　　　　　　　　⏰ 目標 30 分

全 訳

❶ 夢というものをどう説明するか，その考え方にはさまざまなものがある。夢は魂が肉体から遊離する神秘的な体験だと主張する人もいる。夢は隠れた欲望や社会的に受け入れがたい衝動の反映だと断言する人もいる。さらに，夢は何ら深い意味を隠しもっているわけではないと考える傾向の人もいる。

❷ 夢の中には，最近に経験したことをただたどっているだけのようなものもある。たとえば，もし日中，田舎をドライブして過ごせば，道路を車で飛ばしている夢を見てもおかしくはないだろう。そのような夢がかなりわかりやすいのに対して，支離滅裂でばかげたものに思える夢が他にたくさんある。たいていの夢が超現実的な性質——解釈されるのを強く拒む原因となっている性質——をもっているために，多くの人は夢をまったく無意味なものと片づけてきた。

❸ ここではざっと概略を述べるにとどまるが，ある科学的な理論によると，夢は睡眠中に後脳が生み出す規則性のない電気信号を，前脳が解釈しようとする結果だということになる。(1)目覚めているときの正常な意識においては，前脳は，意味のある世界像を構築するために内部外部のさまざまな知覚情報を分類している。睡眠中に，脳のより原始的な部分が生み出す支離滅裂ででたらめな情報の洪水に直面すると，脳のより高度な知能中枢部は，入ってくる信号に秩序を与えようとして，どんなものであれ，夢のもつ物語的な構造を作り上げるのだ。支離滅裂な映像の塊にすぎないような多くの夢は，入ってきた信号のうち前脳がどうしてもまとめ上げることのできなかった入力信号群を表している。

❹ しかし，すべての夢がまったく無意味なわけではない。たとえば，私たちがだれでも一度や二度は見たことのある，落下したり，空を飛んだり，裸で人前に出たりする夢を考えてみよう。この種の夢は，おそらくすべての人間に共通する経験や不安に根ざしているのだろう。

❺ 落下は，共通する夢の主題の良い例である。心理学者は，落下の夢は最初の一歩を踏み出した，私たちが赤ん坊だったころの経験にその根があると推測している。(2)もしこの仮説が正しければ，幼少期の経験は，大人になっても非常に不安なときには何らかのきっかけでまた呼び起こされるような深い痕跡を脳に刻み込んでいるに違いない。社会生物学者の中には，さらに進んで次のように推測している人もいる。すなわち落下の恐怖は，究極的には，眠っている間に木から落ちることもあった私たちの先史時代の祖先から受け継がれた遺伝的本能，あるいは反射作用に由来するというのである。

❻ 夢はすべていったいどこから来るのか，まだはっきりとはわからない。しかし，夢の起源を説明することがもう夢ではない日が来るのは期待できる。

解 説

▶やや難解な単語が語注なしで使用されているが，派生語や接頭辞の知識を駆使して意味を推測していこう。

(1) 下線部第1文：「通常の目覚めているときの意識の中では，前脳がさまざまな種類の，内部のそして外部の感覚データを，世界についての意味のある像を構築するために分類する」が直訳。

> In normal waking consciousness, <u>the forebrain</u> <u>sorts through</u> various kinds
> 　　　　　　　　　　　　　　　　　　　　S　　　　　　V
> of internal and external sensory data <u>to construct</u> a meaningful view of the
> 　　　　　　　　　　　　　　　　　　　=in order to construct
> world.

● forebrain「前脳」(fore-「前部の」を表す接頭辞＋brain「脳」)
● to construct 以下は sorts through を修飾する。construct「〜を組み立てる」
☑ 語句 normal「通常の，正常な」 waking「目覚めている」 consciousness「意識」 sort through 〜「〜を分類する，選り分ける」 internal「内部の」 external「外部の」 sensory「感覚の」

下線部第2文：「睡眠中の脳のより原始的な領域によって生み出された支離滅裂ででたらめな入力の洪水に直面して，より高度な知能の中枢部は，流入信号に秩序を課して，夢がもっているどんな物語構造をも生み出そうとする」が直訳。

> <u>Faced</u> with a flood of disconnected, random inputs <u>generated by</u> more
> 分詞構文　　　　　　　　　　　　　　　　　　　　過去分詞 (inputs を修飾)
> primitive areas of the brain during sleep, <u>the higher mental centers</u>
> 　　　　　　　　　　　　　　　　　　　　　　　　　　　　　　S
> <u>attempt</u> to impose order on the <u>incoming</u> signals, <u>creating</u> whatever
> V　　　　　　　　　　　　　　　現在分詞 (signals を修飾)　　分詞構文
> narrative structure <u>dreams</u> have.
> 　　　　　　　　　whatever 節の主語

● Faced with 〜 は，前に Being が省かれた受動態の分詞構文。付帯状況を表す。(be) faced with 〜「〜に直面して (いる)」
● disconnected「まとまりのない，支離滅裂な」(←dis-「反対，分離」を表す接頭辞＋connected「結合した」)
● generated から sleep までは inputs を修飾。generate「〜を生み出す」
● creating も付帯状況を表す分詞構文。creating whatever narrative structure dreams have は，impose order on the incoming signals と並列関係にあり，いずれも attempt to の目的語と考えることができる。つまり，「秩序を課して，その結果〜を生み出そうとする」という文構造になっている。

● whatever narrative structure dreams have ＝ any narrative structure that dreams have「夢がもっているどんな物語構造も」とは，「夢がもっている物語的構造ならどんなものでも」ということで，すなわち「どんなものであれ，夢のもつ物語的構造を」という意味。

✓ 語句 a flood of ～「多量の～，～の洪水」 random「でたらめの，乱雑な」 input「入力，入力情報」 primitive「原始的な」 impose *A* on *B*「*A* を *B* に課す」 order「秩序」 incoming「流入する」 signal「信号」

⑵ 下線部第 1 文：「もしこの仮説が正しければ，幼児期の体験は，大人になってからの人生で強い不安のあるときに何らかの方法で活性化される深い刻印を脳に残したに違いない」が直訳。

> If this hypothesis is correct, then childhood experiences must have left
> 　　　　　　　　　　　　　　　　　　　　　　　　　　S　　　　　　V
> deep imprints in the brain that are somehow activated in adult life during
> 　O　　　　　　　　　　　先行詞は imprints
> periods of high anxiety.

● 関係代名詞 that は，その後の動詞が are なので，文法的に見て先行詞は imprints と判断できる。

● activate「～を活性化する」(active「活発な」＋ -ate「～にする」の意味の接尾辞)

✓ 語句 hypothesis「仮説」 must have left ～「～を残したに違いない」 imprint「刻印，強い印象」 somehow「どういうわけか，何らかの方法で」 high anxiety「強い不安」

下線部第 2 文：「何人かの社会生物学者たちはさらに推し進めて，落下の恐怖は，突き詰めていくと，私たちの先史時代の祖先から受け継がれた遺伝的本能や反射作用に由来すると推測している。というのも，その祖先たちは睡眠中に木から落ちることもあったのだから」が直訳。

> Some sociobiologists have further speculated [that the fear of falling
> 　　　S　　　　　　　　　現在完了形 V　　　　　O (that 節は文の最後まで)
> ultimately derives from an inherited instinct or reflex handed down by our
> 　　　　　　　　　　　　　　　　　an inherited instinct or reflex を修飾
> prehistoric ancestors, who could fall out of trees during their sleep].
> 　　　　　先行詞は ancestors 可能性の could

● sociobiologist「社会生物学者」(← socio-「社会 (学) の」を表す結合辞＋biologist「生物学者」)

● have speculated の目的語となる that 節は，文末まで続いている。speculate「～であると推測する，思索する」

- reflex ＝ reflex action「反射作用」
- handed down … their sleep は an inherited instinct or reflex を修飾している。
  （be）handed down「遺伝する，伝わる」
- prehistoric「有史以前の，先史時代の」（← pre-「（時・場所などが）以前の」を
  表す接頭辞＋historic（al）「歴史の」）
- 関係代名詞 who は，前にコンマのある非制限用法なので，上記の直訳では，適当
  な接続詞を補って継続的に訳すという原則に従って訳してみた。しかし，どんな場
  合にもこの原則に従わねばならないというわけではないので，あまり不自然な訳文
  にならないように工夫するとよいだろう。

✓ 語句 further「さらに進んで」 fear of ～「～の恐怖，～するのではないかとい
う恐れ」 ultimately「最終的に，結局，突き詰めていくと」 derive from ～「～
に由来する，起源がある」 inherit「～を遺伝で受け継ぐ」 instinct「本能」
ancestor「祖先」

構文研究

❷ *ll.* 4-7　The fact that most dreams have a surrealistic quality — a quality that
causes them to be highly resistant to interpretation — has influenced
many people to dismiss dreams as altogether meaningless.
たいていの夢が超現実的な性質──解釈されるのを強く拒む原因となっている性
質──をもっているために，多くの人は夢をまったく無意味なものと片づけてきた。

- ダッシュ（—）で挟まれた部分は，a surrealistic quality の具体的な説明となっている。ダッ
  シュはセミコロン同様，「言い換え」や「具体例」，「理由」が述べられることを示す記号。
- cause *A* to *do*「*A* が～する原因となる」 them は most dreams を指す。
- be resistant to＋名詞／動名詞／to 不定詞「～（すること）に対して抵抗して」
- influence *A* to *do*「*A* に影響を及ぼして～させる」

✓ 語句 a surrealistic quality「超現実的性質」 interpretation「解釈」 dismiss「～をはねつけ
る，退ける，片づける」 altogether「完全に，まったく」 meaningless「無意味な」

❹ *l.* 1　Not all dreams are, however, utterly senseless.
しかし，すべての夢がまったく無意味だというわけではない。

- Not all ～ は部分否定。

✓ 語句 utterly「まったく，完全に」 senseless「無意味の」

❹ *ll.* 1-3　Take, for example, those we have all seen at one time or another in which we are falling, flying, or appearing naked in public.
たとえば，私たちがみな一度や二度は見たことがある夢を取り上げてみよう。その夢の中では，私たちは落下していたり，空を飛んでいたり，裸で人前に現れていたりするのだ。

● those は dreams を受ける代名詞。
● 関係代名詞 which の先行詞は those（＝dreams）である。in which we are falling, flying, or appearing naked in public の部分は，we are falling, flying, or appearing naked in public in those（＝dreams）と書き換えられる。
● appear は「～に見える」という第 2 文型（SVC）を作る appear ではなく，「現れる」という，第 1 文型（SV）を作る appear であることに注意。
✓ 語句　at one time or another「何かの折に，一度や二度は」　naked「裸の」　in public「人前に，人前で，公然と」

❹ *ll.* 3-4　Dreams of this kind most likely have their bases in experiences and anxieties shared by all human beings.
この種の夢は，おそらくその原点が人類共有の体験と不安にあるのだろう。

● bases は basis「基礎」の複数形。
● shared by 以下は experiences and anxieties を修飾している。share「～を共有する，共通にもつ」
✓ 語句　most likely「おそらく，たぶん」　anxiety「不安」

解　答

(1)　目覚めているときの正常な意識においては，前脳は，意味のある世界像を構築するために内部外部のさまざまな知覚情報を分類している。睡眠中に，脳のより原始的な部分が生み出す支離滅裂ででたらめな情報の洪水に直面すると，脳のより高度な知能中枢部は，入ってくる信号に秩序を与えようとして，どんなものであれ，夢のもつ物語的な構造を作り上げるのだ。

(2)　もしこの仮説が正しければ，幼少期の経験は，大人になっても非常に不安なときには何らかのきっかけでまた呼び起こされるような深い痕跡を脳に刻み込んでいるに違いない。社会生物学者の中には，さらに進んで次のように推測している人もいる。すなわち落下の恐怖は，究極的には，眠っている間に木から落ちることもあった私たちの先史時代の祖先から受け継がれた遺伝的本能，あるいは反射作用に由来するというのである。

19 脳の大きさと知能に相関性はあるのか ★★★

🎓 新潟大   ⏱ 目標30分

全 訳

❶ 過去2万年の間に，人間の脳はテニスボール1つ分ほど縮んできた。古生物学者たちは，我々の有史以前の祖先たちの化石化した頭蓋骨を調べ，それが現代人の脳よりも大きいことがわかったとき，この事実を発見した。これはだれの目からみても特筆すべき発見であった。なぜなら我々の進化の大部分において人類の脳は大きくなってきているからである。縮んでいく脳というのは，科学，教育，そして技術の発達はより大きな脳につながるという仮定と合致しないようにみえる。我々がもっているような，大きな頭の科学者や球根状の頭蓋をもつ超知的宇宙人という文化的ステレオタイプは，知的な存在は大きな脳をもつとする考え方と一致する。

❷ 小さな脳は一般的に動物界では知性とは結びつかない。そういうわけで，「bird-brained（ばかなやつ，軽率なやつ）」と呼ばれることは侮辱だとみなされるのだ（実際すべての鳥が小さな脳しかもっていないわけではないが）。大きな脳をもつ動物たちはより柔軟で問題解決能力に優れている。(b)種としてみれば，人類は並外れて大きな脳をもっている。これは平均的な体格から考えると，予想される大きさよりも約7倍大きい。近年の進化の過程で人間の脳がだんだんと小さくなってきているということの発見は，より大きな脳はより知性があるということと，我々が有史以前の祖先たちよりも賢いという，一般的なとらえ方と矛盾している。なんといっても，現代生活の複雑さが，我々がそれに対処するためにより賢くなってきていることを示唆しているのだ。

❸ 人間の脳が縮んできたのはなぜか，厳密にはだれも知らない。しかし，それは確かに脳と行動と知性の関係性について刺激的な疑問を提起してきた。第一に，我々は人間の知性の進歩に関して多くの根拠のない仮説を立てる。我々は石器時代の祖先たちは知性の発達が遅れていたに違いないだろうと決めてかかる。なぜなら彼らが生み出した技術は，現代の基準からするととても原始的にみえるからである。しかし，人類の知性の本質が過去2万年もの間それほど変わっていなかったとしたらどうだろう。彼らが現代人と同じくらい賢く，単に何千にわたる世代のうちに積み重ねられた知識の恩恵がないだけだとしたらどうだろう。我々は，2万年前に生まれた人よりも我々の方が根本的に知的であると決めてかかるべきでない。我々は，自分たちの周りの世界に対する知識と理解を彼らより多く有しているかもしれない。しかし，その大部分が我々自身の努力の賜物というより，むしろ我々よりも前にいた人々の経験により蓄えられたものであるのだ。

❹ 第二に，脳の大きさと知能のつながりが，さまざまな理由からして単純すぎることだ。重要なのは大きさではなく，どのようにそれを使うかなのだ。生まれついて脳組織が少ししかない人や，もしくは病気や手術のため半分ほどの脳しかもっていないという人々もいる。しかし，彼らは通常の知能の範囲の中で考え，行動することができる。それは，彼らが残されたわずかな脳組織をとても効率的に使うからだ。さらに，重要なのは，大きさではなく，内部のネットワークなのだ。化石記録に基づく脳の体積からは，内部の微細構造がどのよう

に組織され機能しているかは読み取ることができない。(d)大きさに頼ることは，数部屋をまるまる埋め尽くしていた 1950 年代の元祖コンピュータを，ポケットに収まるけれども演算能力はそれよりもはるかに高い今日の小型スマートフォンと比べるのと同じくらいばかげていることだ。

解　説

問 1　下線部 this は，直前の第 1 段第 1 文で述べられている内容を指している。

- 第 1 段第 1 文：Over the last 20,000 years, the human brain has shrunk by about the size of a tennis ball.「過去 2 万年の間に，人間の脳はおよそテニスボール 1 個分，縮んだ」
- over「～にわたって」（期間を表す）→この over は more than ～「～以上」の意味ではない。over を more than の意味で使用する場合は，数詞の直前に置く。
- shrunk←shrink「縮む」　by「～分だけ」→「差異」を表す。もし「テニスボール大に縮む」としたいならば，by の代わりに to を用いる。

問 2　「種としては，人間は並外れて大きな脳をもっている──平均的な体の大きさを考慮に入れると，予想されるべきより 7 倍ほど大きい」が直訳。

- exceptionally「例外的に，並外れて」←exception「例外」
- ダッシュ（─）は，後に前文の補足説明が続くことを示唆する。ここでは exceptionally large brains を具体的に説明する語句が続いている。
- than は関係代名詞。先行詞に比較級 larger(brains) がついているので相関的に that / which の代わりに使用されている。この先行詞がたとえば単に large brains であれば，ここは large brains that〔which〕should be expected「予想されるべき大きい脳」となる。seven times … expected の部分を比較級の代わりに原級を用いて表すと，seven times <u>as large as</u> should be expected となるが，この should の前の as も関係代名詞である。given は前置詞で，considering と同じ意味。
- ✓ **語句**　as a species「種として」

問 3　assumption および assume という語に注目する。これらの語が使用されている文を探し，どのような「根拠のない想定〔思い込み〕」なのかを読み取って 80 字以内にまとめる。

- unfounded assumptions about the progress of human intelligence「人間の知能の進歩に関する根拠のない想定〔思い込み〕」→assumption は assume の名詞形。make an assumption「仮説を立てる〔想定をする〕」　unfounded は found「～の基礎を置く，～を設立する」，foundation「基礎，根拠」の派生語。un- が否定を

表す接頭辞であることから「根拠のない」という意味が推測できよう。

● 下線部に続く第3段第3文に We assume our Stone Age ancestors must have been backward because the technologies they produced seem so primitive by modern standards. とあり，第6文に We should not assume that we are fundamentally more intelligent than an individual born 20,000 years ago. とあるのが見つかる。この2文の assume の目的語（下線を引いた部分）が該当箇所。

第3文の下線部の意味：「我々の石器時代の祖先は，彼らが生み出した技術が現代の水準からすれば非常に原始的に思えるので，知能の発達が遅れていたに違いない」

第6文の下線部の意味：「我々は基本的に，2万年前に生まれた個人より知能が高い」

まとめると「石器時代の祖先が生み出した技術が現代の水準からすれば非常に原始的にみえるからという理由で，現代人の方が2万年前の人間よりも頭がいいという根拠のない思い込み」ということになる。

問4　「大きさに頼ることは，何部屋をもまるまる占めていた1950年代の初代コンピュータを，ポケットに収まるが，よりはるかに大きな演算能力をもっている今日の小型のスマートフォンと比較するのと同じくらいばかげている」が直訳。

> Relying on size is as ridiculous as comparing the original computers of the 1950s that occupied whole rooms with today's miniature smartphones that fit into your pocket but have vastly more computing power.

● Relying on size「大きさに頼る〔大きさを当てにする／大きさを信頼する〕こと」→文の主語。

● comparing「比較すること」→compare A with B「A を B と比較する」A，B に該当する部分にはそれぞれ関係代名詞節（that …）がついている。

● the 1950s「1950年代」→「〜年代」は，the＋年代を表す数詞の複数形。

● but は fit into your pocket「ポケットに収まる」と have vastly more computing power「はるかに大きな演算能力をもっている」の2つを結んでいる。つまり「ポケットに収まる（ほど小さい）が，演算能力ははるかに大きい」ということ。

✔語句　as ridiculous as 〜「〜と同じくらいばかげている」 original「最初の，初代の，元祖」 whole rooms「複数の部屋をまるまる」 fit into 〜「〜に収まる」

POINT whole の用法について

文中に whole rooms とあるが，これは a whole room「まるまる一部屋」が複数形になったもの。whole は定冠詞や所有格といった限定詞がついた複数名詞と一

緒には使用できない。したがって，whole rooms は正しいが，the whole rooms とは言えない。the whole rooms だと，個別の独立した部屋が結びついて，一体化した何か新たなものになってその全体と言っているように聞こえる。the をつけて限定された複数の部屋全部を表したい場合は，all（of）the rooms とする。「一つの町全体」は the whole town と言い，この場合は，all the town とは言わない。「複数の町全部」は all（of）the towns と言う。なお，固有名詞につく場合の whole は形容詞ではなく名詞扱いになる。たとえば the whole Japan は間違いで，the whole of Japan あるいは all（of）Japan と言う。

3

構文研究

❹ *ll.* 2-6 There are some individuals who are born with little brain tissue or others（=other individuals）with only half a brain as a result of disease and surgery, but they can still think and perform within the normal range of intelligence because <u>what brain tissue they do have left, they use so efficiently.</u>

生まれついて脳組織が少ししかないという人や，もしくは病気や手術のために半分ほどの脳しかもっていないという人々もいるが，彼らは通常の知能の範囲の中で考え，行動することができる。というのも彼らが実際に有している残されたわずかな脳の組織を，非常に効率よく使うからだ。

- 下線部は倒置文であり，SV の前に目的語が倒置されている。
  they use what brain tissue they do have left so efficiently ということ。
  S V O
- what は関係形容詞で，「少ないながらすべての～」という意味。what little money（I have）「なけなしのお金」の what と同じ。
- do は強調の助動詞で have を強調している。
- left は leave の過去分詞形で「残された」という意味。what brain tissue they have left は「彼らがもっている残されたわずかな脳組織」という意味。left の用法がわかりにくいのであれば，they have little brain tissue left「彼らには脳組織がほとんど残っていない」という have A left「A が残されている」の形にして考えてみればよい。これは There is little milk left in the bottle.「ビンにはミルクがほとんど残っていない」の left と同じ用法である。
- tissue「細胞組織」→「ティッシュ（ペーパー）」の意味も当然ある。ただし tissue paper と言ってしまうと単なる「薄紙」となるので注意。

解　答

問1　過去2万年にわたって，人間の脳はおよそテニスボール1個分，縮んだということ。

問2　種としては，人間は並外れて大きな脳をもっており，これは平均的な体格から考えると，予想される大きさよりも約7倍大きい。

問3　石器時代の祖先が生み出した技術が現代の水準からすれば非常に原始的にみえるからという理由で，現代人の方が2万年前の人間よりも頭がいいという根拠のない思い込み。(78字)

問4　大きさに頼ることは，数部屋をまるまる埋め尽くしていた1950年代の元祖コンピュータを，ポケットに収まるけれども演算能力はそれよりもはるかに高い今日の小型スマートフォンと比べるのと同じくらいばかげていることだ。

20 人の話を聞くことはなぜ脳を疲れさせるのか ★★★

🎓 千葉大　　　　　　　　　　　　　　　　　　　　🕐 目標35分

全　訳

❶　テキサスクリスチャン大学のポール=キング博士は，30年間にわたってコミュニケーション研究の分野で影響力のある学者であり続けている。私はキング博士に，彼が行っている「聞くという行為における状態不安」の研究について話を聞いた。不安感に影響を受けるのは，演説や口頭発表を行う人だけだとほとんどの人は考えている。聴衆の方も不安を感じることを，キング博士は発見したのだ。

❷　「後からその内容について質問があることを知らせた上で，被験者である大学生に情報を聞いてもらうという調査をしました。時間がたつにつれて，彼らの状態不安の程度はテストを受け終えるまでどんどん上がっていきました。その後，彼らの不安の程度はがくんと下がったんです」とキング博士は語ってくれた。キング博士によると，情報が蓄えられると「認知の残務」が増え，それがどんどん重りを積み重ねていくように，精神的な負荷がどんどん強くなっていくのである。「覚えなければならないことが積み重なってくると，それによってますます負荷が強くなっていって，すぐにそのすべてを手放そうとするんですよ」

❸　「学習者は後から思い出すべきことを連続的に加えていくので，聞くということは疲れる活動なんです」とキング博士は言う。これが彼の言う「認知の残務」である。簡単に言うと，作業が長くなればなるほど，あるいは伝達される情報が増えれば増えるほど，認知の負担は増えるのである。5分間の口頭発表を聞くときには認知の残務は比較的少量しか生じない。18分の口頭発表では少し多くなる程度だが，60分の口頭発表ではとても多くなるので，お話や映像，実演やほかの演説者に参加してもらうなどの「気分転換」を入れながら，とても引き込まれるような口頭発表をしない限り，聞き手は聞いていられなくなってしまいかねないのである。

❹　現在行われている記憶処理の研究の大半からは，短い時間幅で2，3回分の内容を学習する方が，1回長時間で全部学ぶよりも効果が高いと思われる，とキング博士は言う。「私が言おうとしているのは，一度言いたいことを示しても，それをうんざりするほど長々と述べるというのでは，話を聞いている人は，それをよりうまく処理して内容を長期記憶に蓄えることが，本当はできないということなんです」

❺　キング博士は研究成果を大学院の研究方法論の授業に応用している。選択が可能であれば，大半の大学院生は50分の授業3回よりも3時間の授業1回の方を選ぶ。キング博士が週1回授業を教えていたとき，翌週に再び授業に出てきた学生は，前週に学習した情報のほとんどを忘れてしまっていることに気づいた。「よりよいやりかた」は，同じ内容を，たとえば月・水・金曜日というふうに3回に分けて別々に教えるようにすることだ，とキング博士は発見したのである。反対はあったものの，短い授業に3回出ることを義務づけたところ，学生の成績が上がり，複雑な内容をよりよく覚えられるようになった，と彼は話す。

❻　(2)話を聞いて学習するというのは，たいへんな労力が必要である。脳は簡単に疲れてしまう。新しい仕事の初日が終わったときや，初めて複雑な手引き書を何時間も続けて学んだ

後に，どんなに疲労感を覚えたかを思い出してほしい。新しい情報を処理するには労力が必要なのだ。

❼　学習するというのは疲れるものである。平均的な成人の脳は３ポンドほどの重量しかないが，たいへんな量のブドウ糖，酸素，血流を消費する。新しい情報が取り入れられるにつれて脳の活動は活発になり，エネルギーが消費されて疲労感と消耗を感じるようになるのである。

❽　『意志力の科学』で，著者のロイ＝バウマイスターは，１日に使える頭脳の力には限りがあり，脳がエネルギーを消費するにつれて，その力が使い果たされていくのだと説明している。彼は，まったく無関係な活動（チョコレートを我慢したり，数学の問題を解いたり，口頭発表を聞いたりすること）が同じエネルギー源を使っていることを発見した。これで，午前中ずっと仕事をしていようが，単に誘惑に打ち勝とうとしているだけであろうが，脳を使った後はなぜとても疲れるのか説明がつく。

❾　犯人はブドウ糖，ないしはその不足である。ブドウ糖はあらゆる種類の食物から体内で作られる単糖類で，脳にとって燃料のように働く。脳細胞同士が信号をやり取りするのに使う化学物質に転換されてから，ブドウ糖は脳に入っていくのである。

❿　バウマイスターは，画面の下に語がぱっと表示された状態で映像を見るといった単純な作業をする前とした後で，被験者のブドウ糖の値を測定する目的で行われた一連の実験について話をしている。「表示される語を無視するようにと言われた人と，自由にくつろいで好きなように見てよいと言われた人とがいました。後でブドウ糖の値をもう一度測定したところ，大きな違いがありました。くつろいで見ていた人では値が変わりませんでしたが，表示される語を見ないようにしていた人ではかなり下がりました。一見したところ，ちょっと自制をするだけなのですが，脳の燃料であるブドウ糖はずいぶん減ったのです」

⓫　わかりにくい口頭発表を長時間聞かされると，聞いている人の脳は激しく活動してエネルギーを消費せざるをえなくなる。脳細胞は身体のほかの細胞の２倍のエネルギーを必要とする。頭を働かせると急速にブドウ糖を消費するのである。だから18分の口頭発表がとてもうまくいくわけである。その方が，聞いている人は，口頭発表について考え，考えを共有し，それにもとづいて行動するのに必要な脳の活力とブドウ糖が残せるのである。(6)長い時間話しすぎると，聞いている人は内容に集中できなくなるだろう。

> 解　説

問1　「キングが週に１回授業を教えていたとき，学生は前の週に学んだ情報のほとんどを忘れて次の授業に戻ってくることに気づいた」が下線部の直訳。

● ここでの問題点は，「学生は学んだことを，１週間後の授業までにほとんど忘れてしまう」ということ。なぜ授業が週１回になるかというと，下線部直前にあるとおり「学生は50分３コマの授業よりも３時間１コマの授業の方を好むから」。

● これへの対策は下線部に続く第４文に述べられている。→to schedule the same content on three separate occasions, such as Monday, Wednesday, and Friday「月，水，金のように３回に分けて同じ内容の講義を行うこと」　したがって，この部分を解答としてまとめればよい。

問2 「聞くことと学ぶことは大量のエネルギーを要する」が直訳。

- It takes *A* to *do*「～するのに *A*（時間・労力など）がかかる」の構文。
- これはどういうことかというと，第6段と第7段にあるように「新しい情報を処理することによって脳が疲労する」ということ。

問3 下線部を含む第8段第3文の直訳は，「<u>このこと</u>は，我々が，午前中ずっと仕事をしていようが単に誘惑と戦っていようが，どうして頭脳を使った後，とても疲れるのかを説明する手助けとなる」。

- 「どうして脳を使うと疲れるのか」の説明となっている部分を探せばよい。直前の第1文と第2文がその該当箇所。それらをまとめる。
- 第1文：… we have a limited amount of mental power each day, which becomes used up as our brains consume more energy「1日1日の頭脳の力には限りがあり，その力は脳がより多くのエネルギーを消費するときに使い尽くされる」
- 第2文：… completely unrelated activities … drew on the same source of energy「まったく無関係な活動が同じエネルギー源を利用する」→draw on ～「～を利用する，～に頼る」

問4 there was a big difference「大きな違いがあった」

- 下線部の「大きな違い」とは，ある実験の結果生じたもの。この実験の内容は同じ段落の下線部までの部分に述べられ，「大きな違い」については下線部直後に述べられている。この2点をまとめる。
- 実験の内容：… designed to measure glucose levels in people before and after doing simple tasks, such as watching a video while words were flashed at the bottom of the screen. "Some people were told to ignore the words; others were free to relax and watch however they wanted. Afterward, glucose levels were measured again …「…画面の下に単語がぱっと表示される映像を見る前と見た後のブドウ糖値を測定する。ある人には語に気づかないふりをするように言い，またある人にはリラックスして好きなように見てよいと言う。後でブドウ糖値をもう一度測定する…」
- 大きな違い：Levels remained constant in relaxed viewers but dropped significantly in the people who'd been trying to avoid the words.「数値は，リラックスして見た人の場合は一定のままであったが，語を見ないように努力していた人の場合は著しく低下した」→Levels は第1文にある glucose levels を指している。

問5 Your brain cells need (as, as, cells, energy, much, other, twice) in your body. の語句整序。

●直前に「長時間のわかりにくいプレゼンテーションは，聞き手の脳に，エネルギーを消費することを強いる」という記述がある。括弧内の語に cells, twice, as, as, much, energy があるところから，ここは，your brain cells とそれ以外の cells in your body のエネルギー消費の量を比較する英文を作ればよいと考える。

POINT twice as much energy as ～「～の2倍の量のエネルギー」という，倍数詞＋as＋原級＋as ～ の表現が作れるかどうかがカギ。「脳細胞は他の体細胞の2倍のエネルギーを必要とする」という意味の文を作る。

問6 「あまり長く話しすぎると，あなたの聴衆はあなたの話の内容に集中できなくなるだろう」が直訳。

> Talk for too long and your audience will be unable to concentrate on your content.

●命令文，and S V「～しなさい，そうすれば… / ～すると…」の構文。ここでは and の前にコンマがないので，一見この構文だと気づきにくい。

✓語句 audience「聴衆，観客，聞き手」 concentrate on ～「～に集中する」 content「話の内容」

問7 空欄①～⑧の前後が本文の第1～3段のどの部分に該当するかを，双方の英文を照らし合わせて読んでいこう。

① 「これはポール=キング博士によって～されたものである」 第1段最終文を受動態に変えたものだと考えられるので，discovered が入る。

②・③ 「大学生は，③をしなければいけないと認識している場合，講義を聴く時間が長くなればなるほど，②の程度はより大きくなる」 第1段第2文および，第2段第1文の be asked questions … afterward から，②には anxiety，③には test が入ると考えられる。

④ 「後で④しなければならない情報の量が増えるにつれて，それを思い出そうとする頭脳にかかる重圧も増大する」 設問英文中の recall「～を思い出す」に注目。本文第3段第1文の retrieve は「～を取り戻す」という意味で，これは「～を思い出す」と同義。また，④の直前の subsequently は later と同じ意味。したがって，④には retrieved が入る。

⑤ 「少しずつ余分に増やしていくことはできるが，最終的にもちこたえることができなくなって，抱えているものすべてを⑤する」 第2段最終文の言い換えなので，drop が入る。

⑥・⑦ 「わずか5分の口頭発表だとストレスがほとんど生じない。18分になると⑥
多く生まれる。一方，60分の口頭発表で常に加えられる情報の量は，⑦のメンバ
ーを非常にストレスがかかった状態にする」 第3段第4文の言い換え。⑥には
little，⑦には audience が入る。本文中の backlog「未処理の仕事」は「ストレス
を生む」存在であり，upset your audience「聞き手を動揺させる」ということは
「聞き手をストレス状態に陥らせる」ということ。

⑧ 「長時間聞くことは非常に⑧なので，キングは，話し手が長い講義を分割するよ
う勧めている」 第3段第1文の exhausting（exhaust「～を疲れさせる」）を入
れる。stress や backlog をかかえた状態とはどういう状態なのかを考える。

Part1

3

構文研究

❸ *ll. 3-4* Simply put, the longer the task (is), or the more information that is
S₁   S₁′
delivered (is), the greater the cognitive load (is).
S₂

簡単に言うと，課題が長ければ長いほど，また伝達される情報が多ければ多いほど，
脳の負担はより大きくなる。

- 「the＋比較級＋S V」の V の部分が be 動詞であり，それが省略されている。構文の前半部は
delivered まで。
- simply put「簡単に言うと」→put には「言う，述べる，表現する」という意味がある。simply
put は受動態の分詞構文の慣用句。put simply と，不定詞を用いた to put it simply は同じ意味
である。
- deliver「（講義・講演など）を行う，（伝言・情報など）を伝える」→give で代用することがで
きる。
- cognitive load「認知的負荷」→「脳の負担」ということ。

解　答

問 1　週 1 回まとめて授業を行う代わりに，同じ内容の授業を，月，水，金のように 3 回に分けて行うという対策。

問 2　話を聞いて学習するというのは，たいへんな労力が必要である。

問 3　頭脳が 1 日に使える力には限りがあり，しかも脳内のまったく関係のない活動が同じエネルギー源を利用しているということ。

問 4　映像をくつろいで好きなように見てよいと言われた人は，視聴の前後でブドウ糖の値が変わらなかったが，表示される語を見ないようにと言われた人は，ブドウ糖の値がかなり低下した。

問 5　twice as much energy as other cells

問 6　長い間話しすぎると，聞いている人は内容に集中できなくなるだろう。

問 7　①—c）　②—a）　③—l）　④—k）　⑤—d）　⑥—h）　⑦—b）
　　　⑧—e）

21 決断を下すことで疲れる脳 ★★★

🎓東京大　　　　　　　　　　　　　　　　　　　⏰目標15分

全 訳

❶　「決断疲労」は，なぜふつうの分別ある人たちが，同僚や家族に腹を立て，お金を無駄遣いし，いつもならしないであろう決定をしてしまうのかを説明してくれるかもしれない。どれほど理性的であろうとしても，決断に次ぐ決断をずっとしていれば，必ず生物学的な代償を払うことになる。それは通常の肉体的な疲労とは異なる。つまり，精神的な活力は低下しているが，本人は疲れていることに自覚的に気づいてはいない。そして，１日を通して選択を多くすればするほど，その１つ１つが頭脳にとってはますます困難になるようである。

❷　フロリダ州立大学の研究者たちは，この理論を検証するためにある実験を行った。あるグループの学生たちは，一連の選択をするように求められた。ペンとロウソクのどちらが好きですか？　ロウソクとTシャツでは？　彼らは実際に選んだ品物をもらえるわけではない。ただどちらが好きか決めるだけであった。一方で，別のグループは——彼らを非決定者と呼ぶことにしよう——選択はまったくしなくてよい状態で，すべて同じこうした品物を，同じだけの時間じっと見て過ごした。その後，参加者は全員，自制心の古典的なテストの１つを受けた。つまり，氷水にできるだけ長く片手をつけておくというものである。手を水から出したいという衝動に駆られるが，決定者の方がずっと早く降参した。

❸　彼らの理論をもっと現実的に検証するために，この研究者たちは現代における意思決定の大舞台，郊外のショッピングセンターへと赴いた。研究者たちは，買い物をしたあとの客に聞き取り調査をし，できるだけ多くの計算問題を解くように依頼した。ただし，いつやめてもらってもかまわないと告げた。案の定，店ですでにいちばん多くの決定をした買い物客が，算数の問題で最も早く音を上げた。

❹　どんな意思決定でも，分析すれば，行動の段階ではいわゆるルビコンモデルというものになる。この名は，イタリアとローマ属州のガリア地方とを分けるルビコン川から取ったものである。紀元前49年，カエサルがガリア人たちを征服したあと，帰路の途中でこの川のところまで来たとき，彼は，ローマへ帰還する将軍は，ローマへの侵略と見なされないように，自らの軍隊を伴ってその川を渡ることを禁じられていることを知っていた。川のガリア側で待ちながら，彼は「意思決定前の段階」で，内戦を開始することの危険と利益とをじっくり考えた。それから彼は計算することをやめ，決断をして自らの軍とともにルビコン川を渡り，「意思決定後の段階」に達した。

❺　この過程全体はどんな人であれその意志力を疲弊させるが，意思決定の過程のどの段階が最も人を疲れさせるだろうか。研究者たちは，それぞれの側の岸で起こること，すなわち，ガリア側にとどまって選択肢を検討することと，ローマに向かって進むことのどちらよりも，ルビコン川を渡ることの方が人を疲れさせるということを明らかにしている。

❻　いったん精神的に疲れ切ってしまうと，とりわけ努力を要する決定をするのが億劫になる。この決断疲労のせいで，人は，提案のタイミングを心得ている販売員の簡単なえじきになってしまう。ドイツの自動車販売店である実験が行われたが，そこでは客が自分の新しい

車のオプションを注文した。彼らは，たとえば，13 種類のホイールリム，25 のエンジンの設定，56 の内装の色から選択をしなければならなかった。

❼ 初めのうちは，客は選択肢を注意深く比較検討したが，決断疲労が始まると，勧められたものを何でも受け入れ始めた。その過程の早い段階で直面する選択が困難であればあるほど，疲れるのはいっそう早く，提案された選択肢を受け入れて，いちばん抵抗の少ない道で手を打ってしまったのである。車の購入者に与えられる選択肢の順序を操作することで，研究者たちは，客が最終的には異なる種類の選択肢で手を打ち，平均の差額は合計で，車 1 台につき 1,500 ユーロ以上（当時でおよそ 2,000 ドル）になったことを明らかにした。客が余分のお金を少し払うか多く払うかは，選択肢がいつ示され，客にどれだけ意志力が残っていたかで決まったのだ。

❽ 買い物は，貧しい人たちにとってはとりわけ疲れるものになりうる。決断疲労が，人が貧困のわなにとらわれてしまう主な，そして多くの場合無視されている要因になりうると主張する研究者もいる。彼らはその財政状況のために多くの困難な決定を強いられるので，彼らを中産階級に入れてくれるかもしれない学校や仕事，その他の活動にあてる意志力が少なくなるのだ。これは重大なことだ。研究に次ぐ研究が，自制力が低いことは，学校での成績不振，離婚，犯罪，アルコール依存や不健康といった数多くの他の問題だけでなく，低収入とも関連していることを示しているからである。

❾ 貧しい人と裕福な人が買い物に行くと，貧しい人は買い物をしている最中にものを食べる可能性がずっと高いことも知られている。このことは，彼らの性格の弱さの裏づけのようにも思える。いずれにしても，彼らが抱える健康問題の率の高さの一因となっている出来合いの軽食を食べる代わりに，自宅で食事を調理することで，おそらく彼らは栄養摂取を改善できるだろう。しかし，スーパーマーケットに行くことが，裕福な人たちよりも貧しい人たちにいっそうの決断疲労を引き起こすのなら，レジに行くまでには，板チョコに手を出さずにいるために彼らに残っている意志力は，より少なくなっているだろう。こうした品物が衝動買いと呼ばれるのにはそれなりのわけがあるのだ。

解　説

▶設問は 2 つ。1 つは，文中の 5 カ所の空所に，与えられた 8 つの選択肢から最も適したものを重複しないよう選んで入れるというもの。選択肢のほとんどは 1 文からなっているが，各選択肢の分量には若干の差異がある。1 つだけ，6 つの文からなっている選択肢がある。そして設問の 2 つ目は，最後の段落の空所に適切な単語 1 語を入れるというもの。

1つ目の設問

● まずは第 1 段を読んで本文のテーマを把握しよう。このタイプの問題は，まず最初の段落をしっかり読んでテーマを把握し，最初の空所まで読み進めたら，その空所に入る選択肢を検討するのが原則。空所に入るとおぼしき選択肢が見つかるまで，順番に選択肢の意味を確認していかなければならない。選択肢を選ぶにあたっては，

文脈もさることながら，空所前後に使用されている語句と選択肢中の語句のつながり（同じ語句が双方で使用されていないかどうか）を重点的に見ていこう。

● 本文は "Decision fatigue" という語句で始まっている。これは「意思決定に伴う疲労」という意味。第 2 文に「生物学的代償を払うことなしに次々と意思決定をすることはできない」，第 4 文に「1 日を通してより多くの選択をすればするほど，各選択が脳にとってより大きな負担となる」とある。つまり第 1 段は「意思決定は脳に負担をかける」と言っているのだとわかる。

● **空所(1)の検討**　空所(1)に続いて，「その後で，参加者は全員，古典的な自制心のテストの 1 つを受けた。片手を氷水にできるだけ長くつけておくというもので，手を氷水から抜き出したい衝動に駆られるが，決定者はずっと早く降参した」とある。

● 各選択肢を検討していく。

a)「しかしルビコン川を渡ることが，なぜそれほど危険が大きいのか？」「ルビコン川を渡る」とは「もう後戻りはできないという覚悟のもと，重大な決断や行動を起こす」ことを言うが，これは空所(1)の前後の文脈に合わない。all the participants「すべての参加者」に該当する語句もないので不適切。

b)「その全過程はいかなる人間の意志力〔自制心〕をも疲弊させうるが，意思決定過程のどの段階が最も疲弊させるのか？」　この文には，空所の後の Afterward「その後」の前提となる記述もないし，all the participants に該当する語句もないので不適切。

c)「理論のより現実的な検証を求めて，研究者たちは，現代の意思決定の大舞台，つまり郊外のショッピングセンターに入って行った」　この文の主語の the researchers と，その theory を示す具体的な語句が前の第 1 段に見当たらない。また，researchers は participants とは考えにくい。

d)「言い換えれば，経済弱者は意志力が非常に弱いので，自分たちの生活を困難なものにしているとして社会を非難しようと決意することすらできない」　In other words「言い換えれば」の前後はほぼ同じ趣旨でなければならないが，because 以下の部分は第 1 段の内容に合わない。また，all the participants に該当する語句もない。so little willpower の後のコンマは，so ～ that … 構文の that の代わりに使用されたもの。

e)「そしてその過程の初期段階で，より困難な選択に出くわせば出くわすほど，彼らはより早く疲労したので，提案された選択肢を受け入れることによって，抵抗が最も小さくなる方針で我慢した」　early in the process「その過程の早い時期」に該当する内容が第 1 段にない。

✔ **語句** taking a proposed option「提案された選択肢を受け入れること」

f)「フロリダ州立大学の研究者たちが行ったある実験では，計算能力の簡単なテストによって，買い物客が自分の精神的な疲労を意識していることが確証され

た」 空所直後で記されている実験内容は，片手を氷水につけるものなので不適
切。

g)「これは重要である。なぜなら研究に次ぐ研究が示してきたことは，低い自制
心は，低い学業成績，離婚，犯罪，アルコール依存や不健康を含む数多くの他の
問題だけでなく低所得とも結びついているということなのだ」 主語の This は第
1 段の内容を受けていると考えられるが，第 1 段の「意思決定は脳に負担をかけ
る」と，この選択肢の low self-control「低い自制心」に論理的関連性はない。

h)「フロリダ州立大学の研究者たちが<u>この理論</u>を検証するためにある実験を行っ
た。ある学生グループが一連の選択をするよう要請された。ペンとロウソクとで
はどちらが好きか？ ロウソクとTシャツでは？ 彼らは選んだ品物を実際には
もらえなかった。ただどちらが好きかを決めるだけだった。一方，別のグルー
プ――これを非決定者と呼ぶことにしよう――は，まったく何の選択をするこ
ともなく，同じ長さの時間を同じ品物について熟考して過ごした」 選択肢第 1
文の this theory「この理論」は第 1 段の「意思決定は脳に負担をかける」を指
していると考えられる。また，空所⑴の後の all the participants は選択肢第 2
文の A group of students と第 6 文の Another group を指していると考えられ
る。さらに本文中の deciders は選択肢中の nondeciders と対比して使用されて
いると考えられる。したがって，空所⑴に選択肢の h ）を入れても論理的な破綻
はない。

● **空所⑵の検討** 次に空所⑵に移ろう。空所の後に The researchers interviewed
shoppers after shopping …「研究者たちは，買い物をした後の買い物客たちに面
接調査して…」とあるので，選択肢 c ）が入ると推測できる。

● **空所⑶の検討** 直前の第 4 段では，カエサルによるルビコン川を渡る決断について
の説明が述べられている。同段第 3 文では，ルビコン川のガリア側で待っている段
階を "predecisional phase"「意思決定前の段階」，最終文では自軍の兵とともに
ルビコン川を渡った段階を "postdecisional phase"「意思決定後の段階」と述べ
ている。空所後では，ルビコン川を渡ることが最も疲れさせるものだという研究者
たちの見解が示されていることから，上述の意思決定の各局面での疲弊度が比較さ
れている文脈であることがわかる。したがって，意思決定過程で最も疲弊する局面
はどれかを問うている選択肢 b ）を入れる。また， b ）の decision-making
process と exhausting は，それぞれ空所前の made his decision と後の tiring に
対応する語句であり，この点もあわせて考えていくとよい。

● **空所⑷の検討** 第 7 段に，「最初は，顧客は選択肢を念入りに検討したが，意思決
定疲労が始まると，勧められるものを何でも受け入れ始めるのだった」とあり，選
択肢 e ）にこれと同じ趣旨の記述がある。

● **空所⑸の検討** 本文第 8 段は，「買い物は貧しい人間にとっては特に疲れるもの

だ」で始まり，第2文に「意思決定疲労は人を貧困に陥れる主要因」と続き，第3文にその理由として，「彼らはその経済状況のために多くの困難な意思決定を強いられるので，学校，仕事，その他の，自分たちを中流階級に導いてくれる活動にあてる意志の力が減少する」とある。空所(5)はそれに続く部分。「貧困」や「低所得」「経済弱者」に関する選択肢は d）と g）の2つ。このうち d）の場合は，In other words「言い換えれば」の前後の意味が食い違うことになるので不適切。g）の場合，low self-control「低い自制心」は空所の前の less willpower「より少ない意志力」（＝「低い自制心」）に対応したものなので，選択肢 g）が適切。

2つ目の設問

- 最終段第1文は「貧しい人と裕福な人が買い物に行くと，貧しい人は買い物中に…する可能性がより高いことも知られている」という意味。第2文後半に … they could presumably improve their nutrition by cooking meals at home instead of consuming ready-to-eat snacks「彼ら（＝貧しい人）はたぶん，すぐに食べられる軽食を consume するのではなく，家庭で食事を調理することによって栄養状態を改善することができる」とある。

- consume はここでは「～を食べる，飲む」という意味で使われている。ready-to-eat は「食べる用意ができた」→「すぐ食べられる」。snack は「スナック菓子」の意味。「間食，軽食」という意味もある。また，動詞で「軽食をとる」の意もある。

- **空所アの検討**　空所アには eat を入れるのが適切。動詞 snack を入れてもよい。これを第2文では consume で言い換えている。なお，eat の意味の consume には自動詞の用法がないので，空所に consume を入れるのは不適切。

構文研究

❾ *l.* 8　Not for nothing are these items called impulse purchases.
これらの品物はわけもなく衝動買いと呼ばれるのではない。→これらの品物が衝動買いと呼ばれるのにはわけがあるのだ。

- 否定の意味をもつ副詞が文頭にくると，S V の部分が疑問文の形になる。
  Not for nothing are these items called impulse purchases. を書き換えると，These items are not called impulse purchases for nothing. となる。

- ✓ **語句**▶ for nothing「わけもなく，目的なしに，むだに」　impulse purchase「衝動買い」

解 答

(1)—h）　(2)—c）　(3)—b）　(4)—e）　(5)—g）

ア．eat

Chapter 4 ≫ 心理とコミュニケーション

22 患者の心理と治療 ★★

🎓 高知大　　　　　　　　　　　　　　　　　⏱ 目標 25 分

全 訳

❶　ヘンリー=ビーチャーは，ハーバード大学医学部の有名な麻酔学の教授だった。彼は初めていわゆる戦場での無感覚の症状を詳しく説明したのだが，それは戦闘中に，兵士がその精神状態のために，重傷を負っていることに気づくことさえ，あるいはその痛みを感じることさえない状態のことである。彼らはまるで何事もなかったかのように戦い続ける。その兵士は，時間がたつかあるいはだれかにそのことを指摘されて初めて，自分がけがをしていることに気づくのである。親ならだれしも，この戦場での無感覚と同じ状態を目にしたことがある。子どもは転んだとき，ぼう然として動きも止まるが，痛がっているようには見えない。その子は親が大あわてで自分の方へ駆け寄ってくるのを目にして初めて泣き出すのである。

❷　1950 年代初期，ビーチャーは引き続き，感情の作用が身体にどう現れるかを研究した。ある実験で，彼は胆のうの除去手術をする予定の患者を 2 つのグループに分けた。片方のグループに対して，ビーチャーは手術前夜に短時間病室を訪れた。彼は自己紹介をして，自分が翌朝担当する予定だとその患者たちに告げた。もう一方のグループに対しては，ビーチャーはそれとはまったく異なる手順を踏んだ。彼は，翌日患者たちにどういうことをするかを次のように事細かに説明したのである。朝 7 時に注射による薬物治療が行われます。この薬物治療の目的はかくかくしかじかです。それから 7 時 30 分には病院のスタッフが部屋に来て，あなたをストレッチャーにのせて手術準備室に運びます。そこで看護師が点滴を始めます。という具合に，段階を追って，病室に戻るところまでその説明は続いた。(1)説明の間じゅうずっと，ビーチャーは話を中断しては質問はないかと尋ね，患者が自分が話している内容をきちんと理解するようにした。

❸　実験結果は驚くべきものだった。念入りに準備をしたグループの方が，問題も少なく，入院期間も短くてすみ，手術後の経過にそれほど注意を払う必要もなく，痛み止めの薬物治療に使用した薬の量も少なかった。要するに，このグループの方が，情緒的にも医学的にも手術をはるかに順調に乗り切れたのだ。患者の回復はそれまでよりうまくいったのである。しかし一体なぜだろうか。

❹　気分や感情は，その人物がどのように感じ行動するのかということだけでなく，身体の生理や化学反応をも変える全身的な現象である。手術というものは，たいていの人にとって必要ではあるが，予測のつかない冒険のようなものなのだ。予測がつかないと不安や恐れが生じ，それが生理的にも心理的にもさまざまな影響を及ぼす。(2)ビーチャーが患者に入念な準備を施したおかげで，どうやら患者の不安は減り，それによって治療にも明確によい影響

を与えたのである。患者はこれから何が起こるか知っており，何につけても驚くということがなかった。不安が少ない状態だと自信や信頼感も高まり，治療効果が向上したというわけである。

解 説

問1 「説明の間ずっと，ビーチャーは質問のために中断し，自分が話していることを患者が理解しているかを確かめた」が直訳。

- make sure that S V「～であることを確かめる，必ず～となるようにする」
- what he was saying「彼が言っていたこと」（what は関係代名詞）

問2 「ビーチャーの，患者への入念な準備はどうやら患者の不安を減らし，それによって彼らの治療に明確に影響を与えた」が直訳。

- 無生物主語をどのように訳すかがポイント。「ビーチャーが患者に入念な準備を施したおかげで」と名詞句を動詞まじりの文に置き換えると自然な日本語になる。
- lessen「～を減らす」＝less「より少ない」＋-en（＝動詞を作る接尾辞）
- ✓**語句** apparently「一見，見たところ，どうやら」 anxiety「不安」 thereby「それによって」 positively「明確に」 affect「～に影響を与える」 healing「治療」

問3 battlefield anesthesia「戦場での無感覚」については，第1段第2～4文に述べられている。

- これの日常生活へのたとえは，続く第5～7文に述べられており，このうち第6・7文の記述をまとめる（＝子どもは転んだ瞬間にはまだ痛みを感じておらず，状況を理解して初めて痛みを感じて泣き出す）。

第6文：「子どもは転んだとき，ぼう然として動きも止まるが，痛がっているようには見えない」

- not in obvious pain「目に見える痛みの中にはない」→「痛がっているようには見えない」
- ✓**語句** be stunned「動転する，ぼう然とする」
- **第7文**：「親が大あわてで自分の方に駆け寄ってきているのを見て初めて，その子どもは泣き始める」

> [Only when she（＝the child）sees her parent frantically running toward
> 　文頭強調　　　　　　　　　　　　　　知覚動詞　　O　　　　　　現在分詞
> her] does she begin to cry.
> 　　　 (V)　 S　 V　　 O 　…倒置（疑問文の形）
> ＝She begins to cry only when she sees her parent frantically running
> toward her.

● 文頭強調による倒置に注意。not や never, no, seldom, hardly, only といった
否定語を文頭に置いて強調する場合，倒置が起こるが，この場合の倒置は，疑問文
の形を作る倒置パターンである。

✓ 語句 ▶ frantically「半狂乱で，大あわてで」

問4 実験内容は第2段に，その結果は第3段に述べられている。

● 要するに，手術前にその情報を入念に与えられたグループの方が，手術後の経過が
万事において順調だったということである。

● 制限字数が120字なので，要領よくまとめることが大切である。

▶第2段

● phenomenon of the effects of emotion「感情の影響の現象」が直訳だが，これで
は意味がわかりにくいので，本文全体の主旨から類推して言葉を補足し，「感情の
影響が（身体に）どう現れてくるか」もしくは「感情が（身体に）作用し，それが
どのように現れてくるか」というようにするとよい。

● by needle「注射による」 needle は「注射器（の針）」。

✓ 語句 ▶ scheduled for removal of their gallbladder「胆のうの除去を予定してい
る」 the night prior to surgery「手術の前夜」 outline in great detail ～「～の
概要を事細かに説明する」 so and so「かくかくしかじかで」 attendant「係員」
preoperative room「手術準備室」 until the moment of return to the hospital
room「病室に戻ってくるときまで」

▶第3段

● The carefully prepared group had fewer problems「入念に準備されたグルー
プは（そうでないグループ）より問題が少なかった」

● a shorter length of stay in the hospital, required less attention following the
operation, and consumed less pain medication「病院でのより短い滞在，手術後
の世話の必要がより少なく，鎮痛剤の消費量が少なかった」←すべて，直前の
fewer problems と同格で，その具体例。

✓ 語句 ▶ handle「～に対処する」

構文研究

❶ *ll. 2-4* He was the first to describe so-called battlefield anesthesia [, a
= who described

situation in which [, in combat,] soldiers may not even recognize or
battlefield anesthesia と同格　　　挿入句

feel a major wound because of their emotional state].
彼はいわゆる戦場での無感覚，つまり兵士が戦闘中にその精神状態のために，重傷
に気づくことも，それを感じることすらもない状態について，初めて説明した人物
だった。

・the first は the first person ということ。
・a situation から後は battlefield anesthesia と同格。which の先行詞は a situation。a situation
in which … wound を独立文にすると，In that situation, soldiers may not even recognize or
feel a major wound in combat. と書き換えられる。
✓ **語句** not A or B「A も B も〜ない」　emotional state「感情の状態，精神状態」

❹ *ll. 1-2* Mood and emotion are whole-body phenomena that alter the body's
physiology and chemistry, as well as how that person feels and acts.
気分や感情は，その人物がどのように感じ行動するのかということだけでなく，身
体の生理や化学的反応をも変える全身的な現象である。

・mood と emotion は，ここでは喜怒哀楽を単数形でひとまとめに「気分」「感情」の意味で使
用されている。不可算名詞でも，それが複数個あれば複数扱いとなる。
・alter の目的語は the body's physiology「身体の生理」以下だが，ここは A as well as B「B
だけでなく A も」という構造になっている。

解　答

問1　説明の間じゅうずっと，ビーチャーは話を中断しては質問はないかと尋ね，
患者が自分が話している内容をきちんと理解するようにした。
問2　ビーチャーが患者に入念な準備を施したおかげで，どうやら患者の不安は
減り，それによって治療にも明確によい影響を与えたのである。
問3　子どもは転んだとき，親が大あわてで駆け寄ってくるのが目に入るまで，
ぼう然として動きを止め，痛みを感じないという例。
問4　翌日に手術を受ける予定の患者を2つのグループに分け，一方には手術前
夜に医師が簡単な自己紹介だけをし，もう一方には手術の全手順を，患者に理
解してもらうまで詳しく説明した。その結果，後者の方が情緒面でも医学面で
も回復がはるかに順調であった。(118字)

23　知能と老齢期の幸福度　★★

🎓 名古屋大　　　　　　　　　　　　　　　　　　⏰ 目標 30 分

全 訳

❶　知能が高いほど，より高給の仕事に就けてより質の高い生活を送ることができるかもしれないが，高齢になれば知能の高さは幸福度に影響を及ぼさないということを新しい研究が示している。

❷　幸せな老後，それは，年をとったとき，経済的に安定し健康にも恵まれることを目指して，多くの人がそれまでの人生をかけて準備しているものである。だが，(1)人々が心配するに及ばないことが1つあるように思われる。それは，自分がどれだけ頭がよいかということだ。スコットランドの年金生活者 400 人以上を調べたところ，認識能力は老年期の幸福感とは無関係であることが明らかになっている。

❸　研究者たちは 1921 年生まれの 416 人のグループを調べた。彼らは 11 歳のときと 79 歳のとき，知能テストを受けた。彼らが 80 歳のときに，「生活満足度」のアンケートも送付された。これは現時点での自分の幸福度を評価させるものだった。

❹　「知能の高さとアンケートに記された幸福度との間に，関連性は見つかりませんでした。これは本当に驚きです。私たちの社会では知能は高く評価されていますから」と，英国エディンバラ大学で仲間と共同で調査を行ったアラン=ガウは言う。

❺　回答者たちは自分の幸福についての 5 つの文に答え，同意の度合いに応じて 1 から 7 までの段階で評価をするよう求められた。5 つの文は主に回答者の現在の生活に触れるものであったが，機会があれば今の生き方とは違った何かをしたかったと思うかどうかも，突きとめようとしていた。

❻　それ以前の研究でわかっていたのは，高い知能やお金やスポーツの才能のような，近代西洋社会で望ましいと思われている資質をもつ人は，高い社会的地位，高給の仕事，快適な生活水準に恵まれるということである。

❼　これまでは，社会的な地位の高さは幸福度の増大と関係があった。ところが，知能の高い人は，成功することにより多くの関心をもち，他にもいろいろな生き方があることもより強く認識しているであろうし，そのために不満感を抱きやすいのかもしれないとガウとその共同研究者は述べている。ガウは付言する。「子どものときの IQ（知能指数）も 80 歳のときの IQ も，自分の人生のありようについての満足度と何ら関係はないようです。必要なのは，日々の仕事を遂行する能力をもっていることだけではないかと思います」

❽　英国の慈善団体「高齢者を支援しよう」のスポークスパーソンはこう言う。「高齢者の皆さんは，健康であればあるほど，そして経済的に自立していればいるほど，質の高い生活をしていることがわかりました。このことは，老年期の生活の質が知能の高さによってさほど影響されないという考えを裏づけています」

❾　彼は，交友を含む別の要素も大切だとつけ加えた。これを裏づけるのが，オーストラリア長期加齢研究と呼ばれる最近の研究である。女性は男性よりも強力な社会的ネットワークがあるので，老齢期に男性よりも生活の質が高いことが，この研究からわかった。

解 説

問1 「人々が心配する必要がない1つのことは，彼らがいかに頭がよいかというこ
とのように思われる」が直訳。

> one thing <u>people need not worry about</u> [, it seems,] is how intelligent <u>they</u>
> <small>one thing を修飾</small>　　　　　<small>挿入節 (it は形式主語)</small>　　　　<small>=people</small>
> are

● この文は it seems (that) one thing (which) people need not worry about is
how intelligent they are と書き換えることができる。その場合，that 節の主部は
one thing (which) people need not worry about である。

問2 文脈と文法を手がかりに，与えられた単語を組み合わせていこう。
● 文脈面から
「以前の研究 (Previous studies) は，…のような近代西洋社会によって (by
modern Western society) <u>～される</u>人々 (people) は，…で報われている (are
rewarded with …) ことを示している (have shown that)」という文の<u>～される</u>
の部分が，並べ替えの該当箇所である。
● 文法面から
① 括弧の直後に by があるので，括弧部分は受動態がくると考えられるが，be 動
詞はない。これがこの問題を難しくしているが，be 動詞なしで受動態の意味を
表す形を作るには，過去分詞の形容詞用法を用いる以外にない。
② regarded を「みなされた」という意味の過去分詞として使用する。
③ possess は動詞で「～を所有している」という意味。これは主語として people
をとりうる。
④ desirable は「望ましい」という意味の形容詞。
⑤ attributes は，これが動詞なら3単現形ということになり，主語は people では
ありえないので，宙に浮いてしまう。したがって，名詞（「特質，特性，属性」
の意）の複数形として使用する。
⑥ as は「～として」という意味の前置詞。regard *A* as *B*「*A* を *B* とみなす」，
そして (be) regarded as ～「～とみなされる」の形を思い出そう。
⑦ who は関係代名詞として使用する。その場合，先行詞は people しかない。
①～⑦のように考え，(people) who possess attributes「資質をもつ人」までで
きれば，あとは (be) regarded as ～ by …「…によって～とみなされる」という
形を使って，regarded as desirable (by modern Western society)「(近代西洋社
会によって）望ましいとみなされている」を作れば完成である。

問3 最終段最終文の because they had stronger social networks が該当箇所。

● この文は social networks の後に than men が省かれている。「なぜなら女性は男性よりも強力な社会的ネットワークをもっているから」が直訳。すなわち「女性は男性よりも社会的な付き合いの輪が大きいから」となる。

● 男性の人脈は仕事上のものが多く,退職するとそれまでのネットワークは消滅あるいは一気に縮小すると考えられるが,女性は日常生活の中で友達の輪を築いているので,その付き合いは死ぬまで持続するということであろう。

問4 第5段第1文が該当箇所。ここを簡潔にまとめる。

✓ **語句** participant「参加者,回答者」 respond to ~「~に返答する」 give a rating「評価する,点数をつける,採点する」 on a scale of 1 to 7「1から7までの7段階で,7点満点で」 according to ~「~に応じて」 how strongly they agree「どのくらい強く同感であると思っているか」

問5 設問文中の「知能の高い人々は,実績をあげ生活が豊かになっても,まだ幸福感を得られないでいる」に該当するのは第7段第2文である。同段最終文に,「高齢期における幸福の条件」が述べられている。

● that you have the ability to carry out your daily tasks「日々の仕事を遂行する能力をもっていること」の部分を指定字数内で答える。

構文研究

❺ *ll.* 3-5 The statements referred mainly to their current life, but also sought to discover whether , given the chance, they would like to have done
  　　　　　　　　　　　　　　　挿入句　　　　　　　　　　　　　　　実現しなかった願望
anything differently with their lives.
質問文は主として回答者の現在の生活に言及していたが,彼らが,もし機会があったら人生で何か違ったことをしたかったと思うかどうかも見つけ出そうとしていた。

- -

● sought は seek の過去形。seek to *do*「~しようと努める」(=try to *do*)
● whether 以下は,whether they would like to have done anything differently with their lives, if they had been given the chance と書き換えることができる。given the chance の部分は受動態の分詞構文であるが,ここは仮定法と考えればよい。
　✓ **語句** refer to ~「~に言及する,触れる」 current「現在の」

❼ *ll.* 4-6 "Neither childhood IQ nor IQ at age 80 appears to have any bearing
A　　　　　　　　B

on how satisfied you are with how your life has turned out," he adds.
「子ども時代の IQ も 80 歳のときの IQ も，あなたが人生の結果にどの程度満足して
いるかということとはまったく関係がないように見えます」と彼はつけ加えている。

●how satisfied you are with ～「あなたが～にどの程度満足しているかということ」
●how your life has turned out「あなたの人生が（～であると）判明したもの」すなわち「あな
たの人生が行き着いたところ，人生の結果」
✓ 語句 neither *A* nor *B*「*A* も *B* も～ない」 have bearing on ～「～と関係がある」 turn
out ～「～だと判明する」

❼ *ll.* 6-7 "I believe (that) all that is necessary is that you have the ability to
S　　　　　　　V

carry out your daily tasks."
「必要なことはただ，あなたが日々やるべきことを実行できる能力をもっているとい
うことだけだと思うのです」

●all that is necessary is that …「必要なすべては…ということだ」→「必要なのはただ…という
ことだけだ」
●tasks＝things to do「やるべきこと（仕事）」

❽ *ll.* 1-3 We have found that older people have a better quality of life, the
healthier they are and the more financially independent they are.
高齢者は，健康であればあるほど，そして経済的に自立していればいるほど，生活
の質がより高いことがわかりました。

●この文は，that 節の中身が不完全な the＋比較級 ～，the＋比較級 … の構文で書かれており，
以下のように書き換えることができる。
We have found that the healthier older people are and the more financially independent
they are, the better quality of life they have.
✓ 語句 quality「質」 financially「金銭的に，経済的に」

解 答

問1 人々が心配するに及ばないことが1つあるように思われる。それは，自分
がどれだけ頭がよいかということだ。

問2 who possess attributes regarded as desirable

問3 女性は男性よりも社会的な付き合いの輪が大きいから。(25字)

問4 幸福についての5つの文に対して，同感である度合いを7段階で採点して
回答する方式。(40字)

問5 日々の仕事を成し遂げる能力があること。(19字)

24 選択の自由と幸福感

🎓 筑波大　　　　　　　　　　　　　　　　　　　　　⏱ 目標40分

全 訳

❶　アメリカ人は今日，かつてないほど生活のより多くの場面で，より多くの選択肢の中からものを選んでいる。ある程度までは，選択の機会があることで，生活の質は向上する。選択の余地があるのがよいことであるなら，選択肢は多い方がよいと考えるのは，まったく理にかなっている。無限の選択肢があることに関心をもっている人は，そのことから利益を得るだろうし，関心のない人は，まだ試したことのない273種類のシリアルをいつでもただ無視することができる。しかし，最近の調査は，こうした推測が，心理学的には間違っていることを強く示唆している。選択の余地がまったくないよりも，何らかの選択肢があった方がよいことは間違いないだろうが，(1)より多くの選択肢がある方が，少ないより必ずしもよいとは限らないのである。

❷　このことは，大規模な社会風潮と一致している。さまざまな社会科学者が幸福感について評価してみたところ，アメリカ合衆国やその他の裕福な社会の大半で，選択肢が増え富が増すと，実際には，それに伴って幸福感が減少することが明らかになっている。国内総生産が過去30年間で2倍以上になったのと並行して，(2)自身を「とても幸せだ」と評する人の割合は約5％，すなわち，およそ1400万人減少した。さらに，臨床医学的にみて，うつ状態になっている人はかつてないほど増えている。もちろん，たった一つの要因で幸福感の減少を説明できると思う人はいないだろうが，数々の調査結果から，選択肢が激増したことが，ある重大な役割を果たしていることがわかっている。

❸　上記のように，社会が裕福になり，人々が自分のしたいことを何でも自由にできるようになればなるほど，人々は幸せではなくなるようなのだ。かつてないほど個人の自主性，選択権，自律性が増大した時代において，なぜこれほど不幸だと感じるのかをどう説明できるだろうか。

❹　私は最近数人の同僚とともに，選択肢が広がるのに，喜ぶよりもむしろ不幸な気持ちに終わっている人がなぜ多いのかについての洞察を与えてくれる研究を行った。私たちは，「最良選択追求者（以下，追求者）」（可能なかぎり最良の選択をすることを常に目指している人）と「満足者」（ほかにもっとよい選択があるかないかにかかわらず，「十分であると感じること」を常に目指す人）を区別することから始めた。「満足者」という言葉は，ノーベル賞を受賞した心理学者であり，経済学者である，カーネギーメロン大学の，故ハーバート=A. サイモンの用語から借用した。

❺　特に，私たちは，人々が最良の選択を追求しようとする傾向を診断するために，「追求度スコア」という一組の文書を作成した。それから，数千の人たちに，「2番目によいものでは決して我慢できない」といった項目について，1から7まで（「まったく同意しない」から「完全に同意する」まで）の間で自分を位置づけしてもらった。また，私たちは，自分のした決断についての人々の満足感を評価した。

❻　追求者と満足者をきれいに分離する境目を確定することはできなかったが，一般に，位

置づけの平均点が 4 (中間の評価) より高い人を追求者, 平均点が中間より低い人を満足者と考えている。テストで最も高い点数の人たち——追求度が最大の人たち——は, 点数が最も低い人たちに比べると, 何を買うか決める前にも決めた後にも品物をよりしつこく比較検討し, 何を買うか決めるのにより多くの時間をかける。満足者は, 自分の基準にかなう品物を見つけると, ほかのものを見るのをやめてしまう。だが, 追求者は, 品物の表示を読み, 消費者雑誌を調べ, 新製品を試してみるのに, 多大な努力を払う。彼らはまた, 自分の決めた買い物と他人の決定とを比較するのに, より多くの時間をかける。

❼ 当然のことながら, あらゆる選択肢をすべて調べることはだれにもできない。しかし, 追求者はそれを目指して努力する。したがって, 選択肢が増すにつれて, 決定することがだんだんやっかいになる。さらに悪いことに, 選んだ後になって, 調べる時間のなかった選択肢に思い煩わされるのだ。結局のところ, 彼らは満足者よりもよりよい客観的な選択をする可能性が高いが, その選択から得られる満足度は低いことになる。現実が追求者に妥協, つまり調べるのをやめて, ともかく何かに決めてしまうことを要求する場合でも, もっとほかによいものがあったかもしれないという心配の方が強くなる。

❽ 同様に明らかになったことは, 最大の追求者たちは, 自分の努力の成果に一番満足していない人たちだということである。彼らが自分と他人を比較するとき, 自分の方がうまくやったとわかっても, そこからはほとんど喜びを得ることなく, 自分の方がまずかったとわかると, かなりの不満を感じてしまうのだ。追求者は, 買い物をした後で後悔する傾向がより強く, ⑹自分が手に入れたものにがっかりすると, 幸福感が回復するのにより時間がかかってしまう。満足者よりも, くよくよし, 同じことを何度も考える傾向も強い。

❾ こうしたことから, 追求者は一般的に, 満足者ほど幸せではないと言えるだろうか。これについて私たちは, 幸福感を示す指標として信頼できるさまざまなアンケートに答えてもらって調べてみた。予想どおり, 追求度の点数が低い人よりも高い人の方が生活の満足度が低く, あまり幸せでも楽観的でもなく, 抑うつ感が大きかった。実は, 追求度の点数が極端な人たちは, 病域すれすれのうつ状態だったのである。

解 説

※本問は, 2005 年度前期日程にて出題された。

問 1 まずは more, less の後に省略されている語を見つけよう。

● 第 1 段第 1 文の more options, 第 3 文の some choice に注目する (option = choice「選択肢」)。下線部は more が単数扱い (不可算名詞) であることと, 直前に some choice があることから, 省略されている語は choice であると判断する。more (choice) is not always better than less (choice)「より多くの選択の自由は, 必ずしも, より少ない選択の自由よりよいというわけではない」 要するに, 「選択の自由は, 必ずしも多ければよいというわけではない」ということ。

問 2 「自らを『とても幸福』と評する人々の割合は 5 %ほど, すなわち, およそ 1400 万人減少した」が直訳。

> the proportion of the population describing itself as "very happy" declined
> <u>S</u>   population を修飾（＝that described）   V
> by about 5 percent, or by some 14 million people
> 程度・差異の by   同格の or

- describing は population を修飾する現在分詞。describe A as B「A を B だと言う，評する」
- or は by about 5 percent と by some 14 million people が同格であることを表す。つまり by some 14 million people は by about 5 percent を言い換えたもの。

✓ **語句** proportion「割合」 population「特定の住民，人々」 decline「減少する」
by「〜だけ」（程度・差異を表す） some＝about「およそ」

問3 those は〈the＋複数名詞〉を受ける代名詞なので，その直前部分にある複数名詞を探せばよい。

- They also spend more time comparing their purchasing decisions with those of others.「彼らはまた，自分の購入決定を他者のそれと比較して，より多くの時間を費やす」 複数名詞は decisions なので，those は the purchasing decisions を指す。

問4 この場合の that は指示形容詞で，前出のものを指す。ここでも文の前半部分から指示内容を探そう。

- Naturally, no one can check out every option, but maximizers strive toward that goal「当然ながら，すべての選択肢を調べることはだれにもできないが，最良選択追求者はその目標に向かって努力する」が該当箇所。「だれにもできないことでも，努力する」という文脈から，「その目標」とは check out every option を指すと考えられる。これは4語という指定にも合う。
- maximizers「最良選択追求者」 第4段第2文に，「可能なかぎり最良の選択をすることを常に目指している人」という語の定義が述べられている。社会心理学ではこの用語は単に「追求者」と訳される。これに対するのが，選んだもので満足するタイプの satisficers「満足者」である。

✓ **語句** check out 〜「〜を調べる，確認する」

問5 what might have been は「そうであったかもしれないもの」すなわち「最終的に決めたものよりもよかったかもしれないもの」ということ。what は関係代名詞。また，設問に「同じ文の前の部分で述べられていることを参考にして」というヒントが与えられている。

- When reality requires maximizers to compromise ― to end a search and decide on something — apprehension about what might have been takes over.「現実が最良選択追求者に妥協，つまり調べるのをやめて，ともかく何かに決めてしまうことを要求する場合でも，もっとほかによいものがあったかもしれないという心配の方が強くなる」が該当箇所。これを30字以内でまとめる。

✔ **語句** compromise「妥協する」 end「〜を終わらせる」 decide on 〜「〜に決定する」 apprehension「不安，心配，懸念」 take over「（前のものに代わって）優勢になる」

問6 「もし彼らの獲得が彼らを失望させれば，彼らの幸福感は回復するのにより長い時間がかかる」が直訳。
● their と them はすべて maximizers を指す。

✔ **語句** acquisition「獲得，入手」 disappoint「〜を失望させる」 sense of well-being「幸福感」 take A to do「〜するのに A（時間）を要する」

問7 各選択肢の意味は，次のとおり。
(A)「直前で述べられたことに対して同意を示している」
(B)「直前で主張された点を強化するさらなる陳述を紹介している」
(C)「特定の単語を強調している」
● 下線部(7)の直前の文（最終段第3文）では，「追求度の点数が低い人よりも高い人の方が，生活への満足度が低く，あまり幸せでも楽観的でもなく，抑うつ感が大きかった」とあり，それに続く同段第4文は，「追求度の点数が極端な人（極端に高い人）は，病域すれすれのうつ状態だったのである」とつながっている。よって，2文目は1文目で述べられた事実を追加的に強調・強化・支持していることから，(B)が正解。

問8 以下の定義に従って判定する（下の(a)〜(h)の下線部がその根拠となる部分）。
● maximizers：「最良選択追求者」=「可能なかぎり最良の選択をすることを常に目指している人」（第4段第2文）。現状に満足できず，常に，もっとよいものがあるのではないかと感じてそれを追求する人のこと。また，第8段第1文には，「最大の maximizers は自分の努力の成果に一番満足していない人たちだ」とある。
● satisficers：「満足者」=「ほかにもっとよい選択があるかないかにかかわらず，十分であると感じることを目指す人」（第4段第2文）。まあまあであれば満足する人のこと。
(a) M 「ある選択に直面するといつも，残りのすべての可能性はどうだろうかと想像するように努めている。現段階では存在していない可能性すらも（想像するように努めている）」

(b) S 「服を買う際に訪れる店は２軒だけと決めている」

(c) M 「自分の仕事にどれほど満足していても，もっとよい機会はないかと窺うこととそこそが自分にはふさわしい」

(d) M 「ビデオを借りるのは本当に難しい。一番よいものを選ぶのにいつも悪戦苦闘する」

(e) S 「自分がする選択のプラス面に目を向けるようにしている」

(f) S 「友人のための贈り物を買い求めるのはけっこう簡単だ」

(g) M 「いろいろなもののランキング表（ベストムービー，ベストシンガー，ベストアスリート，ベストノベル等）の大ファンである」

(h) S 「『期待しすぎてはいけない。期待しなければがっかりすることもないだろう（期待しすぎると失望する）』は，ありふれた言い回しだが，その助言を気に入っている」→引用符の中の部分は，「命令文 , and ～」の形。

構文研究

❶ *ll.* 1-2 Americans today choose among <u>more</u> options in <u>more</u> parts of life than has ever been possible before.
関係代名詞

今日のアメリカ人は，生活のより多くの場面において，以前に可能であったよりも多くの選択肢から選択をしている。

● than は関係代名詞。これは先行詞に比較級がついているときに用いられる。この先行詞は more options in more parts of life だが，関係代名詞に続く助動詞は have ではなく has が用いられている。これは，options を集合的にとらえて単数扱いしているためである。

❹ *ll.* 1-3 Along with several colleagues, I have recently conducted research that offers insight into <u>why many people end up unhappy rather than</u>
先行詞は research   into の目的語

<u>pleased</u> when their options expand.

私は最近，数人の仲間と協力して調査をしたが，それは多くの人が選択肢が広がったときに喜ぶというよりもむしろ結局不幸になるのはなぜなのかということへの洞察を提供してくれる。

● that の後の動詞が現在形なのは現在でも真実だからである。
● why 以下は間接疑問文。unhappy と pleased の前の being が省かれている。
✓ 語句 ▶ along with ～「～と一緒に，～と協力して」 colleague「同僚，仲間」 conduct「～を行う」 insight into ～「～に対する洞察・識見」 end up ～「最後には～になる」 expand「広がる」

Part1

4

❻ *ll.* 2-4　but in general, we think of individuals whose average scores are higher than 4（the scale's midpoint）as maximizers and those whose scores are lower than the midpoint as satisficers.

しかし一般には，平均点数が 4（尺度の中間値）以上の個人を追求者とみなし，点数が中間値よりも低い人を満足者とみなす。

●think of *A* as *B*「*A* を *B* とみなす」　この文では，1 つ目の *A* にあたるものは individuals whose average scores are higher than 4 で，2 つ目の *A* にあたるものは those（＝ individuals）whose scores are lower than the midpoint である。

✓ **語句**　scale「段階，目盛り，尺度」　midpoint「中間点」

❼ *ll.* 3-4　Worse, after making a selection, they are nagged by the alternatives they have not had time to investigate.

the alternatives を修飾　　　　time を修飾

さらに悪いことには，選択をした後で彼らは，調べる時間がなかった選択肢に悩まされるのだ。

●Worse＝Worse still＝To make matters worse「さらに悪いことには」

✓ **語句**　nag「～を悩ます」　alternative「選択肢，ほかにとりうる道」　investigate「～を調査する」

解　答

問1　より多くの選択肢がある方が，少ないより必ずしもよいとは限らないのである。

問2　自身を「とても幸せだ」と評する人の割合は約 5 ％，すなわち，およそ 1400 万人減少した。

問3　the purchasing decisions

問4　check out every option

問5　未検討のものにもっとよいものがあったかもしれないという心配。(30字)

　〈別解〉選んだものが最良の選択ではないかもしれないという心配。(27 字)

問6　自分が手に入れたものにがっかりすると，幸福感が回復するのにより時間がかかってしまう。

問7　(B)

問8　(a)—M　(b)—S　(c)—M　(d)—M　(e)—S　(f)—S　(g)—M　(h)—S

25 ほめ言葉の威力

🎓 島根大   ⏰ 目標 30 分

全 訳

❶ ほめ言葉，言い換えれば称賛や感嘆を表す言葉は，社会生活の最も驚くべき構成要素の一つである。⑴ほめ言葉は，適切に与えられると前向きな力を非常に多く作り出すので，まるでほとんど魔法のように事が生じる。ほめ言葉は2人の人間を取り巻く雰囲気を和ませ，互いに対して優しい気持ちを抱かせる。当然，ほめるには方法がある。そして，同様に重要なことだが，ほめられるにも方法がある。だれもがその2つの方法を知る必要がある。

❷ ほめ言葉は，ほめるに値する状況と努力に注目することから生じる。したがって，それは配慮と意識の表れなのだ。私たちは自分たちの周りにある良い進展に気づく力を養う必要がある。いったん，ほめるに値する状況に気づけば，気づいたことを口にする必要がある。言い換えるならば，ほめ言葉は，発せられた言葉の形で世界へと示されなければならない。私たちはほめ言葉を伝えるのだ。人々はほめ言葉の対象となることで利益を得るが，しかし私たちは自分がそれを言うことからもまた利益を得る。ほめられた人は，私たちが気づいていると知ること，ならびに，私たちが彼らを評価していると気づくことから利益を得る。⑵それゆえ，ほめ言葉は継続的に努力する意欲を起こさせるのに効果がある。人々は他人からほめてもらえることをより多くしようとするのだ。

❸ ほめ言葉はちょっとした愛の贈り物である。それはねだられることも，求められることもない。それは人に，注目するだけの価値があると語りかけるのである。それは強力な贈り物である。しかしほめ言葉は，私たちの考えていることを誠実に映し出すものであって初めて，また，制約なしに与えられ，強制されないものであって初めて，効き目がある。それが純粋なものでないなら，効き目はない。そして，偽りのお世辞は，たいてい，はっきりと透けて見えるものだ。誤ったほめ言葉は，それを口にした人間を信頼できないものにしてしまい，発言の動機に関して不信感を抱かせ，人間関係全体を損ないかねない。

❹ ほめるコツは，強力な社会的技能だけではない。それは基本中の基本の一つである。上手にほめる専門家になる必要はない。純粋になるだけでいいのだ。ほめ言葉は，実はより多くの社会的な技能を獲得する最上のツールの一つなのだ。なぜなら，見返りは大きく，直接的だからである。それは良好な雰囲気を高め，社会的潤滑油となって，会話が流れる手助けをする。ほめ言葉はこの世界をより良き場所にするのだから，だれもがほめ方を身につける必要がある。第一に，それは純粋でなければならない。言い方が具体的であればあるほど，それだけ好ましい。「会議でのあなたの質問の処理の仕方は見事でした。あなたは本当に，議論をこちらの計画に引き戻してくれたのですから」と。

❺ ほめ言葉が最も有効なのは，それが率直であり，偶発的ではない場合である。だから，ほめ言葉のための場所をちょっと空けて，意見として賛辞を述べる必要がある。見かけに関するほめ言葉は，人々の気分を良くするという点ですばらしい。というのも，ほめ言葉は，人々の不安を取り除く助けとなるからである。しかしほめ言葉は，見かけが問題にならない状況では効き目がない。同僚に，きれいですねと言うのは常にいいことであるが，正式な仕

事の会議のときは別だ。

❻　ほめ言葉が相手からの贈り物だとすれば，それを受け取ることもまた，贈り物，つまり送り手に対する返礼となる。ほめ言葉をどう受け取るかによって，そのほめ言葉を言った人とそれを言う気にさせた観察の両方の価値を損ないかねない。ほめ言葉を受け取る方法はたった一つしかない。感じ良く，笑顔で受け取るのだ。ほめ言葉を受け取るコツからは，人生にまつわる大切な教訓が学べる。それは私たちに，自分がどう感じるかはきわめて主観的なものであり，自分にしかわからないのだということを教えてくれる。そして，それは，必ずしも外の世界から見えるとは限らない。また，たいてい外の世界は，私たちが個人的にどう感じているかを知ることなく，うまく回っている。私たちも同様だ。(5)なぜなら，ほめ言葉によって生まれる前向きな雰囲気は，もしその言葉が正しく認識されれば，人の感情を変えられる力をもつことがあるからだ。

解　説

問1　「適切に与えられると，ほめ言葉は非常に多くの前向きの力を作り出すので，ほめ言葉はほとんどまるで魔法のように事を生じさせる」が直訳。

> If given right, the compliments create <u>so</u> much positive energy <u>that</u>
> <u>they</u> make things happen almost as if by magic.
> =the compliments

- If given right は If they are given right の省略。この they と that の直後の they は主語の the compliments を指す。right は副詞扱いで，rightly よりくだけた表現。
- as if by magic「まるで魔法のように」→これは as if it were done by magic（as if 以下は仮定法）の省略と考えられる。as by magic あるいは like magic とも言う。

✔ **語句** compliment「賛辞，ほめ言葉，お世辞」　so ～ that …「非常に～なので…」　positive「積極的な，前向きの，好ましい，良い，プラスの」

問2　「それゆえ，ほめ言葉は継続的努力の動機となる際に効果的だ。人々は他人からの称賛をもたらすものをより多くしようとする」が直訳。

✔ **語句** so「したがって，それゆえに」　in *doing*「～する際に」　motivate「～の意欲を起こさせる，～の動機となる」　continued efforts「継続的努力」　more of what brings praise「称賛をもたらすものをより多く」

問3　A false compliment「誤ったほめ言葉」がどのような影響を与えるのかを，本文に沿って説明する。

- 下線部に続く部分に，makes the speaker untrustworthy; it raises suspicions about motives. And that can hurt a whole relationship. とある。この部分が該

当箇所。ここを和訳する形で説明すればよい。

- makes the speaker untrustworthy「その発言者を信頼できない存在にする」
- it raises suspicions about motives「それ（＝誤ったほめ言葉）は，（ほめ言葉を発した）動機に関して不信感〔疑念〕を生じさせる」
- And that can hurt a whole relationship.「そしてそのことは人間関係全体を傷つけかねない」　主語の that は makes から motives までの内容を指す。

問4　The more specific they are, the better.「それらが具体的であればあるほど，より一層好ましい」という文中の specific について説明する。

- これは The ＋比較級＋S　V，the ＋比較級＋S′ V′ の構文。the better の後に they are が省略されている。
- 下線部の主語の they は compliments を指す。その具体例は下線部に続く引用符で囲まれた部分に述べられている。それをまとめる。
- "The way you handled that question at the meeting was brilliant. You really brought the discussion back to our plans."「会議でのあなたのあの質問の処理方法は見事だった。あなたは本当に，議論を私たちの計画に戻してくれた」

問5　「なぜなら，ほめ言葉によって作り出される前向きな雰囲気は，もしそれが正しく認識されれば，私たちの感情を変えられるほど力強いからだ」が直訳。

- created by a compliment「一つのほめ言葉によって作り出される」→過去分詞で始まる形容詞句で，the positive atmosphere を修飾。
- , if we appreciate it,「もし私たちがそれを正しく認識すれば」→コンマに挟まれた挿入節。it は compliment を指す。appreciate は「～を正しく理解〔認識〕する，～をありがたく思う，～に感謝する」。
- powerful enough to change our feelings「私たちの感情を変えられるほど力強い」

✓ **語句** atmosphere「雰囲気」

❷ *ll.* 6-8 People benefit from <u>being</u> the objects of compliments, but we also benefit from <u>being</u> givers of them. Recipients benefit from <u>knowing</u> that we notice and <u>learning</u> that we value them.

人々はほめ言葉の対象となることで利益を得るが，しかし私たちは自分がそれを言うことからもまた利益を得る。ほめられた人は，私たちが気づいていると知ること，ならびに，私たちが彼らを評価していると気づくことから利益を得る。

●それぞれの動名詞が前置詞の目的語となっていること，さらに，第2文の and は knowing that we notice と learning that we value them をつないでいることを把握すること。
●giver「与える者」→givers of them は「ほめ言葉を与える者」ということ。
●recipient「受取人，受賞者」 ここでは those who receive〔get〕compliments「ほめ言葉をもらう人，ほめられる人」のこと。recipient は臓器移植の文脈では「臓器の提供を受ける者」という意味で通常「レシピエント」と表記される。「臓器提供者」は donor と言う。
●notice「～に気づく，注目する」→notice の目的語は recipients。
●value「～を尊重する」の目的語 them は recipients，つまり the objects of compliments となる人々を指す。
　✓ **語句** benefit from *doing*「～することから利益を得る」 object「対象」

解　答

問1　ほめ言葉は，適切に与えられると前向きな力を非常に多く作り出すので，まるでほとんど魔法のように事が生じる。

問2　それゆえ，ほめ言葉は継続的に努力する意欲を起こさせるのに効果がある。人々は他人からほめてもらえることをより多くしようとするのだ。

問3　誤ったほめ言葉は，それを口にした人間を信頼できないものにしてしまい，発言の動機に関して不信感を抱かせ，人間関係全体を損ないかねない。

問4　会議での発言が良かった場合に，「会議でのあなたの，あの質問の処理の仕方は見事でした。あなたは本当に，議論をこちらの計画に引き戻してくれたのですから」とほめるような例。

問5　なぜなら，ほめ言葉によって生まれる前向きな雰囲気は，もしその言葉が正しく認識されれば，人の感情を変えられる力をもつことがあるからだ。

26 見知らぬ人との社会的交流で得られるもの ★★★

🎓 滋賀医科大 　　　　　　　　　　　　　　　⏱ 目標 50 分

全 訳

❶ 　地下鉄か公共バスに乗ったことがあるなら，そこでのルールというものを知っているだろう。目と目を合わせてはいけない，スペースがゆるす限り，他の人と離れていろ。そして，だれにも話しかけてはいけない。しかし，そのルールが間違っているとしたらどうだろうか。

❷ 　行動科学者のニコラス゠エプリーとジュリアナ゠シュローダーはシカゴ地域の列車の駅で通勤・通学者に近づき，ルールを破ってみてほしいと頼んだ。頼まれた乗客は，5 ドルのギフトカードと引き換えに，列車に乗っている間，ある単純な実験に参加することに同意した。1 つのグループはその朝，列車で隣に座った人に話しかけるよう頼まれた。また他の人たちは，通勤・通学者の標準的な行動に従い，他の人と接触しないように言われた。報告によれば，列車を降りるまでに，見ず知らずの人に話しかけた人は，そうしなかった人よりもいい経験をしたということだった。

❸ 　たまたま隣に座り合わせた人に話しかけるなどと考えると落ち着かない気持ちになるとしても，それはあなた 1 人ではない。エプリー博士とシュローダー女史が同じ駅にいた他の人たちに，見ず知らずの人に話しかけた後どんな気分になるか予想してみてほしいと頼んだところ，通勤・通学者たちは，1 人で座っていた方が乗車は心地よいだろう，と考えた。なぜ，彼ら通勤・通学者の予想と実際の経験とはこれほど異なるのだろうか。たいていの人は，会話を始めるのは難しいだろうと想像した。彼らは，乗り合わせた通勤・通学者のうち自分たちと話したいと思う乗客は半分もいないだろうと思っていたが，実際は，拒まれたと報告した人は 1 人もおらず，会話は楽しいものだった。『サイエンス』誌に発表された 2004 年の研究によれば，通勤・通学は，他のどの日常行動よりも肯定的感情と結びつけて考えられることが少ないものである。私たちは皆，他人との接触を避けることで，結局は誤っているとわかる，だれもがもっている思い込みに従っているのである。

❹ 　この研究が，社会資本に投資すること——つまり，まわりに座っている人と交流すること——によって，通勤・通学が改善することを示しているとしたらどうだろうか。見ず知らずの人に関するすばらしいことは，私たちがそういう人たちに出会ったときに，知り合いや愛する人に対する苛立ちの表示は遠慮して，楽しそうな顔をする傾向がある，ということである。研究室の一員であるリズが大学院生だったときに気づいたことだが，ボーイフレンドのベンジャミンは，リズのそばでは遠慮なく不機嫌そうに振る舞うのに，見ず知らずの人や顔見知りの人と交流しなければならなくなると，もっと陽気な顔つきになるのだった。すると，自分の感じのよい振る舞いによって自分も気分がよくなることがしばしばあるのだった。人間の行動を研究する学者になってよいことの 1 つは，自分のパートナーが自分の気に入らないことをしたら，何十組というカップルを研究室に連れて来て，その根本的原因を突き止めることができるということである。リズが研究室の実験で自分のアイデアを試してみると，たいていの人が「ベンジャミン効果」を示すことがわかった。

❺ 　しかし，私たちの幸せは最も親しい関係に左右されていて，日常生活における重要度の

低い人物に左右されているわけではない，と多くの人は思っている。この仮定にどの程度正当性があるのかを調査するために，研究室の学生のジリアン=M. サンドストロムは，社会的交流の記録をつけるよう人々に依頼した。日中にだれかと交流があるたびに，「強い関係」か「弱い関係」かに応じて，数を数えてもらった。強い関係というのは，自分にとって親しい人，弱い関係というのはあまりよく知らない人のことである。彼女は，内気な人も社交的な人も同様に，社会的交流が多くあった日はより幸せに感じる，ということを発見した。

❻ 　もっと驚くべきことに，弱い関係の人との交流は強い関係の人との交流と少なくとも同程度の幸福な関係を作り出した。最近の研究において，私たちはにぎわっているコーヒー店に入ろうとしている人に 5 ドルのギフトカードで調査協力をお願いした。ある客にはレジのスタッフとちゃんとした会話をするよう依頼した。ほほえみながら短い会話をしてもらったのだ。また他の客には，できる限り効率的に行動するよう依頼した。すなわち，店に入って，出て，その日の仕事に戻るのである。スタッフとの交流のために店に長くいた人は，より楽しい気分になって出て行った。効率が，どうも重要視されすぎているようだ。

❼ 　大学の広いキャンパスにいると想像してみよう。すれちがう人にアイコンタクトで交流してみるだけでも違ってくる。このような見知らぬ人との簡単な交流によって，彼らの孤立感はやわらぐだろう。そして，他人に認められると，それをした自分も同じ気持ちになるだろう。しかし，1 つ考えるべきことがある。別の一連の研究では，人は街で自分のことをあまりにじろじろと見る人からは逃げてしまう傾向があるということが示されているからだ。

❽ 　1 人でいることは楽しいことだという誤った思い込みに頼っているよりも，むしろ他人に向かって手を伸ばすのがよいだろう。少なくとも，街を歩いているときに，まるで空気でも見ているかのようにお互いを見る世界は受け入れられないとすることもできるのだ。見知らぬ人に話しかけると，「好きなことをして過ごす自分の時間」は失うかもしれないが，それよりもずっと多くのものを手にするだろう。

```
解 説
```

▶設問は主に英語で与えられているので，正しく読み取ることが必要。設問で使用されている語句を本文中に探し，該当箇所を素早く見つけていくことが大切。

問1 「他の通勤・通学者との会話を始めようと試みる通勤・通学者の何パーセントが拒絶を経験するか？」

● 第 3 段第 5 文に「話したいと思う通勤・通学者は半分未満だろうと推測したが，実際は」とあり，それに続いて，not a single person reported having been rejected「拒絶されたと報告した人は 1 人もいなかった」とあるので，0 パーセント。

● 第 5 文の reported having been rejected「拒絶されたことを報告した」は，設問の experienced rejection「拒絶を経験した」に該当する部分。これが「たった 1 人もいない（＝not a single person）」ということ。

問2 「最も数が少ない<u>肯定的な感情</u>と結びついているのは，どのような<u>日常のありふれた活動</u>なのか？」

● 第3段第6文が設問の該当箇所であり，commuting is associated with <u>fewer positive emotions</u> than any other <u>common daily activity</u>「通勤・通学は他のどんな日常活動よりも，数がより少ない肯定的感情と結びついている」とあるので，commuting「通勤・通学」が答えとなる。

問3 「以下のA─Cの問いに対する最も適切な答えを選べ」

A. 「下線部⑴の語句 "you are not alone" は…を意味する」

　　1．「あなたには話し相手がいる」

　　2．「あなたは他者から孤立していない」

　　3．「あなたはそういうふうに感じるたった1人の人間ではない」

　　4．「あなたは電話で人と連絡をとることができる」

● 下線部は「たとえ偶然，隣に座り合わせた人（＝a chance seat-mate）と話をするという考えがあなたを不快にするとしても」に続く部分。接続詞の If は文脈から Even if の意味ととる。下線部に続く文に，「（他の通勤客に尋ねたところ，彼らは）もし1人で（＝on their own）座っていたら自分たちの乗車はもっと快適だろうにと思った」とある。したがって，「同じようなことを考えている人間が他にもいる」ということなので，3が正解。alone は「自分（たち）以外はだれもいない」という意味なので，you are not alone は「あなた以外にだれもいないわけではない」→「あなただけではない，あなた1人ではない」ということになる。

B. 「下線部⑸の語句 "Benjamin Effect" は…する傾向がある人々に関係している」

　　1．「顔見知りよりも家族に対して，より楽しく振る舞う」

　　2．「研究室での実験に協力する」

　　3．「実験を通して社会資本を調査する」

　　4．「自分に非常に近い人よりも見知らぬ人に対して，より陽気に振る舞う」

● 「ベンジャミン効果」がどんな効果なのかは，第4段第2・3文に述べられている。

● ベンジャミンはリズのボーイフレンド。第3文後半の but 以下に「ベンジャミンが見知らぬ人や顔見知りの人と交流することを余儀なくされたとき，彼はより陽気な表情を浮かべた」とある。さらに，その前の第2文には「見知らぬ人に関するすばらしいことは，我々は見知らぬ人に会うときは楽しそうな表情を浮かべ，苛立ちの表示は我々がよく知っている大好きな人間のために取っておく傾向がある」とあり，これらから「見知らぬ人に対する方が陽気」という4が正解。

C. 「下線部⑹の語句 Minor characters とは我々の生活…（する）人々のことである」

　　1．「～の中でより強い結びつきがある」

　　2．「～の中でわずかな結びつきしかない」

3．「～というドラマの中で主役である」

4．「～の中で決して交流しない」

● minor は major の反意語で，「比較的重要でない，比較的小さい，ちょっとした，未成年の」といった意味がある。character は「性格，人格，特徴，登場人物，～な人」。これらの組み合わせと前後関係から，minor characters は「(人生において)比較的重要でない人物」という意味だと考えるのが妥当であり，選択肢の2に該当する。

問4 「筆者はどのような collective assumption のことを言っているのか？」

● collective assumption は「集団的思い込み」という意味。この「集団」は，同段第2文の other people および they や the commuters で表されている人たちを指している。下線部はその人たち共通の思い込みを指しており，第2文の the commuters thought に続く their ride would be more pleasant if they sat on their own「1人で座っている方が列車での移動はより快適であろう」というのが，下線部の意味する「多くの人に共通の思い込み」である。ride は「乗り物による移動(の時間)」で，ここでは「列車での移動，列車内での時間」という意味。

問5 下線部(3)の語句 "bring dozens of couples into the laboratory" の意味を本文に沿って説明する問題。

● 下線部(3)は「人間の行動を研究している科学者であることの利点の1つは，あなたが好まないことをあなたのパートナーがしたとき」に続く部分で，下線部は「何十組ものカップルを研究室に連れて来る」が直訳。したがって，「自分の配偶者や恋人の不可解な行動を理解するために，何十組もの夫婦や恋人の行動を研究するということ」だと考えればよい。

問6 下線部(4)の語句 "get to the bottom of it" の意味を本文に沿って説明する問題。

● get to the bottom of it は直訳すると「その底に到達する」→bottom には「根本，根底，原因，真相」という意味があり，下線部は「その原因〔真相〕を探る〔突き止める〕」という意味。it は，問3のBで問われた「ベンジャミン効果」，つまり「親しい人間には不機嫌を隠さず，見知らぬ人間，あるいは顔見知りに対しては笑顔を浮かべる」という二面性のある態度を指す。

問7 「本文から，下線部(7) a strong tie と下線部(8) a weak tie の一例を挙げよ」

● 下線部の直後に「a strong tie とはその人に親しいだれか」「a weak tie とはその人があまりよく知らないだれか」とある。それぞれの定義に該当する語句を本文中に探し，そのうち1つを答える。

- strong tie「強い結びつき」の例は，第4段第3文の boyfriend や同段第5文の partner「パートナー（配偶者，恋人，仕事仲間）」。
- weak tie「弱い結びつき」の例は，第3段第1文の a chance seat-mate「偶然，隣に座り合わせた人」，第4段第3文の a stranger or acquaintance「見知らぬ人，あるいは顔見知り」，第6段第3文の the staff at the cash register「レジ係」，第7段第2文の people we walk by「すれちがう人」。

問8 下線部(9)の語 "Efficiency" は，どのような意味なのか本文に沿って説明する問題。

- 同じ段落の第3文に「ある客たちには，レジ係と心からの会話を始めるように頼んだ」とあり，それと対照される形で，第4文に「またある客たち（＝Others）はできるだけ効率的であるよう告げられた。つまり，中に入り，外に出て，それからその1日を続けるよう告げられた」とあるので，efficiency の意味は，第4文のコロン（:）の後に述べられている部分を指すと考えられる。したがって，上記の点線部分を中心に解答を作成する。
- 第5文の Those who stayed longer to interact は「交流するためにより長く滞在した客たち」という意味なので，この行為は efficiency ではない方の行為だと考えられる。

問9 下線部(10)の語句 "me time" の意味を本文に沿って説明する問題。

- 最終段最終文の「我々は，見知らぬ人と話をするとき，失うかもしれない me time よりずっと多くのものを得る可能性がある」という文脈から，me time の意味を推測する。
- 「知らない人と話をすると失う時間」というのは，「知らない人に話しかけなければ失うことのない時間」ということ。筆者はこの英文で「1人でいることは楽しいのだという，誤った思い込み」について考察しており，me time はそのときの時間，つまり「自分の（ための）時間」とか「自分が好きに使える時間」という意味だと考えられる。
- me time は「自分の好きなことをやってくつろぐ時間」という意味で，my time とはニュアンスが異なる。my time が基本的に time に重点が置かれている一方で，me time は me に重点が置かれている。time for me に近い。1960〜80年にアメリカで生まれた世代を指す言葉に me generation「ミー世代」という造語があり，これは，個人主義で内向きな姿勢の世代を指す言葉である。また meism「ミーイズム」という造語もあり，これは「自己中心主義」と訳される。「他者に無関心で他者と関わりをもちたくない内向きな個人主義」を意味し，egoism とはニュアンスが異なる。目的格の代名詞 me は，Do for me, Stay around me, Look at me,

Listen to me, Love me, Help me, Leave me alone など，自己に対する要望を他者に対して述べる際に使用することから自分の好きなように楽しくやっていきたいというニュアンスが出ることがあると言える。me time はそういった me の時間を意味しているのである。

問10 設問文の訳：「見知らぬ人との交流を試みることがうまくいかないかもしれないと筆者が認めるのはどのような状況なのか，本文に沿って説明せよ」

● 第7段最終文に There should be one consideration, however「しかし考慮すべき事柄が1つあるはずだ」とあり（この consideration は「考慮すべき事柄」という意味），その後に，別の研究の結果わかったこととして，「人は通りであまりにも強烈にじろじろ見つめてくる見知らぬ人からは逃げる傾向がある」とある。したがって，「見知らぬ人との交流を試みる際に，相手をあまりにじろじろと見た場合」はうまくいかないかもしれないと，筆者は認めていると考えられる。

構文研究

❺ *ll.* 4-7 She <u>had them count</u> every interaction during the day according to whether it was a "strong tie" or a "weak tie," <u>a strong tie being someone</u> close to them and <u>a weak tie being someone</u> they did not know so well.
彼女は彼らに，昼間のすべての交流を，それが「強い結びつき」なのか，あるいは「弱い結びつき」なのかに応じて数えてもらった。強い結びつきは彼らに親しい人間で，弱い結びつきは彼らがあまりよく知らない人間という状況のもとで。

● had them count は使役動詞の構文（「～に…させる，してもらう」）。them は特定の人々（＝ those people）を指す。
● a strong tie being someone と a weak tie being someone はともに付帯状況を表す独立分詞構文。close to them と they did not know so well はそれぞれ直前の someone を修飾している。
✓ 語句 interaction「交流」 during the day「日中に，昼間に」→「夜間に」は during the night, in the night, at night のいずれも可。

Part1

4

解　答

問1　0パーセント

問2　通勤・通学

問3　A－3　B－4　C－2

問4　列車での移動時間中は，見知らぬ人と話をするよりも1人で座っている方がより快適だろうという，人々が共通に抱いている思い込み。

問5　自分の配偶者や恋人の不可解な行動を理解するために，何十組もの夫婦や恋人の行動を研究するということ。

問6　親しい相手にはそっけなく振る舞い，見知らぬ相手には笑顔で優しく接するという，二面性のある行動の原因を探るという意味。

問7　(7)ボーイフレンド，パートナー（配偶者，恋人，仕事仲間）のうちから1つ。

　　(8)偶然隣に座り合わせた人，見知らぬ人，顔見知り，レジ係，すれちがう人のうちから1つ。

問8　コーヒー店に行った場合は，飲食という本来の用事を済ませたら，余計なことに時間を割かず，効率を考えてすぐに外に出てその日の仕事を続けるということ。

問9　見知らぬ人と交流をしないで，自分1人で好きなことをして過ごす自分中心の時間。

問10　街中で見知らぬ人をあまりにじろじろと見すぎた場合。

27　共感能力を身につけることの意義 ★★★

熊本大　　　　　　　　　　　　　　　　　　　　　　⏰目標30分

全　訳

❶　人類の進化が進行する間に，人間の脳は社会的な合図にきわめて敏感になった。(1)この敏感さのおかげで，私たちは他人の表情と身振りを識別できるし，他人の心理状態を直ちにたいていは正確に，感じ取ることができるのだ。社会的な合図のおかげで，私たちは属する社会の美点に寄与しながら，自分のほしいものを手に入れるためにはどのような行動をとればよいかを理解できるようになる。一部の書き手は「社会的な知能」という言葉を使って，この過程を記述している。

❷　1つの技能が，社会的な知能のまさしく核心にある。共感能力である。共感とは，1人の人間がもう1人の人間に，思考や感情，意図といった，その人の内面的世界をより深く理解するという目的をもって全面的に関わっていく，積極的で思慮深い過程である。その過程には，相手の内面に関する熟慮を経た仮説を立て，それから同情しつつ，個人的な判断を避けながらより多くの情報を求めることによって，経験に基づく推測を改善していくことが含まれる。それは一部自動的で無意識的ではあるが，一部意識的な選択でもある。生まれつきこの分野の能力に恵まれた人々は，他者とうまくつきあっていく傾向がある。愛情にあふれ，感情的配慮の厚い環境で育てられた人々は，たいてい人づきあいがうまい。悲しいことに，どちらの運にも恵まれない人がいる。とはいえ，幸運にも，共感能力が発達するのを助ける脳の部位は，柔軟である。ということは，人々に努力する気持ちがあるなら，この分野の改善が見込めるのだ。

❸　共感的な経験がうまくいけば，しばしば両当事者はお互いに親密に結びついていると感じるようになる。彼らは，自分たちの間に架け橋ができたという，はっきりとした意識を持っている。この橋渡しは一部は感情的なもので，一部は思考領域の中にある。しかしながら，それは一時的なものにすぎない。共感能力は常に発達途上にあって，決して完成品になることはない。だれかと知り合うにつれ，その人の内的な世界に関する推測はますます正確になっていくだろう。しかし，そうした推測は常に，完全な事実というよりも経験に基づく推測にとどまることだろう。

❹　共感能力に関するいくつかの説明がここでは有益である。まず，人まね（他者の表情や身振りの無意識の模倣）は共感ではないということに注意しよう。また，同情（他者の痛みに対する関心）は関連はあるけれども，他者の立場に立つことが含まれていないから，共感とは異なる。また，多くの人々は「共感」がただ他者の感情に理解を示す能力だけを指すと考える。しかし，実際は人間の感情をその思考と行動から分離することはできない。忘れてほしくないが，「エモーション（感情）」という言葉は文字通り，「モーション（動作）」を表しているのであり，動作は行動を表すのである。真に共感を抱くには，ただ人間の感情に注目するだけでよいわけではない。その考え方，世界観を理解しようとしなければならないのである。このことから，共感能力を身につけることが求められるのである。

❺　たとえば，友人と待ち合わせて昼食を食べていると，彼女が急に泣き出してしまう。あ

なたは何かを言う前に，心の中で可能性を考えている。彼女が泣いているのは，久しぶりに自分に会えてうれしいからなのか。あるいは何かとんでもなく悪いことが起こって，悲しくなったのか。あなたは彼女の感情（うれしい，悲しい）とその原因（良いこと，悪いこと）の両方に考えを巡らせている。

❻　しかし，共感は推測の範囲を超えた過程である。だから，彼女に全面的な関心を寄せ，邪魔だてせずに耳を傾ける必要がある。椅子に座ってくつろいでいることだ。最後に，判断はせずにいることだ。他者を判断することで，その内的な世界との結びつきが絶たれるからである。徐々に，彼氏から別れを告げられ，悲しみと怒りの両方を感じていることを彼女が話してくれる。これで，自分の初めの推測は，一部は正しかったことがわかる。今や友人がどうしてそのように感じているのかも，それが別れのせいであることも理解している。敏感さと認識力とともに，共感能力を育成することは，自分自身と社会の両方に大きな利益をもたらしうる技能なのである。

4

解 説

問 1　「この敏感さは，私たちが他人の表情と身振りを識別し，彼らの心理状態を直ちに，たいていは正確に，感づくことを許してくれる」が直訳。

> This sensitivity allows us <u>to distinguish</u> other people's facial expressions and gestures, and <u>to immediately sense</u>, <u>usually accurately</u>, their psychological state.

- allow *A* to *do* がメイン構文。to *do* の部分は，to distinguish と to (immediately) sense の 2 カ所。distinguish の目的語は other people's facial expressions and gestures で，sense の目的語は their psychological state。コンマではさまれた usually accurately は挿入句。
- sensitivity「感受性，敏感さ」→主語の This sensitivity は，「社会的合図に対する人間の脳のこの敏感さ」という意味。

✓ **語句**　distinguish「～を識別する」 facial expression「表情」
immediately sense「直ちに～に感づく」 usually accurately「たいてい正確に」
psychological state「心理状態」

問 2　「悲しいことに，その両方の種類の運がない人々がいる」が直訳。

- either kind of luck の内容は，下線部直前の 2 文（いずれも People で始まる第 2 段第 5 文と第 6 文）と，同（第 2）段第 1 文および第 2 文を参照する。以下の 2 点の情報を和訳に盛り込む。
- まず，第 5 文（People who <u>are born with good abilities in this area</u> …）から，「1 つ目の運」は，「この領域〔分野〕における優れた能力をもって生まれること」だとわかる。ここで，文中の this area「この領域〔分野〕」が指すものは，第

1文の empathy「共感，感情移入」であることを把握する。empathy は第2文で an active, thoughtful process「積極的で思慮深い1つの過程」と説明されており，this area は，この「過程」を指している。したがって「1つ目の運」は，「他者に共感あるいは感情移入できる優れた能力をもって生まれること」を指している。

● 「2つ目の運」は，第6文（People who <u>are raised in a loving, emotionally caring environment</u> …）から，「愛情豊かな，感情的な配慮をする環境で育つこと」だと考えられる。→loving は「人を愛する」という現在分詞から，「愛情豊かな，愛情に満ちた」という意味で用いられる。loved「人に愛された」と混同しないこと。

問3 「共感は常に進行中の作品であり，決して完成品ではない」が直訳。

● この具体的な説明は直後の文に述べられている。「だれかを知るにつれ，その人物の内面に関してますます正確な推測ができるようになるが，その推測はいつまでたっても，完全な事実というよりもむしろ，知識や経験に基づいた推測のままであろう」ということ。文頭の接続詞 As は，文脈から「～するにつれて」ととる。

✔**語句** get to *do*「～するようになる（＝come to *do*）」（*do* には know, see などの状態動詞がくる） always remain ～「いつまでたっても～のままで」 educated guess「知識や経験に基づいた推測あるいは判断」 absolute fact「絶対的〔完全な〕事実〔真実〕」

問4 empathetic skills は「人に共感〔感情移入〕できる技術〔技能〕」という意味。

● これを「最終段落の表現を使って」具体的に述べるには，同段第2～4文の表現を利用し，一般化して表す。Empathetic skills are those（＝the skills）in ～ という形，あるいは，Empathetic skills are the abilities to ～ という形で表せばよい。

● 第2文：(So you need) to give her your total attention and listen without interrupting.

● 第3文：(You) allow yourself to relax (in your chair.)

● 第4文：(Finally, you) suspend judgment (because ….)

問5 「このことは，あなたの当初の推測がある程度正しかったことを意味する」が下線部の直訳。

● your original guess「あなたの最初の推測」は第5段のコロン（：）の後の2文に述べられているとおり，「友人が泣いているのは，久しぶりに自分に会ってうれしいからなのか，何かとても悪いことが起こって，それで悲しいのか？」ということ。その後，最終段第5文で，実は「ボーイフレンドと別れたばかりで，悲しくも腹立たしい」からだと判明する。したがって，「最初の推測」の半分は当たったと

いうことになる。これを答える。

構文研究

❺ *ll. 2-4*　Before you say a word, your mind is considering the possibilities : ①Is she crying because she is happy to see you after a long time? ②Or has something awful happened ③that's causing her to be sad?
あなたが口を開く前に，あなたの頭はいくつかの可能性について考えている。彼女は久しぶりに自分に会って，それでうれしくて泣いているのか？　あるいは何かとても悪いことが生じて，それで悲しんでいるのか？

下線部①・②：ともに，いわゆる「描出話法」で書かれている。この話法は，間接話法と直接話法の中間的な形で，直接話法の伝達部分を，引用符を外して地の文に入れ込んだものである。説明的な言葉を省いて必要な情報だけをずばり伝達するため，密度の濃い描写となり臨場感が強まるので，小説等では特に，登場人物の心の声を描写する際に好んで用いられる。描出話法を和訳する場合は，直接話法の伝達部分と同じ扱いにする。

● たとえば，「女性が，好きな男性が自分のことを愛しているのかなあ」と心配になった状況を間接話法で She wondered if he loved her. と表したとすると，これを直接話法で表せば，She wondered, "Does he love me?" となるが，これが描出話法だと，地の文に混ぜ込んで単に，Did he love her? となる。その和訳は「彼は私を愛しているのかしら？」である。描出話法は伝達動詞や引用符が省かれているので，文脈からこれを見抜くことが大切である。

● 下線部①の場合は，You think, "Is she crying because she is happy to see me after a long time?" と同じで，「彼女は久しぶりに自分に会ってうれしいので泣いているのか？」という意味。②の場合は，結果的に直接話法の伝達部分と同じとなる。

下線部③：関係代名詞 that の先行詞は something awful「何かとても悪いこと」で，先行詞と関係代名詞の間に動詞 happened が入り込んだ形となっている。

✓**語句** possibility「可能性」　awful「とても悪い，ひどい」

解　答

問1　この敏感さのおかげで，私たちは他人の表情と身振りを識別できるし，他人の心理状態を直ちに，たいていは正確に，感じ取ることができるのだ。

問2　悲しいことに，優れた共感能力をもって生まれるという運も，愛情豊かで感情的な配慮をしてくれる環境で育つという運もない人々がいる。

問3　だれかを知るにつれ，その人物の内面に関してますます正確な推測ができるようになるが，その推測はいつまでたっても，完全な事実というよりもむしろ，知識や経験に基づいた推測のままだということ。

問4　Empathetic skills are those in giving someone your total attention and listen without interrupting, allowing yourself to relax, and suspending judgment.

問5　あなたは最初，友人が泣いているのは久しぶりに自分に会ってうれしいからか，あるいは，その友人に何かひどいことが生じて悲しんでいるからだ，と推測したが，実は友人は彼氏と別れて悲しく腹立たしいのだということが判明したわけだから，当初の推測は一部当たったことになるということ。

Chapter 5 ≫ 科学と生物学

28 チンパンジーと人間 ★★

🎓 札幌医科大　　　　　　　　　　　　　　　⏰ 目標 40 分

5

全 訳

❶ ジェーン゠グドールは，タンザニアのゴンベで 25 年間にわたってチンパンジーの研究をしている。これはすでに野生の動物に関するプロジェクトの最長記録となっている。しかしながら，彼女は今後も死ぬまで研究を続けるつもりでいる。チンパンジーは 50 歳まで生きることができるからだ。このようにして，チンパンジーの誕生から死に至るまでの 1 世代全体を通じての発達を観察することを彼女は望んでいるのだ。

❷ 彼女の研究の初期におけるひとつの驚くべき発見が，チンパンジーが道具を使うということだった。たとえば，彼らはエサになる虫を引きずり出すために，木の穴に小さな枝を突っ込んだ。この発見以前は，チンパンジーは道具を使えるほど賢くはないと考えられていた。またひとつチンパンジーと人間の間の違いが除かれてしまったのだった。

❸ もちろん，簡単に観察できる多くの類似点がある。チンパンジーは人間のようにキスをし，抱擁する。さらに自意識があり，鏡に映った自分を認識することができる。これは他の動物にはできないことである。強い家族関係の存在が観察されており，青年期のチンパンジーでさえも，困ったことがあると母親のところに駆け戻るのだ。その上チンパンジーは，何らかの形で，多くの抽象概念を表現できる言葉によるコミュニケーションの構造的体系をもっているように思われる。

❹ しかしながら，チンパンジーに関するすべての事柄が，気持ちよくまた快いものだというわけではない。アフリカへ移り住んでから 10 年後に，ジェーン゠グドールは，あるチンパンジーのグループが，数年前に分裂した別の「種族」に対して行っていた長く続く戦争を観察し，恐怖を感じた。この観察によって彼女のチンパンジーに対する認識は変わり，彼女の目にはチンパンジーが一層人間に近いものとして映るようになった。人間は最も残酷な動物であり，我々が唯一無二であるのは，我々が互いに戦争をする習性をもつためであると，常に考えられてきた。チンパンジーの戦争はこの考え方が当てはまらないことを示したのだ。

❺ 土地をめぐる争い，食糧の欠乏，さらに雄の他方の性に対する支配といったような通常の戦争の原因はこの場合には関係がないようだ。しかし，グドールが目撃した興奮や喜びは，戦争や犯罪行為に加わっている人間が示すものと似ていた。若い雄たちが集団の中では最も戦闘的であったが，時に未婚の戦闘的な雌が荷担することもあった。敵集団のチンパンジーは 1 頭ずつ捕らえられ，なんとかして逃げない限りは，例外なく，残酷で悪意のあるやり方で殺された。しかし，殺害の後で起こった出来事は，人間の行動とはまったく異なるものであった。殺された者はしばしば手足を 1 本 1 本もがれ，勝利したサルによって食べられてし

まったのだ。この行動は，長い間の信念，つまりサルは肉食をせず，暴力をふるうこともできないという信念を打ち砕いた。実際，これはジェーン=グドールの発見の中で，社会全体にだけではなく，個人的にもおそらく最も衝撃的なものであっただろう。

❻　ライオンがエサとしてシマウマを殺したり，雄牛がその群れの支配権を主張するために戦ったりするという事実にもかかわらず，この「ジャングルの掟」はチンパンジーのその行動とは区別されなければならない。多くの人々は戦争を純然たる破壊力としてみているが，実際は，戦争は人間の社会組織の発達において，また最も強くて最も賢い者を選び出すことにおいて重要な要因であると主張されてきた。ジェーン=グドールは，チンパンジーの発達における最初期の段階において，自分がこのことを目撃した可能性があると考えている。

❼　戦争の間に，雌の中には負けている側を去り，戦いにおいて攻撃している側に加わる者もいた。彼女たちは受け入れられたが，その子どもは1頭たりとも生きることを許されなかった。これは他の動物によくあるパターンであり，人間を除いた他の種の中では，よそのグループから幼い子を引き取って育てるということは確認されていない。それにもかかわらず，年長のチンパンジーは自分たちの母親が死んでしまった場合，年少の弟や妹を育てることがある。

❽　このことは，人間の場合なぜ継父がうまくいかないのか，また，人工的な家族を作り出すことがいかに難しいかを，我々が理解する助けとなるかもしれない。子どもの虐待は，継父が関係しているところで最もよく起こる。たいていの人にとって，自分たち自身のものではない子どもを心から受け入れることは極めて困難であるのかもしれない。

❾　グドールは現在，チンパンジーの幼児期の経験がのちの生活にどのような影響を与えるのか，特に母親からひどく扱われたチンパンジー自身がいかにしてひどい母親になるのか，ということについて研究している。このような研究は，我々に人間の行為と動機についての手がかりを与えてくれるかもしれない。彼女はこう書いている。「チンパンジーは人間ほど複雑ではないので，これらの影響を研究するのは人間より容易である。子どものころの傷は，人間の場合は自分の感情を隠す方法を学ぶので，あまり明らかにならない」

❿　今日，グドールの研究によって明らかにされたもののうち，人間とチンパンジーの相違点よりも，むしろ類似点の方がチンパンジーを医学の研究から守ろうとしている人々によって重視されている。この文脈においては，AIDS の研究が特に議論を呼んでいる。この議論には支持者と反対者の間に明確な妥協点というものがない。グドール自身はこう主張している。「チンパンジーは，我々がヒトの病気や治療法についてより多くのことを見つけるのを助けてくれる。チンパンジーを除けば，人間しかもっていない（人間特有の）ウイルスに彼らは感染するからだ」　彼女は，医学や科学の研究においてチンパンジーを不必要に使用することに反対する運動を長い間行ってきたが，AIDS の研究におけるチンパンジーの使用についてはまだ自分の立場を表明していない。彼女にとっては，「理性的な思考や喜びや悲しみといった感情を有することができるのは人間だけではない」し，このことを理解することが「我々の動物の利用と乱用についての倫理問題の解決」につながるのではと彼女は期待している。

```
解　説
```

▶チンパンジーと人間の類似点・相違点について述べた論説文。

問 1　「本文によると，ジェーン=グドールはなぜ生涯，自然界に身をおきたいのか」

(a)「チンパンジーの一生を研究したいから」　a whole life cycle of chimps が，第 1 段最終文の an entire generation of chimps と同義。

(b)「自分が十分な進歩を遂げていないと感じているから」　本文中に記述なし。

(c)「大好きな動物とともに死にたいから」　本文中に記述なし。

(d)「50 年という記録を最後までもちこたえさせたいから」　本文中に記述なし。第 1 段第 3 文の 50 years はチンパンジーの寿命を表す数字で，record「記録」とは無関係。

> **補注** ジェーン=グドール（Jane Goodall）：イギリスの霊長類学者で，野生のチンパンジーの研究で知られる。

問 2　「本文によると，どの記述が正しいか」

(a)「人間とチンパンジーの両方とも，ユーモアのセンスがある」　本文中に記述なし。

(b)「人間とチンパンジーの両方とも，家族間のけんかがある」　本文中に記述なし。第 3 段第 4 文から arguments が relationships なら，正しいことがわかる。

(c)「人間とチンパンジーの両方とも，戦争（状態）が嫌いである」　第 4 段の内容に反する。

(d)「人間とチンパンジーの両方とも『文法的』言語を有している」　第 3 段最終文にほぼ一致。"grammatical" language は，第 3 段最終文の structured system of verbal communication「構造的体系をもった，言葉による意思伝達」と同義。

問 3　「本文によると，どの記述が正しいか」

(a)「戦争は人間だけの行為である」　第 4 段と矛盾する。

(b)「チンパンジーの中では，十分に成長した雄が戦争をすることに最も興味をもっている」　mature males「成熟した雄」が，第 5 段第 3 文の younger males「若い雄」と矛盾する。

(c)「チンパンジーは敵の雄に慈悲〔寛容〕を示した」　第 5 段第 4 文と矛盾する。また第 7 段によれば投降を許されるのは雌だけである。

(d)「何頭かの雌は戦争に参加した」　第 5 段第 3 文の they（＝younger males）were sometimes joined by a single aggressive female「未婚の攻撃的な雌が，若い雄に荷担することもあった」に一致する。

問4　「本文によると，チンパンジーはなぜ戦ったのか」

(a)「縄張りをめぐって」　第5段第1文に land「土地」は not relevant「関連性がない」とあり，この記述に反する。

(b)「必要以上の雌を獲得するため」　同じく第5段第1文に male control over the opposite sex「雄による雌の支配」も not relevant とある。

(c)「楽しみのために」　第5段第2文の the excitement and enjoyment Goodall witnessed were similar to that shown by humans taking part in war or criminal activity「グドールが目撃した興奮や喜びは，戦争や犯罪行為に加わる人間が示すものと似ていた」という記述に合致する。

(d)「食べるものが十分でなかったため」　第5段第1文に a lack of food「食糧の不足」は not relevant「関連性がない」とあり，これに反する。

問5　「本文によると，どの記述が正しいか」

(a)「ジェーン=グドールの研究以前に，チンパンジーは時には獲物を殺して食べることが知られていた」　第5段最終文に矛盾する。

(b)「人間の戦争とチンパンジーの戦争のすべての面が同じわけではない」　第5段第5文に一致する。相手を殺す点では人間と共通点があるが，四肢を引き裂いて食べる点では，人間とまったく異なる（quite distinct from human activity）。

(c)「グドールは，チンパンジーが時に共食いをしたことを発見しても驚かなかったが，一般大衆はショックを受けた」　第5段最終文の「一般大衆（public at large）だけでなく，グドール個人にとっても（personally as well）最もショッキングだった」という記述に反する。

(d)「サル同士の戦争に関して他と明確に区別できる（distinctive）ことは，敵を殺すということである」　敵を殺す行為は，人間を含む他の多くの動物に見られるので，distinctive ではない。

問6　「本文に示されているジェーン=グドールの研究によると，…」

(a)「社会はある程度，戦争によって発展してきた」　第6段第2文の（war）was in fact a key factor in developing human social organization「（戦争は）実は人間の社会組織を発展させる際の重要な要因であった」という記述に合致する。

(b)「チンパンジーはやがて人間に追いつくであろう」　本文中に記述なし。

(c)「チンパンジーはライオンや雄牛と共通点が多々ある」　第6段第1文前半の記述に合うように見えるが，その後半で，must be distinguished from the behaviour of the chimps とあり，この部分に矛盾する。

(d)「人類は戦争によって自らを滅ぼすであろう」　本文中に記述なし。

問7　「本文によると，どの記述が正しいか」

(a)「養子はチンパンジーの間では知られていない」　第7段最終文に「年上のチンパンジーは年下のチンパンジーを，その母親が亡くなれば養子にすることがある」とあり，これと矛盾。

(b)「養子は自然界では決して発生しない」　上の(a)を範囲を広げて言い換えたもの。第7段最終文から，養子がまったく生じないわけではないことがわかるので一致しない。

(c)「チンパンジーの家族内で，養子はある状況の下で発生する」　第7段最終文に一致。

(d)「養子にされた少年は，父親になると我が子を虐待するようになる」　第8段第2文に「（人間の）児童虐待は継父が関係しているところで最もよく起こる」，第9段第1文前半に「母親からひどい育てられ方をしたチンパンジーの雌は，自身もひどい母親になる」という記述はあるが，「養子にされた少年が父親になると我が子を虐待するようになる」という記述は見あたらない。

問8　「本文によると，チンパンジーの行動を研究することがなぜ役立つのか」

(a)「我々がより良い親になるのを学ぶことができる」　本文中に記述なし。

(b)「チンパンジーの行動研究は，（人間の）子どもの行動について我々に教えてくれる」　第9段に，グドールがチンパンジーの幼児期についての研究に取り組んでいるとの記述はあるが（第1文），それは「人間の行動や動機についての手がかりを与えてくれるかもしれない」（第2文）という程度のもので，「人間の子どもの行動について我々に教えてくれる」とするのはやや踏み込みすぎである。

(c)「チンパンジーの行動研究は，我々が自身をよりよく理解する手助けとなるかもしれない」　第9段第2文（Such research may give us clues about human behaviour and motivation.）に端的に述べられている記述と一致。

(d)「チンパンジーの行動研究は，なぜ父親の中には子どもを虐待する者がいるのかを理解する手助けとなる」　第8段に似た記述があるが，それはstepfather「継父」に関するものであり，一致しない。

問9　「本文で用いられているcoming to grips withは…を意味する」

(a)「何かを拒否すること」

(b)「何かをしっかりと握ること」　gripには「～を握る（こと）」という意味もあるが，下線部のgripsは文脈から「握る」ではないことがわかる。

(c)「何かに同情すること」

(d)「何かを理解すること」　これが正解。

● gripは「～をしっかりつかむ（こと），把握する（こと）」という意味で，そこか

ら次の意味が生じる。

come to grips with 〜

① 「〜を理解する」

② 「〜とつかみ合いになる，〜と取っ組み合いのけんかをする」

③ 「〜（困難・問題）に真剣に取り組む」

問10 「本文によると，どの記述が正しくないか」

(a) 「グドールの研究は，チンパンジーと人間との相違点と類似点の両方を示した」
本文に合った正しい記述。類似点（similarities）については，第3段にいくつ
か述べられており，相違点については，問5でも問われているので，その解説を
参照。そして最終段第1文には「グドールの研究によって明らかになった相違点
よりもむしろ類似点の方が，医学研究からチンパンジーを保護したい人によって
強調されている」ともある。

(b) 「グドールは，エイズ研究にチンパンジーを使うことに反対している」 正しく
ない。最終段第4文に「医学・科学研究へのチンパンジーの不必要な使用に対し
ては彼女は昔から反対してきたが，エイズ研究への使用に対してはまだ態度を表
明していない」とあり，この記述と矛盾する。したがって，これが正解。

(c) 「医学研究におけるチンパンジーの使用をやめる根拠として，グドールの研究を
使用する人がいる」 最終段第1文の「グドールの研究によって明らかになった
相違点よりもむしろ類似点の方が，医学研究からチンパンジーを保護したい人に
よって強調されている」に一致する。

(d) 「グドールは，チンパンジーを使ったすべての医学研究に反対しているわけでは
ない」 最終段第4文の「医学・科学研究へのチンパンジーの不必要な使用に対
しては彼女は昔から反対してきたが，エイズ研究への使用に対してはまだ態度を
表明していない」に一致する。

構文研究

⑩ *ll.* **5-7** "Chimpanzees can help us find out more about human diseases and cures because they can be infected with otherwise uniquely human viruses".

「チンパンジーは，我々がヒトの病気や治療法についてより多くのことを見つけるのを助けてくれる。もしチンパンジーが感染することがなければ〔→チンパンジーを除けば〕，人間しかもっていない（人間特有の）ウイルスに彼らは感染するからだ」

● otherwise には次の3通りの意味があり，文脈で決定する。ここでは以下の③の用法。
　① 「さもなければ」
　② 「別のやり方で，違ったふうに」
　③ 「そのことがなければ，その他の点では」
● uniquely は副詞で「唯一の，特有の」の意。日本語の「ユニークな」と同様の意味で用いられる場合もあるが，この文の場合のように，それよりも強い「他に類を見ない」というニュアンスで用いられるのが普通。ここではこれが human「人間の」にかかり，「人間しかもっていない，人間特有の」という意味になっている。

⑩ *ll.* **9-12** For her "it is not only human beings who are capable of rational thought and emotions like joy and sorrow" and coming to grips with
　　　　　　　　　　　　　　　　　　　　　　　　　　　　　　　　　　　　S

this (she hopes) will lead to "the solution for many ethical problems
　　　　　　　　　　　V

about how we use and abuse animals."

彼女にとっては，「理性的な思考や喜びや悲しみといった感情を有することができるのは人間だけではない」し，このことを理解することが「我々の動物の利用と乱用についての倫理問題の解決」につながるのではと彼女は期待している。

● it is ~ who … は強調構文。人を強調する場合は，that よりも who の方が好まれる。
● coming to grips with this が will lead の主部。
● she hopes は挿入節で，これを前に出すと，and 以下は and she hopes (that) coming to grips with this will lead to "the solution … となる。

解 答

問1	(a)	問2	(d)	問3	(d)	問4	(c)	問5	(b)	問6	(a)
問7	(c)	問8	(c)	問9	(d)	問10	(b)				

29 ミツバチの体内時計

🎓 大阪大　　　　　　　　　　　　　　　　　　⏰ 目標 30 分

全 訳

❶　ハチについての研究によると，この昆虫が時間の感覚をもつこと，およびそのような時間の感覚を驚くべき方向探知能力に応用していることが見事に説明されている。人間はハチの方向探知能力を昔から認識しており，また実際，ハチがエサのある場所から巣へまっすぐに戻って来るという事実を認めて，「一直線（＝beeline）」という，地表の2点間を結ぶ直線を意味する言葉が造られた。ハチの時間を知る能力の方は，60年以上前にフォレルという名のスイス人医師がこの能力についての観察を行っているものの，それほど一般的には知られてこなかった。彼の行った観察は最近の研究によって十分に確認され，また増補されている。

❷　ハチは特定の時刻に特定の場所でエサを食べるように訓練できるだけでなく，異なる2回の時刻に異なる2つの場所で，あるいは異なる3回の時刻に異なる3つの場所でさえ，エサを食べるよう訓練することができる。調査する者が，同じ形のエサ入れを，ハチの巣からいくらか距離をおきつつも巣の周囲を完全に囲むように円にして配置すれば，次のような実験を行うことができるだろう。たとえば，巣の北西のエサ入れには毎朝10時に，巣の東のエサ入れには毎日12時に，そして巣の南西のエサ入れには毎日午後4時にエサを入れるとしよう。数日後，どのエサ入れにもエサを入れずに観察してみると，ハチが正しい時刻に正確な方向へ行くように訓練できていることが実証できるかもしれない。<u>(B)ハチは正確な時刻に実験用のエサ入れまでやって来るが，非常に多くの数でやって来るので，しかるべき場所と時刻に来ればエサがあると彼らが予想していることを疑う余地はありえない。</u>

❸　さらに，夜の間に巣全体を別の目印のある別の場所へ移すと，それでもハチは訓練された方向へその時刻にエサを探しに行く。また，ハチがエサ入れでエサを食べている間にエサ入れ全体をハチもろとも覆い，別の場所へ移してハチの覆いを取ると，彼らはエサ入れを飛び立ち，最初の場所から見て想定される方向に進み，巣を見つけようとする。これらの状況では，方向を定めるのにハチがもつ唯一の明らかな目印は太陽である。エサを食べているハチを午前中に黒い箱で覆って午後に放すと，その間に太陽が位置を変えているにもかかわらず，ハチは巣の方向へまっすぐに向かう。時間の感覚をもつことにより，彼らは間に起こった暗闇の時間に太陽の位置が変わったことを考慮することができたわけである。定められた方向へエサを食べに行くようニューヨークで訓練されたミツバチの巣を使って，一つの興味深い実験が行われた。その際，ハチとともに巣全体がカリフォルニアへジェット機で運ばれた。放たれたとき，ハチは体内時計がまだニューヨーク時間で動いていたため，地理的に同じ方向へは飛ばなかった。それらのハチがその新たな現地時間に適応するのには数日を要した。

❹　互いに情報を伝えあうという，ハチのよく知られたすばらしい能力もまた，生物時計を利用したものである。偵察バチが蜜をたくわえた花の一群を見つけたとき，そのことを知ることは巣のハチ全体にとって明らかに有利である。巣に戻るとすぐにその偵察バチは「尻振

り」ダンスを始め，その間，他のハチに巣から花までの方向や距離を教える。巣の観察穴か
らこのダンスを観察し，解釈することが可能になってきている。ダンスの間，ハチは蜜の場
所に対する太陽の相対的な位置を指示するのだが，太陽が見えない状態で何日も過ごした後
でさえも，そのハチは最後にわかっていた食糧の場所の方向を伝える際に，太陽の方向を正
確に示すであろう。ハチが正確な時間の感覚をもち，太陽をコンパスとして利用しながら豊
富な食糧源へと飛んで行くことが明らかである一方，方向探知を補強するための顕著な目印
を利用しているかもしれないということもまた真実である。

解　説

▶蜜や花粉がとれる花を見つけたミツバチは，情報伝達の手段として尻振りダンス
（8の字ダンス）や円形ダンスを行って，その情報を仲間に伝える。これを最初に
発見したのはドイツの動物学者フォン＝フリッシュだが，このミツバチの情報伝達
手段に関する英文も入試では比較的よく出題されてきた。生物の知識があれば，理
解の手助けとなる。

問1　同義語を選ぶ問題だが，一般的な意味と異なる意味で使われている場合があり，
注意が必要である。

① coined：この動詞の主語は the term "beeline"「"beeline" という言葉」である。
beeline とは「地表の2点間を結ぶ直線コース，最短距離」という意味である。下
線部の後の記述から，「ハチがエサのある場所から巣へまっすぐに戻って来るとい
う事実を認め」，coin されたことがわかり，「言葉が造られた」という流れになる
と推測できる。よって created「～を創造した，考案した」が同義語。

●coin「(新語)を造り出す」

② allow for：この文を直訳すると，「彼ら（＝ハチ）の時間感覚のおかげで，彼らは
間に割り込んだ暗い時間中に太陽の位置が変わったことを allow for できた」とな
る。よってこの場合の allow は自動詞で「考慮に入れる」という意味になると推測
できる。allow for は，take into account や take account of で置き換えることが
できる。

●take into account A（→A が長い句や節のとき）/ take A into account / take
account of A「A を考慮する，考慮に入れる」

③ plot：「それでもそのハチは，最後にわかっていた食糧の場所の方向を伝える際に，
太陽の方向を正確に plot するだろう」という流れ。この前の部分に「太陽が見え
ない状態で何日も過ごした後でさえも」とあるので，「～を計算する」の calculate
を選ぶ。search「～を探す」は引っ掛けの選択肢。この文の主語の the bee「その
ハチ」というのは第4段第2文の a scout bee「偵察バチ」のことである。

●plot「～を座標で示す」→plot the position「位置を割り出す→計算する」

問2 前置詞補充問題は，イディオムの知識が役立つことが多い。

(i) a Swiss doctor（　　　）the name of Forel　これは，by the name of ～「～
という名の，～の名で通る，通称は～の」というイディオムを利用。

(ii) これは文脈で判断する。（　　　）making observations without placing any
food on any of the trays, he may demonstrate that … を直訳して考えると，「エ
サ入れのどれにもエサを置くことなしに観察をする（ことによって），彼は…を実
証するかもしれない」という流れ。よって by がふさわしい。

問3 ability に関連した記述を下線部の直前部に探す。

● this ability「この能力」とは，同じ文の冒頭にある The bee's ability to tell time
「ハチの時間を知る能力，時間がわかるハチの能力」である。

問4 「ハチは正確な時刻に実験用のエサ入れにやって来て，しかも非常に大勢で来
るので，彼らがしかるべき場所と時刻にエサを期待しているということに疑問の余
地はありえない」が直訳。

> The bees come to the experimental tray at the correct time of day, and in
> such numbers that there can be no question that they are expecting food
> at the right place and time.
> come を修飾 / question と同格 / are expecting を修飾

● come in such numbers that …「非常に大勢で来るので…」 in numbers「大勢
で」

● experimental tray「実験用のトレイ」 tray＝feeding tray「エサ入れ」

✓ 語句 at the correct time of day「正確な時刻に」 there can be no question
that ～「～ということに疑問の余地はありえない」 right「しかるべき」

問5 空所の前後，特に空所の直前をよく読むこと。選択肢にあらかじめ目を通して，
空所に入る語の品詞を確認しておくとよい。

(a) 「ハチが新しい（　　　）時間に適応するのに数日かかった」という流れ。2つ
前の文に，このハチがニューヨークからカリフォルニアまでジェット機で輸送され
たとあるから，local「地元の」を入れればよい。

✓ 語句 local time「現地時間」

(b) 「ハチの，互いに意思の疎通をするという周知の魅力的な能力はまた，生物時計
を（　　　）」という流れ。employ には「～を雇用する」の意味のほかに，「～を
採用する，使用する，用いる」という意味があり，これを入れる。

(c)　「太陽を（　　　）として使って」　同じ文中にある navigate は「航行する，位置を確かめて進路を決める」の意で，a compass「方位磁石，羅針盤」を入れる。

問 6　本文の内容に合っているものを選ぶ。

(イ)　第 3 段第 8 文に，On being released the bees did not head in the same geographical direction because their internal clock was still operating on New York time.「放たれたとき，ハチは体内時計がまだニューヨーク時間で動いていたため，地理的に同じ方向へは飛ばなかった」とある。ハチが方向感覚を失ったのは体内時計が狂ったためであり，「地理的な目印を失って」ではない。

● On being released の後にコンマを補って考える。On being released ＝ When they were released「放たれたとき」

● head　ここは自動詞で「向かう」の意味。

✓ **語句** in the same geographical direction「同じ地理的方向に」　internal clock「体内時計」　operate「作動する」

(ロ)　第 3 段第 1 文に，Furthermore, if during the night the entire hive is moved to a new location with new landmarks, the bees still search in the direction and at the time of day to which they had been trained.「さらに，夜の間に巣全体を別の目印のある別の場所へ移動すると，それでもハチは訓練された方向へその時刻にエサを探しに行く」とあり，これではエサのある場所には到達できないことになる。選択肢の「間違いなくエサがある場所にたどり着くことができる」が，巣の位置が変わっても，相変わらず以前と同じ方向へ探しに行くハチの行動と矛盾する。第 3 段第 2 文にもあるように，ハチは「（移動する前の）最初の場所から見て想定される方向」へ飛ぶのである。

(ハ)　第 3 段第 4 文に，If one covers feeding bees with a black box in the morning and releases them in the afternoon, the bees head directly toward the hive even though the sun has changed position in the meantime.「エサを食べているハチを午前中に黒い箱で覆って午後に放すと，その間に太陽が位置を変えているにもかかわらず，ハチは巣の方向へまっすぐに向かう」とある。よって選択肢の「狂いを生じる」の部分が，本文の内容と一致しない。

● feeding bees「エサを食べているハチ」　この feed は「食べる」の意味の自動詞。

✓ **語句** cover「～を覆う」　in the meantime「その間に」（＝meanwhile）

(ニ)　第 2 段の内容に合致する。

選択肢の「エサを一定の時間と方向に置いておくと」の部分は，第 2 段第 1 ～ 3 文

の実験の大前提に一致。また，「数日後ハチは，エサの有無にかかわらず，同じ時間に同じ方向に飛んでいく」の部分は，同段第4文の After a few days, … without placing any food on any of the trays, … the bees have been trained to go in the correct direction at the right time of day. 「数日後，どのエサ入れにもエサを入れずに観察してみると，ハチが正しい時刻に正確な方向へ行くように訓練できている…」に一致。

(ホ) 第1段第3文に，The bee's ability to tell time has not been of such common knowledge「ハチの時間を知る能力の方は，それほど一般的には知られてこなかった」とある。選択肢の「昔から一般によく知られていた」が本文の内容と一致しない。

✓ 語句 of common knowledge「一般に知られて，だれもが知っている」

構文研究

❷ *ll.* 4-6 If the investigator places a circle of identical feeding trays <u>some distance away</u> from, but completely around a hive of bees, he may
　　　　　　　副詞句

then perform the following experiment.
もし研究者がハチの巣からある距離を離して，しかし，完全に巣の周りに，円環状にまったく同じ形のエサ入れを置けば，次の実験をすることになるだろう。

- a circle of identical feeding trays「円周上に配置したまったく同じ形のエサ入れ」→「巣を中心とする円を作るように置かれた，（大きさや色が）同じ形状のエサ入れ」という意味。
- 前置詞 from と around は両方とも a hive of bees を共通の目的語としている。

❹ *ll.* 2-3 When a scout bee locates a group of nectar-laden flowers, it is of
　　　　　　　　　　　　　　　　　　　　　　　　　　　　　　形式主語

obvious advantage to the hive to know about this.
　　　　　　　　　　　挿入句　　　　　　真主語

偵察バチが蜜をたっぷりと含んだ花の群れの場所を突きとめたとき，これについて知ることは巣（のハチ全体）にとって明らかに有利である。

- nectar-laden「たっぷりと蜜を含む」(nectar「花の蜜」+laden「～を多く含む」)
- of obvious advantage＝obviously advantageous「明らかに有利で」
- to the hive は「巣にとって」という意味の挿入句。
- 文末の this は偵察バチが花の場所を突きとめたということを指す。

✓ 語句 locate「～の位置（所在）を突きとめる」

❹ *ll.* 3-6 Upon returning to the hive the scout goes into a "tail-wagging" dance
<u>= When she returns</u>

during which she informs the other bees of the direction and distance
<u>先行詞は "tail-wagging" dance</u>

of the flowers from the hive.
偵察バチは，巣に戻るとすぐに「尻振り」ダンスを始め，そのダンスの間に，巣からその花までの方向と距離を他のハチに知らせる。

● Upon returning は動名詞の構文で，When she（＝the scout bee）returns の意味。この副詞句は to the hive まで。
● 関係代名詞節の during which she informs … from the hive は，during の前で文を切って，そこまでの意味を把握し，during the "tail-wagging" dance she informs … というように関係代名詞に先行詞を代入して訳し下ろしていくか，she informs … from the hive during a "tail-wagging" dance というように読み換えて意味を把握する。
✔ 語句 go into ～「～の状態になる，（行動など）を始める」 "tail-wagging" dance「（ミツバチの）尻振りダンス」 inform *A* of *B*「*A* に *B* を知らせる」

5

解　答

問1　①—(ロ)　②—(ニ)　③—(ロ)
問2　by
問3　ハチの時間を知る能力
問4　ハチは正確な時刻に実験用のエサ入れまでやって来るが，非常に多くの数でやって来るので，しかるべき場所と時刻に来ればエサがあると彼らが予想していることを疑う余地はありえない。
問5　(a)—(ニ)　(b)—(イ)　(c)—(ロ)
問6　(ニ)

30 動物にも多様な文化がある

🎓 福井大　　　　　　　　　　　　　　　　　　　　　⏰ 目標 30 分

全 訳

❶　カリフォルニアコンドルについての悲しい話がある。この堂々たる姿をした翼をもった清掃動物は，1980年代に数が激減したので，動物学者たちは最後に残った野生のコンドルを集め，繁殖地を設けることにした。メスは注意深く隔離され，ヒナ鳥には色や形を成鳥に模した，手にかぶせる人形でエサを与えられたが，それはそうすればヒナ鳥はきっと本物のコンドルのようになれるだろうと，科学者たちが考えてのことだった。

❷　しかし，若鳥は大自然に解き放たれたとき，自分で死骸をついばむことはできなかった。「見かけは堂々としていても通常は臆病な捕食動物である彼らは，農家の庭先にいるようなヒヨコが屋根にとまっている状態に成り果てていたのです」と，今はアトランタで研究をしているオランダ人の霊長類学者，フランツ=ド=ヴァールは語る。要するに，ありとあらゆる努力をしたが，若鳥の成長期に悪影響を及ぼさないようにしたり，仲間の鳥たちから学ぶ能力を損なわずにおくことは結局不可能だったのである。それは捕獲したコンドルだけにではなく，人工飼育したチンパンジーや動物園育ちのゴリラ，飼いならしたヒヒにも影響する問題なのだ。

❸　いずれのケースでも，それぞれの動物がもつ文化——言い換えれば，彼らが自分たちの仲間の動物たちの例から学べる環境——が人間の行為やその存在によって損なわれているのである。

❹　それゆえに，動物の文化は自然界を理解する際に疑いの余地もないほど重要であるように思われる。だが，最近までほとんどの科学者は人間だけが文化をもっていると考えていたのである。

❺　確かに，人類は文化を，ド=ヴァールが言うように「他の動物より前例のないほど進んだ段階」にまで進歩させたが，私たちだけが文化をもっているのではないことも確かである。私たちには文字文化，音楽，劇といったものがあるかもしれないが，チンパンジーには木の実を割って取り出す文化が，ニホンザルには芋を洗う文化，シャチには海岸でアザラシの漁をする文化があるのだ。

❻　これらの技術と習性はすべて，個々の動物が仲間の行動を観察し，その行動を学習し，時にはそれに改良を加えることによって身についていく。それはすし職人のようなものだとド=ヴァールは言う。食べ物でそのような高度な技術を身につけるために，入門者はまず師匠といっしょに仕事をしなければならない。若い調理師がするのは，客におじぎをし，床を掃き，観察をすることだけで，他には何もしない。そうやって3年間観察した後，一度も練習しないまま，突然自分ですしを握ることを許されるのだが，たいてい自信をもってすしを握るのである。

❼　そして，このようなことは動物の場合も同じなのだ。彼らは観察し，模倣することで集団に同化するのだが，このような傾向によっていくつかおもしろい変化が生じる場合がある。たとえば，ある森にすむチンパンジーは巣からシロアリをすくい取るのに木の葉を利用する

術を身につけているが，一方，別の群れのチンパンジーの中には棒切れを使うものもいる。大雨のときに雨踊りをするチンパンジーもいれば，そうでないチンパンジーもいる。「動物の世界における文化の多様性はおそらく広範囲に及ぶでしょう」とド=ヴァールは言う。

❽　このような発見は大して重要なようには思えないかもしれないが，ド=ヴァールはそうは考えていない。「その議論はこの世界における人類の位置づけにかかわるものに他ならないのです」と彼は主張している。

❾　あまりにも長きにわたって，私たちは，自らを動物界の他の動物から切り離そうとして，人間の文化という概念を利用してきた。ド=ヴァールも述べているように，文化は「自然とは正反対の」概念として用いられている場合が多すぎる。

❿　言い換えると，文化は人類を獣から区別する境界線として利用されてきたわけで，それは一刻も早い再考を要する危険な区別の仕方である。というのも，ド=ヴァールの主張のとおり，その問題は「つまるところ，私たちは生まれながらにして道徳的なのか，人為的に道徳的になっているのか，あるいは，私たちは地球上で唯一『独立独行の』種なのかどうかという選択に行きつく」からである。

⓫　もちろん，私たちはそのようなものではない。ド=ヴァールが明らかにしているように，私たちはこの星にすむ，多くの違った文化をもつ生き物の一つにすぎない。そうではないと考えるのは，私たち自身にとっても，ともに地球に生きるものたちにとっても危険な錯覚なのである。

解　説

問1　第1段と第2段で紹介されている，野生のカリフォルニアコンドルの保護にまつわる悲しい話をまとめる。

● 「100字程度」ということなので，90〜110字の範囲内に収まるようにすればよい。

▶第1段

✓ **語句** magnificent「堂々たる，立派な」 winged「翼のある」 became so reduced in numbers（that）…「数が激減したので…」 breeding colony「繁殖地」 isolate「〜を隔離する」 and their chicks（were）fed with 〜「そしてヒナ鳥は〜でエサを与えられた」 (it was) just the thing to *do*「それはまさに〜するためのもので」 ensure = make sure 〜「必ず〜するようにする」 turn into 〜「〜になる」 reckon「〜だと憶測する，思う」

▶第2段

✓ **語句** release back into the wild「（もといた）大自然に放す」 be incapable of scavenging「死骸をあさることができない」

問2　まずは「すし職人」に該当する語を本文中から見つけ出す。

● 「すし職人」に該当する英語は第6段第2文に出てくる。sushi maker がそれ。It is like the sushi maker「それはすし職人に似ている」の It が指すものが，動物

とすし職人の共通点。その共通点は直前の第6段第1文に書かれている。

- All these skills and habits are picked up by individual creatures by watching, learning and occasionally improving on the behavior of their peers.「これらの技術と習性はすべて，個々の動物が仲間の行動を観察し，その行動を学習し，時にはそれに改良を加えることによって身についていく」が該当箇所。これが，動物とすし職人の共通点である。

- なお，these skills and habits の具体例は第5段第2文に書かれている。「チンパンジーの木の実割り」「ニホンザルの芋洗い」「浜辺でのシャチのアザラシの漁」がそれ。

✓ 語句 peer「仲間，地位や能力が自分と同等の者」

問3 第7段第3文と第4文にその例が挙げられている。第5文のド＝ヴァールの発言中の Cultural diversity in the animal kingdom「動物界における文化の多様性」にも注目しよう。

- 第3文：Chimps … use leaves to scrape termites out of nests, … while those from other troops employ sticks「…チンパンジーはシロアリを巣からすくい取るのに木の葉を使うが，一方，別の群れのチンパンジーは棒切れを使う」とある。

- 第4文：Some perform rain dances during storms, others do not.「大雨のときに雨踊りをするチンパンジーもいれば，そうでないチンパンジーもいる」とある。この2つがチンパンジーの文化の多様性を示す例である。

- なお，第5段第2文にも chimps have nut-cracking「チンパンジーには木の実を割って取り出す文化がある」という記述があるが，これだけでは「チンパンジーの文化の多様性を示す例」とはいえない。

補注 チンパンジーの雨踊り（rain dances）：大雨が降ったときの興奮に駆られて，オスが叫び声を上げながら突撃行動を誇示するもので，多くの集団で観察されている。

問4 otherwise の3つの用法を思い出してみよう。
① 「さもなければ」
② 「別のやり方で，違ったふうに」
③ 「そのことがなければ，その他の点では」

- ここは②の用法で，「違ったふうに考える」という意味になる。その前の部分を読むと，直前部は we are only one of many different cultured creatures who inhabit this planet「私たちはこの惑星（＝地球）にすむ，多くの違った文化をもつ生き物の一つにすぎない」である。

- 直前部を踏まえて，To think otherwise を解釈すると，「私たちは地球にすむ，多

くの違った文化をもつ生き物の一つにすぎないという考えとは違ったように考えること」→「地球にすむ，文化をもつ生き物は人間だけだと考えること」となる。ここでは（only）one of many ~「多くの~のうちの一つ（にすぎない）」の対立概念として，第10段末尾近くに見られる the only ~「唯一の~」を考えればよい。

● To think otherwise つまり「地球にすむ，文化をもつ生き物は人間だけだと考えること」とほぼ同内容の文は，第4段第2文「最近までほとんどの科学者は人間だけが文化をもっていると考えていた」に見られ，この考え方がその次の第5段以下で否定されているという文構造をつかむ。それまでのカリフォルニアコンドルの例は，そのような考え方の誤りを指摘するためのいわば導入部である。

構文研究

❶ *ll. 4-6* Females were carefully isolated and their chicks fed with hand puppets in the color and shape of adult birds, just the thing to ensure the babies would turn into real condors, the scientists reckoned.
メスは注意深く隔離され，ヒナ鳥には色や形を成鳥に模した，手にかぶせる人形でエサを与えられたが，それはそうすればヒナ鳥はきっと本物のコンドルのようになるだろうと，科学者たちが考えてのことだった。

●この英文は単語を補って，次のように書き換えることができる。
Females were carefully isolated and their chicks were fed with hand puppets in the color and shape of adult birds. It was just the thing that the scientists reckoned would ensure that the babies would turn into real condors. （the scientists reckoned は関係代名詞 that 節中の挿入節）
●ensure that S V＝make sure that S V「必ず~になるようにする」（that は接続詞）

❹ *ll. 1-2* Animal culture would therefore seem to be of unquestionable importance in understanding the natural world.
それゆえに，動物の文化は自然界を理解する際に疑いの余地もないほど重要であるように思われる。

●of importance＝important→of unquestionable importance＝unquestionably important
✓ **語句** unquestionable「疑う余地のない」 in *doing*「~する際に，~するときに」

---

❻ *ll.* 4-5　All [the young cook does] is bow to customers, sweep the floor,
　　　　　 ‾S‾　　　　　　　　　　　 ‾V‾　‾‾‾‾‾‾‾‾‾‾‾‾‾‾‾‾‾‾‾‾‾‾‾‾‾‾‾‾‾‾‾C‾‾‾

watch and do nothing else.

若い調理師がするのは，客におじぎをし，床を掃き，観察をすることだけで，他には何もしない。

●All の後に関係代名詞 that が省略されている。主部は does まで（「若い調理師がするすべては」が直訳）。

●bow, sweep, watch, do はともに原形不定詞で，それぞれ to 不定詞にしてもよい。

解　答

問1　数が激減したカリフォルニアコンドルを保護するため，生き残った野生のコンドルを集めて繁殖地を作り，生まれたヒナを親鳥に似せた人形を使って人工飼育して野生に戻そうとしたが，自力でエサをとるようにはならなかった。
（103字）

問2　仲間のすることを観察し，それを学習し，時にはそれに改良を加えて技術や習性・しきたりを身につけていく点。

問3　・木の葉を使って巣からシロアリをすくって食べるグループもあれば，同じことをするのに棒切れを使うグループもある。
　　　　・大雨が降ると興奮して踊り出すグループもあれば，そんなことはしないグループもある。

問4　地球にすむ生き物で，文化をもつのは人間だけだと考えること。

31 人工知能とドローンの将来

🎓 岐阜大　　　　　　　　　　　　　　　　　　　　　　⏰ 目標 15 分

全 訳

❶ 多くの人たちにとって，ドローンは近所を飛び回って空中写真を撮ったり，近所の人たちを調べたりさえする新しい機械装置の面白いおもちゃにすぎない。しかし，この無人航空機（UAVs）は急速に人気が高まり，ロボットのおもちゃとしての使用の域をはるかに超えたさまざまな状況の中ですでに活用されている。このわずか数年でドローンはさまざまな産業のレベルを高め，一新した。ドローンは素早く物資を運んだり，環境を広く調査したり，遠く離れた軍事基地を調べるのに使われている。また，警備監視や安全点検，国境監視，暴風雨の追跡にも使用されている。さらに，軍事攻撃のミサイルや爆弾も搭載されている。

❷ 今や商業用ドローンを提供するのを専門とする会社もある。こうした遠隔操作飛行ロボットの可能性は計り知れない。

❸ 現在は人間の操作者に制御されているが，次世代のドローンは人工知能によって動くだろう。人工知能は，人間の操作者に代わってドローンのような機械に判断させ，自らを作動させる。しかし，機械が人間から自立して判断し作動方法を「学習する」能力を持ったとき，その潜在的利点と社会全体に降りかかる危害の可能性を照らし合わせて検討しなければならない。

❹ 人工知能に関しては，我々は未知の領域に入ろうとしており，案内してくれるのは我々の想像力のみである。前世紀の聡明な人たちの中には将来起こり得ることをすでに予想している人もいた。果たして，ターミネーターのような人造人間の大群がこの世界を核の大殺戮に陥らせるような世界に我々は直面しているのだろうか。

❺ 我々の多くにとって，自律ロボットの脅威は，アメリカの初期の SF 作家，アイザック=アシモフの架空の物語にすぎない。何しろ，アシモフの本『われはロボット』は，人気のあるウィル=スミスのアクション映画以上のものなのだから。1940 年から 1950 年にかけて，アシモフは将来の人間とロボットの関わりを描いた短編小説集を出版した。

❻ 彼はこの短編小説集の中で，人工知能が人間とうまく共存する方法を規定した一連のルールであるロボット工学の 3 原則を我々に紹介した。それを知らない人たちのために紹介しよう。3 原則は次のように述べている。

　1．ロボットは人間に危害を加えてはいけない。また，自らの怠慢により人間を危害に遭わせてはならない。

　2．ロボットは人間から与えられた命令が第 1 の原則に反しない限り，それに従わなければならない。

　3．ロボットは第 1，第 2 の原則に反しない限り，自己の存在を守らなければならない。

❼ 確かに，この 3 つの原則は人を惹きつける話を作るが，アシモフは読者を実にリアルで危険な概念に誘った。機械が人間から自立して独自に動くことができるようになり，どんどん高度な知識を身につけ，それをもとに学習し，選択することができるようになれば，機械が人間社会を襲うのをどのようにして防ぐのか。

❽　人工知能が SF の世界から現実のものとなるとき，我々はこの 3 つの原則が役立つような実生活の場面に直面する。1 回の襲撃で何百万もの人間を殺戮する能力がロボット軍の兵器に備わったら，一体どうなるのか。このような自律した殺戮者が創造者の命令を無視するまでに進化したら，一体どうなるのか。

解　説

▶空所前後の文脈を把握し，適切な選択肢を探していく。本問の場合は，空所部分が文の一部なのか，独立した文なのかといった情報も，解答の際の手がかりとしていく。

⑴　空所の後に小文字で始まる文が続いているので，選ぶべき選択肢候補は E，F，G，I に絞ることができる。空所前後の文脈は，「多くの人にとってドローンは新奇な機械，楽しいおもちゃにすぎない…。ロボットのおもちゃとしての使用をはるかに超えて（　1　）」となっている。

●選択肢の意味を順に確認していく。

E．「ドローンは警備監視や安全点検に使われている」
F．「作者がこの短編小説集の中でロボット工学の 3 原則を我々に紹介した」
G．「急速に人気が高まり，その無人航空機（UAVs）はさまざまな状況の中ですでに活用されている」
I．「人工知能に関しては，我々は未知の領域に入ろうとしている」
→「ドローン」という目新しい語を「無人航空機（UAVs）」という語で説明している G が適切。その他の選択肢はすべて，未出の情報が含まれており不適切。

⑵　この空所も後に小文字で始まる文が続いているので，選ぶべき選択肢候補は⑴で使用した G を除いた E，F，I に絞ることができる。空所の後に「国境監視，暴風雨の追跡」とあるので，E が適切。

⑶　この空所には完全な文が入るので，A，B，C，D，H が候補となる。空所の前後の文脈は「次世代のドローンは人工知能によって動くだろう。（　3　）しかし，機械が人間から自立して判断し『学習する』能力を持ったとき，機械の利点と危害の軽重を検討しなければならない」となる。

●選択肢の意味を順に確認していく。

A．「何しろ，アシモフの本『われはロボット』は，人気のあるウィル＝スミスのアクション映画以上のものなのだ」
B．「人工知能は，人間の操作者に代わってドローンのような機械に判断と作動をさせる」
C．「ロボットはそのような防衛反応が第 1 原則および第 2 原則に反しようがお構

　　いなしに，自己の存在を守らねばならない」

　D.「ロボットは第1，第2の原則に反しない限り，自己の存在を守らなければならない」

　H.「1回の襲撃で何百万人も殺す能力がロボット軍の兵器に備わったら，一体どうなるのか」

　→空所（　3　）前に「人工知能で動く」とあるのでBが適切。

(4)　空所の後にも文が続くので，選択肢はFかIに絞ることができる。空所の後に「そして唯一の案内人は我々の想像力である」とあるので，未踏の領域に踏み込んでいこうとしていることを示しているIが適切。

(5)　SF作家のアイザック＝アシモフに関する文脈。彼が発表した一連の短編集で語られる「ロボット工学の3原則」については次の段で述べられているので，ここではアシモフの代表作に言及したAが適切。

(6)　空所の後に the Three Laws についての記述があるので，Fが入る。

(7)　アシモフの「ロボット工学の3原則」の第3原則に該当するものを選ぶ。選択肢Cは regardless of 以下が「ロボット工学」の趣旨に反しており，Dが適切。

(8)　空所の後に「このような自律した殺戮者がその創造者の命令を無視するまでに進化したら，一体どうなるのか」とあるので，類似内容のHが適切。

構文研究

❺ *ll.* 1-2　For many, the threat of autonomous robots is <u>nothing more than</u> a
＝only〔just〕

fictional account by early American sci-fi writer Isaac Asimov. After
理由を述べるときに使用

<u>all</u>, Asimov's book *I, Robot* is <u>more than</u> a popular Will Smith action
film.

多くの人にとって，自律ロボットの脅威は，アメリカの初期の SF 作家，アイザック＝アシモフによる架空の物語にすぎない。なんと言っても，アシモフの『われはロボット』という本は，人気のあるウィル＝スミスのアクション映画以上のものなのだから。

- nothing more than ～「～にすぎない，まさに～で」
- after all ～「何しろ～だから，だって～だから」→前述の情報の理由を述べるときに使用される。通常，文頭に置かれる。「結局のところ～」という意味で使用する場合は文尾に置かれることが多い。
- more than ～「～を超えている，～以上である，～にとどまらない，～どころでない」→more than a popular action film と more popular than an action film「アクション映画より人気がある」を混同しないこと。

✓ 語句 autonomous「自律した」　*cf.* automatic「自動の」→autonomous は，認識や自己判断ができることを意味する。account「記述，話」　sci-fi writer「SF 作家」（sci-fi は science-fiction の略）

解　答

⑴―G　⑵―E　⑶―B　⑷―I　⑸―A　⑹―F　⑺―D　⑻―H

32 科学はどこへ向かうのか ★★★

🎓 滋賀医科大   ⏰ 目標 35 分

全 訳

❶ 好むと好まざるとにかかわらず，我々の住む世界はここ100年の間に大きく変化しており，今後100年間でもさらに変化しそうである。これらの変化を止め，より純粋で単純な時代と思える時代へ帰りたいと思っている人もいるが，歴史が示すように，過去はそれほどすばらしかったわけではない。知識や技術があっさりと忘れ去られることはありえない。また，将来のさらなる発展を阻むこともできない。研究のための（政府の）資金がすべて打ち切られたとしても，競い合う力がやはり技術の進歩をもたらすであろう。さらに，人は探求心が基礎科学について考えるのを止めることはできない。たとえ彼らがそれに対してお金をもらっていようといまいと。

❷ 我々は科学や技術が我々の世界を変えてしまうことを防ぐことはできないということを受け入れたとしても，少なくともそれらがもたらす変化が確実に正しい方向を向くように努めることはできる。民主主義社会では，このことは，大衆が情報に基づいた決定をし，決定を専門家の手にゆだねてしまわないよう，科学の基本を理解している必要があるということを意味する。現在，大衆は科学に対してずいぶんと一貫しない態度をとっている。彼らは，科学とテクノロジーの新しい進歩がもたらした，生活水準の着実な向上が続くことを期待するようになってきているが，科学を理解していないがゆえに，信用もまた，していないのである。この不信感は，実験室でフランケンシュタインの怪物をつくり出そうと取り組むマッドサイエンティストの漫画キャラクターを見れば明らかである。大衆は科学に大きな関心を抱いているが，それはテレビの科学番組の視聴者が多いこと，またインターネット上の科学に関するホームページの「ヒット数」が多いことによって示されている。

❸ この関心の方向を定めるために，そして酸性雨，温室効果，核兵器，遺伝子工学のような主題について，情報に基づいた決定をするために大衆が必要とする科学的背景知識を大衆に与えるためには，何ができるだろうか。その基本が学校で教えられていることの中にあることは明らかなのだが，そこでは科学はしばしば無味乾燥でつまらない方法で紹介される。自分の周囲の世界との関連性を見ないまま，子どもたちは試験に合格するために科学を型どおりに勉強しているのかもしれない。さらに，科学はしばしば方程式によって教えられる。方程式は数学的概念を述べるのには簡潔で正確な方法であるけれども，ほとんどの人々をおじけづかせる。科学者や技師は，数量の正確な値を知る必要があるため，自分の考えを方程式で表そうとする傾向があるが，それ以外の我々にとっては，科学的概念を性質の上で理解すれば十分なのであり，これはほとんどの場合，方程式を用いなくても，言葉や図で伝えられるものである。

❹ 学校で学ぶ科学は基礎的な骨組みを提供することはできるが，科学の進歩の速度が今や非常に速くなっているので，学校や大学を出た後にも新たな発展が常に起こっている。私は学校で現代の生物学や電子工学を学ぶことはなかったが，遺伝子工学とコンピュータは，我々の将来の生活様式を変える可能性が最も高い進歩のうちの2つである。

❺ 科学に関する問題のうちのどれについて，近い将来に大衆は決定を下さねばならないであろうか。中でもとびきり急を要するものは，ヒトゲノム計画である。我々の最大の希望は遺伝子工学の中にあるかもしれない。老化のメカニズムを発見することによって，年月の経過による悪影響のいくつかを抑制する遺伝子治療法を生み出せるかもしれない。しかし，反面では前途有望ではない。もし老化が進化上の適応の結果であるならば，十中八九多くの遺伝子要因が作用しているであろう。おそらくそれらすべてを修正することはできないであろう。結局，我々は遺伝子の分析によって予想された自分の運命がそれぞれわかるのであろう。起こりうる結果を大衆が承知していることが非常に重要なのであり，すべての政府はこの種の研究のためのガイドラインを設定することに同意すべきである。遺伝子工学にかかわるすべての研究を止めることはおそらく現実的でないが，人間の尊厳に対する脅威を減らすことはできる。我々が異星人の文明から接触を受けたことがないのは，文明社会が我々くらいの段階に到達すると自らを破壊してしまう傾向があるからだと冗談を言う人がいるが，このことが間違っていることを我々は証明するだろうと信じる大衆の良識を，私は十分に信じているのである。

解 説

▶真偽判定の決め手となる箇所を見ていく。

(1) False 「世界は 100 年前まではもっと純粋で単純だったと考えている者もいるが，歴史によれば，たぶんその正反対が真実だろう」
● 本文 1 ～ 5 行目に注目。
the world we live in has changed a great deal in the last hundred years, and it is likely to change even more in the next hundred. Some people would like to stop these changes and go back to **what they see as a purer and simpler age**, but as history shows, the past was not that wonderful.
● 「この 100 年で大きく変わった」と述べているだけで，a purer and simpler age と 100 年前との結びつきは不明。また本文では「過去はそれほどすばらしいものではなかった」と述べられているだけで，「正反対」とまでは述べられていない。

(2) True 「大衆の意思決定に対する我々の一番の期待はたぶん，老化を含む諸問題の答えが見つかるかもしれない遺伝子工学にあるだろう」
● 本文 40～44 行目に注目。
On which science-related issues will the public have to make decisions in the near future? By far the most urgent is the Human Genome Project. **Our best hopes may lie in genetic engineering; by finding the mechanisms of aging, we may be able to produce gene treatments to control some of the ill effects of time.**

- 「科学に関するどの問題について，近い将来に大衆は意思決定をしなければならないだろうか。最も急を要するのはヒトゲノム計画である」に続く「我々の最大の期待は，遺伝子工学にあるだろう。老化の仕組みを見つけることによって，我々は加齢の悪影響を抑制する遺伝子治療法を生み出すことができるかもしれない」という部分の内容に合っている。
- On which の on は，make decisions on 〜「〜について決定する」の on で，about で代用できる。

✔ **語句** genetic engineering「遺伝子工学」 aging「老化」 ill effect「悪影響」

(3) True 「民主主義社会では，科学の適切な教育は，ヒトゲノム計画のような重要なテーマについて良識ある意思決定ができるように，大衆に理解を与えるものであるべきだ」
- 本文 12〜13 行目に注目。
In a democratic society, this means that the public needs to have a basic understanding of science, so that it can make informed decisions …
「民主主義社会においては，大衆が十分な情報を得た上で意思決定できるように，科学の基礎的理解をもつことが必要である」
- it は the public を指す。
- 本文 22〜25 行目に注目。
What can be done to direct this interest and give the public the scientific background it needs to make informed decisions on subjects like …?
Clearly, the basis must lie in what is taught in schools, but …
- 太字部分の前半は，上述の本文 12〜13 行目を言い換えたもの。後半の「その基礎は学校で教わるものの中になければいけない」は，「科学の適切な教育」という表現に一致。

(4) False 「学校での十分な基礎科学教育が急速に進歩しているので，大衆は近々，ヒトゲノム計画を含む緊急の決断を迫られることになるだろう」
- 本文 34〜36 行目に注目。
Science learned in schools can provide the basic framework, but the rate of scientific progress is now so rapid that there are always new developments that have occurred since one was at school or university.
- (4)では「学校での十分な基礎科学教育が急速に進歩している」と書かれているが，本文で述べられているのは the rate of scientific progress「科学の進歩の速さ」である。

(5) True 「方程式は，正確な数量評価には非常に有効だが，それを使った科学を型どおりに学ぶ子どもたちは，現実の世界と科学との関連性を十分理解していないかもしれない」

● 本文 26〜29 行目に注目。

Children may learn it routinely to pass examinations, **not seeing its relevance to the world around them.** Moreover, **science is often taught in terms of equations.** Although equations are a concise and **accurate** way of describing **mathematical ideas,** …

「子どもたちは周囲の世界と科学との関連性がわからないまま，試験に通るためにそれ（＝科学）を型どおりに学ぶかもしれない。さらに，科学はしばしば方程式を使って教えられる。方程式は数学的概念を述べるのには簡潔で正確な方法であるけれども，…」

● 2 文目は「子どもたちは方程式を使って科学を学ぶ」ということを意味するので，(5)は本文の内容に即している。

構文研究

❶ *ll.* 8-9 (Moreover,) <u>one</u> <u>cannot stop</u> <u>inquiring minds</u> (from thinking about
　　　　　　　　　　　　S　　　V　　　　　O
basic science,) [whether or not they are paid for it].
さらに，人は探求心が基礎科学について考えるのを止めることはできない。たとえ彼らがそれに対してお金をもらっていようといまいと。

● stop A from *doing*「A が〜するのを止める」 この文ではこの構文を見抜くのが第一。
● inquiring「探求心旺盛な，好奇心の強い」 現在分詞の形容詞用法。
● whether or not 〜「〜であろうとなかろうと」 [　] の whether 節は副詞節。
● it が指すのは thinking about basic science である。
✓ 語句 be paid for 〜「〜に対してお金をもらう」

❷ *ll.* 6-8 It (＝the public) has come <u>to expect</u> <u>a steady increase in the</u>
　　　　　　　　　　　　　　　　　　　V′　　　　　　　O′
<u>standard of living</u> (, which new developments in science and
technology have brought,) to continue, …。
大衆は，科学とテクノロジーの新しい進歩がもたらした，生活水準の着実な向上が続くことを期待するようになっている…。

● この文では不定詞 to expect（V′）以下の構文に注意。expect A to *do* で「A が〜するのを期待する」だが，which 以下の長い関係代名詞節が挿入されているために to が離れた位置におかれ，構文がつかみにくくなっている。
✓ 語句 come to *do*「〜するようになる」

❸ *ll.* 1-2　What can be done to direct this interest and give the public the scientific background it needs to make informed decisions on subjects like …?

この関心の方向を定めるために，そして…のような主題について，情報に基づいた決定をするために大衆が必要とする科学的背景知識を大衆に与えるためには，何ができるだろうか。

●give the public the scientific background … は direct の前の（in order）to から並列的に分岐している。

```
What can be done ┬ (in order) to direct this interest
                 │ and
                 └ (to) give the public the scientific background …
```

the public は give の間接目的語で，the scientific background 以下がその直接目的語。

●the scientific background（which）it（＝the public）needs「大衆が必要とする科学的背景知識」

●(in order) to make informed decisions on（＝about）subjects like …「…のような主題についての情報を得た上で決定するために」

❺ *ll.* 14-15　I have sufficient faith in the good sense of the public to believe that we may prove this wrong

このことが間違っていることを我々は証明するだろうと信じる大衆の良識を，私は十分に信じている。

●to believe は不定詞の形容詞的用法で，good sense「良識」を修飾している。

✓ **語句** have faith in ～「～を信頼している」　sufficient「十分な」　prove O C「O が C であることを証明する」

解 答

⑴ False 本文1～5行目によると,「この100年で大きく変わった」と述べて
いるだけで,「より純粋で単純な時代」が100年前であるとの記述はない。ま
た本文では「過去はそれほどすばらしいものではなかった」と述べられている
だけで,「正反対」とまでは述べられていない。

⑵ True 本文40～44行目に,ヒトゲノム計画に対する大衆の意思決定が急が
れており,我々の最大の期待は,老化を抑制する治療法が遺伝子工学によって
見つかることだと述べられている。

⑶ True 本文12～13行目と22～25行目に,民主主義社会においては,大衆
が十分な情報を得た上で意思決定できるように,学校教育において科学の基礎
的理解を与える必要があると述べられている。

⑷ False 本文34～36行目によると,急速に進歩しているのは学校での基礎科
学教育ではなく,科学そのものである。

⑸ True 本文26～29行目に,方程式は数学的概念を述べるのには簡潔で正確
な方法であるけれども,子どもたちは科学と周囲の世界との関連性を十分理解
しないまま,方程式を使って科学を型どおりに学んでいるかもしれないことが
述べられている。

...

Chapter 6 ≫ 現代社会の諸問題

33 障害者の社会進出 ★★

🎓 名古屋市立大   ⏰ 目標 25 分

全 訳

❶ 1990 年全米障害者法は，障害をもつ人に対する差別を禁じている。この法はしばしば，1964 年公民権法以来，最も徹底した非差別法だと言われている。この法は，他のさまざまな分野の中でも，特に雇用，公共のサービス，公共施設での障害をもつ人に対する差別のない待遇を規定するものである。長引いたものの，この法律は，これまでよりもはるかに多くのダウン症やその他の障害をもつ人たちの，独立した暮らしを夢ではなく現実のものにすることを，大いに助けるだろう。

❷ デイル=エヴァンスが，ダウン症の子どもたちはほとんどいつも世間の目に触れないように隠されていたと私に語ったときから，どれほど世の中が変わったかを，今日では誇りとすることができる。キングスレー夫妻やレビッツ夫妻のような親たちやジェイソンやミッチェルのような若者たちのおかげで，時代は変わったのだ。他の，ダウン症をもつ子どもたちの親は，「セサミストリート」にジェイソンやミッチェルが出演しているのを見ることが，自分たちや自分の子どもたちにとってどれほど大きな意味があるかを私に話してくれた。それに，今では私たちにはパラリンピックのような催しや「人生は続く」のようなテレビ番組，そして最も重要な，新しい基本的公民権に関する法律がある。

❸ ジェイソン=キングスレーとミッチェル=レビッツは，まだそういったことを知らないかもしれない人たちに対して，障害をもつ人が何を望んでいるのかを完璧にはっきりさせた。障害者は私たちとまったく同じことを望んでいる。彼らが『私たちを仲間に入れて』を書いたというまさにその事実は，私たちのうちのあまりに多くの者が，少数派の中でもかなり大きな集団の人々の潜在的な技能や能力をはるかに過小評価してきたことを強く物語っている。ジェイソンとミッチェルは私たちの時代の若きヒーローで，彼らと彼らの家族の，そして彼らと同じようなほかの人々のおかげで，ダウン症をかかえた新しい世代の子どもたちが直面している世界は，彼らが生まれたときの世界よりもはるかに受容性がある。

❹ それでも，ひとつの社会として私たちが今後進むべき道のりはまだ長い。この国では潜在能力を無駄にしていることについて，あまりにも無頓着だ。つまり，長期的にみた多様な利益につなげるための，若い人たちへの投資をしぶっているのである。たとえば，機会がふんだんにあり，高い期待があれば，ダウン症の子どもの多くがさまざまな面で，社会に貢献する責任ある納税者へと成長するということを私たちは忘れがちだ。ジェイソンは今高校 3 年生だが，さらに高い教育を受けることや就業チャンスについて調べており，一方，ミッチェルは仕事をして税金を納め，マイホームに引っ越したばかりだ。「セサミストリート」の

偉大な教訓については何度学び直してもしすぎるということはない。身体的にであれ，知的にであれ，また社会経済的にであれ，恵まれないどんな子どもとでもいっしょに仕事をしてみれば，その子はうまく，時には驚くほどうまくやるだろう。

❺　ジェイソンはこう言っている。「(a)障害のある赤ん坊に，充実した人生を送る機会を与えてください。半分空っぽのグラスではなく，半分満たされているグラスを経験するような機会をです。そして，自分ができないことをではなく，自分にできることを考えてください」

❻　彼が提案しているほどのことが私たちにはできないのだろうか？　私はそうは思わない。

解　説

※出典：Foreword by Joan Ganz Cooney from Count Us In by Jason Kingsley and Mitchell
Levitz, HarperCollins Publishers

問1　Times have changed「時代は変わった」

下線部前後の記述から，時代がどのように変わったのかを述べればよい。

以前の時代	第2段，下線部直前の文中：that children with Down syndrome were nearly always hidden from public view「ダウン症の子どもたちはほとんどいつも世間の目に触れないように隠されていた」
今の時代	①第2段第3文中：see Jason and Mitchell on "Sesame Street"「『セサミストリート』にジェイソンやミッチェルが出演しているのを見る」（ジェイソンやミッチェルは，後を読めばわかるように，ダウン症をかかえている） ②第2段第4文：And now we have events like the Paralympics, television programs like "Life Goes On," and most important, new basic civil rights legislation.「今は，パラリンピックのような催しや『人生は続く』のような（障害者をテーマにした）テレビ番組，そして最も重要な，基本的公民権に関する新法がある」

●以上の「以前」と「今」を指定字数で簡潔にまとめる。「以前は〜だったが，今は…だ」という形で説明する。

問2　空欄を含む文のすぐ前の文（第3段第2文）に着目する。

●第3段第2文：They want exactly what the rest of us want.「彼ら（障害者）はまさに私たち（健常者）が求めているものを求めている」→障害者は健常者と同じことをしたいと思っていることがわかる。

●選択肢の意味を検討する。

1 .「私たちを仲間に入れて」　　2 .「私たちをそっとしておいて」

3．「私たちを失望させて」　　4．「私たちを元気づけて」
5．「私たちを離れさせて」

● 以上から，1 が適切であることがわかる。
● the rest of us は「残りの私たち」つまり「私たちのうち障害者でない者」の意。

問3　「障害のある赤ん坊に充実した人生をはぐくんでいく機会を与えなさい。半分
空っぽのグラスの代わりに，半分満ちたグラスを経験する機会を。そしてあなたに
欠けている能力ではなく，あなたにある能力について考えなさい」が直訳。

● 第1文は，a baby with a disability「障害のある赤ん坊」が Give の間接目的語，
a chance to grow a full life「充実した人生を送る機会」が直接目的語の，第4文
型の文。

● 第2文は To experience の訳し方に注意。これは第1文の a chance から並列的に
分岐したもので，前に a chance を補って，(Give him / her) A chance to
experience … と考えればよい。

● a half-full glass「半分満ちたグラス」half-empty glass「半分空っぽのグラス」
この2つの語句は，同じものを異なった視点から表現したものである。前者はポジ
ティブ（肯定的）な観点から見たもので，存在しているものに焦点を当てている。
後者はネガティブ（否定的）な観点から見たもので，欠けている部分に焦点を当て
ている。完全を求めると，どうしてもネガティブな部分に目がいくが，「そうでは
なく，不完全な部分には目をつぶって」ということ。

● 第3文の abilities, disabilities は，できるだけ対照性がわかるように訳そう。複数
形になっているので，「能力」「無力」といった抽象的な訳よりも，具体性をもたせ
て「できること」「できないこと」と訳す方がよいだろう。

✔**語句**▷ disability「能力的障害，能力がないこと」A instead of B「B の代わりに
A，B でなく A」

> **補注** ダウン症候群：染色体異常による病気で，新生児に最も多い遺伝子疾患である。特徴的な顔
> 貌を呈し，身心の発達障害が見られる病気であるが，障害の程度にはばらつきがある。イギリスの
> 眼科医ジョン＝ラングドン＝ダウン（John Langdon Down）が 1866 年にこの病気を論文で発表し
> たことから名づけられた。ダウン症候群を完全に治癒する治療法はないが，教育や社会への参加を
> 促す早期介入プログラムを両親に提供し，教師やセラピストが子どもの学習を奨励し，両親を精神
> 的に支え，医師や専門家のチームが，ダウン症の子どもに対する医療を提供し，その健康および合
> 併症の管理を援助している。こういったさまざまな支援によって，ダウン症をもつ人は長く充実し
> た人生を送ることができ，両親の不安も軽減されるのである。

構文研究

---

❶ *ll.* 5-7　(Long overdue,) <u>this legislation</u> <u>will help</u> (greatly) [<u>to make</u>
　　　　　　　　　　　　S　　　　　　　V　　　　　　　O 〈V′〉

independent <u>living</u> for many more people with Down syndrome and
　　　　　　　O 〈O′〉

other disabilities <u>a reality</u> (instead of a dream)].
　　　　　　　　　　O 〈C′〉

長引いたものの，この法律は，これまでよりもはるかに多くのダウン症やその他の
障害をもつ人たちの，独立した暮らしを夢ではなく現実のものにすることを，大い
に助けるだろう。

● 文頭の Long overdue「長引いた，遅きに失した」は，前に Being が省かれた分詞構文。

● [　　] の中の to make 以下は全体で help の目的語となっている。make 以下の構造は，
make が動詞 V′ で，(independent) living（for many more people with Down syndrome and
other disabilities）がその目的語 O′，a reality がその補語 C′ である（make O′ C′「O′ を
C′ にする」）。

● (　　) は修飾語句。

---

❸ *ll.* 5-8　Jason and Mitchell are young heroes for our time, and, thanks to them
and their families and to others like them, the world faced by the new
generation of children with Down syndrome is far more accepting
than the one into which they were born.
ジェイソンとミッチェルは私たちの時代の若きヒーローで，彼らと彼らの家族の，
そして彼らと同じようなほかの人々のおかげで，ダウン症をかかえた新しい世代の
子どもたちが直面している世界は，彼らが生まれたときの世界よりもはるかに受容
性がある。

● thanks to は，others like them にも並列的に分岐している。

```
thanks ┬ to them and their families
       │ and
       └ to others like them
```
　　　　　　　　　　（＝Jason and Mitchell（and their families））

● the one into which they were born＝the world into which they were born「前置詞＋関係代
名詞」は，関係代名詞をその先行詞に置き換え，前置詞を後ろに回して，独立した英文に書き
換えて意味を把握する。the world＋they were born into the world＝「世界」＋「彼らはその世界
に生まれてきた」＝「彼らが生まれてきた（ときの）世界」

Part1

6

解 答

問1 障害者たちは以前は世間の目から隠されてきたが，今はテレビ番組にも出
演するようになり，また，パラリンピックのような障害者向けの催しや障害者
をテーマにした番組，障害者の権利を保障する新法律もできたこと。(99字)

問2 1

問3 障害のある赤ん坊に，充実した人生を送る機会を与えてください。半分空
っぽのグラスではなく，半分満たされているグラスを経験するような機会をで
す。そして，自分ができないことをではなく，自分にできることを考えてくだ
さい。

34 レイチェル=カーソン ★★

🎓東北大　　　　　　　　　　　　　　　　　　⏱目標30分

全 訳

❶　有名な生態学者レイチェル=カーソン（1907〜1964年）は，彼女自身の言葉によると「孤独な子ども」であったということである。小さな町で育ち，彼女は「森の中や小川のほとりで，鳥や虫や花のことを学びながら，とても多くの時間」を過ごした。幼いころレイチェルは読書を好み，作家になろうと思った。それから科学者になろうと心に決め，初めのうち，科学者になるということは著作をやめることを意味すると思い込んだ。が，もちろん，そのことがそういったことを意味する必要はまったくなかったのである。彼女は科学や自然界のことを書き，しかもそれをたいへんうまくやってのけたので，彼女の著書を読む人はみな自分の環境について新たな認識を得た。

❷　しかし当初はだれも彼女の著作にあまり注意を払わなかった。その後1951年7月，オックスフォード大学出版部が彼女の著書『われらをめぐる海』を出版した。出版社側は売り上げの点で大して期待はしていなかった。海に関する本を自分が出版しようとしているとしたら，あなたならどう思うだろうか。この本には人間はほとんど登場せず，砂洲と島と海の生き物とサンゴと海草類ばかりについて述べられていたのだ。そんな本を読む人が大勢いると予想するだろうか。オックスフォード大学出版部は控えめな部数を印刷した。

❸　（その後）出版社はすぐに仰天した。本がすぐに売り切れたからだ。『われらをめぐる海』はベストセラーに，それも大ベストセラーになった。『ニューヨーク・タイムズ』はその本を「今年の傑出した書」と呼んだ。そしてついには，32カ国語に翻訳された。この書は生態学と自然保護に関する概念を大勢の人に紹介した。その本の影響力は大きかった。生態学は，「住まい」を意味するギリシア語からきた語であるが，これは我々の住まいである地球の科学的研究である。

❹　「私たちは今，科学の時代に生きています。それなのに，科学の知識は研究室に閉じこもっている，世間から孤立した少数の人だけの特権だと思い込んでいます。それは間違いです。科学の題材は生そのものの題材です。科学は生きることという現実の一部です。私たちの経験するあらゆることの『何』，『どうして』，『だれ』なのです」とレイチェル=カーソンは言った。

❺　「(A)心身両面で人間を形作ってきた環境の力を理解せずに人間を理解することはできない」と彼女は書いた。それからその環境を説明しようとした。以下は『われらをめぐる海』からの引用である。

　世界中のほとんどどの地域よりも急速に固有の動植物を喪失したハワイ諸島は，自然界の均衡を人間が妨げた結果の典型的な例である。動物と植物の，そして植物と土壌の一定の関係が何世紀もかけて育っていた。そこに人間が割り込んできて，この均衡を無作法にかき乱したとき，一連の連鎖反応を引き起こすことになったのである。

❻ 『われらをめぐる海』はレイチェル＝カーソンを有名にしたが，彼女の遺作『沈黙の春』は強力な利益団体の中に敵を作った。この本を書くのには勇気が必要だった。それは深刻なテーマ──殺虫剤などの農薬──と，そういった農薬が地球やそこにすむ者をどんなふうに毒しているかに目を向けることであった。『沈黙の春』の中でカーソンは化学工業や食品産業，農務省を攻撃した。

❼ 彼らはすぐに反撃してきた。レイチェル＝カーソンを「ヒステリー女」であるとあざけり嘲笑した。彼女の本を担当した編集者は次のように書いた。「(B)毒物を農業に使うことだけでなく，科学技術重視の社会が自然界に対して根本的に無責任だということにも彼女が疑問を抱いていることを，論敵は悟ったに違いない」

❽ しかしこの攻撃の猛烈さ，熱烈さは，結局は彼女の読者を増やすこととなった。合衆国大統領ケネディは，殺虫剤に関する特別報告を求めた。この報告はカーソンが書いたことを裏づけるものであり，殺虫剤の使用を減らして規制するようにという重要な勧告をした。

❾ 大衆は一般にそれまで植物に散布される毒物の危険を知らなかったが，今や事態は一変した。謙虚にも，レイチェル＝カーソンは，１冊の本ではそれほど多くを変えることはできないと言ったが，その点では彼女は間違っていたのかもしれない。

解 説

▶現代のエコロジー運動の展開に大きな役割を果たしたアメリカの海洋生物学者・生態学者レイチェル＝カーソン（1907〜64年）について述べた文章。DDTなどの農薬による環境破壊を警告した『沈黙の春』（1962年刊）やベストセラーとなった『われらをめぐる海』（1951年刊）などの著作で知られる。

問1 (A)「人間を身体的かつ精神的に形作ってきた環境の力を理解せずに人間を理解することは不可能である」が直訳。

> It is impossible to understand human beings without understanding the
> 形式主語　　　　　　真主語　　　　　　to understand を修飾
> environmental forces [that have molded them physically and mentally]
> 関係代名詞　　　=human beings

● It は形式主語で，to understand human beings を指す。without understanding 以下は to understand を修飾する。「〜しないで人間を理解することは不可能だ」が核となる構造。

● 関係代名詞 that の先行詞は the environmental forces である。代名詞 them は human beings を指す。

✓ **語句** mold「〜を形作る」 physically「身体的に，身体面で」 mentally「精神的に，精神面で」

⒝ 「彼女の敵対者たちは，彼女が，有毒物質の農業での使用だけでなく，自然界に対する科学技術社会の根本的な無責任さをも疑問視していることを悟ったに違いない」が直訳。

Her opponents must have realized [that she was questioning not only the
S　　　　　　V（＝助動詞＋完了形）　　O（that から文末まで）
agricultural use of poisons, but also the basic irresponsibility of a
A　　　　　　　　　　　　　　　　　　　　　　　　　　　　　　　B
technological society toward the natural world].

● must have realized「悟ったに違いない」 現在から見た過去の推定。realized の
目的語は that から文の最後まで。not only the agricultural use …, but also the
basic … world は was questioning の目的語部分。toward the natural world は
society ではなく，irresponsibility を修飾している。

● irresponsibility「無責任」 対義語は responsibility「責任」。

✅ **語句** opponent「敵対するもの，反対者，論敵」 question「～を疑問視〔問題
視〕する，～に異議を唱える」 agricultural「農業の，農業面での」 poison「毒，
有毒物」 technological「（科学）技術の」 natural world「自然界，自然環境」

問2 代名詞が指すものを把握するには，直前部をよく読むことが大切。

⑴ it：「それから彼女は科学者になることを決意し，最初はそのことが著述業を断
念することを意味すると思い込んでいた」が前文の直訳。それに続いて，But of
course it didn't have to mean that at all.「しかしもちろん，それはそのことをま
ったく意味しなかった」とあるので，it は前文の that と同じもの，つまり to be a
scientist「科学者になること」を指す。前文の believed の後の構造は，以下のよ
うになる。

believed (that) that meant giving up writing
　　　　　　　　S　　V　　　　O

⑵ that：上記⑴の解説参照。that は giving up writing「著述業を断念すること」を
指す。

⑶ They：「『沈黙の春』の中でカーソンは化学工業や食品産業，農務省を攻撃した」
が前文の訳。それに続いて，They lost no time in fighting back.「彼らはすぐに
反撃してきた」と続くので，They は前文の the chemical and food industries,
and the Department of Agriculture「化学工業や食品産業，農務省」を指す。

⑷ that：「謙遜して，レイチェル＝カーソンは，1冊の本ではそれほど多くを変える
ことはできないと言った」というのが，この重文における but の前節。それに続
いて but on that she may have been wrong「しかしその点に関して彼女は間違
っていたかもしれない」と続くので，that は前節の that one book couldn't
change much「1冊の本ではあまり多くのことは変えられないということ」を指す。

問3 本文を通して読んだ際に内容を頭にしっかりと入れておかないと，2度読みを強いられる問題。

1．× 「有名な生態学者のレイチェル=カーソンは，空想科学小説も書いた」
→wrote science fiction「空想科学小説を書いた」という記述は本文にない。

2．× 「レイチェル=カーソンの書物『われらをめぐる海』の読者には，控えめな部数の印刷で十分だった」
→第2段最終文にあるように，出版社は最初控えめな部数しか印刷しなかったが，「十分だった」という部分が，第3段第1文の out of books「本は売り切れた」および第2文の a huge best-seller「大ベストセラー」になったという記述と矛盾する。

3．○ 「レイチェル=カーソンによる『われらをめぐる海』だけでなく『沈黙の春』も，膨大な数の人々に大きな影響を与えた」
→前者については，第3段第4文と第5文にそれぞれ「32カ国語に翻訳された」「生態学と自然保護に関する概念を大勢の人に紹介した」とある。後者の影響力については，第8段に「読者が増えた」こと，「ケネディ大統領をも動かした」ことが述べられている。よって本文の内容と一致。

4．× 「『ニューヨーク・タイムズ』は，『われらをめぐる海』が出版されたとき，それに関する批判的な社説を書いた」
→第3段第3文の『ニューヨーク・タイムズ』の評，"the outstanding book of the year"「今年の傑出した書」と矛盾する。

5．× 「科学の知識は合衆国の大勢の人間が共有してきたが，そのことも，多くの人が『われらをめぐる海』を読んだ理由の1つであった」
→第4段第1文に knowledge of science「科学の知識」についての記述があり，この文中の the special right of only a small number of human beings, isolated in their laboratories「（科学の知識は）研究室に閉じこもっている，少数の人だけの特権」という記述と矛盾する。

6．× 「多くの人がレイチェル=カーソンの『われらをめぐる海』を読んだが，それは合衆国内だけであった」
→第3段第4文の it was translated into thirty-two languages「32カ国語に翻訳された」という記述と矛盾する。

7．○ 「農務省は『沈黙の春』の中でレイチェル=カーソンから批判された」
→第6段最終文参照。本文中の attack「～を攻撃する」は，選択肢7中の criticize「～を批判する」と同義である。この選択肢7は本文の attacked を同義語に置き換えて，態を変換したもの。よって本文の内容と一致。

8．○　「レイチェル＝カーソンは『沈黙の春』を出版したとき，敵に軽蔑され『ヒステリー女』と呼ばれた」

→第7段第2文参照。本文中の was mocked and ridiculed「あざけり嘲笑された」は，選択肢8中の was despised「軽蔑された」と同義である。よって本文の内容と一致。ちなみに第7段第3文の opponents は第6段第1文の enemies「敵」と同義である。

9．×　「ケネディ大統領はレイチェル＝カーソンが書いたことに関して何もできなかった。もっと重要な仕事があったからである」

→第8段第2文の記述内容「ケネディは殺虫剤に関する特別報告を求めた」と矛盾する。

構文研究

❺ *ll.* 5-7 The Hawaiian islands, [which have lost their native plants and
　　　　　　　　　　　　　　関係代名詞の非制限用法

animals faster than almost any other area in the world], are a classic
　　　　　　比較級＋than　　　any other＋単数形

example of the results of interfering with natural balances.
　　　　　　　　　　　前置詞 of の目的語→動名詞

ハワイ諸島は，その固有の動植物を世界の他のほとんどどの地域よりも急速に失ったが，自然界の均衡を（人間が）妨害した結果の典型例である。

● which … world は，非制限用法の関係代名詞節が挿入されたもの。
● interfere with ～「～を妨げる，じゃまをする」 interfering の主語は（自然界の均衡を妨害した）不特定の人間。
✓ 語句 native plants and animals「その土地に固有の動植物」 classic example「典型例」

---

❺ *ll.* 7-8 Certain relations of animal to plant, and of plant to soil, had grown up
　　　　　　　　　　　　　　　　　　　　　　　＝relations of　　　過去完了

through the centuries.
動物と植物の，そして植物と土壌の一定の関係が，何世紀もかけて育っていた。

● animal と plant にそれぞれ冠詞がないのは，対句として使用されているため。had grown up の過去完了時制の基準点は，次の文の過去形動詞，came と disturbed。

❺ *ll.* **8-10**　When <u>man</u> came in and rudely disturbed this balance, he set off a
　　　　　　　=human being
　　whole series of chain reactions.
　　人間が割り込んできて，この均衡を無作法にかき乱したとき，一連の連鎖反応を引き起こしたのだ。

●this balance とは，引用第１文の natural balances，そして引用第２文の certain relations のこと。人間がその自然界の均衡を損ない，バランスが崩れたので，それが連鎖的に広がって全体が壊れていったということ。
●chain reaction「連鎖反応」 a <u>whole</u> series of chain reactions は「<u>一連の連鎖反応を最初から最後まで</u>引き起こした」ということ。
✓**語句** rudely「無礼に，粗野に，荒々しく」 disturb「～をかき乱す」 set off ～「～を始動させる，引き起こす」 a series of ～「一連の～」

解　答

問1　(A)心身両面で人間を形作ってきた環境の力を理解せずに人間を理解することはできない。
　　(B)毒物を農業に使うことだけでなく，科学技術重視の社会が自然界に対して根本的に無責任だということにも彼女が疑問を抱いていることを，論敵は悟ったに違いない。
問2　(1) to be a scientist
　　(2) giving up writing
　　(3) the chemical and food industries, and the Department of Agriculture
　　(4) that one book couldn't change much
問3　3・7・8

35 米国の畜産業が環境に及ぼす深刻な影響 ★★★

🎓 奈良県立医科大　　　　　　　　　　　　　　　⏰ 目標 35 分

全 訳

❶ 国連が 10 月の気候変動レポートにおいて，畜牛は気候に害を与え，生態系を壊し，森林破壊を促進し，さらに我々を不健康にするといったことをいっせいに生じさせるという報告を行って以来，肉は環境保護論者から新たな注目を集めている。「肉を食べない月曜日」や「肉食を控えよう」といった運動は，農業が及ぼす影響を減らすために，個人の消費量を変えることを推し進めている。しかしこの解決策はあまりに短絡的すぎる。すべての畜産業が同じというわけではないのだ。畜産が原因で排出される温室効果ガスの量は地理的な場所，生産体制，さらに管理方法によって異なる。有害な方法がある一方で，環境に優しく，大切な栄養分を提供し，さらに土壌に炭素を供給する方法があり，これらは気候変動の対処に役立っている。これらの動物を「どのように」育てるかということは「何頭」育てるかということと少なくとも同じくらい大切なことなのだ。

❷ 米国の畜産業は主に 2 つの方法で行われている。家畜に草を食べさせるか穀物を与えるかだ。すべての家畜はまずは農地で草を食べ始める。草で育てられる家畜は屠殺されるまで草を食べ続けるものだが，大半の合衆国の家畜は，急速な体重増加を促すために，一生の終わりの時期には穀物を食べさせられる。ご想像どおり，この 2 つのやり方が環境に及ぼす影響はとても異なる可能性があるのだ。

❸ 穀物で育った牛肉の生産が有害であるのは周知のことである。こういった動物の飼育場の中には最悪の水質汚染源（堆肥が溜まる池の汚染された水など）となる場所もあり，抗生剤耐性や大気汚染を引き起こす。穀物を食べて育てられた家畜は，米国産の穀物を他のどの用途で使われる量よりも消費し，このことにより土壌流出が激しくなったり，温室効果ガスの排出量が増えたり窒素が減ったりするなど，産業・商業としての農作物生産の負の影響を助長する。多くの点において，問題は牛ではなく穀物なのである。

❹ それに対して，持続可能な仕組みで草を食べて育った牛は土壌への大量の炭素供給（排出分の一部，あるいはその大部分を相殺する），野生生物生息環境の維持，水の濾過作用の改善，そしてそれ以外——家畜を育てるためのほとんどの土地は他の目的では使用できない——では使用不可の土地から健康によい食べ物を作り出すことができるということを示す調査結果が増えてきている。非常に多くの土地が家畜のための穀物を育てるのに使われているので，草で育てる仕組み作りに向かえば，地球上の利用可能な土地の 4 分の 1 が人間の消費に直接的につながる，あるいは他の目的で農作物を作るのに使えるようになるだろう。

❺ しかしもし草で育てる仕組みが多くの恩恵をもたらすなら，なぜそれとは違うことを報告する研究があるのか？　一つには，我々は総体的な観点から牛肉生産について調べてこなかったからである。我々は温室効果ガスの排出だけに注目してしまい，たとえば土壌の健康改善や干ばつ・洪水への耐性といった，こうした取り組みから生じる生態系への他の恩恵をすべて無視しているのである。多くの研究は家畜が同じ土地でずっと育てられ，そのことで土壌が失われメタンガスの大量放出につながるという仕組みにだけ焦点を当てているのだ。

❻　一方，飼育場所をローテーションで変え，管理が行き届くようにする仕組みは，草地や放牧場の生態系に合わせて進化した草食動物が生まれもつ移動パターンに合うよう作られている。こういった動物は集中的に飼育され，定期的に移動させられるが，そのことが環境への悪影響を防止し，生産量を増やし，種々の物質の排出量を下げ，これまでより多くの炭素を供給することになる。これは標準的な農産物生産に使われる化学物質が一切なしに行われる。

❼　農作物を育てるための草地や放牧地の生態系が歴史的に変化し，こういった土地に昔から生きる草食動物が消えたために，土壌が破壊され，大量の二酸化炭素が大気に放出されてきた。飼育場所をローテーションで変え，管理が行き届くようにする仕組みを使った家畜の飼育方法を再導入すると，ほぼ使えなくなった土地の失われた土壌炭素をかなりの低コストで復活させることができるので，理にかなっていることである。

❽　もし我々が本気で気候問題に向き合うつもりがあるならば，米国政府は農業業界の影響から一線を画し，高水準の精肉業生産を支える業務用穀物への補助金を減らす必要があるのだ。

解　説

問1　下線部の「『肉を食べない月曜日』や『肉食を控えよう』といった運動」の背景は，直前の文（第1段第1文）に書かれており，目的は下線部の後に書かれている。

〈背景〉the October U. N. climate change report「国連の10月の気候変動レポート」で，cattle damage the climate, destroy ecosystems, increase deforestation and make us unhealthy all at once「畜牛は気候に害を与え，生態系を壊し，森林破壊を促進し，同時に我々を不健康にする」と発表されている。

●all at once「いっせいに，同時に」　なお，解答では「（気候への害，生態系や森林の破壊，健康への被害を）いっせいに生じさせる」とまとめている。

〈目的〉encourage individual consumption changes to reduce agriculture's impact「農業の影響を減らすために個人の消費の変化を奨励する」

●解答は，背景と目的を一つにまとめて記述している。分けて解答する場合は以下のようになる。

〈背景〉畜牛は気候に害を与え，生態系を壊し，森林破壊を促進し，さらに我々を不健康にするといったことをいっせいに生じさせることが国連の気候変動レポートで発表されたという背景。

〈目的〉農業の影響を減らすために個人の消費の変化を奨励するという目的。

問2　英文中に利用できる語があれば，それを使用するとよい。

●「草で育てられる家畜」grass-fed cattle / cattle that are grown with grass　本

間では「家畜」と訳されているが，cattle は集合的に畜牛を意味する語である。
- 「屠殺されるまで」until (they are) killed for meat / until (they are) killed to be used as meat　単に「殺される」という意味なら be killed だけでよい。
- 「草を食べ続ける」continue to eat grass
- 「急速な体重増加を促す」promote rapid weight gain / encourage rapid weight gain
- 「一生の終わりの時期に」at the end of their lives
- 「穀物を食べさせられる」be forced〔made〕to eat corn〔grain〕　corn はアメリカでは「トウモロコシ」を指すが，本問では「穀物（grain）」の意味に解釈されている。

問3　「問題は穀物であって牛ではない」→第3段では牛肉の生産が環境問題を引き起こしていることが述べられている。
- 下線部を含む第3文に，穀物で牛を育てることの問題点が述べられている。以下の英文をまとめればよい。
- Corn-fed cattle consume more U.S.-grown corn than any other purpose, worsening the negative impacts of industrial, commercial crop production, including intense soil loss, high greenhouse gas emissions and nitrogen loss.
　→これをまとめると「穀物を餌として食べる牛は大量の穀物を消費し，激しい土壌流出，温室効果ガスの高排出そして窒素損失を含む産業・商業用作物生産の負の影響を悪化させる」となる。
- ✓語句　negative impacts of ～「～の持つ負の影響」　crop「（農）作物，農産物」　intense soil loss「激しい〔大規模な〕土壌流出」　emissions「排出〔放出〕量〔物〕」（通例複数形）

> 補注　nitrogen loss は，問題文中では「土壌中の窒素の減少」を意味する。

問4　well-managed rotational systems「十分管理されたローテーション方式」
- 第6段の内容をまとめればよい。
- rotational systems は第1文中の natural moving patterns「生来の（生まれつき持っている）移動パターン」に合わせた方式。
- ✓語句　follow「～をまねる，～に従う，～に沿う」
- 第2文の内容は，前半は方式の説明，which 以下の後半は目的の説明として，すべて解答に含める。主語の The animals は，第1文中の species of grass-eating animals「草食動物」を指す。
The animals are farmed intensely and moved regularly, which prevents

damage, increases production, lowers emissions, and supplies more carbon.
「草食動物は集中的に飼育され，定期的に移動させられるが，そのことが環境への悪影響を防止し，生産量を増やし，温室効果ガス等の排出量を下げ，これまで以上の炭素を供給する」

✓ **語句** be farmed「飼育される」 intensely「集中的に」 *cf.* intensive farming「集約農業」 damage「被害，悪影響」 production「生産量」 lower「下げる，減らす」

> **補注** supply carbon は，問題文中では，農業において土壌中へ「炭素を供給する」ことを意味する。

● 第3文の内容も利点として解答に含める。

This is done without any of the chemicals used in standard crop production.
「このことは，標準的な農産物の生産に使われる化学物質が一切なしに行われる」

✓ **語句** chemical「化学物質（農薬や除草剤）」

● 解答では，方式と利点をまとめて記述している。2つを分けて記述するなら下記のようになる。

〈方式〉草食動物が生まれつき持っている移動パターンに合わせて，その飼育場所を定期的に移動させながら集中的に飼育する方式。

〈利点〉一般の農産物の生産に使う化学物質をまったく使うことなく，環境への悪影響を防止し，生産量を増やし，温室効果ガス等の排出量を下げ，これまで以上の炭素を供給する。

問5 the U.S. government needs to separate itself from the influence of the farming industry and reduce the commercial corn subsidies

● 下線部を直訳すると，「米国政府は農業界の影響から一線を画し，商業用穀物（トウモロコシ）への補助金を減らす必要がある」となる。

● 直前に「もし我々が本気で気候問題に向き合うつもりがあるならば」とあるので，環境問題を念頭に置いた文であることがわかる。また，穀物（トウモロコシ）で牛を飼育することが環境に及ぼす悪影響については第3段にも述べられている。

● 「穀物への補助金を減らす→穀物の生産が減る→穀物で牛を飼育する畜産方式が変わる→環境問題が改善される」と考える。

● 「政府が農業界の影響から一線を画す」というのは，「政府が農業界からの圧力に屈しない」ことを意味する。

✓ **語句** challenge「難題，難しい課題」

6
Part1

構文研究

❺ *ll.* 1-2　But if grass-fed systems offer so many benefits, why do some studies
say <u>otherwise</u>?
　　　　= something different

しかしもし草で育てる仕組みが多くの恩恵をもたらすなら，なぜそれとは違うこと
を報告する研究があるのか？

●otherwise は say〔think / decide〕otherwise の形で用いられる場合，something different の意
味に解釈するとよいだろう。

解　答

問1　畜牛は気候に害を与え，生態系を壊し，森林破壊を促進し，さらに我々を
不健康にするといったことをいっせいに生じさせることが国連の気候変動レポ
ートで発表されたという背景のもと，農業の影響を減らすために個人の消費の
変化を奨励するという目的。

問2　Grass-fed cattle continue to eat grass until they are killed for meat, but
most of the cattle in the U.S. are forced to eat corn at the end of their lives
to promote rapid weight gain.

問3　環境汚染の原因となっているのは牛そのものではなく，牛が穀物を大量に
消費することによって，激しい土壌流出，温室効果ガスの高排出，そして土壌
からの窒素損失が生じていることなのだ。

問4　草食動物が生まれつき持っている移動パターンに合わせて，その飼育場所
を定期的に移動させながら集中的に飼育する方式であり，一般の農産物の生産
に使う化学物質をまったく使うことなく，環境への悪影響を防止し，生産量を
増やし，温室効果ガス等の排出量を下げ，これまで以上の炭素を供給するとい
う利点がある。

問5　穀物を与えて牛を飼育する畜産方式は，環境破壊と気候変動の一因となっ
ている。問題を解決するには，飼料用穀物への補助金を減らしてその生産量を
抑え，現行の畜産方式を変えていく必要があるということ。

36 育児にかかわる父母の非対称性 ★★★

🎓 金沢大　　　　　　　　　　　　　⏱ 目標 40 分

全 訳

❶　たいていの文化では，両親とも子どもに相当の時間と労力を注ぎ込む。しかし，男性が直接子どもの世話をするのに使う時間は一般的に女性より少ない。これは，男女間で仕事が専門化していることを反映した，長い年月をかけて発展してきた方法なのである。男性は，原始時代の肉であれ現代の給料であれ，保護と生きていく糧とを与え，一方，女性は直接子どもの面倒を見ることの大半を引き受けている。

❷　人間の父親が子どもの幸せを願って心血を注ぐのはゴリラやチンパンジーのような大型類人猿の中では他に類を見ないものであり，その仕組みは，温かさや愛情を通して間接的に機能している。ある心理学者は，温かさを（脳の）報酬系だと解釈している。つまり父親は子どもの望みをかなえてやることで自分も心地よく感じられるから，そうしてやるのである。一方，子どもの側では，大人の価値観を受け入れやすくするということで，温かさは子どもの心の中で重要な役割を果たしている。

❸　母親と父親は，子どもの DNA については 50％ずつ与えているわけだが，生殖生物学に基づくいくつかの理由で，子どもに対する関心は同じではない。親としての行動の違いは，究極的には，それ以上小さくできない男親と女親の生物学的な違いに帰せられる。

❹　親としての不確かさは父親だけに起こることなので，父親は子どもが生物学的に自分の子どもなのか，自分の妻ほど確信がもてない。自分の妻の子どもに時間と労力を注ぐことで，夫はその子が自分の子どもであることに期待をかけるのである。夫は妻ほど育児に時間を使わないが，これは程度に差はあるが，あらゆる文化の間でみられる特徴である。

❺　母親のほうが育児により大きくかかわることが，文化的な習慣というよりも，むしろ長い年月をかけて発展してきた方法だという証拠は何だろうか。証拠のひとつは，文化を超えて一般に非対称性がみられることである。メキシコ，ジャワ，ペルー，ネパール，フィリピン，その他いくつかの地域の伝統的な社会を研究すると，調査したどの社会でも父親よりも母親の方がはるかに多くの時間を子どもと過ごしていることがわかった。父親は，起きている時間のうち平均約 8％を子どもの世話に使っているが，母親は平均 85％だった。言い換えると，母親は子どもの世話の 10 分の 9 以上を行っていたことになる。

❻　この法則に例外はあるのだろうか。中央アフリカのピグミー族は，家族関係がたいへん緊密なことで知られているが，他から隔絶した彼らの集団においては，育児や子どもとのやりとりに多くの時間が費やされている。伝統的に，父親が赤ちゃんの体を洗ってやったり，きれいに整えてやったりする。子どもと過ごす時間が男女とも平均以上であるピグミー族でさえも，一日に母親が赤ちゃんを抱いている時間は，父親の 8 倍以上にもなる。

❼　現代の西洋文化に例外を求めてもよいかもしれない。そこでは，科学技術のおかげで，父親が赤ちゃんを育てられるようになっており，家族は伝統的なサイズよりも小規模である。父親が育児に専念することを選びたければそれもできるし，母親が外で収入を得て家族に貢献することもできる。しかし，男性は子どもの世話を女性の 5 分の 1 足らずしかしておらず，

非対称の関係は相変わらずである。

❽ また西洋社会では，所得補助金や医療，教育，その他の給付金を公費で与えることで，片親がひとりで，ひとりないし複数の子どもを育てることが（楽ではないにせよ）可能になっている。西洋社会の中には，子どもの大多数が未婚の母親から生まれている集団がある。しかし，ここでもまた，片親が子どもを育てる場合，その10人中9人は母親である。原始時代に順応したことが，現代世界でも続いているのである。

❾ 親が子どもに時間と労力を注ぐことの非対称性は，祖父母にも当てはまる。通常，孫と祖父母の家の距離に関係なく，母方の祖父母のほうが父方の祖父母よりも孫のことを気にかけ，頻繁に会いに行こうとする。

❿ しかし，人間の状況は，他の大型類人猿と比べるとそれほど極端なものではない。他の大型類人猿の場合には，一般的に育児にかかわるすべての仕事を母親がし，父親は何もしない。人間が進化したことで，私たちは二親のいる家族へと進んできたようである。もっとも，だからといって，それがいつでもうまく機能するというわけではないが。

解　説

問1 まずは，2つの英文を比べてみよう。

> 下線部(1)：This is an evolved strategy that reflects specialization of labor between the sexes.「これは男女間で仕事が専門化していることを反映した，長い年月をかけて発展してきた方法である」

> 設問文：In the （　A　） of our human society, we （　B　） our work （　C　） the sexes.「人間社会の（　A　）の中で，私たちは性別（　C　）私たちの仕事を（　B　）」

● これをパートごとに検討してみる。

A．設問文の In the （　A　） of our human society は，下線部(1)の an evolved strategy「長い年月をかけて発展してきた方法」の部分に該当していると考えられるので，development「発達」を選ぶ。In the development of our human society「私たちの人間社会の発達の中で」となる。イの reflection を入れると，「私たちの人間社会の反映の中で」となり，時間をかけて発展してきた様子が出ない。

B．設問文の we （　B　） our work は，下線部(1)の specialization of labor「仕事の専門化」に対応する部分と考えられるので，have divided「分割してきた」を選ぶ。we have divided our work「私たちは仕事を分割してきた」となる。

C．設問文の （　C　） the sexes は下線部(1)の between the sexes に該当する部分。「男女間で」すなわち「男女に応じて」と考えて，according to を選ぶ。

✓ 語句 strategy「戦略，方策，方法」

問2 emotions of warmth and attachment「温かさや愛情」の効果については，父親側と子ども側のそれぞれについて，下線部に続く英文に述べられている。

● まず，父親に関しては，第2段第2文の後半（コロン（：）の後）が該当箇所。fathers enjoy satisfying their children's wishes because it makes them feel good「父親は子どもの願いをかなえてやることを楽しむ，というのも，そうすることで自分がいい気分になれるからである」(it は satisfying …wishes を指す)

● 子どもに関しては，第2段第3文が該当箇所。On the other side of the relationship, warmth plays an important role in children by making it easier for them to accept adult values.「関係の一方の側（＝子どもの側）では，温かさは，子どもが大人の価値観を受け入れるのを容易にすることで，子どもの中で重要な役割をもつ」(it は形式目的語で，for them to accept adult values を指す)

● 以上の，父親と子どものそれぞれについての効果をまとめる。

問3 parental uncertainty is possible only for fathers「親としての不確かさは父親だけに起こりうるものだ」

(A) 下線部(3)直後の they（＝fathers）are less sure than their wives that their children are biologically theirs「父親は，自分の子どもが生物学的に自分の子どもであるということについて，妻ほど自信がない」が該当箇所。

(B) biologically「生物学的に」はここでは「遺伝的に」と同義。第3段第2文に母親と父親には irreducible biological difference「それ以上小さくできない生物学的な違い」があると書かれている。その違いとは何かを考えていくとよい。夫は自分で子どもを産むことはできない。したがって，生まれてきた子どもが自分の遺伝子を確かに受け継いでいるかどうか，確信がもてない。一方，妻は自分のお腹を痛めて子どもを産むので，子には自分の遺伝子が必ず受け継がれていることを確信することができる。そこに，この状況が生じる原因がある。

問4 まずは両英文を比較対照してみよう。

> 下線部(4)：The primitive adaptation persists in the modern world.「原始時代の適応が現代の世界に存続している」

> 設問文：The （ A ） which （ B ） thousands of years ago （ C ）（ D ）.

● 語群Cはいずれも動詞なので，設問の英文は ago までが主部ではないかと推測できる。この推測による主部・述部に分けて検討してみよう。

主部：設問文の The （ A ） which （ B ） thousands of years ago「何千年も前に（ B ）した（ A ）」は，下線部(4)の The primitive adaptation

「原始時代の適応」に対応する部分。primitive「原始時代」という語から，Western society「西洋社会」や offspring「子孫」という語句を含む選択肢は除外される。adaptation「適応」とはここでは「子育ての様式における適応」ということだから，A には lifestyle「生活様式」を入れ，B に human beings established「人類が確立した」を入れれば，「人類が何千年も前に確立した生活様式」となる。

述部：空欄 C・D は，下線部(4)の persists in the modern world「現代の世界に存続している」に対応する部分。「現代の世界に存続している」とは，remains even today「今日でも残っている」ということ。よって，C・D にはそれぞれニとイを選ぶ。

問5 英文のそれぞれの空所が，与えられた日本文のどの部分に対応しているかを考えていく。

> 「通常，孫と祖父母の家の距離に関係なく，母方の祖父母のほうが父方の祖父母よりも孫のことを気にかけ，頻繁に会いに行こうとする」
> Usually maternal grandparents are (1)(2)(3) their grandchildren and (4)(5)(6) them more frequently than paternal (7), (8)(9) the distance between the (10) and the grandparents' homes.

1・2・3．maternal grandparents「母方の祖父母」が主語で，空所の後に their grandchildren が続いているので，「（母方の祖父母のほうが父方の祖父母）よりも孫のことを気にかけ」の部分に対応していると考えられる。よって，be concerned about 〜「〜を気にかけている」という表現を利用し，「より気にかけて」という意味になるよう，語群から more, concerned, about を選ぶ。

4・5・6．直後に them more frequently が続いているので，「彼ら（＝孫）により頻繁に会いに行こうとする」の部分に対応していると考えられる。「〜しようとする」は try to *do*，「〜に会う」は visit で表すことができるので，語群から try, to, visit を選ぶ。「行く」という意味の go は自動詞のため，行き先を表す副詞（to「〜へ」など）が必要で，ここでは語数に合わない。

7．than paternal に続く部分なので，「（父方の）祖父母（よりも）」の部分に対応していると考えるべき。語群から grandparent を選び，文脈に合わせて複数形 grandparents にする。

8・9．直後に the distance between 〜 とあるので，「（〜の間の距離に）関係なく」の部分に対応するものと考えられる。regardless of 〜「〜に関係なく」というイディオムを入れる。

10. the distance between the （　10　） and the grandparents' homes「孫と祖父母の家の（間の）距離」にあたる部分。「孫」は語群から grandchild を選び，「祖父母の家」が the　grandparents' homes と複数形の所有格が使用されているので，それに合わせて，grandchild の複数形所有格 grandchildren's を入れる。

問6 「母親のほうが父親よりもよく子どもの世話をする」という基本テーマに沿って決定していく。

> **a.** The （　a　）, in other words, did more than nine tenths of the child care.「言い換えれば，（　a　）が育児の10分の9以上（9割以上）を行った」

- 前文に，子育てにあてた時間は「父親が，目覚めている時間の平均8％で，母親は85％だった」とあり，圧倒的に母親が多いので，空所には mothers が入る。
- ちなみに「子育ては両親のみが行い，父親と母親が起きている時間はほぼ同じ」という前提のもとに，両親が目覚めている時間の合計を，2人分だから仮に200％としよう。すると，子育てに費やす時間の合計は2人分で，その8＋85＝93％である。母親の育児時間は93％のうちの85％なので，これは合計育児時間の9割以上ということになる。このように計算すると，この文の内容を確認できる。

> **b・c.** …（　b　） spend more than eight times more of their day holding their infants than （　c　）.「…（　b　）は（　c　）の8倍以上の時間を赤ん坊を抱いて過ごす」

- 空所bを含む文の冒頭に，Even there「そこですら」とある。there とは，アフリカのピグミー族の集団においてということで，男女の両方が平均以上に子どもと多くの時間を過ごすことで知られている。そういった集団内ですら，やはり女性のほうが男性よりも育児に多くかかわるという流れになると考えられるので，bに mothers，cに fathers が入る。

> **d・e.** （　d　） can specialize in child care, if they so choose and （　e　） can contribute to the family by earning income outside the home.「（　d　）が育児に専念することを選ぶなら，そうすることもできるし，（　e　）が外で収入を得て家族に寄与することもできる」

- この直前の第7段第1文に注目する。ここでは「現代の西洋文化では，父親が子育てをすることもできる」という例外，いわゆる「主夫」という，夫と妻の役割の逆転現象について述べられているので，dに fathers，eに mothers が入る。

6

> **f**. But again, when only one parent raises a child, it is the (　f　) in nine tenths of the cases.「しかしここ（西洋社会）でもまた，片親のみで子育てをするとき，事例の10分の9は（　f　）なのだ」

● 逆接の接続詞 But の作る文脈から，ここでは西洋社会における例外的現象から再び古典的な役割分担の子育て論に戻ると考えられるので，mothers が入る。

> **g・h**. The human situation is less extreme than that in other great apes, however, where generally the (　g　) does all the work of child-rearing and the (　h　) does none.「しかしながら人間の状況は他の大型類人猿の状況ほど極端ではない。大型類人猿の場合は，一般に（　g　）が育児のすべての仕事をやり，（　h　）はまったくやらない」

● これを言い換えれば「類人猿の状況は，人間の場合（＝母親のほうが育児に中心的にかかわるが父親も少しはかかわる傾向）よりも極端である」ということになるので，g に mothers，h に fathers が入る。

構文研究

❹ *ll.* 4-5　Husbands <u>spend</u> |less| time |than| wives <u>rearing</u> children, <u>a</u>
<u>characteristic that is seen to varying degrees in all cultures.</u>
コンマの前の部分と同格　　　　副詞句

夫は子育てに妻よりも少ない時間を費やすが，これはすべての文化にさまざまな程度までみられる特徴である。

● spend less time than wives rearing children は，spend time (in) *doing*「〜して時間を過ごす」という構文に，less 〜 than … という比較級の構文がミックスされたもの。
● to 〜 degree「〜の程度まで」　たとえば to some degree なら「ある程度」の意。
● varying「さまざまな」　現在分詞が形容詞化したもの。
✓ **語句**　characteristic「特徴，特性」

❼ *ll.* 1-3　We might also look for exceptions in modern Western cultures, <u>where</u>
　　　　　　　　　　　　　　　　　　　　　　　　　　　　　　　先行詞は <u>cultures</u>

technology has made <u>it</u> possible for fathers to raise infants, and
　　　　　　　　　　　_{= for fathers to raise infants}

families are smaller [than] was traditionally the case.
私たちは現代の西洋文化に例外をさぐってもよいかもしれない。現代の西洋文化に
おいては，科学技術の（発達の）おかげで父親が子育てをすることが可能であり，
家族は伝統的にそうであったよりも小規模である。

- it は関係副詞 where 節の形式目的語で，for fathers to raise infants「父親が子育てをするこ
と」を指す。possible はその補語。なお，where 節は文の最後まで。
- families are smaller than was traditionally the case「家族は伝統的にそうであったよりも小
さい」　この than は接続詞 than と関係代名詞 what の両方の性質をもち，「～するところのも
のよりも」という意味を（単数扱いで）表すと考えることもできるし，was の前に状況を漠然
と示す主語 it が省かれた接続詞と考えることもできる。

　　例：The sea-level rise is much more serious *than* was expected.
　　　＝The sea-level rise is much more serious *than* we expected（it to be）.
　　　「海面上昇は予想よりもずっと深刻だ」
　この場合，前者の than は関係代名詞，後者の than は接続詞と考えることができる。

Part1

6

解　答

問1　A—ニ　B—ロ　C—ハ

問2　父親：子どもの望みをかなえてやることで，満足を感じる。
　　子ども：大人の価値観を受け入れやすくなる。

問3　(A)自分が子どもの本当の親であるかどうか，確信がもてないということ。
　(B)父親は母親と違い，自ら子どもを産むのではないから。

問4　A—ハ　B—イ　C—ニ　D—イ

問5　1．more　2．concerned　3．about　4．try　5．to　6．visit
　　7．grandparents　8．regardless　9．of　10．grandchildren's

問6　a—M　b—M　c—F　d—F　e—M　f—M　g—M　h—F

Part 2

英作文編

英作文編には，融合問題を含む計 14 題の多様な入試問題が収められています。近年の入試は自由英作文の出題が多い傾向にありますが，和文英訳も含め，さまざまな形式で練習を積んでいくことが大切です。さらに，自由英作文で自分の判断や意見を述べる場合は，テーマに関する背景知識が大きくものを言うことも本編で学ぶことになります。そして，医療の現場では，相手の心情を思いやることが肝要だということも，本編の演習によって再認識できるでしょう。

Chapter 1 》》 和文英訳

37 解剖学 ★★

🎓 福島県立医科大　　　　　　　　　　　　　　⏰目標 20 分

解　説

以下のような表現が使用できる。解答例にないものも挙げているので，表現の幅を広げよう。

- 「解剖学は〜が多い」there are a lot of 〜 in anatomy / anatomy has a lot of 〜
- 「記憶しなければならないこと」を可算名詞にするか，不可算名詞にするかで，many〔a lot of〕あるいは，much〔a lot〕を用いる。ただし一般的には much は肯定文では（特に口語文では）用いない。
- 「耳慣れない用語」unfamiliar terms / terms（that）I am unfamiliar with / terms（that）I've never heard before
- 「〜になじめない」can't get used to 〜 / cannot take to 〜
- 「実際」in fact
- 「苦手な科目」*one's* poorest subject / a subject that *one* is bad at
- 「大概は」usually / generally /（人を主語にして）most of them←「彼らのほとんどが（〜する）」
- 「〜を第一に挙げる」name 〜 first / answer at once that it is 〜
- 「確かに」certainly / indeed
- 「〜の教科書」a textbook on 〜
- 「分厚い」thick / large and heavy
- 「何のことをいっているのかわからないことだらけ」→「内容のほとんどが理解しがたい」most of the content〔material〕is hard to understand /「書かれていることがほとんど理解できない」what is written is mostly incomprehensible
- 「読む気がしない」be not motivated to read / don't feel like reading / may not be willing to read

解答例

〈解答例1〉 It is often said that there are many things to remember in anatomy
and that there are too many unfamiliar terms to get used to. In fact, when
we ask nursing students or medical students, "What is your poorest
subject?" they usually name anatomy first. Certainly, many textbooks on
anatomy are very thick, and are full of such difficult accounts that students
may not be motivated to read them.

〈解答例2〉 People often say that they have to remember a lot about anatomy
and that it has so many unfamiliar terms that they cannot take to it. Actually,
when I ask nursing or medical students what the subject that they are bad
at is, most of them will answer at once that it is anatomy. It is true that
books on anatomy are usually large and heavy, and are mostly difficult to
understand, so perhaps students won't wish to read them.

38 心臓外科医を志した理由

🎓 福島県立医科大   ⏱ 目標 25 分

解 説

(1) 下線部(1)で使える表現は以下のとおり。

● 「まず内科ではなく外科を選んだのは〜だったからだ」First, the reason why I did not choose internal medicine but surgery was that 〜. / First of all, it was because 〜 that I chose surgery, not internal medicine. / I started my medical profession as a surgeon, not as a physician, because 〜. / I started my medical profession not as a physician but as a surgeon, because 〜 / I didn't start my medical profession as a physician but as a surgeon, because 〜

● 「自分の "手" で患者さんを治したいという気持ちが強かった」I hoped strongly to cure patients with my own "hands." / I had a strong desire to cure patients with my own "hands."

● 「薬で病気を治す」cure diseases with medicine〔drug〕→「薬で患者を治す」cure patients with drugs

● 「手術で治す」cure〔treat〕a patient by〔with〕surgery

● 「手術をすることで」〈解答例1〉では「手術」を主語としているが,「(医師が)手術をする」と考え,do〔perform / carry out〕an operation / perform surgery と表すことも可能。

● 「悪いところが目に見える形でよくなる」ill parts of the body recover visibly / ill body parts remarkably〔dramatically〕recover

● 「スパッと治る」→「完全に治る」recover completely

(2) 下線部(2)で使える表現は以下のとおり。

● 「胃潰瘍を患った母が…」my mother, who suffered from a gastric ulcer, … ←my mother や my father が先行詞のときは,関係代名詞は必ず非制限用法にする。
／→「母は胃潰瘍を患って…」my mother suffered from a gastric ulcer and …

● 「手術を受ける」have〔undergo / go through〕an operation / be operated

● 「すっかり元気になる」recover completely / get quite well

● 「『すごい』と思った」I thought that it was amazing〔wonderful / great / incredible〕.

● 「子どもの頃に」when I was a child / in my childhood / as a child
● 「テレビで見た『ベン・ケーシー』という医療ドラマの影響もあった（→ドラマに影響されたの）かもしれない」(perhaps) I may〔might〕have been influenced by a medical drama, "Ben Casey," which I watched on TV

> **補注** 出題文の執筆者，天野篤先生は冠動脈バイパス手術の専門医であり，2012 年に天皇陛下（現上皇陛下）の狭心症冠動脈バイパス手術を執刀した名医。3 年間の浪人生活を経て日本大学医学部医学科に入学。出題文に出てくる「亀田総合病院」は千葉県にある私立総合病院。この後いくつかの病院勤務と大学教授を経て，2002 年に順天堂大学医学部心臓血管外科の教授に就任。数多くの心臓手術をこなし，驚異的な成功率を誇る。

解答例

(1) 〈解答例 1 〉First, the reason why I did not choose internal medicine but surgery was that I hoped strongly to cure patients with my own "hands." Internal medicine cures patients with drugs. Surgery cures patients by operations. An operation makes ill parts of the body recover visibly. It cures ill parts of the body completely.
〈解答例 2 〉First of all, it was because of my strong desire to cure patients with my own "hands" that I chose surgery, not internal medicine, as my specialty. Physicians treat diseases with medicine. Surgeons treat patients by surgery. By surgery, ill body parts remarkably recover. They recover completely.

(2) 〈解答例 1 〉When I saw my mother, who had suffered from a gastric ulcer and had an operation on it, having recovered completely, I thought that it was amazing. I may also have been influenced by a medical drama, "Ben Casey," which I watched on TV in my childhood.
〈解答例 2 〉My mother once suffered from a gastric ulcer and was operated for it. When I found she had gotten quite well again, I thought that it was incredible. A medical drama, "Ben Casey," which I saw on TV when I was a child, may also have had an influence on me.

39 体調不良による欠席，再テストの依頼 ★★★★

🎓 宮崎大   ⏱ 目標30分

解 説

▶和文はかなり長文の丁寧なメールで，単位を落としたくないという学生の必死な気持ちが伝わってくる。この手紙はおそらく，テストが月曜日に行われたその週の後半あるいは週末に書かれていることを念頭に置いて，英訳していこう。

設問文の和訳 学生から教授への，以下のeメールを英訳しなさい。

以下のような表現が使用できる。
- 書き出しは，「スミス教授」Dear Mr. Smith / Professor Smith とする。
- 「お忙しいところ，すみません」→「ご迷惑をかけてすみません。あなたは忙しいのに」I'm sorry to trouble〔bother〕you, who are always very busy.
- 「医学科3年」third year medical student
- 「体調不良のため」because of bad health / due to bad condition
- 「テストを行う」conduct a test 「テストを受ける」take a test
- 「～できなくてすみません」I'm sorry that I couldn't *do* / I'm sorry for not having been able to *do*
- 「再テストをする」give a makeup test〔exam〕/ give a test〔an exam〕again
- 「診断を受ける」get a diagnosis →「～と診断される」be diagnosed as〔with〕~
- 「扁桃腺炎である」have tonsillitis →「扁桃腺炎」は専門語なのでこれを英語で書ける受験生はまずいないだろう。「アデノイド」という言葉を聞いたことがあれば，adenoids are inflamed「（咽頭）扁桃が炎症している〔腫れている〕」が浮かぶかもしれない（厳密には，扁桃と扁桃腺は異なるが）。ちなみに，健康診断の際に医師が患者の口を開けて観察しているのが，口蓋扁桃（tonsil）である。しかしadenoids も inflamed も思い浮かばない場合でも，あきらめずに，具体的にどこにどのような症状があるのかを考えてみよう。たとえば，「口の奥あるいは喉の入り口に問題がある〔ひどく痛む〕」と考えて，I have problem with the two small pieces of flesh on my throat（flesh「肉」）とか，I have a terrible pain <u>in my throat</u>〔on each side of the root of the tongue〕としてみてはどうだろうか。
- 「1週間ほど入院する」spend〔stay〕about a week in the hospital / be hospitalized for about a week

- 「火曜に予定されていた」(be) scheduled on Tuesday
- 「作ってくれた機会を活かす」take advantage of the opportunity you created
- 「退院する」leave (the) hospital / get out of (the) hospital
- 「テストについて *A* (人) に相談する」consult *A* about the exam
- 「〜に連絡する」contact / get in touch with 〜
- 「携帯に電源を入れてメールをチェックする」turn on a cell-phone and check text message
- 「よろしかったら」→「都合が悪くなければ」if it is not inconvenient for you
  「面倒でなければ」if it is not too much trouble for you / if it doesn't bother you
- 「よろしくお願いします」→「ご連絡を心待ちにしています」I'm looking forward to hearing from you. /「ご連絡くだされば幸いです」I would appreciate it if you would contact me.

解答例

Dear Professor Smith

I'm very sorry for bothering you. I'm Kobayashi Taro, a third year medical student.

I'm very sorry I couldn't take your test last Monday because I was in poor health. Although you were going to give me a test again next Tuesday, I have not yet recovered at all, so I saw a doctor in the hospital, and I was diagnosed as having tonsillitis. I was told to stay in Central Hospital in Miyazaki City for about a week. So it became impossible for me to go to college and take the makeup test next Tuesday. I'm very sorry that I was unable to take advantage of the great opportunity that you had created.

As soon as I leave the hospital, I'll go to your office to consult you about the exam and some other things. If you have something to tell me, please send me a message, if it would not be too much trouble for you. I turn on my cell-phone several times a day, and check text messages. I'm looking forward to hearing from you.

Chapter 2 ≫ 自由英作文

40 学生生活への期待と不安

🎓 福井大　　　　　　　　　　　　　　　　　　　⏰ 目標 15 分

解説

▶ 医師を目指すにあたっての「期待」と「不安」の両方について書くことが求められている。指定語数が 90 語程度なので，それぞれ 40〜50 語を目標に英文を作成してみよう。

期待と不安の内容は，各自がそれぞれ正直に書けばよいのだが，医師としての倫理観にそぐわないものや，あまり幼稚なものにならないようにすること。次のようなものなら OK だろう。

● **期待例**：「医学部における学生生活」なので，医学部ならではの内容が望ましい。
①大学入学後は，医師になるために必要な知識をしっかりと身につけ，将来どの分野で仕事をするのか（何科の医師になるのか）を 6 年間で見極めたいという期待
②自分が将来やりたいと思う僻地医療〔地域医療〕の実現に一歩近づくという期待
③勉強だけでなく，人間性を豊かにし，多才な医師になるために，趣味や部活も楽しみたいという期待
● **不安例**：期待の裏返しとして出てくる不安について書けばよい。
①授業についていけるのかという不安
②患者に対する責任の重大さに対する不安
③解剖実習に耐えられるのかという不安
④勉強に追われて，部活などする暇もなく，学生生活を楽しめないのではないかという不安
⑤6 年後に医師国家試験に合格できるのかという不安

この問題で使用する可能性のある語句を以下に示しておこう。
● 「〜を身につける」master / learn / acquire
● 「医療分野」medical field〔sector〕
● 「何科の医師になるのか」in what medical field〔sector〕I work as a doctor

- 「〜を見極める」decide / find out 〜
- 「僻地医療」medical treatment〔care〕in a remote area
- 「地域医療」community medicine / regional health care
- 「〜するという長年抱いてきた自分の夢〔目標〕に一歩近づく」get〔come〕one step closer to my long-cherished dream〔goal〕of *doing*
- 「自分の人間性を豊かにする」make myself rich in humanity
- 「人道的な医師になる」become a humanitarian doctor
- 「〜のことを考えると不安になる」feel uneasy when I think about 〜 / it makes me uneasy〔worried / anxious〕to think about〔think that〕〜
- 「授業についていく」keep up with my class / follow the class〔lessons〕
- 「患者に対する責任の重大さ」a great responsibility for the patients
- 「解剖実習に耐えられる」be equal to anatomy practice / do well at practical training in anatomy
- 「部活をする」take part in club activities / enjoy club activities / join a club
- 「学生生活」college life〔days〕/ campus life

〈作成案1〉

　大学では医師になるために不可欠なことをすべて学びたい。たとえば，さまざまな医療分野の知識や技術を身につけたい。さらに，患者のことを十分理解するためにコミュニケーション技術を向上させたい。

　一方，授業についていき，かつ大学生活をエンジョイできるかどうか少し不安だ。大学ではテニス部に入りたいと思っているから。いずれにせよ，入学できたら最善を尽くしたい。

〈作成案2〉

　私はぜひ僻地医療に貢献したい。だから他の医師の助けがなくてもいろいろな病気の患者の治療ができるように，さまざまな医療分野の知識を猛勉強して習得したい。地域の人に信頼される医師になりたい。

　しかし，生活のためにアルバイトをしつつ大量の医学知識を習得できるか，少し不安だ。医学知識の多くはとても専門的で難解だから。私は自分の目標を実現するために頑張ろうと決意している。

> 補注 首都圏や大都市は別として，地方では，医師の確保に苦労している。そこで地方自治体と地元の大学が協力し，地域特別推薦入試等を実施し，地元に残って医師として活躍してくれる学生を確保しようと努力している。大学はまた，膨大な量の医学知識や，日々進歩する治療法や医療の知識をいかに学生に習得させるかで，苦心している。国公立大学でも毎年，留年者が多く出るし，医師国家試験に受からない学生も，各大学で程度の差はあれ，毎年出現する。国家試験は年を経るごとに合格が難しくなる。国公立大学の医学科を卒業しても国家試験に受からない学生は，現実に存在するのだ。こういう現実を認識すれば，本問の解答としてどのようなことを書けばいいのかの参考になるであろう。

解答例

〈**解答例 1**〉 While I'm in college, I hope to learn everything that is essential for me to become a doctor. For example, I hope to acquire vast knowledge and skills in various medical fields. Furthermore, I hope to improve my communication skills in order to understand my patients well.

On the other hand, I feel slightly anxious about whether I will be able to keep up with my class and also enjoy college life, for I'd like to join tennis club at college. Anyway, I will do my best after I gain admission to college. (93 語)

〈**解答例 2**〉 I am anxious to contribute to medical treatment in a remote area. Therefore, I have to study hard and master knowledge in various medical fields so that I can treat patients with various diseases without the help of other doctors. I hope to become a doctor who is trusted by local people.

However, I am a little worried about whether I can both work part-time for a living and master vast medical knowledge, most of which will be highly technical and difficult. I'm determined to try hard to achieve my goal. (91 語)

41 笑いが持つ役割 ★★

🎓 福井大　　　　　　　　　　　　　　　　　　　⏱ 目標30分

解　説

▶解答の指定語数は「80〜90語」なので，それに収まるよう「笑い」が持つ役割についての自分の考えをまとめる。

● この問題は，「自分の経験を踏まえて」とあるので，笑うことによって身体が活性化されて体の免疫力が高まり，病気に対する抵抗力が増すといった医学的効能を述べるのとは少し異なる。ここでは，笑いが生活の中で役に立った具体例を述べ，その役割について考察することが求められている。「笑い」は，独り笑いや思い出し笑いがないわけではないが，一般には他者との交流の中で生まれるものだ。したがって，他人との関わりの中で笑いがどのように役立つかを考察してみよう。

● 我々は，無垢な赤ん坊や幼児の笑顔を見ると心が和む。他意のない笑顔は，人と人との間の垣根や警戒心を取り除き，周囲の人間に共感や仲間意識，安心感や信頼感を生み出す。そしてコミュニケーションを円滑なものにする。それまでは険悪な状況であっても，そこにいったん笑いが入ると，一変して和やかな雰囲気になったりする。また，笑顔を浮かべた人を見ると，自分も笑顔になっていることに気づく。笑顔は伝染するのだ。笑顔が絶えない人の周りにはおのずと人が集まる。楽しい気分になるからだ。少なくとも，いやな気分にはならない。笑顔を見て不快になるとしたら，それはその笑顔が作られた笑顔であったり，何か奥に隠れた意図を感じさせる笑顔であったりするからだろう。

〈作成案１〉
　私が通っていた高校に，授業がとても楽しくて話が面白い先生がいて，その先生の授業は笑いが絶えなかった。その先生の授業を楽しく受けているうちに，その教科が好きになり，学力もいつの間にか上がっていた。

〈作成案２〉
　タクヤは級友の１人で，いつも感じの良い笑顔を浮かべている。彼の周りにはいつも人が集まっている。タクヤを見ていると，なぜか心が落ち着く。ある日，私が数学の試験で失敗して落ち込んでいたとき，タクヤのところに行くと，なぜかそんな失敗なんかどうでもいいという気分になった。彼の笑顔は私に，次の試験で頑張ればいい

のだと言ってくれているようで，私は前向きな気分になれたのだ。

解答例

〈解答例1〉 Mr. Tanaka was one of the English teachers in my high school. He smiled a lot, and we all loved him. He was a little different from other teachers in that he had a lot of sense of humor, and was very good at making students laugh. Taking his lesson was a lot of fun, and his humorous jokes always amused us. We listened to him earnestly, and a year later, we find ourselves doing well in English. We knew we studied English hard without realizing it. (87 語)

〈解答例2〉 Takuya is one of my classmates. He always has a pleasant smile on his face, and he is always surrounded by other students. When we see him, somehow, we feel at ease. One day, when I got a bad score on a math test, I was very depressed, and I went to Takuya. When I saw him, I felt that bad score didn't matter. His happy smile made me positive as if it were telling me that it would be all right if I tried hard on the next test. (90 語)

42 外国人患者に対する備え ★★★

🎓 福井大　　　　　　　　　　　　　　　⏱ 目標30分

解　説

▶「日本社会は外国人患者に対してどのような備えをするべきか？」についての考えと具体例を 90～100 語で述べる。

● 外国人に対する医療で生じる問題は，言葉の壁（language barrier）であり，次いで文化や習慣の違い（differences〔gaps〕in culture and customs）であろう。

● 最近では電子翻訳機（electronic translator）も開発されてきているが，医療分野の専門語（medical terms / technical medical terms）に対応できているかどうか，またその精度はどの程度なのか（how accurate〔precise〕）が問われる。

● するべき備えとしては，以下のようなものが考えられる。これらについて指定語数内で述べればよい。

①外国人患者を受け入れ可能な病院（a hospital that can take in patients from abroad）を増やす。

②外国人受け入れ可能な病院のリストを主要ホテルや駅の案内所でもらえるようにする（to make the list available at the information desk of major hotels and stations so that foreign visitors can make use of it）。

③外国語を話せるスタッフの養成と雇用（to train and employ the staff that can communicate in foreign languages）。

④電話やインターネットを介しての通訳サービスの構築（to build up an interpretation service by phone and through the internet）。

⑤日本の病院および医療システムについて外国人が理解できる情報を複数言語で提供する（to provide information in foreign languages that enables foreign visitors to understand Japanese hospitals and Japan's medical care system）。

⑥医療費についての情報提供を試みる（to try to provide information about the cost of having medical care in Japan）。

解答例

〈解答例 1 〉The biggest problem with treating patients from abroad is the language barrier, and differences between cultures and customs. Recently, electronic translators have been developed, but the question is whether they can capture the technical terms of medicine, and how accurate the translations are. So in addition to translators, we must prepare the following things : First, we must increase the number of hospitals that can take in patients from abroad. Second, we must make lists of those hospitals available at the information desks of major hotels and stations so that foreign visitors can make use of them. (96 語)

〈解答例 2 〉The biggest problem with treating patients from abroad is the language barrier, and differences in culture and customs. Recently, electronic translators have been developed, but the problem is whether they can accurately translate technical medical terms. So in addition to the electronic translator, hospitals must not only train and employ staff who can communicate in foreign languages, but also build up an interpretation service by phone and through the internet. At the same time, they must provide information in foreign languages that enables foreign visitors to understand Japan's medical care system. (91 語)

43 イラストから連想する関係や状況 ★★★

🎓 金沢大　　　　　　　　　　　　　　　　　　　　　⏰ 目標30分

解　説

▶問題の指示は英文とイラストで与えられている。この問題のねらいは，観察力や推理力・想像力といった，医師に不可欠な能力の有無を見るものと考えられる。

設問文の和訳　下の絵について80〜120語の物語を英語で書きなさい。物語は独創的なものとし，以下のすべての点を含むものとする。

- この人たちはだれなのかということと，彼らの思考と感情（これらの人物はだれで，彼らは何を考え，何を感じているのか？）
- 現在の状況（絵の中で何が起こっているか？）
- 過去の出来事（絵の中の出来事の前に何があったか？）
- 将来の結果（絵の中の出来事の後，何が起こるか？）

●絵から読み取れること（この部分は基本的な設定とする。全体の語数調整の中で，情報の取捨選択をする）

　コーヒーカップが置かれた丸テーブルを前に，2人の男女が座っている。男性はこぶしを握り，厳しい表情で女性に対して何かを伝えている。女性は顔を上げて宙を見つめ，悲しそうだ。何か物思いにふけっているようだ。女性は若く，男性はスーツ姿でネクタイを締めており，中年に見える。(A middle-aged man and a young woman sit at a round table with cups of coffee on it. The man is wearing a dark suit and a striped tie, and looks angry, with his fist (banged) on the table. He seems to be scolding the woman, who looks sad, staring vacantly into space. She seems to be deep〔lost〕in thought.)

●bang *one's* fist on the table「こぶしでテーブルをどんとたたく」

●この女性を主人公にして適当な名前をつけ，物語を作成してみよう。女性は20代で，何かに悩んでいる。男性は女性に対して何か助言か説教をしている。2人の関係は親子か，会社の社員と上司と考えるのが自然だろう。

〈作成案1〉

　ユリは国立大学医学部の6年生。大学に入学してからの勉強は順調だった。しかし医師国家試験を控えた6年生になって，勉強に集中できなくなり，睡眠もあまりとれ

なくなった。彼女は次第に不安になって，自信を喪失してしまった。うつ状態の娘を見かねて父親が活を入れる。もう少し前向きに考えてはどうか，息抜きを考えてはどうかと助言した。助言を受けて彼女は，毎日ピアノを弾き適度な運動をすることにした。やがて彼女は睡眠もきちんととれて元気になり，勉学に対する自信を取り戻すことができた。

〈作成案2〉

　ケイコは大学3年生。入学後，フランスからの留学生男性と親しくなった。しかし男性は1年後に帰国し，母国で就職することに。ケイコは男性に会いたい気持ちから，フランスに留学することを決意する。父親は，そんな動機で留学したところで時間とお金の無駄であり，一時的な感情に流されてはいけないと諭す。そしてケイコに，何のために大学に入ったのか，よく考えてみなさいと言う。最初は父親の意見に反発していたケイコであったが，よく考えると父親の言うことが正論であるとわかり，その後は初心に戻って努力し，優秀な成績を収めて大学を卒業することができた。

〈作成案3〉

　ハルカは会社勤めをして2年。しかし優秀な社員ではない。よく間違いをするし，仕事が好きには見えない。やれと言われたことをただやるだけ。ある日，上司が彼女を呼んで話をした。上司は彼女に，会社のために自分にどんなことができるのか，仕事でミスをしないためにどんなことに気をつけたらよいのか，どんなことをしようと努めたらよいのか考えてみなさいと言った。彼女はこれらについて上司と一緒に考え，同僚の協力も得て，責任感をもって仕事をし始めた。1年後，彼女は会社になくてはならない社員に成長した。

解答例

〈解答例 1 〉 Yuri is a sixth-year medical student at a national university. Although she had done well since she entered college, she lost confidence in her studies when she became a sixth-year student and had only a few months before the national exam for medical doctors. She became increasingly nervous. She couldn't concentrate on her studies, or get enough sleep. Her father saw her suffering from depression, so he tried to cheer her up. He advised her to be positive, and amuse herself for a change. Following his advice, she decided to play the piano and perform moderate exercises every day. Soon she was able to sleep well, became cheerful, and regained confidence in her studies. (114 語)

〈解答例 2 〉 Keiko is a third-year college student. After entering college, she became friends with a student from France. He was a handsome, nice guy. However, one year later, he went home to work there. After he returned, she went into depression, and decided to study in France. Her father told her not to be influenced by temporary emotion. He told her that studying abroad for such a reason could result in waste of time and money. He told Keiko to think well about her purpose in entering college. At first she objected to her father strongly, but she realized her father was right. Then she went back to her first objective, studied hard, and graduated from college with excellent results. (119 語)

〈解答例 3 〉 Haruka had been working for a company for two years, but she was not a good employee. She would often make mistakes, and she didn't seem to like her job. She did only what she was told to do. One day, her boss called her, and talked to her. He told her to think about what she could do for the company, how she could become more careful and what she could try to do in order not to make mistakes in her work. She thought about these things with her boss, and with the help of her colleagues, she began to work with a feeling of responsibility. A year later, she became an indispensable employee in her company. (119 語)

44　グラフの説明／日本における有給育児休暇の取得状況 ★★★

🎓 長崎大　　　　　　　　　　　　　　　　　　　　　⏱ 目標30分

解　説

▶提示された2つのグラフをもとに，英文で与えられた2つの問いにそれぞれ100語程度の英語で答える。「有給育児休暇」の英訳は，英文の問いおよびグラフの説明文にある英語表現を利用すればよい。

設問文の和訳　　問1　図1と図2によると，日本における有給育児休暇の近年の状況はどのようなものですか？
　問2　あなたはもっと多くの男性が有給育児休暇を取るべきだと思いますか？　自分の意見を支持する論拠を少なくとも2つ述べなさい。

問1　2つのグラフをもとに，日本における有給育児休暇の近年の状況をまとめる。
● 図1：各国の男性（父親）が取得できる有給育児休暇の日数を週単位で表したグラフ。出典のタイトルは「日本には最も優れた育児休暇制度があるが，だれがそれを利用しているのか？」
● このグラフから，日本男性が取得できる有給育児休暇はおよそ30週であり，これは2位の韓国の倍近くもあることがわかる。スウェーデンやノルウェー，フィンランドといった福祉国家と比べてもはるかに多い。
● 「有給育児休暇」paid parental leave　→図1の出典にある paternity leave は「父親の育児休暇」であることに注意。
● 「～の倍」double ～
● 「2位で」be ranked second
● 「福祉国家」welfare state
● 図2：実際に有給育児休暇を利用した日本人労働者の「育児休暇取得率」の推移を，男女別に9年間分描いたグラフ。出典のタイトルは「男性の育児休暇取得が『過去最高』の2.65％に達した」
● このグラフ（と，その下にある説明）から，有給育児休暇を実際に取得した日本人は，女性は8割を超えているのに対して，男性は微増傾向にあるものの，2015年に2.65％だったことがわかる（2.65％で「過去最高」なので，日本人男性の育児休暇の取得率がいかに低いかもわかる）。制度そのものは非常に優れているのだが，それを活用できていない。

- 「～を活用する」take advantage of ～
- 「非常に優れている」excellent〔best〕
- 「～に対して」compared with ～

問2　「もっと多くの男性が有給育児休暇を取るべき」かどうかについての意見を述べる。根拠となる理由を2つ以上挙げる。

- 合理的な根拠が提示できれば，賛成・反対のいずれの立場から論じてもかまわないが，ここでは時代の流れに合った「もっと多くの男性が有給育児休暇を取るべきだと思う」という賛成論の方が書きやすいであろう。
- 以下のような理由が考えられる。これらを100語程度の英語にまとめる。理由は最低2つ述べる（解答例では理由3は入れていない）。

〈理由1〉　もし父親が育児休暇を取らないと，母親にかなりの育児の負担がかかる。出産や育児は身体的・精神的にもかなりの労力を要する重労働であり，父親は育児を母親のみに委ねるべきではない。もし男性が育児に参加しなければ，出産・子育てをためらう女性が増え，少子化は解消されないだろう。

- 「～の負担がかかる」carry burdens of ～
- 「育児」childcare
- 「出産」childbirth
- 「AをBに委ねる」leave A to B
- 「少子化」low birthrate

〈理由2〉　女性だけが育児休暇を取ったり仕事をやめてしまったりすると，社会における女性の役割や地位は相変わらず低いままだろう。それは男女平等の世界の潮流に合わない。

- 「社会における役割や地位」role and status〔position〕in society
- 「男女平等の社会という世界の潮流に合う」be in line with the global trend of gender equality

〈理由3〉　男性が育児に積極的に参加することは，子どもの人格形成にとって有意義である。子どもの成長段階で男性も子育てに参加できるように，育児休暇を積極的に取って父親が子どもと関わることが望ましい。

- 「～に積極的に参加する」take active part in ～
- 「人格形成」character formation / the formation of character
- 「成長段階」stage of growth〔development〕
- 「（人）と関わる」be involved with ～

解答例

問 1   According to Figure 1, Japan has the best paternity leave system, and fathers can take more than 30 weeks of paid parental leave. This number is nearly double that of South Korea, which is ranked second, and significantly larger than that of the welfare state nations, such as Sweden, Norway, and Finland. However, Figure 2 shows that very few male workers in Japan take advantage of this excellent system. At 2.65％, the percentage of male Japanese workers who took paid parental leave saw a slight increase in 2015, but it was still low compared with more than 80％ of the female workers. (102 語)

問 2   I think that more fathers should take paid parental leave because if they don't, mothers would carry a heavier burden of childcare. Childbirth and childcare are hard work and need much physical and mental energy. Therefore, fathers should not leave all the childcare to mothers. If men don't take part in childcare, more and more women will hesitate to have babies and raise children. As a result, the nation's birthrate will remain low. Also, if mothers alone take parental leave or quit their jobs, women's role and status in society will not improve. That will not be in line with the global trend of gender equality. (106 語)

45 患者に健康状態について悪い知らせを伝えること ★★★

🎓 秋田大　　　　　　　　　　　　　　　　　　　　⏱ 目標30分

解 説

▶患者の病状に関する良くない情報は，患者には伝えず家族のみに知らせるべきか，それとも患者に直接伝えるべきかについて答える。

設問文の和訳　昔は，医師は患者に対して，患者の健康に関する悪い情報は通常明かさなかった。たいていは家族に告げたのだ。しかし近年では，医師が患者に悪い知らせを直接告げることがより普通になった。あなたはどちらがよりよいやり方だと思うか？ <u>与えられた解答スペースに英語で答えよ。最初に自分の意見を述べること。その意見に対して3つの理由を挙げよ。</u>

● 提示すべき3つの理由を考える。

この文脈における「登場人物」は，患者と家族と医師の三者であり，述べるべき理由も3つなので，患者本人と患者を支える家族，患者を治療する医師のそれぞれの立場に関する理由を述べていけばよいと考える。

3つの理由を列挙する際の構成は，One reason is that …. Another reason is that …. The other reason is that …. という構成を用いるか，First …. Second …. Third … というディスコースマーカーを用いて表す。

〈「患者に悪い知らせを直接告げるのがよい」を選ぶ場合〉

①「患者の立場」からの理由：本来告げられるべき悪い知らせを医師から告げられなかった場合，患者は医師や家族に対して不信感を募らせることになるだろう。自分の体調や処方されている薬から，患者は自分が正しい情報を与えられていないことにやがて気づくからだ。患者は，医師から自分の病気についての正確な情報を伝えられて初めて，病気に前向きに取り組むことができるのだ。

● 「本来告げられるべき悪い知らせ」bad news that should have been told
● 「不信感を募らせる」develop a sense of distrust
● 「体調」physical condition
● 「病気に前向きに取り組む」fight（against）a disease positively

②「家族の立場」からの理由：真実を患者に隠し続けると家族は患者に対して罪悪感を抱くことになり，家族にとって精神的な負担となる。患者に真実を告げることに

よって，患者に寄り添い，患者の病気を治すなかで家族と患者の間に一体感が生ま
れ，十分な介護ができるだろう。

- 「真実を～に対して隠す」conceal〔hide / cover up〕the truth from ～
- 「罪悪感を抱く」have a sense〔feeling〕of guilt
- 「～にとって精神的な負担となる」become a burden on ～
- 「～に寄り添う」→「～に共感する」be sympathetic to ～　というように言い換え
る。
- 「一体感」a sense〔feeling〕of unity
- 「～に十分な介護をする」give satisfying nursing care to ～
- 「～の病気を治す」cure ～ of a disease

③「医師の立場」からの理由：病気の治療には患者の協力と積極的な関与が不可欠で
ある。悪い情報を隠すと患者は楽観的になり病気の治療がおろそかになるかもしれ
ない。医師は患者に迎合して患者を安心させることだけを伝えるのではなく，適切
で正確な情報を伝えることによって，患者から真の信頼を得ることができるのだ。

- 「～の協力」cooperation of ～
- 「積極的な関与」active involvement
- 「不可欠で」indispensable / essential
- 「楽観的な」optimistic
- 「病気の治療がおろそかになる」neglect disease treatment
- 「患者を安心させること」→「患者の喜ぶこと」what patients are pleased with
- 「患者の信頼を得る」win〔gain〕patients' trust〔confidence〕

〈患者に悪い知らせを明かさず家族のみに告げるのがよい」を選ぶ場合〉
- 解答例には示していないが，以下のような理由が考えられる。
①「患者の立場」からの理由：直接伝えられた場合に，平常心を保つ自信がなく，あ
えて聞いてしまうと，闘病の意欲をなくす恐れがある。
②「家族の立場」からの理由：患者がショックを受けて判断能力を失うと考えられる
場合，家族が代わりに聞くことで，最良の治療法を選択できる。
③「医師の立場」からの理由：家族に伝える方が情報をより的確かつ冷静に理解して
もらえ，医師の負担が軽減される。

解答例

〈「患者に悪い知らせを直接告げるのがよい」を選ぶ場合〉

Telling patients bad news about their health condition is better for three reasons. First, if patients are not informed of bad news that should have been told to them, they will develop a sense of distrust toward their doctors and family members, because their physical condition and the drugs they are given will soon make them realize that they haven't got the right information. Patients can fight against their illness only when they are given correct information about their disease. Second, if family members hide the truth from patients, they will have a sense of guilt, which will become a burden on them. Telling the truth will make them sympathetic to the patients, and give rise to a sense of unity among them. As a result, family members will be able to give satisfying nursing care to the patients while curing them of disease. Third, in disease treatment, the cooperation and active involvement of patients is indispensable. If doctors hide bad news from patients, the latter may become too optimistic and neglect the treatment. Doctors should not tell patients only what they are pleased with. They can win patients' trust only by giving them proper and correct information.

46 コミュニケーション技術

🎓 浜松医科大　　　　　　　　　　　　　　⏰ 目標 40 分

解 説

▶作文の条件とテーマが英語で与えられている。まずはそれを正確に把握すること。

設問文の和訳　　以下のテーマについて作文しなさい。
　　作文は：
　　　1．最低 150 語あること，
　　　2．段落分けがなされていること，
　　　3．最低 3 つの段落があること，
　　　4．序論，本論，結論が明確であること，
　　　5．各段落の間をあけること。
　　作文の中では，自分の意見を明確に述べるようにしなさい。
　テーマ：治療効果をあげるために医師にはすぐれたコミュニケーション技術が必
　　　　　要である。
　　　　　あなたのコミュニケーション技術を述べ，あなたがいかにして効果的に
　　　　　コミュニケーションをとってきたかを示す例を挙げなさい。

● 出題の意図を読み取ろう！
　　医師，特に臨床医は，年齢・性別・職業・性格・趣味・価値観などが異なる，あ
らゆるタイプの患者を相手にしなければならない。患者の症状などについての情報
を本人の口から正しく聞き取ったり，治療に関する情報を患者やその家族にわかり
やすく正確に伝えたり，治療中，体の具合を患者本人から聞き出すために，コミュ
ニケーション技術は不可欠である。医師が独善的で一方的な治療を行い，患者が医
師に不信感を抱いて口を閉ざしてしまっては，治療効果はあがらない。
　　ところが，最近は他者とのコミュニケーションがうまくとれない若者が増え，そ
れは医学生でも例外ではない。このため，医学部の学生に保育園での実習を課すな
どして，他者とのコミュニケーション技術を育成する大学も出てきた。こういった
事実が出題の背景にあると考えられる。
● どのようなことを書けばよいか？
　　コミュニケーションは，「相手がもっている情報をできるだけ多く正確に聞き取
る」ことと，「自分が伝えたい情報を相手に正確に伝える」ことの両方を伴う。し

たがって，この聞き取りと伝達の両行為を必要とし，かつそれによって問題が解決したという出来事を設定して，作文を書けばよい。たとえば，人間関係のもつれやトラブルを聞き取って解決するといったシチュエーションが考えられる。

　また，高齢者や幼児はコミュニケーションをとるのが特に難しく，情報のやりとりがうまくいかないことがある。高齢者や幼児とのコミュニケーションという状況を設定して，それについて書いてもよい。

〈状況例1〉

　高校2年の夏休みに地元のコミュニティセンターが主催した，小学生対象のサマーキャンプの世話役にボランティアで参加した。夕食後のキャンプファイアーのときに，2年生の男の子が1人でテントに残っていることに気づき，話しかけると，家に帰りたいと言う。理由を尋ねてもなかなか言おうとしない。熱はなさそうだし，気分が悪いとか体のどこかが具合が悪いというわけでもなさそうだ。辛抱強く聞き出していくうちに，どうやら夕食のあと，同じ班の子と何かトラブルがあったようだ。私は責任者に報告し，子どもたちから事情を聞き出した。その結果，全員が楽しいキャンプを続行することができた。

〈状況例2〉

　級友の1人が突然休みがちになった。おとなしい子で，友達はほとんどいない。私はその子とはあまり親しくないが，気になって，ある日の放課後話しかけてみた。最初はその子との間に壁を感じたが，辛抱強く話しかけていると，その子がクラスから疎外されているように感じていること，原因は修学旅行のときの部屋割りにあるらしいこと，クラスメートとの間に誤解があったのではないかといったことがわかってきた。私はさらに詳しく話を聞き，担任に報告するとともに，親友にも協力してもらって，問題解決に向けて動き始めた。

〈状況例3〉

　私は野球部の主将をしていたが，上下関係の厳しい野球部の中で，下級生が上級生に対して不満をもっているようだった。このままではチームがバラバラになるので，私は，何も強制することなく下級生と個別に話をして彼らの不満を聞き出し，次にその意見や不満を，匿名性（anonymity）を保ったまま上級生に伝えた。これは下級生が上級生からの敵意にさらされないようにするためには大切なことであった。努力の甲斐あって強力なチームワークが誕生した。この体験から得た結論はこうだ。まず徹底的に話を聞くこと。次に忍耐強く説得すること。最後の最も大切なことは，関係しているすべての者が，自分が敬意を払われていると感じることなのだ。

●解答例3の第3段第1文中の whatever they had <u>to say</u> は，anything that they

220 Part 2 Chapter 2

had <u>in order to say</u> つまり「<u>言おうとしていることは何でも</u>」ということ。「言わなければならないこと」ではないので注意。

> POINT 問題文の指示にある条件を満たすために、いずれの状況について書くにせよ、作文は「序論」「本論」「結論」の3つで構成し、それぞれの主題を次のように設定する。
>
> ---
>
> **序論**＝状況（トラブル内容）提示：これから何について述べるのかを予告する。
> **本論**＝問題解決のためにとった具体的な行動：長くなる場合は、場面展開に応じて複数の段落に分ける。
> **結論**＝問題解決から得た教訓／問題解決には何が功を奏したのか／問題解決の法則の一般化など。
>
> ---
>
> 1つの段落内に複数の主題を入れないようにする。主題にばらつきがないようにする。語数に上限はないのでその点は楽だが、全体の構成と流れを決めたら、途中で変更せずに書いていくこと。書き上がったら、全体を通して読み直してみることも必要。

> **補注** コミュニケーション技術
> コミュニケーションは医療の分野だけでなく、人間関係におけるあらゆる状況で必要な技術である。対人関係におけるコミュニケーションの多くはたとえてみれば、言葉のキャッチボールである。相手にボールを投げる場合は、相手が受け取ることができるボールを投げなければならない。また、初対面の相手のボールを受け取る場合は、相手がどんなボールを投げてくるのかわからないので、それなりの予測や心構えと、どんなボールでも受け取る技能が必要である。相手がとんでもないボールを投げてきても、腹を立ててキャッチボールをやめてしまってはいけない。それが医師と患者の関係ならなおさらである。
> また、言葉のキャッチボール、つまり情報のやりとりは、自分のもっている情報を相手に的確に発信する能力と、相手が発信する情報を正しく受信する能力の両方がそろっていなくてはならない。情報の受信能力はいわゆる「情報リテラシー（information literacy：情報を正しく読み取る能力）」でもあり、これは社会生活を送る上で非常に大切な能力なのである。
> そこで、このような情報の受信・発信能力を高めていくことが、医師を目指す人にも不可欠であり、大学入試の場でも、それが問われているのである。

解答例

〈解答例1〉

　When I was a second-year high school student, I volunteered to help take care of children who participated in a summer camp held by a local community center. This experience made me realize the importance of communication. In the following passage, I will explain this experience.

After supper on the first day, when we began to play games around the campfire, I noticed that Taro, a very quiet second-grade boy, was alone in his tent. He told me he wanted to go home. When I asked him why, at first, he wouldn't tell me. He looked very sad, but did not appear to be feverish or ill. I patiently encouraged him to tell me what had happened but he still refused to talk. I kept asking him various questions in a gentle voice, trying to get information out of him. After some time, it slowly dawned on me that Taro had experienced some trouble with another boy in his group. I talked to Taro a little more and found out who he had quarreled with. It was Kenta, a fifth-grade boy.

I reported the quarrel to the person in charge of the camping trip, and then I talked to Kenta about it. I listened to him carefully, trying to locate the cause of the problem. After that, I managed to find it. There seemed to be a misunderstanding between the boys. At first, it seemed difficult to solve the problem, but I managed to do so in about an hour, and was able to reconcile Taro with Kenta.

This experience has taught me that fairness, objectivity, and imagination play important roles in communicating with others, and that the most important factor in effective communication is consideration for others.
(288 語)

〈解答例 2 〉

When I was a first-year student, I noticed that suddenly, one of my classmates was frequently absent from school. He was very quiet and seemed to have only a few friends. In the following passage, I will relate my experience with him.

Although I was not a close friend of his, I was concerned about his frequent absence, and so, I spoke to him in the library after school one day. At first, I felt that there was an invisible barrier between us. However, as I continued speaking to him patiently, he began to answer hesitatingly. He said that he felt isolated in the class and that he sometimes felt that he was not accepted as a member of the class.

The cause of his problem seemed to be the room assignment for the school trip that had been made a month previously. To many of us, it was an insignificant matter. To him, however, it was something that made him extremely depressed. I reported his problem to our homeroom teacher. I also asked a close friend of mine for cooperation, and we began to work to solve the problem. First, we asked the other students in our class what they thought about him. Simultaneously, we told them what I had heard from him. Then, I communicated to him what we had heard from the other classmates.

Our efforts finally paid off. His classmates realized that they had misunderstood him, and he also understood that he too had been under the wrong impression about them. Thus, we became friends again. As a result of this experience, I have learned a valuable lesson, namely, that a lack of communication may lead to problems. （282 語）

〈解答例 3 〉

In the following passage, I will demonstrate how I succeeded as a communicator when I was the captain of the baseball team at my high school.

The most difficult problem that we faced was to obtain a consensus among the entire（whole）team, especially between the juniors and seniors. In Japan juniors are supposed to obey their seniors, even when their opinions differ from those of their seniors ; this sometimes makes them dissatisfied. On the other hand, if the juniors express their own opinions too openly, then their seniors will think that the juniors do not respect them enough.

In order to solve this dilemma, I met each of the juniors one at a time, listened to whatever they had to say, and then told them in detail what the seniors, including myself, hoped for them to do. I never forced them to do anything ; instead, I persuaded them. Next, I had repeated discussions with the other seniors regarding the opinions, desires, and complaints of the juniors, while maintaining their anonymity — this was rather important in order to ensure that none of the juniors faced any hostility from the seniors.

After my efforts, strong teamwork arose among the team members. I have drawn the following conclusions from the experience. First, listen thoroughly. Second, persuade patiently. Finally, and most importantly, allow everyone concerned to feel that they are completely respected.
（228 語）

47 救急車の不適切な使用 ★★★★

🎓 秋田大 　　　　　　　　　　　　　　　⏰ 目標 30 分

解　説

設問文の和訳　最近の新聞報道によると，救急車の不必要な利用が，地方自治体の財政に重荷となっている。救急車の不必要な利用にかかる料金の一部は利用者が払うべきだと言う人もいる。あなたはこの意見に賛成か反対か？　自分の立場を述べた上で 80〜100 語の英語で答えよ。またその理由を少なくとも 2 つ挙げること。

● 解答作成の方針：本問は「救急車の不必要な利用」に対する有料化の是非を問うものであり，救急車に対する「すべての要請を有料化する」というものではない（海外には料金体系を設けて救急車の利用をすべて有料化している国や地域もあるが）。その点に気をつけて答案を作成していこう。

〈賛成論の理由として考えられること〉

救急車（an ambulance）は急患（emergency）のためのものだ。

しかし実際は（but the fact is that 〜），今日，統計によると（according to statistics），救急車で病院に搬送される（be carried to the hospital by ambulance）患者の半数は，入院加療（hospitalization for treatment）の必要がない軽症者（patients with mild diseases）または軽傷者（people with minor injury）であり，このことが地方自治体の財政に負担になっている（has become a burden on the finances of local governments）だけでなく，風邪程度の軽い病気の軽症者が安易に救急車を要請することによって，重傷者（people with serious injury）や重症患者（patients with severe diseases）が本当に必要とする際に救急車が出払っていて利用できない事態も生じている。

したがって，緊急の必要がない救急車の利用に対して料金を課せば，不適切な（inappropriate）利用を防止でき，地方自治体は救急医療に，より多くの予算を投入でき，その体制を充実していくことができるであろう。

〈反対論の理由として考えられること〉

救急車の不必要な利用を有料にする場合に厄介なのは，その利用が必要なものなのか不必要なものなのかを，だれがどのような基準で判断するのかということだ。

たとえば軽い頭痛や手足のしびれがあるお年寄りが，この程度で救急車を呼ぶと料

金を取られると思って我慢していると，実は脳出血（bleeding in the brain）や脳梗塞を発症していて重篤な結果に至ったりしかねない。軽傷だと自覚するけがの場合でも，出血（external bleeding であろうが internal bleeding であろうが）の程度や骨折に関しては，実際に診たりX線撮影などで診断しないとわからない場合も多い。

　つまり，軽症者の利用に対して料金を請求すると，救急車の要請をためらう人が増え，重篤な病気やけがの発見が遅れることがある。結果的に，料金を払う余裕がある人の利用に偏り，医療面で貧富の格差が生じかねない。不要不急の救急車の要請に料金を課すというのは，公衆衛生の観点から見ればマイナス面が大きいと言えよう。

> 補注　救急車の有料化問題は，要するに「救急車を本来の目的で利用してもらう」ためにはどうすればよいのかという問題であろう。無料タクシーのような感覚で救急車を呼んだり，救急車で病院に行けば待たずに診察してもらえるという身勝手な理由で救急車を呼んだりする人，また自宅に救急車が来ると近所に対して格好が悪いので呼ぶのを控えたり，呼んだとしても，家の近くまで来たらサイレンを止めて近所にわからないように来てほしいという注文をつける人もいるという。救急車を正しく利用してもらうために，救急車の意義と正しい利用マナーを国民に広く知ってもらうことが望まれる。

● 英語に置き換える。→熟語など表現の硬い日本語はまず，英訳しやすい平易な日本語に直す。日本語に該当する英単語が思いつかない場合は，意味内容を説明する文に置き換える。英訳が難しい語で，なくても大意の伝達に支障のない語は思い切って省く。

《賛成論》

● 「不必要な救急車の利用を有料化する」→「不必要な救急車の利用に対してお金を払う〔請求する〕」pay〔charge〕money for unnecessary use of an ambulance / pay〔charge〕money for using an unnecessary ambulance
なお，pay money for using an ambulance unnecessarily は間違いではないが，using を修飾する unnecessarily が pay を修飾して「不必要に払う」とも解釈できるので避けた方がよい。

● 「無料のタクシー代わりに呼ぶ」call an ambulance as a substitute for a free taxi

● 「ちょっとしたけが」a minor injury

● 「風邪程度の病気」→「風邪のような軽い病気」a mild〔slight / minor〕disease like a cold / a disease（that is）as mild as a cold

● 「安易な利用が減少する」careless〔unnecessary〕use of an ambulance decreases →「救急車をあまり呼ばなくなる」people call an ambulance less often

● 「地方自治体」local government / local authority

● 「救急医療現場に財政的ゆとりが生まれる」→「救急医療のためにより多くのお金を

費やすことができる」we can spend more money on emergency medical care 〔service〕
- 「医療体制を充実させる」improve (the) medical system / make current medical care system more reliable

《反対論》
- 「治療の機会を失う事態が生じる」→「病気を治療する機会を失う」lose an opportunity to treat illness
- 「〜することをためらう」hesitate to *do*
- 「早期発見・早期治療を逃す」miss early detection and treatment
- 「貧富の格差」the gap between (the) rich and (the) poor （対句の場合，通例 the は省略）
- 「公平的原則」principle of equality〔fairness〕
- 「救急医療」emergency medical service

解答例

《賛成論》
〈解答例1〉
　I agree with the opinion. Ambulances are for emergencies of course, but the fact is that, according to statistics, half of those who are carried to the hospital by ambulance are patients with mild diseases or minor injury who have no need for ambulances, and this fact has not only become a burden on the finances of local governments, but also prevented patients with severe diseases from using ambulances. So charging for unnecessary use of ambulances would prevent inappropriate uses of ambulances, enabling local authorities to spend more money on their emergency medical services to improve them. (97 語)

〈解答例 2〉

I'm for this opinion. If we are charged for unnecessarily using ambulances, their usage will decrease. For example, we'll stop calling ambulances as substitutes for free taxis, or calling them when we have just a minor injury, or a mild illness. Since the number of ambulances is limited, the chances of being able to access ambulances when really required will improve if people ask for ambulances less often. Additionally, if we pay money for using ambulances, we can spend more money on emergency medical services, so that we can employ more staff and improve the current medical care system. (99 語)

《反対論》
〈解答例 1〉

I'm against charging money for unnecessary use of an ambulance for two reasons. One is that it's difficult to judge whether the use of the ambulance is necessary one or not. If a patient judges by himself/herself that his/her case is not serious, and hesitates to ask for an ambulance because he/she doesn't want to pay money, he/she could miss early detection and treatment of a serious disease. The other is that the gap between rich and poor in emergency medical service will widen because mainly those who can afford to pay money will be asking for ambulances. (98 語)

〈解答例 2〉

I disagree with the opinion. If people must pay money for using ambulances, poor people will hesitate to ask for ambulances. Consequently, they might lose chances of getting medical care. On the other hand, those who can afford to pay money are free to ask for ambulances even when they have a mild disease like a cold. As a result, the gap between rich and poor in medical service can arise. If we cannot use ambulances unless we pay money for them, the principle of equality in emergency medical service will collapse and turn into a system favoring rich people. (100 語)

Chapter 3 》》 融合問題

48 夢の解釈 ★

🎓 熊本大 ⏰目標 15 分

3

解 説

▶読解と英作文との融合型である。このような問題は英訳対象箇所だけを見るのではなく，英文中に和訳のヒントとなる語句や表現が存在することを念頭に置いて，冒頭部分から読み進めていく。

各段落の要旨
● 第1段：夢は予測もコントロールもできない。
● 第2段：夢の内容は起きているときの経験や行動とは異なる。
● 第3段：夢は楽しいものであれ恐ろしいものであれ，強い印象を残すことがある。
● 第4段：人々は夢を現実の生活と結びつけることで，無意識の領域への洞察を得る。

問題英文で使われている表現
● 第1段

✓ 語句 anticipate them（＝dreams）「夢を予測する，夢を期待する」 invent a dream「夢を創造する」 unknowing「（自分が何をしているのか）気づいていない」 theme「主題」（＝topic） by utter will「まったくの意志の力で」 escape conscious control「意識的なコントロールを逃れる」 apparently「一見，どうやら～で」 without input「脳内の情報がなくても」

● 第2段

● out of tune with ～「～に合わない」→この tune は「一致，調和」という意味。

● act in a manner we would find alien in our waking lives「私たちが起きているときの生活の中ではなじみがないと思うやり方で行動する」→manner の直後に関係代名詞が省略されている。文構造は，we would find a manner alien「私たちはあるやり方をなじみがないと思うだろう」という文の a manner が先行詞になったもの。alien は「外国人（の），地球外生命体（の）」という意味もあるが，ここでは「異質の，慣れない」という意味。

✔ 語句 their(=dreams') contents and progress「夢の内容と進展」 waking experience「起きているときの経験」 to the best of *one's* knowledge「知っている限り」(= as far as *one* knows)

● 第3段
● 第2文の placing「～を置いて」は分詞構文。
● alternately「(文修飾副詞として)そうでなければ,あるいは」→alternatively の方が普通。

✔ 語句 make a lasting impression「後々まで残る印象を与える」 engage *A* in ～「*A* を～に引き込む」 be accompanied by ～「～を伴う」 intensive「集中的な,強度の」 threatening「恐ろしい」

● 第4段
● integrate their(=dreams')meanings into waking life「夢のもつ意味を起きているときの生活に融合させる」
● be interpreted as ～「～だと解釈される」→第2文中の3つの as は同じ用法の as「～として」で,as 以下の句はいずれも be understood and interpreted を修飾している。

✔ 語句 testimony「証拠,証言」 come to terms with ～「～を受け入れる,～と折り合いがつく」 regarding「～に関して」

(1)「多くの人々は,自分たちが実際に自分の夢の創作者であると想像することを困難に思うのです」
● 「*A* が *B* であると想像する」imagine *A* as *B* / imagine *A* to be *B* / imagine that *A* is *B*
● 「夢の創作者」 第1段第3文の the (only) one who invents the dream をそのまま利用するか,those who invents dreams と修正する。あるいは creator に注目して creators of dreams とするか,〈解答例2〉のように動詞 create を用いて表現する。
● 「～することを困難に思う」think that it is difficult to *do* / think〔find〕it difficult to *do*

(2)「夢の中の奇妙なことについて話すとき,私たちは,起きているときの経験や行動とは異なるそれらの特徴を話題にしているのです」
● 「起きているときの経験」waking experience / experience in waking hours
● 「それらの特徴」→「夢の中の奇妙な出来事の特徴」characteristics〔features〕of the strange events in dreams
● 「～を話題にしている」be on the subject of ～ あるいは「～について話してい

る」と考えて be talking about ～とする。

(3) 「夢の解釈は，意識があるときに必ずしも知ることができない私たち自身のさま
ざまな領域に対する洞察をもたらします」
- 「知ることができない」の目的語は「さまざまな領域」と考えられる。「洞察」の
場合は，「洞察を得る」というのが普通であり，「洞察を知る」とは言わないからだ。
ここで言う「領域」とは「無意識の領域」つまり「識閾下」のことであり，平たく
言えば「潜在意識」とか「深層意識」ということ。主として精神分析学が研究対象
とする領域である。夢についての科学的研究の大家は，オーストリアの精神分析学
者，ジークムント＝フロイトである。
- 「夢の解釈」interpretation of dreams / interpreting〔to interpret〕dreams
- 「意識があるときに～を知る」know ～ when we are conscious / know ～ in our
waking life / know ～ with our conscious minds
- 「～に対する洞察をもたらす」bring insight(s) into ～ / give〔offer / provide〕
insight(s) into〔about〕～ / lead to insight(s) into ～
- 「さまざまな領域」various〔different〕areas〔domains / aspects / fields〕

解答例

---

(1) 〈解答例 1 〉 many people think that it is difficult to imagine themselves as
the creators of their dreams
〈解答例 2 〉 many people find it difficult to imagine that they have really
created their dreams

(2) 〈解答例 1 〉 When we talk about strange events in our dreams, we are
talking mainly about the characteristics of their events that are different
from those of the experience(s) and behavior(s) in our waking lives.
〈解答例 2 〉 When we talk about odd things in our dreams, we are on the
subject of their features that differ from those of our waking experience and
behavior.

(3) 〈解答例 1 〉 Interpretation of dreams gives us insights about various
aspects in our lives that we cannot necessarily know when we are
conscious.
〈解答例 2 〉 Interpreting dreams leads to insights into different fields that we
cannot always be aware of in our waking life.

49 医師の死にかた ★★★

🎓浜松医科大　　　　　　　　　　　　　　　　　　　⏰目標 30 分

全 訳

医師はいかにして死ぬか

❶ 数年前，大いに尊敬を集めている整形外科医にして私の指導者でもあるチャーリーが，胃にしこりを見つけた。診断は膵臓がんであった。彼の担当外科医は最も優秀な医師のひとりで，まさにこのがんのための新しい手術法まで開発していた。その手術法は 5 年生存率を 5 ％から 15 ％へと 3 倍向上させうるが，クオリティ・オブ・ライフ（生活の質）はよくない。

❷ チャーリーはその治療法に関心を示さなかった。彼は家族とともに時間を過ごすことに専心した。彼は化学療法も放射線治療も外科的治療も受けなかった。医療保険制度も彼はあまり使わなかった。数カ月後，彼は自宅で亡くなった。

❸ 医師にももちろん死は訪れる。しかし死にかたはほかの人たちとは異なる。異なっているのは，たいていのアメリカ人と比較してどれだけ多くの治療を受けるかではなく，どれだけ受けないかである。彼らはこれから自分の身に起きることを見てきているし，一般的には望む限りのどんな治療でも受けられる。しかし医師たちは，穏やかに死んでゆくことを選ぶのである。

❹ 彼らは死について十分知っており，みなが最も恐れること，すなわち苦しんで死ぬことと独りで死ぬことをよく理解している。それについて彼らは家族と話をしている。彼らが望むのは，いざ最期が訪れたときに大げさな治療が絶対に行われないようにしておくことである。彼らは現代医学の限界を知っている。医療業界の人間はほぼすべて，「効果の上がらない治療」が行われるのを見てきている。それは最期が迫っている重篤な患者に対して医師が最先端技術の治療を施すケースである。患者は体を切り開かれ，穴をあけて管を通され，機械につながれ，薬漬けにされるのである。

❺ 数え切れないほど何度も，同僚医師が私に対して異口同音に言った。「もし僕がこんなふうになっていたら，僕を死なせると約束してくれ」と。「コード（特別措置）不要」と書いたメダルを下げて自分には心肺蘇生を施さないよう医師に表明している医療スタッフもいるほどである。

❻ どのようにして事態はこうなったのか。医師が自分には決して望まないような治療を行う事態に。簡単な，あるいはそう簡単でもないかもしれない答えはこうである。患者と，医師と，そしてシステムのせいである，と。

❼ 意識をなくした人がいて，救急治療室に入れられたと想像してほしい。医師が家族に――ショックを受け，恐れ，ただただ途方にくれている家族に――「すべて」を行うことを希望するか否かを尋ねれば，家族はイエスと答える。しかし家族はただ「常識的なことすべて」を想定しているにすぎない。彼らは何が常識的なのかも知らないかもしれないし，混乱と悲しみのあまり，医師が自分たちに言うだろうことを，尋ねもしないし聞こえてもいないであろう。医師の側からすれば，「すべて」をやってくれと言われた医師たちは，理にかなっていようがいまいが，それを行うのである。

❽ たいていの人は自宅で穏やかに死を迎えることができるということを医師は理解している。今日では痛みはかつてないほどよくコントロールできる。末期の患者に平安と威厳を与えることを目的とするホスピスケアは，ほとんどの人に，よりよい最期の日々を提供している。研究によれば，ホスピスにいる人は同じ病気で積極的な治療を受ける人よりも往々にして長生きするとのことである。

❾ 数年前，いとこのトムが発作を起こし，それは脳まで転移している肺がんによるものだと判明した。週に3日から5日通院して化学療法を受けるなど，積極的な治療を受ければ，ひょっとしたら彼は4カ月生きるかもしれないということだった。トムは治療を受けることを拒否し，脳の腫れを抑える薬だけを服用した。そして彼は私のところに居を移した。

❿ 私たちはそれからの8カ月間を何十年も経験したことがないほど楽しく過ごした。私たちはディズニーランドに行き，一緒にスポーツを観戦し，お互い一緒にいることを楽しんだ。トムは深刻な痛みもなく，精神的にも調子がよかった。ある日，彼は目覚めなかった。次の3日間昏睡のように眠り続け，そして亡くなった。

⓫ トムが求めたのはクオリティ・オブ・ライフであって，単なるクオンティティ（量）ではなかった。私が最善と信じる死にかたは，威厳を保って死ぬことである。私については，担当医には私の選択をもう伝えてある。私が死にゆくときには無謀な治療は一切受けたくない。穏やかな気持ちで安らかな眠りにつきたい。指導者のチャーリーのように。いとこのトムのように。同僚の医師たちのように。

解説

▶読解英文に，英問英答の設問が与えられたもの。英文の最初に「医師はいかにして死ぬか」というタイトルが与えられている。英文のテーマは，「末期がんなどを宣告された場合，医師ならどういう死にかたを選ぶのか」というもの。

● 設問は2つしかないので，まず設問を確認する。それによって読解の方針が定まる。各設問に該当する箇所を見つけ出しながら読んでいく。問1に関しては本文が利用できるので，該当箇所に関して必要十分に書いていけばよいものと考えられる。問2も，必要に応じて本文中の語句を利用すればよい。

● まずは，各問の意味を確認する。

　問1：「死に関しての決断をする際に，医師が患者と自分の場合で異なる行動をとることがあるのはなぜか」

　問2：「医師が末期患者のために『あらゆること』を施す利点は何か」

● 次に，各段落の要旨を見てみよう。英文には医学に関連した語も多く含まれているので，こちらも見ておこう。

● 第1段：「筆者のよき助言者にして高名な整形外科医のチャーリーが膵臓がんにかかった。彼の担当外科医は優秀な医師であり，膵臓がんの5年生存率を3倍に高める術式をも生み出していた」

- albeit「〜ではあるが」→albeit with a poor quality of life「生活の質は低いものの」

✔️ 語句 ▶ mentor「指導者，助言者，師」 lump「こぶ，しこり，腫瘍」 diagnosis「病気の診断，診察」 surgeon「外科医」 five-year-survival odds「5 年生存率（がんと診断されて 5 年経過後に生存している患者の比率）」 odds は「可能性，見込み，確率」の意。

- 第 2 段：「チャーリーは一切の治療を受けず，数カ月後に自宅で亡くなった」

✔️ 語句 ▶ surgical「外科の」

- 第 3 段：「医師の死にかたは他と異なる。医師は末期と判明しても治療をほとんど受けない。医師はどうなるのかわかっているし，どんな治療も受けることができるのに，静観する選択をする」→問 1 に関連

✔️ 語句 ▶ have access to 〜「〜を利用できる」

- 第 4 段：「医師は，死について，そして治療の現状と限界，外科手術の過酷さについて，よく理解している」→問 1 に関連

- (be) perforated with tubes「管で（体に）穴が開けられ」→栄養摂取や老廃物の代謝，体液の排出などのために，体に穴を開けてチューブを通すこと。

✔️ 語句 ▶ heroic measure「壮大な処置，大胆で失敗を恐れない措置」 medical professional「医療専門家（医師・薬剤師・看護師など）」 futile care「無益な治療」 cutting edge of technology「最先端技術」 bring *A* to bear on *B*「*B* に対処するために *A* を生かす」 grievously ill「重い病の」 get cut open「切り開かれる，切開される」 (be) hooked up to 〜「〜に接続される」 (be) assaulted with drugs「薬で痛めつけられる」

- 第 5 段：「筆者の同僚医師は筆者に，自分が余命いくばくもなくなったときには延命治療をしないでくれと言う」→問 1 に関連

- physician「医師，内科医」→doctor の代わりに使用されることも多い。

- CPR「心肺蘇生法」→cardiopulmonary resuscitation の略。ちなみに「心肺停止」は CPA（cardiopulmonary arrest の略）という。

✔️ 語句 ▶ medical personnel「医療職員」 medallion「メダル型の装飾品など」

- 第 6 段：「自分は望まない治療を医師が施す理由は，患者と医師と組織にある」→問 2 に関連

✔️ 語句 ▶ administer「（治療など）を施す」

- 第 7 段：「医師が患者の家族に『すべて』の治療を望むかどうかを尋ねると，家族はそれを望むが，家族は『すべて』の治療がどのようなものかを理解していないし，尋ねもしない。医師は患者の家族から『すべて』の治療を施すよう言われると，それが妥当なものであろうとなかろうと，その治療を行う」→問 2 に関連

✔️ 語句 ▶ emergency room「（病院の）救急治療室，ER」

- 第8段：「ほとんどの患者が自宅で穏やかに息を引き取るのが可能であることを医師は理解している。痛み止め程度の治療しか受けないホスピスの患者の方が，多くの治療を積極果敢に受ける患者よりしばしば長生きする」
- hospice「ホスピス（治癒不能となったがんやエイズの末期患者の心と身体の苦痛を緩和するケアを，ボランティアを含む医療チームが行う施設）」
- active cures「積極的な治療法」→病気を治したい一心で，多少のリスクは覚悟で，無理してまでも試す，最先端の外科手術や薬，放射線療法などのこと。
- 第9段：「筆者のいとこのトムは肺がんの脳への転移が判明したとき，ほとんどの治療を拒否し，筆者の家に移ってきた」
- ✓**語句** seizure「発作，卒中」 aggressive treatment「強引な治療」 swelling「腫れ，膨張」 move in with ～「～の家に引っ越す」
- 第10段：「トムは8カ月間，大きな痛みもなく充実した日々を送り，ある日，昏睡状態になり，そのまま亡くなった」
- like＋仮定法「まるで～かのように」→as if の代わりに like を用いるのは，アメリカ英語のくだけた用法。
- coma-like「昏睡（coma）のような」→医学的には，「昏睡」と「深い睡眠」はまったく異なり，「昏睡」は意識障害の1つである。
- ✓**語句** high-spirited「元気はつらつとして」
- 第11段：「トムは量よりも質の生活を望んだ。筆者が信じる最高の死は，尊厳のある死である。筆者は派手な治療は望まず，自分の意思で穏やかな死を迎えたいと願っている」→問1に関連
- heroics「失敗を恐れない一か八かの治療法」→heroic を名詞扱いしている。
- ✓**語句** go gentle into good night「穏やかに眠りにつく」

以上を踏まえて，解答を作成していこう。

問1 「医師が死と向かい合ったとき，患者と違う行動をとることがあるのはなぜか」
- 第3段に「医師は末期と判明しても治療をほとんど受けない」とあり，その理由として考えられるのが，第4段に述べられている一連の記述である。「医師は死について，そして治療の現状と限界，外科手術の過酷さについて，よく理解している」というもの。この部分を主に述べればよい。また第5段に「筆者の同僚医師は筆者に，自分が末期患者になったときには延命治療をしないでくれと言う」とあり，これは第3段の記述を補強するものである。第11段も参照のこと。

問2 「医師が末期患者のために『あらゆること』を施す利点は何か」
- 第7段に「医師が患者の家族に，『すべて』の治療を望むかどうかを尋ねると，家族はそれを望む」「医師は患者の家族からすべての治療を施すよう言われると，そ

れが合理的であろうとなかろうと，その治療を行う」とあるところから，「医師があらゆる治療法を施す」大きな理由はどうやら，**「患者の家族からの要請」**にあると言えそうだ。また第6段に「自分は望まない治療を医師が施す理由は，患者と医師と組織にある」とあり，医師自身と医療組織にも理由があることが示唆されている。

● 利点（benefits）については，文中に具体的には述べられていないが，「患者と医師と組織」という言葉をもとに，あらゆる治療を施す利点が何なのかを，それぞれの観点から考察してみよう。

① **患者から見た利点**：最先端の治療を含むあらゆる医療を受けられることで，生存の可能性が高まる。

② **医師から見た利点**：医師としての経験と実績を積み，技術を高めることができる。最先端の手術や治療法を患者に試すことができる。

③ **組織から見た利点**：「患者のためにあらゆる治療をしてくれる」という良い評判が立てば，その病院あるいは医師のもとを訪れる患者が増える。

構文研究

❼ *ll.* 4-7 They may not know <u>what's</u> reasonable, <u>nor</u>, in their confusion and sorrow, <u>will they ask or hear what</u> a physician may be telling them. For their part, <u>doctors told to do "everything"</u> will do <u>it</u>, <u>whether reasonable or not</u>.

彼らは何が常識的なのかも知らないかもしれないし，混乱と悲しみのあまり，医師が自分たちに言うだろうことを，尋ねもしないし聞こえてもいないであろう。医師の側からすれば，「すべて」をやってくれと言われた医師たちは，理にかなっていようがいまいが，それを行うのである。

● what's は what is の短縮形。

● nor … will they ask or hear what … ＝ they will not ask or hear what … either

→nor 以下は「混乱と悲しみの中で，彼らは医師が自分たちに話しているかもしれないことについて質問したり聞き入れたりすることもないだろう」という意味。

● for *one's* part「（他人はいざ知らず）〜としては」

● doctors told to do "everything" ＝doctors who are told to do "everything"

● it＝"everything"

● whether reasonable or not ＝ whether it（＝ "everything"）is reasonable or not「それ（＝あらゆること）が妥当であろうとなかろうと」

解答例

問1　It is because doctors know the limits of modern medicine ; they know that the cutting-edge technology may only cause pain to terminal patients and may be useless. Besides, they also understand that almost anyone can die gently, so they prefer to do that.

問2　There are some benefits. First, patients will have a better chance of survival by getting all types of treatment. Second, doctors can get a lot of experience by treating terminally ill patients, and improve their medical skills. Third, hospitals will also develop a good reputation if they offer the patients "everything" and if the patients appreciate the hospitals.

50 BMI の標準範囲に体重を減らすべきか ★★★★

🎓 札幌医科大　　　　　　　　　　　　　　⏱ 目標 40 分

全 訳

❶　身長 185 センチ，体重 95 キロのタカノユウイチは，日本では人ごみの中で目立つことを自覚している。「小学校 1 年生のころから，僕はいつもクラスで一番大きくて強い子どもでした」と彼は言う。彼はその体の大きさを生かした。小学校ではサッカーのスター選手であり，彼のいたサッカーチームは常に北海道のトップ争いの一角を占めており，ゴールの過半数はタカノによるものだった。高校では彼の興味は野球に向かい，3 年生のときにはチームを日本の名だたる全国高校選手権大会の準決勝に導いた。

❷　20 年以上たった今日も，タカノは優れたアスリートである。彼は一週間に数時間をウェートルームで過ごし，また彼は熱心なランナーでもある。毎年いくつかのレースに参加し，先月は，彼のお気に入りの種目である 10 キロレースで 40 分を切る自己ベスト記録を達成した。

❸　継続的な運動に加えて，タカノは健康的な食事をほぼ守っている。とは言え，この 2 年間は（以前ほどは）食べるものに常に注意していたわけではないと認めているが。「僕はベーコンが本当に大好きなのです」と彼は言う。「ほとんど毎朝，朝食に食べます」 ひょっとするとその結果かもしれないが，彼はここ 2 年間で体重がおよそ 5 キロ増えた。さらに，彼の体脂肪率は 14.5 から 17.0 に上がった。しかし，その値はまだ健康の範囲内である。特に 45 歳になったばかりの男性にしては（彼の年齢の男性の標準とされる数値はおよそ 21 パーセントから 24 パーセントの間である）。

❹　肥満者の割合が世界的にますます高い水準へと上昇し続けている現状では，タカノは一見，健康の見本，すなわち年齢を重ねながらも自分の体には十分気を遣っている人物という評価を得てもよさそうなものだ。それを踏まえると，健康状態を測定するある基準に従うと彼は太りすぎとみなされると知るのは，大きな驚きかもしれない。

❺　タカノの体格指数（BMI），すなわち人間の理想的な体重を決めるのに用いられる，最も一般的な基準によると，タカノは重すぎるということになる。個人の BMI 値は，その人の体重と身長の測定をもとにした計算式で算出される。この計算式は簡単だ。その値は，キログラム単位の体重をメートル単位の身長の 2 乗で割ることで計算される。世界保健機関は，BMI 値を 4 つの主なカテゴリーに分けている。18.5 未満の BMI の人々は低体重とみなされる。18.5 から 24.99 までの値は標準体重とみなされ，25 から 29.99 はおそらく過体重と指摘され，そして 30 以上の BMI の人は肥満とみなされる。タカノの BMI 値は 27.8 なので，彼の体重は不健康と考えられる範囲に入る。日本においては，彼にとってさらに悪い知らせがある。研究によると，日本人男性は白人男性よりも，より低い BMI 値で体重に関係する健康問題を引き起こすリスクが高いかもしれないのだ。おそらくこれが理由で，日本では 25 以上の BMI は単に軽度の過体重ではなく肥満とみなされている。

❻　批評家たちはずっと，BMI は個人の理想体重を決めるにはとてもお粗末な方法であり，タカノのような健康に見える無数の人々を不当にも肥満に分類していると抗議の声を上げて

きた。彼らの主張では，最大の問題は，BMI が体格や体組成（体脂肪や骨と筋肉の割合）の個人差をまったく区別しない点だ。それは個人の身長と体重だけで決められる。彼らはこれを，タカノのような筋肉質の人や，彼のような他の何千人もの人々にとって特に不利だと見ている。この，より有名な例の一つが，アーノルド゠シュワルツェネッガーだ。彼は映画スター（そしてカリフォルニア州知事）になる前はボディビルダーの世界チャンピオンだった。成功の頂点のころ，シュワルツェネッガーの体脂肪率はたいてい 8.5 を下回っていた。しかし，彼の BMI は 30 を大きく超えていた。それは彼を肥満と分類することになるのである。

❼　多くの人々もまた，肥満を BMI 値と関連づけることは危険だと信じている。普通と考えられる範囲をたまたま超えてしまうまったく健康である人々が，許容範囲の BMI とみなされる値に達するために生活様式を大きく変えなければならないという重圧を感じる可能性があるからである。BMI 値を 25 未満にするためだけに，人々が厳しい食事制限を行ったり，負傷してしまうほどにまで運動をしたりすることもまれではない。

❽　では，なぜ BMI は適切な体重を決めるための基準とみなされているのだろうか。一つにはもちろん簡単だからだ。だれでも数秒で自分の BMI 値を計算することができる。さらに，計算が得意でない人のために，代わりに計算してくれるウェブサイトがたくさんある。彼らは自分の身長と体重を入力するだけでよい。加えて，BMI の計算式を使えば，体重だけで計算するよりも，個人の体の「肥満度」をより正確に計算することができる。一部の批判派の主張にもかかわらず，各々の区分内に幅があることで，体のタイプの違いはある程度は考慮されるのだ。たとえば身長が 175 センチの人では，体重が 57 キロから 76 キロの範囲であれば標準体重に分類される。最後に，肥満かどうかを決める方法としては，体脂肪率を測定する方が間違いなくはるかに正確な方法であるが，体脂肪測定のプロセスは BMI の算出よりもかなり難しい（体重だけでなく体脂肪率も測定できるという触れ込みの家庭用体重計は数多く存在するが，それらはたいてい非常に不正確である）。体脂肪率を調べには BMI を計算するよりも時間がかかるし，しばしば熟練した専門家の助けが必要である。また，測定を受ける人は服の一部を脱ぐよう指示されることがあり，それを不快に感じる人もいるだろう。時間とプライバシーの問題のために，多くの人にとって BMI という方法はより好ましいのだ。

❾　いくつかの点で，BMI をめぐる議論は日本において，少なくとも 40 歳以上の人に関しては他国ほど妥当性はないかもしれない。40 歳以上の人が肥満かどうかを決めるための公的な指針は，BMI よりもむしろ，胴回りの測定である。男性の「健康的な」胴回りの最大値は 85 センチだ。一方，女性は 90 センチに近くなる。しかし，ここでもタカノはついていない。彼の胴回りは 89.3 センチなので（「高校時代よりも 2 センチ増えただけです」と彼は言っている），日本ではやはり「肥満」男性なのだ。

解　説

問 1　空欄前後の文脈から，空欄に入る語を推測する（和訳では便宜上，人名はすべてカタカナ表記にした）。

1．「継続的な運動に加えて，タカノはおおむね健康的な食事を守っている。もっとも，この 2 年間は食べるものに関して必ずしも以前ほど（　　　　）ではないが」
● 文法上，空欄には形容詞が入り，空欄前の as は比較級の as であると考えられる。

　比較の対象は省略されているが，おそらく as before「以前ほどは」と考えられる。「おおむね健康的な食事を守っている。もっとも，以前ほど（　　　）ではないが」という文脈に合うように，空欄に適切な語を入れる。

● 主語が he で，be（　　　）about ～の形をとっているので，空欄には形容詞が入ると推測できる。文意が「～について気をつけて〔気遣って／配慮して〕」というようになればいいので，それに該当する形容詞となると，careful か concerned が適切。worried も間違いとは言い切れないが，「食べるものについて不安で」といった意味になるので，やや不適切。

2．「日本では，そのニュースは彼にとってさらに（　　　）である」

● even の解釈と「そのニュース」の内容がポイント。直前の2文に，タカノの BMI 値は 27.8 で「過体重」の範囲にあり，「肥満とまではいかないにしても不健康とみなされる」とある。これが「そのニュース」の内容である。しかし直後の2文に，「日本人男性は白人男性よりも低い BMI 値で健康問題が生じる危険性が高いので，BMI が 25 以上だと過体重ではなく肥満とみなされる」とある。したがって，タカノの BMI の 27.8 は，欧米の基準でも「過体重で不健康」に分類されるのに，日本ではさらに不健康な「肥満」に入る。よって文意から，空欄前の even は比較級を強める際に使用する even だと推測できる。空欄部分の主語はタカノではなく the news であり，the news is unhealthy という表現は不自然なので，unhealthier を入れるのは不適切。そこで「その知らせは彼にとってさらに悪いもので」と考え，bad の比較級の worse を入れる。

> **補注** BMI による肥満の定義は，欧米諸国や WHO の基準と，日本肥満学会の基準とでは5ポイントずれており，WHO 等では 30 以上を肥満としているが，日本肥満学会は 25 以上を肥満としている。overweight は，欧米では「過体重」だが，日本では「軽度の肥満（肥満1度）」に分類される。

3．「肥満を BMI 値と結びつけることは，正常だと考えられている範囲の（　　　）にたまたまいる完全に健康な個人が，許容できる BMI を得るために生活様式を大きく変えなければならないという重圧を感じるかもしれないという点で，危険な場合がある」

● 「許容できる BMI を得るために生活様式を大きく変えなければならない」という記述に注目する。「変えなければならない」理由は，「完全に健康ではあるものの，BMI が，正常だと考えられている範囲外にある〔範囲を超えている〕」からだと考えられるので，空欄には outside か beyond が入る。

問2　まずは与えられた段落の意味を確認する。

● 「肥満率が世界中でますます高い値に上昇し続けている状況において，タカノは一見，健康体の模範として称賛されるべき人物のように見える。つまり，年をとって

も十分な身体管理をしている人物だ。そのような人物なので，健康度を測る尺度によっては，彼が肥満気味だとみなされるということを知ると，かなり驚くかもしれない」が直訳。

● 第1文の <u>With</u> <u>obesity rates worldwide</u> continuously <u>rising</u> は，with *A doing* で「*A* が〜している状態で」という意味の付帯状況を表す。ever higher は「ますます高い，いっそう高い」という意味（ever＋比較級の ever は「いっそう〜，ますます〜」という意味）。a person who takes good physical care of himself even as he ages は直前の a model of good health と同格で，この as は when と同義。age は動詞で，「年をとる」という意味。

✔ **語句** seemingly「外見上は，見たところでは」

● 第2文の As such は直訳すれば「そのようなものとして（＝年をとっても十分な身体管理をしている健康体の模範として）」となるが，ここでは「そのような模範的健康人間なので」といった意味で使用されている。

✔ **語句** come as a surprise「(事) が (人にとって) 驚きで」 fitness「体調の良さ，健康度」

● 全文を読み通して段落の要旨を確認し，与えられた段落がどこに入るのかを見つける。全文の要旨は以下のとおり。

「タカノユウイチは身長185センチで体重は95キロである。日本人としては恵まれた体格であり，小学校や高校時代には，サッカーや野球の優秀な選手であった」

→ A →「タカノは高校時代から20年以上たった今も，長距離レースで優秀な記録を出している」

→ B →「タカノは運動は続けており，食事の影響で2年間で体重が5キロ増え，体脂肪率も14.5から17.0に増えたものの，これは45歳にしては十分健康な数値である」

→ C →「BMIの定義では，18.5未満は低体重，18.5から24.99は正常，25から29.99は過体重（肥満気味），30以上は肥満とされる。タカノのBMIは27.8だが，研究によると，日本人男性はBMIが低くても体重に関する問題が生じやすく，日本ではBMIが25以上だと肥満とみなされる」

→ D →「BMIは，体脂肪や筋肉といった体組成を無視して身長と体重のみで算出されるので，筋肉質の人は体脂肪率が低くても肥満とみなされることがある」

→ E →「BMIを肥満の指標にするのは危険である」

→ F →「肥満かどうかの判断は，体脂肪率を測る方がはるかに正確だが，体脂肪率の測定はさまざまな点でかなり難しい。BMIは体組成を考慮に入れていないものの，簡単に算出でき，肥満度をある程度判断できる適切な基準と言える」

→ G →「日本では，40歳以上の人が肥満かどうかを判断する指針は，BMIよりもむしろ胴回りの測定である」

- ◯ C の前までは，タカノが健康体で優れたスポーツマンであることが述べられている。しかし C の直後の段落では，タカノの BMI は過体重の範囲にあり，日本人男性の基準によると「肥満」とみなされるとある。挿入すべき段落はタカノの BMI に触れており，「タカノは外見上は健康体だが，BMI 上は意外にも過体重である」と述べている。その理由が続いて説明されてしかるべきなので，該当箇所は C ということになる。

なお，本文で使われている表現で覚えておきたいものは，次のとおり。
- ◯第5段
- ◯BMI（Body Mass Index）「体格指数，肥満指数」→「体脂肪率」ではない。本文にあるように，BMI は身長と体重のみで算出される値であり，体脂肪率との相関性が高いので，一般にはこの値で肥満度が測られる。
- ◯〜 squared「〜の2乗」→たとえば four squared なら「4の2乗」。
- ◯fall into 〜「〜に分類される，〜に分けられる」→be classified into〔in〕〜 と同義。
- ◯第6段
- ◯muscular「筋肉の発達した，筋骨たくましい」→muscle「筋肉」の形容詞形。類語の masculine「男らしい，男性的な」と区別する。
- ◯第8段
- ◯formula「公式」→数式で表される定理を意味する。
- ◯bathroom weight scale「体重計」→bath(room) scale とも言う。「ヘルスメーター」は和製英語で，そのまま英語に直しても通じない。
- ◯第9段
- ◯those at age 40 or above「40歳以上の人たち」→40歳が特定の基準となっており，それを超えていることを表す。単に「40歳以上」なら above よりも over を用いるのが普通。
- ✓語句 divide「〜を分割する，〜を割る」 body composition「体の構成，体組成」 classification「分類」 allow for〜「〜の余裕を認める」 arguably「（しばしば最上級・比較級の前で）まず間違いなく」 those being measured「測定されている人物」 relevant「適切な，妥当な」

問3 質問を正確に理解し，本文の趣旨を踏まえて60〜75語で解答を作成する。
設問文の訳：「『正常な』範囲内にあると考えられている BMI に到達しようとするなら，タカノは10キロ近く減量する必要があるだろう。あなたは彼がこれを実行しようと努力すべきだと思いますか？」
- ◯本文の A に続く段落に「タカノは今でも優れたスポーツマンである」ことが述べられており， B に続く段落では，「タカノはおおむね健康的な食生活を送

っている」ことと,「彼の体脂肪率は健康値にある」ことが述べられている。さらに, D に続く段落に,「BMIは体脂肪や筋肉といった体組成を無視しているために筋肉質の人は体脂肪率が低くても肥満とみなされるので, BMIを肥満の指標にするのは危険である」とある。これらを理由に挙げて,「タカノは10キロも減量する必要はない。筋肉質の人がBMIだけをもとに減量するのはかえって危険である」という趣旨の解答を, 文中の語句を利用して作成すればよい。

問4　急な減量を試みる人を扱ったテレビ番組に対する感想を語っている男性たちの会話を完成させる問題。

● 会話文の和訳は以下のとおり。

ジョン　　：最近すごい短時間で大幅減量しようとしている人たちを扱った日本のテレビ番組をいくつか見たんだ。昨夜も, 2カ月で30キロ以上減量した人を紹介した番組があったよ。

フランク：僕はその種の番組は実は好きじゃないな。実際のところ, そういう番組は危険だと思うよ。なぜって, ＿＿＿＿＿＿＿＿＿＿＿＿＿＿＿＿＿＿。

ユキヒロ：僕はそうは思わないな。こういった番組は大切だと思うよ。特に今はね。なぜなら, ＿＿＿＿＿＿＿＿＿＿＿＿＿＿＿＿＿＿＿。

● フランクは番組に対して否定的であり, ユキヒロは肯定的である。約20〜30語という指定語数で述べられる理由はせいぜい2つまでであろう。

● 考えられる理由

〈フランクの場合〉

短期間での減量を扱った番組は, 減量の程度を視聴者に伝えるのが主目的であり, 健康面での配慮に欠けている可能性がある。その結果, 視聴者が不健康な誤った食生活を送ることになりかねない。／体重を減らせば健康になれるという誤った考えを視聴者に植えつける。

〈ユキヒロの場合〉

昨今, 肥満に伴う生活習慣病（lifestyle diseases / lifestyle related diseases）が増えており, 医療費（medical costs / medical spending）の増大の原因になっている。そのような番組は事態を改善するきっかけを作りうる。／そのような番組を見ることで人々は健康や肥満に対して関心をもち, 人々がより健康になれば医療費が削減される。

解答例

問 1　1．careful（concerned）　2．worse　3．outside（beyond）

問 2　C

問 3　I don't believe Takano should lose as much as 10 kilograms, because he is a good athlete, and follows a healthy diet mostly. Also, his body fat percentage is considered healthy for a middle-aged man. Though his BMI is 27.8, which is considered overweight, BMI is not a reliable index to judge whether one is healthy, especially for muscular people. It is rather dangerous for him to lose weight based solely on BMI. (73 語)

問 4　Frank :

〈解答例 1 〉the main purpose of those TV programs is to show the viewers how to lose a significant amount of weight, and they often fail to consider whether it is healthy（30 語）

〈解答例 2 〉those TV programs provide the viewers wrong information about health and diet, and as a result, they may decide to take up an inappropriate diet（25 語）

〈解答例 3 〉those programs can make the viewers mistakenly think that they can be healthy only if they lose weight, but losing weight quickly may damage their health（26 語）

Yukihiro :

〈解答例 1 〉these days an increasing number of people have lifestyle diseases associated with obesity, and medical costs are increasing. Those programs will help solve the problem of medical costs（28 語）

〈解答例 2 〉by watching those programs, people will get interested in their health, and think about whether they are normal or overweight. If more people become healthier, medical spending will decrease（29 語）

赤本メディカルシリーズ
Akahon Medical Series

〔国公立大〕 医学部の英語

3訂版

別冊問題編

矢印の方向に引くと
本体から取り外せます

➡

ゆっくり丁寧に取り外しましょう

教学社

·· CONTENTS ··

Part 1 >>> 長文読解編

Part 2 >>> 英作文編

★	やや易	★★	国公立大学二次試験の標準難度
★★★	やや難	★★★★	超難問

Part 1

長文読解編

Chapter 1 ≫ 身体・病気と健康

1 ★★

🎓 滋賀医科大　　　　　　　　　　　　　　　　　　⏱ 目標20分

次の英文を読んで，下の設問に日本語で答えよ。(*印の語には注がある。)

　The first big shock to influence human disease patterns was our ancestors' descent from the trees to the ground, about five million years ago. Perhaps this happened when Africa became drier, and savannas* replaced forests. This descent brought changes in our ancestors' diet, lifestyle, and burden of disease.

　As a species with our feet now firmly on the ground, we tend to think of territory horizontally. However, every environment has significantly different vertical zones. In a forest, certain species of mammals, birds, and insects require the sunlight and food in the leafy treetop layer ; others need the shade, moisture, and food on the ground ; several intermediate zones may exist between earth and treetops. Moving its usual location only a few meters can radically alter a species' prey, predators*, and germs.

　Today, for example, we often see diseases invade new vertical zones. In Central and South America, mosquitoes infect treetop monkeys with the yellow fever* virus. The disease remains isolated in the top forest layer because monkeys and mosquitoes there rarely travel lower. The commercial demand for tropical timber has sent loggers into the forests, and when they cut down a tree, clouds of mosquitoes come to earth with it. The mosquitoes then feed on the warm-blooded animals nearest at hand, the loggers, and transmit the virus. On returning home to cities, the infected workers set off urban epidemics of yellow fever.

　After our ancestors' descent to the ground exposed them to new diseases, the change in their diet from plant protein to include meat, as they became hunters, brought about another change in disease burden over the next tens or hundreds of thousands of years. In each new ecosystem, travelling hunters met new prey, new vectors (disease carriers), and new parasites*. The result was ferocious attacks of zoonoses, animal infections that can be transmitted to humans. Being new to people, the germs often caused far worse symptoms than those in their usual hosts. Therefore, any deadly human infection should be suspected of being recently acquired by our species.

From Man and Microbes: Disease and Plagues in History and Modern Times by Arno Karlen, Tarcher

注　savanna：サバンナ　　　　predator：捕食動物
　　yellow fever：黄熱病　　　　parasite：寄生虫・寄生生物

問1　森林の "vertical zones" は，種の生態にどのような影響を及ぼしているか。

問2　黄熱病の流行は，どのようにして都市地域に起こったと述べられているか，簡潔に説明せよ。

問3　文中で "zoonoses" とは何か説明せよ。

問4　人類の歴史の中で，病気の伝染の仕方に変化をもたらした最も重要なできごとは何か。

次の英文を読んで，設問に答えなさい。

Everybody wants to eat delicious and safe food. However, exposure to different cultures reveals how people's attitudes towards food safety and taste are not all innate or biological. Assumptions and practices regarding the preparation and presentation of food highlight the influence of culture on what and how people eat. (1)For example, in one culture, some kinds of fresh ingredients might be considered edible (　a　), that is, without any kind of preparation like washing, peeling or heating. Yet in another culture, the same foodstuff may require some kind of preparation before it can be eaten.

It is often difficult for people from the same culture to view such activities and beliefs objectively, and so witnessing the food practices of other cultures can be surprising. *Sashimi* is a great example of this. While *sashimi* may be the result of several steps of preparation — from cleaning and cutting, to a particular style of presentation — heating is not one of these steps. (2)Japanese consumers take it for granted that the quality of *sashimi* is directly related to the fact that it is raw. By contrast, in other cultures, the conventional belief may be that meat and fish require some sort of cooking, such as baking or frying, (3)in order (　b　) them to be considered edible. In these cultures, *sashimi* is not thought of as raw, delicious and safe to eat, but rather as uncooked, and therefore possibly unsafe to eat, regardless of how it may taste. Fresh chicken eggs are another raw foodstuff commonly eaten in Japan — as a topping for rice, or as a dipping sauce for *sukiyaki*, for example — but most people in the UK or the USA believe that chicken eggs require some kind of heating before they are fit for human consumption.

However, the ways in which people from other cultural backgrounds eat certain foods might be considered equally unconventional by many Japanese. For example, few Japanese would eat the skin of apples or grapes. In this case, the difference involved in the preparation of the food is not the use of heat, but the removal of part of the foodstuff. People in much of the world eat apples and grapes without peeling them. A European might think, (4)'What could be more healthy and delicious than picking an apple from the tree and eating it?' But this way of thinking is not shared by a large number of Japanese.

It is clear that different cultures have different conventions regarding the preparation of particular foods, and different beliefs about what is considered delicious. However, there is no question that some common food preparation practices — or sometimes a lack of certain food preparation processes — are unsafe from a scientific point of view. However delicious they may be, raw meat and fish can contain the eggs of harmful parasites like tapeworms, which are often undetectable. If chicken eggs are not properly stored, and are left unconsumed for a long time, they can easily produce bacteria like salmonella. The poisoning caused by salmonella does not usually require hospitalization, but it can be very dangerous for young children and elderly people. In addition, while eating the skin of apples and grapes may be a good source of dietary fiber, one also runs the risk of consuming insecticides, the poisons that are used to protect many non-organically farmed fruits from insects. So, while there may be 'no accounting for taste' beyond culture, safety is a different issue, and (5) we should always be aware of the risks involved with culturally accepted methods of food production and consumption.

問1　下線部(1)で，空欄（　a　）に入る最も適切な語句を，(A)～(D)から選び，記号で答えなさい。

(A)　as is clear

(B)　as is fresh

(C)　as they are

(D)　as unclean

問2　下線部(2)を日本語に訳しなさい。

問3　下線部(3)の空欄（　b　）に入る語（1語）を書きなさい。

問4　下線部(4)を日本語に訳しなさい。

問5　下線部(5)の理由として最も適切なものを，(A)～(D)から選び，記号で答えなさい。

(A)　Eating raw chicken eggs or unpeeled fruits can be dangerous in certain conditions because of harmful bacteria or pesticides.

(B)　Eating unpeeled apples or grapes may cause weight gain.

⒞ Only young children and elderly people are vulnerable to particular bacteria.

⒟ Beliefs about what is considered delicious actually come from better understanding of food preparation.

問6 本文の内容と一致するものを，⒜〜⒢から３つ選び，記号で答えなさい。

⒜ By food preparation processes, the author exclusively means the use of heat.

⒝ Culturally established ways of consuming food may conflict with scientific principles of food safety.

⒞ In some food cultures outside Japan, fish in its raw state is not categorized as an edible foodstuff.

⒟ People having little contact with other cultures tend to view their own food-related conventions as natural and standard.

⒠ Repeated exercise is required for the mastery of any food preparation.

⒡ Instinct alone determines what and how people eat.

⒢ All cultures around the world consider it natural to eat unpeeled fruit.

3

★★

次の英文を読んで下の質問に答えなさい。問 1 は数字で, それ以外は日本語で解答
すること。

In the summer of 1982, a group of ten middle-aged, over-weight, and
diabetic* Aborigines* living in settlements near the town of Derby, Western
Australia, agreed to participate in an experiment to see if temporarily
reversing the process of westernization they had undergone might also reverse
their health problems. Since leaving the bush some years before, all ten had
developed type 2 diabetes*; they also showed signs of insulin* resistance when
the body's cells lose their sensitivity to insulin and elevated levels of
triglycerides* in the blood — a risk factor for heart disease. "Metabolic
syndrome," or "syndrome X," is the medical term for the complex of health
problems these Aborigines had developed: Large amounts of refined
carbohydrates* in the diet combined with a sedentary* lifestyle had disordered
the complicated system by which the insulin hormone* regulates the
metabolism of carbohydrates and fats in the body. Metabolic syndrome has
been associated not only with the development of type 2 diabetes, but also with
obesity, high blood pressure, heart disease, and possibly certain cancers. Some
researchers believe that metabolic syndrome may (　1　) many of the
"diseases of civilization" that typically follow a native population's adoption of a
Western lifestyle and the nutrition transition that typically involves.

The ten Aborigines returned to their traditional homeland, an isolated
region of northwest Australia more than a day's drive by off-road vehicle from
the nearest town. From the moment they left civilization, the men and women
in the group had no access to store food or beverages; the idea was for them
(　2　). Kerin O'Dea, the nutrition* researcher who designed the experiment,
accompanied the group to monitor and record its dietary intake* and keep
careful eyes on the members' health.

The Aborigines divided their seven-week stay in the bush between a
coastal and an inland location. While on the coast, their diet consisted mainly of
seafood, supplemented by birds, kangaroo, and the fatty larvae* of a local

insect. Hoping to find more plant foods, the group moved inland after two weeks, settling at a riverside location. Here, in addition to freshwater fish and shellfish*, the diet expanded to include turtle, crocodile, birds, kangaroo, figs, and bush honey. The contrast between this hunter-gatherer fare* and their previous diet was clear : O'Dea reports that prior to the experiment "the main dietary components in the urban setting were flour, sugar, rice, carbonated drinks*, alcoholic beverages, powdered milk, cheap fatty meat, potatoes, onions, and variable contributions of other fresh fruits and vegetables" — the local version of the Western diet.

After seven weeks in the bush, O'Dea drew blood from the Aborigines and found distinct improvements in virtually every measure of their health. All had lost weight and seen their blood pressure drop. Their triglyceride levels had fallen into the normal range. The proportion of omega-3 fatty acids* in their tissues had increased dramatically. "In summary," O'Dea concluded, " (1) all of the metabolic abnormalities of type 2 diabetes were either greatly improved or completely normalized in a group of diabetic Aborigines by a relatively short reversion to traditional hunter-gatherer lifestyle."

O'Dea does not report what happened next, whether the Aborigines elected to remain in the bush or return to civilization, but (　3　) that if they did return to their Western lifestyles, their health problems returned too. We have known for a century now that there is a complex of so-called Western diseases — including obesity, diabetes, heart disease, high blood pressure, and a specific set of diet-related cancers — that begin almost invariably to appear soon after a people abandons its traditional diet and way of life. What we did not know before O'Dea took her Aborigines back to the bush was that some of the most harmful effects of the Western diet could be so quickly reversed. (2) It appears that, at least to an extent, we can rewind the tape of the nutrition transition and undo some of its damage. The implications for our own health are potentially significant.

　　　— From Michael Pollan, *In Defense of Food* (2008), Penguin Press, 一部改変.

注　diabetic　糖尿病の
　　Aborigines　アボリジニー（オーストラリアの先住民）
　　type 2 diabetes　2型糖尿病　　　insulin　インシュリン
　　triglycerides　トリグリセリド　　refined carbohydrates　精製炭水化物
　　sedentary　座りがちな　　　　　hormone　ホルモン

nutrition 栄養	dietary intake 食事摂取
larvae 幼虫	shellfish 甲殻類
fare 食べ物	carbonated drinks 炭酸飲料
omega-3 fatty acids オメガ3脂肪酸	

問1　空所（　1　），（　2　），（　3　）のそれぞれに入る適切な語句を1）～4）から1つずつ選び，数字で答えなさい。

(1)　1）　be opposed to

　　　2）　be equal to

　　　3）　be aware of

　　　4）　be at the root of

(2)　1）　to earn foods strictly at local stores or restaurants

　　　2）　to rely exclusively on foods they hunted and gathered themselves

　　　3）　to collect foods primarily from their neighborhoods prior to their departure

　　　4）　to receive healthy foods under the guidance from medical experts

(3)　1）　it's safe to assume

　　　2）　it's smart to give up the idea

　　　3）　it's too early to decide

　　　4）　it's obvious to confirm

問2　本文中におけるアボリジニーの集団を対象とする実験の目的を述べなさい。

問3　メタボリック症候群は，どのような疾病と結び付いているのか述べなさい。

問4　下線部(1)を和訳しなさい。

問5　奥地での生活の後，被験者のアボリジニーに生じた身体的変化を4点挙げなさい。

問6　下線部(2)について，筆者がそのように述べる理由を説明しなさい。

次の英文を読み，下の設問に答えなさい。（後ろに星印［＊］がついている語（句）には英文の後に注がある。）

What if at age forty-six you were burned beyond recognition in a terrible motorcycle* accident, and then four years later were paralyzed* from the waist down in an airplane crash? Then, can you imagine yourself becoming a millionaire, a respected public speaker, a happy newlywed and a successful business person? Can you see yourself going white-water rafting*? Skydiving? Running for political office?

W. Mitchell has done all these things and more *after* (1)two horrible accidents left his face a quilt of multicolored skin grafts*, his hands fingerless and his legs thin and motionless in a wheelchair.

The sixteen surgeries Mitchell endured after the motorcycle accident burned more than 65 percent of his body, left him unable to pick up a fork, dial a telephone or go to the bathroom without help. But Mitchell, a former Marine, never believed he was defeated. "I am in charge of my own spaceship," he said. "It's my up, my down. I could choose to see this situation as a setback* or a starting point." Six months later he was piloting a plane again.

Mitchell bought himself a Victorian home in Colorado, some real estate, a plane and a bar. Later he teamed up with two friends and cofounded* a wood-burning stove company that grew to be Vermont's second largest private employer.

Then four years after the motorcycle accident, the plane Mitchell was piloting crashed back onto the runway* during takeoff, crushing Mitchell's twelve thoracic* vertebrae* and permanently paralyzing him from the waist down. "(2)I wondered what the hell was happening to me. What did I do to deserve this?"

Undaunted*, Mitchell worked day and night to regain as much independence as possible. He was elected mayor of Crested Butte, Colorado, to save the town from mineral mining that would ruin its beauty and environment. Mitchell later ran for Congress, turning his odd appearance into an asset* with slogans such as, " (3) Not just another pretty face."

　　Despite his initially shocking looks and physical challenges, Mitchell began white-water rafting, he fell in love and married, earned a master's degree in public administration and continued flying, environmental activism and public speaking.

　　Mitchell's unshakable Positive Mental Attitude has earned him appearances on the *Today Show* and *Good Morning America* as well as feature articles in *Parade, Time, The New York Times* and other publications.

　　" (4) Before I was paralyzed, there were ten thousand things I could do," Mitchell says. "Now there are nine thousand. I can either dwell on* the one thousand I lost or focus on the nine thousand I have left. I tell people that I have had two big bumps* in my life. If I have chosen not to use them as an excuse to quit, then maybe some of the experiences you are having which are pulling you back can be put into a new perspective. (5) You can step back, take a wider view and have a chance to say, 'Maybe that isn't such a big deal after all.'"

　　Remember : "It's not what happens to you, it's what you do about it."

　　(Adapted from Jack Canfield and Mark Victor Hansen, *Chicken Soup for the Soul*, Backlist, LLC)

　注　motorcycle　オートバイ
　　　paralyze　麻痺させる
　　　white-water rafting　急流下り
　　　graft　移植片
　　　setback　つまずき
　　　cofound　共同設立する
　　　runway　滑走路
　　　thoracic　胸部の
　　　vertebrae　脊椎骨（複数形）
　　　undaunted　くじけない
　　　asset　強み
　　　dwell on …　…について思い悩む
　　　bump　打撃

問1　下線部(1)の「2度の恐ろしい事故」とは，具体的にはどういう事故で，それら によって Mitchell はどのような状態になってしまったのか。2度の事故それぞれ

について，日本語で説明しなさい。

問2　下線部(2)を日本語に訳しなさい。

問3　下線部(3)のスローガンは，どのようなことを訴えようとしているのか。日本語で説明しなさい。

問4　下線部(4)で Mitchell はどのような見方をするのがよいと言いたいのか。下線部(4)に即して日本語で説明しなさい。

問5　下線部(5)を日本語に訳しなさい。

Chapter 2 》 医学・医療と医療倫理

5 ★

🎓 浜松医科大 　　　　　　　　　　　　　　 ⏰ 目標 20 分

以下の文章の（ (1) ）〜（ (15) ）には下の選択肢から最適と思われる語句を選んで記号で答え，（ ① ）〜（ ⑤ ）には前置詞を書き込みなさい。

Today's Drug Culture

Sometimes when you take a common drug, you may have a side effect. That is, the drug may cause some effect other than its （ (1) ） one. When these side effects occur, they are called adverse reactions. Whenever you have an adverse reaction, you should （ (2) ） taking the drug right away. Ask your （ (3) ） whether he can suggest a drug that will （ (4) ） the symptoms but that will not cause the adverse reaction. If an adverse reaction （ ① ） a drug is serious, （ (5) ） your doctor for advice at once.

Drugs that are safe in the dosage stated on the label may be very dangerous in （ (6) ） doses. For example, aspirin is （ (7) ） thought of as dangerous, but there are many reports of accidental poisoning of young children who take too many aspirin, as well as the possible （ (8) ） of *Reyes syndrome in children （ ② ） the flu. In adults, excessive use of some （ (9) ） drugs may cause severe kidney damage. Some drugs for relief of stomach upsets, when taken （ (10) ）, can cause an upset （ ③ ） the body's secretion of enzymes, perhaps causing serious digestive problems. You should never use any over-the-counter drug on a regular, continued （ (11) ）, or in large quantities, except （ ④ ） your doctor's advice. You （ (12) ） be suffering from a serious illness that needs a doctor's care.

Each drug you take （ (13) ） acts on the body but may also alter the effect of any other drugs you are taking. Sometimes this can cause dangerous or even （ (14) ） reactions. For example, aspirin increases the blood-thinning effect of drugs given to patients with heart disease. Therefore, a patient who has been taking such a drug may risk hemorrhage if he or she uses aspirin

(⑤) a headache. Before using several drugs (⒂) you should ask your doctor and follow his advice. Your pharmacist can tell you whether certain drugs can safely be taken together.

From Timed Readings : Book 6 by Edward Spargo, Jamestown Publishers

注 *Reyes syndrome　ライ症候群

＜選択肢＞

ア	in excess	イ	together	ウ	relieve
エ	large	オ	fatal	カ	basis
キ	seldom	ク	stop	ケ	consult
コ	could	サ	pharmacist	シ	painkilling
ス	development	セ	intended	ソ	not only

6

★ ★

次の英文を読み，設問に答えなさい。

There are few things more distinctive about a person than their hair. It is one of the very first features we ask for in any description of a new baby, a stranger or a wanted criminal. Dark or blonde, wavy or straight, thick or balding: (1)all these different possibilities add immediately to the picture we build up in our minds of someone we have never met.

Hair type is a highly visible distinguishing feature by which we tell individuals apart, but by far the greatest inherited differences between us are invisible and remain hidden unless something brings them to our attention. The first of these inherited differences to be revealed were the blood groups. You cannot tell just by looking at someone which blood group he or she belongs to. You can't even tell by simply looking at a drop of their blood. All blood looks pretty much the same. (2)It is only when you begin to mix blood from two people that the differences begin to make themselves apparent; and, since no one had any reason to mix one person's blood with another until blood transfusions were invented, our blood groups stayed hidden.

The first blood transfusions were recorded in Italy in 1628, but so many people died from the severe reactions that the practice was banned there, as well as in France and England. Though there were some experimental transfusions using lamb's blood, notably by the English physician Richard Lower in the 1660s, the results were no better and the idea was given up for a couple of centuries. Transfusions with human blood started up again in the middle of the nineteenth century to combat the frequently fatal *hemorrhages that occurred after childbirth, and by 1875 there had been 347 recorded transfusions. But many patients were still suffering the sometimes fatal consequences of a bad reaction to the transfused blood.

By that time, scientists were beginning to discover the differences in blood type that were causing the problem. The nature of the reaction of one blood type with another was discovered by the French physiologist Leonard Lalois when, in 1875, he mixed the blood of animals of different species. He noticed that the blood cells *clumped together and frequently burst open. But it was not until 1900 that the biologist Karl Landsteiner worked out what was happening and discovered the first human blood group system, which divides people into Groups A, B, AB and O. When a donor's blood group matches that of the patient receiving the transfusion, there is no bad reaction ; but if there is a mismatch, the cells form clumps and break open, causing a severe reaction. There is some historical evidence that the Incas of South America had practiced transfusions successfully. (3)<u>Since we now know that most native South Americans have the same blood group (Group O), the Inca transfusions would have been much less dangerous than attempts in Europe</u>, because there was an excellent chance that both donor and patient would belong to Group O and thus be perfectly matched.

From The seven daughters of Eve by Bryan Sykes, Bantam Books

注 *hemorrhages：出血   *clumped＜clump：凝集する

問1　下線部(1)を日本語に訳しなさい。

問2　下線部(2)を日本語に訳しなさい。

問3　下線部(3)を日本語に訳しなさい。

問4　Richard Lower は，いつ，どのような実験を行い，その結果はどうであったか，日本語で簡潔に答えなさい。

問5　Karl Landsteiner は，いつ，どのような発見をしたか，日本語で簡潔に答えなさい。

7

★★

⏰目標30分

次の英文を読み，それに続く設問に答えよ。（アステリスク〔*〕を付した語は脚注あり。）

Many years ago I took a stroll around the block with the mother of a friend. As we walked she made sudden noises, like shots from a gun. But when I listened carefully, it seemed that the sounds were isolated bits of words, as though her conversation were a tape, most of which had been erased. Perhaps the sounds were the remaining pieces of her personality, which had been taken into some dark place by a then little-known ailment called Alzheimer's disease.

This may have been the sort of life Janet Adkins feared when she lay in her car and pressed the button that released *lethal drugs into her body. Mrs. Adkins's doctor believed she had years to go before her self disappeared into the swamp of Alzheimer's. But anyone who has ever encountered the disease knows its dilemma; by the time you might want to die, you're too far gone to do anything about it. Mrs. Adkins, a former English teacher, looked into the future and committed suicide.

If she had done so alone, her story would be a small one. But she went to Jack Kevorkian, (1)a euthanasia entrepreneur who constructed a suicide machine at home. Mrs. Adkins used it to go quietly into that good night. And Dr. Kevorkian was charged with first-degree murder.

This is the sort of case *prosecutors characterize as (2)"sending a message," as though we were naughty school children waiting to throw rocks through the windows of the law. Mrs. Adkins could have accomplished what she sought with a handgun or a tall building. But she went to Dr. Kevorkian because she wanted a gentle death, the kind we offer even for some of those we execute.

There is (3)a message in this case, but it is not the one prosecutors send. It illustrates how desperate we have become to retain a small amount of control in the face not only of horrible illnesses but of medical treatments that lengthen the process of dying. There are probably few Americans who, like Mrs. Adkins, want to end their lives while they are still undamaged by illness.

And only one country, the Netherlands, permits physician-assisted suicide. But there are thousands of people who find that after the drug treatments and the surgeries and the progression of disease, they have become a mere shell of their former selves, keeping their lives but losing their dignity.

Once a friend told me that her mother, who was suffering from ovarian cancer, had a wonderful physician. He was kind and considerate and explained all procedures thoroughly. But she confessed what was his great virtue : "He told me how many of my mother's *painkillers constituted a lethal *dose."

There are doctors like that, who go quietly about the business of *tempering science with mercy. A pneumonia goes untreated ; a new course of drugs is not tried. The American Hospital Association says 70 percent of the deaths that occur in this country include some negotiated agreement not to use life-prolonging technology.

The case of Nancy Cruzan may end soon, although her parents believe her life ended years ago. The State of Missouri, after fighting all the way to the Supreme Court, has withdrawn its opposition to having the thirty-two-year-old woman's feeding tube removed. The cases of Nancy Cruzan, who has been in a vegetative state for seven years, and Janet Adkins, who discussed her planned suicide with her family, are worlds apart. And yet both the Cruzan family and Mrs. Adkins yearned for the same thing : a sense of (X).

₍₄₎Hard cases make bad law, my lawyer says, and this is one. Dr. Kevorkian, an assisted-suicide *zealot who has been a guest on *Donahue, played an important role in Mrs. Adkins' decision to end her life. But hard cases sometimes illuminate hard issues. ₍₅₎The medical profession must continue to find ways to balance its capabilities and their human costs. The people must demand laws that allow them to participate in that balancing, laws that embody the facts of their lives.

From Thinking Out Loud by Anna Quindlen, Random House

注　*lethal : deadly
　　*prosecutor : a lawyer who represents the person or organization that is bringing a criminal charge against someone
　　*painkiller : a drug to relieve pain
　　*dose : a measured amount of a medicine
　　*temper : to make something difficult or unpleasant more acceptable or pleasant

*zealot：someone who has extremely strong beliefs
*_Donahue_：a TV talk show hosted by Phil Donahue

問1　下線部(1)の 'a euthanasia entrepreneur' とほぼ同義で用いられている語句を，本文最後の4パラグラフ（段落）内に見つけ，それを解答欄に記せ。

問2　下線部(2)の 'sending a message' とはどのような行為か。日本語で説明せよ。

問3　下線部(3)の 'a message' の内容を日本語で説明せよ。

問4　下線部(4)の意味を日本語で説明せよ。

問5　下線部(5)の意味を，100字程度の日本語で説明せよ。

問6　（　X　）に入るべき語として最も適当なものを次のうちから選び，符号で答えよ。

　イ：control　　　　　　　ロ：decision　　　　　　ハ：mercy
　ニ：respect　　　　　　　ホ：sin

次の英文を読んで下記の設問に答えなさい。

　　None of the physicians in attendance at the April 20, 1894, meeting of the Clinical Society of Maryland doubted that ①the medical paper about to be presented would be the highlight of the day. In fact, some in the auditorium had traveled long distances to Baltimore just to hear it, and they paid attention to little else until the name of the speaker, William Stewart Halsted, was announced. Although the hospital he worked in had been established only six years earlier, it was already recognized as having excellent possibilities for reforming the American system of medical education. Johns Hopkins Medical School, with which the hospital was associated, was even newer, having opened less than a year before that day. The school had already shown the promise of accomplishing its announced mission, which was to revolutionize the teaching of young physicians by introducing them to a scientific approach to healing that was virtually absent anywhere else in the US. ②Of all the talented and enthusiastic young faculty members who had been recruited to the Johns Hopkins Medical School and its hospital, none was more the object of professional and personal curiosity than Halsted. The forty-two-year-old surgeon seemed to many an odd, withdrawn figure.

　　As he stood there, obviously ill at ease and yet at the same time detached, ③his gloomy expression suggested that he would much prefer the company of his microscope or operating table to that of the assembled doctors. For this surgeon resented any distraction from his single-minded crusade to apply the principles of laboratory science to the undisciplined and still immature American specialty of surgery. To Halsted, it was important to understand not only the complex processes of disease but also the body's methods of healing itself when aided by the efforts of a scientifically based surgery.

　　The word had gone out that the paper to be read by the Hopkins professor that morning would present the results of a new operation he was proposing, one that held the promise of providing successful treatment for breast cancer, a disease against whose damages physicians had been impotent throughout the course of medical history. This cancer killed, and in a particularly devastating way, almost every woman who fell victim to it. In most cases, an untreated malignant lump in the breast would slowly continue to enlarge until it burst open onto the skin surface and proceeded to eat away at the surrounding tissue. ④Most patients died only after years of enduring the presence of an expanding ulcer where the breast had been, painfully eroding its way through the underlying muscle of the chest wall and in time even the ribs beneath, all the while giving off the smell of foul fluid that oozed constantly from its ever-widening circumference. Most experienced physicians had never seen a woman live as long as five years after the initial discovery of a cancerous mass. Usually, the interval between diagnosis and death was less than half that period.

From A Very Wide and Deep Dissection, The New York Review of Books on September 20, 2001 by Sherwin B. Nuland

注 Clinical Society of Maryland　メリーランド州臨床学会
auditorium　講堂
Baltimore　ボルチモア（アメリカ，メリーランド州にある都市）
Johns Hopkins Medical School　ジョンズ・ホプキンズ大学医学部
faculty member(s)　教員
malignant　悪性の
ulcer　潰瘍
ooze　にじみ出る
circumference　周辺部
cancerous　癌の

問1　下線部①は何に関する研究発表と予想されていたか。20字以内（句読点を含む）の日本語で簡潔に書きなさい。

問2　下線部②を和訳しなさい。

問3　下線部③を和訳しなさい。

問4　下線部④を和訳しなさい。

次の文章を読んで，下の問いに答えなさい。

More and more companies from fields other than medical services are entering the market for genetic testing, which makes it possible for people to easily find out the risks of their developing certain types of diseases such as cancer and diabetes.

It is necessary for people to correctly understand the nature of genetic testing available, including its accuracy, before they decide to undergo the tests.

Recent entrants into the market include Internet firms like Yahoo! and DeNA. The number of companies offering genetic testing services more than doubled from 340 in 2009 to around 740 in 2012. Many more companies are planning to enter the business because genetic testing services are not a medical activity and does not require a license.

The companies, which are providing what is considered to be an information service, entrust the job of actual examination of genes to testing institutes.

Still, commercialization of the services carries some problems. The selling point of commercial genetic testing is that by sending a mouth swab sample to a testing institute, one can know his or her risks of developing various diseases. The biggest issue is the accuracy of such tests.

A genetic testing venture 23andMe, in which Google has invested, has started offering the Personal Genome Service to "provide health reports on 254 diseases and conditions" for slightly less than $100. But the U.S. Food and Drug Administration in November 2013 ordered the company to halt the sales of its saliva collection kit due to concerns over the accuracy of its genetic examinations.

People need to be aware that the results of genetic testing only have a high degree of correlation with the risks for certain diseases. (7)遺伝子に加えて，食事，喫煙，飲酒，ストレス，睡眠不足，運動不足といった後天的要素が，癌を含むいくつかの病気の原因である。

Users of genetic testing services should know that the discovery in genetic examinations of the presence of irregularities that raise the risk of developing certain diseases does not necessarily mean they will develop them.

So, it is not wise to rely solely on genetic testing. The results of testing may cause some people to be unduly pessimistic about their future. The providers of genetic testing services must be careful when explaining test results to people.

The providers also should handle data on individual examinees' genes with utmost care because they are personal information. Leakage of such data must be prevented at any cost. There are moves among testing institutes to use data from genetic testing for research purposes. There must be no lapses in the management of data.

The government needs to quickly set down rules to ensure the reliability of commercial genetic testing. At the very least, providers of such services should be required to make clear to users the purpose and limits of tests, their possible disadvantages and the scientific grounds of their clinical usefulness, as well as company policy on handling personal information including genetic data acquired from the test and the relevant information on testing institutes.

（出典　*The Japan Times* より）

July 11, 2014

注　genetic：relating to genes or heredity.

entrant：a person that enters or takes part in something.

entrust：to make somebody responsible for doing something.

commercialization（*n.*）＜commercialize（*v.*）：to use something to try to make a profit, especially in a way that other people do not approve of.

swab：a piece of soft material used by a doctor, nurse etc. for taking a sample for testing.

saliva：the liquid that is produced in the mouth.

unduly：excessively, inappropriately.

examinee：a person who is being tested or who is taking an exam.

utmost：greatest, most extreme.

leakage：the spreading of secret information.

lapse：a small mistake caused by forgetting something or by being careless.

問1　遺伝子検査の最大の利点と最大の問題点を本文に即して日本語でそれぞれ1つずつ挙げなさい。

問2　遺伝子検査を提供する業者が留意すべき事を本文に即して日本語で3点挙げなさい。

問3　下線部(ア)を英訳しなさい。

10

★★★

🎓大分大　　　　　　　　　　　　　　　⏱目標20分

次の英文を読み，以下の設問に答えなさい。

　A forty-seven-year-old woman, the mother of twins, visits me because of abdominal pain that began two days ago. When examined, 【 (1) 】. This situation is unusual and potentially severe, not only because an obstructed intestine can burst, with catastrophic results, but also because the possible causes of obstruction include some very serious conditions.

　We rush her to the hospital's emergency room. A CT scan confirms that the intestine is obstructed by a mass in the colon ― this makes cancer all the more likely. She goes to surgery that same night. The surgeon's findings: intestinal obstruction due to a mass, which proves to be not cancer but ― endometriosis. This benign condition occurs when tissue ordinarily lining the inner surface of the uterus becomes implanted elsewhere in the pelvis. Though the 〔(2) will / must / major / surgery / patient / she / be / , / undergo〕 fine.

　What was the doctor feeling, while all this was happening? My first emotion was concern for her ― someone I liked was in danger. My second was worry that I had overlooked something in the past, and I reviewed her records to see if this were so (it seemed not). My third was also worry: would the system work properly (it was late Friday afternoon), would she 【 (3) 】 help me? My fourth emotion was fear: was this cancer, would she recover?

　My fifth emotion was *happiness*, when I learned that she was all right. I gleefully told the story to some students of mine who happened to be at the nurses' station. I called my wife to share the news. I remain happy as I write these lines.

　What 〔(4) of emotions / as noteworthy / a crucial / that my / distinction / encodes / is / strikes / sequence / me〕 between medicine and science. Medicine *wants* something. Specifically, medicine wants the patient to do well, to have a good outcome. Science, at least in principle, wants nothing and is indifferent to outcome. Galileo should not be happy or sad if the heavier 【 (5) 】, or vice versa; he cares about observing closely, and interpreting the facts. But the doctor wills something, wills good for others; and this goodwill, this benevolence, is our profession's deepest core and truest guide.

From Becoming a Doctor: From Student to Specialist, Doctor-Writers Share Their Experiences by Lee Gutkind, W.W.Norton & Company Inc.

注 abdominal：腹部の
　　benevolence：慈善
　　benign：良性の
　　catastrophic：悲惨な，最悪の
　　colon：結腸
　　CT（computed tomography）scan：CT スキャン（コンピュータ断層撮影）
　　encode：暗号（記号）化する，圧縮する
　　endometriosis：子宮内膜症
　　gleefully：上機嫌で
　　implant：埋め込む
　　intestinal：腸の
　　large intestine：大腸
　　noteworthy：注目に値する
　　pelvis：骨盤
　　tissue：組織
　　uterus：子宮

問1　下のa～cの〔　　　〕内の語（句）を正しく並べ替え,本文中の【 (1) 】・
　【 (3) 】・【 (5) 】の適切な場所に入れなさい。（a，b，cの記号は書かず，
　並び替えた英文を書くこと。）
　　a．〔lighter / falls / the / than / faster / ball / ball〕
　　b．〔to / an obstruction / large intestine / she / her / have / of / appears〕
　　c．〔care from / I / the doctors / get / appropriate / to / needed〕

問2　(2)・(4)の〔　　　〕内の下線部の語（句）を正しく並べ替えなさい。

次の文章を読み，問いに答えよ。

There is no question more fundamental to us than our mortality. We die and we know it. It is a terrifying, unchangeable truth, one of the few absolute truths we can count on. Other noteworthy absolute truths tend to be mathematical, such as $2+2=4$. Nothing horrified the French philosopher and mathematician Blaise Pascal more than "the silence of infinitely open spaces," the nothingness that surrounds the end of time and our ignorance of it.

For death is the end of time, the end of experience. Even if you are religious and believe in an afterlife, things certainly are different then : either you exist in a timeless Paradise (or Hell) or as some [1]reincarnate soul. If you are not religious, death is the end of consciousness. And with consciousness goes the end of tasting a good meal, reading a good book, watching a beautiful sunset, having sex, loving someone. Pretty depressing in either case.

We exist only as long as people remember us. I think of my great-grandparents in nineteenth-century Ukraine. Who were they? No writings, no photos, nothing. Just their genes remain, watered down, in our current generation.

What to do? We spread our genes, write books and essays, prove [2]theorems, compose poems and symphonies, and paint — anything to create some sort of performance. Can modern science do better? Can we think about a future in which we will be able to control mortality? I am doubtless being far too optimistic in considering this a possibility, but the temptation to speculate is too great.

Let's say I'll live to the age of a hundred and one ; in that case, I still have half my life ahead of me. I can think of two ways in which mortality might be tamed : one at the cellular level and the other through an integration of the body with genetics, the cognitive sciences, and [3]cybertechnology. I'm sure there are others. But first, let me make clear that, at least according to current science, mortality can never be completely reversed. Speculation aside, modern physics forbids time travel to the past. Unfortunately, we can't just jump into a time machine to relive our youth over and over again. (Sounds a bit horrifying, actually.) (1)Causality is an unforgiving mistress. Also, unless you are a vampire (and there have been times when I wished I were one) and thus beyond the laws of physics, you can't really escape the second law of [4]thermodynamics: even an open system like the human body, able to interact with its environment and absorb nutrients and energy from it, will slowly deteriorate. In time, we burn too much oxygen. We live, and we get weakened. Herein lies life's cruel compromise: we need to eat to stay alive, but by eating we slowly kill ourselves. At the cellular level, the [5]mitochondria are the little engines that convert food into energy. Starving cells live longer. Apparently, proteins from the [6]sirtuin family contribute to this process, interfering with normal [7]apoptosis, the cellular self-destruction program.

Could the right dose of sirtuin, or something else, significantly slow down aging in humans? Maybe in a few decades. Genetic action may also interfere with the usual mitochondrial [8]respiration: reduced expression of the [9]mclk 1 gene has been shown to slow down aging in mice. Something similar happens in [10]*Caenorhabditis elegans* worms. These results suggest that the same molecular mechanism for aging occurs throughout the animal kingdom.

We can speculate that by, say, 2040 (2)a combination of these two mechanisms will allow scientists to unlock the secrets of cellular aging. It's the average life span that could possibly be increased to a hundred and twenty-five years or even longer, a significant jump from the current U. S. average of seventy-seven years or so. Of course, this would create a terrible stress on, among other things, our Social Security system — but perhaps retirement age by then would be around a hundred.

A second possibility is probably much less likely to become a reality within my next fifty or so years of life. Combine [11]human cloning with a mechanism to store all our memories in a giant database. (3)[12]Inject the clone of a certain age with the corresponding memories. [13]Voilà! Will this clone be you? No one really knows. Certainly, just the clone without the memories won't do. We are what we remember.

To keep on living with the same identity, we must keep on remembering — unless, of course, you don't like yourself and want to forget the past. So, assuming that such a tremendous technological jump is even possible, we could move to a new copy of ourselves when the current one gets old and weakened. Some of my associates are betting such technologies will become available within the century.

Although I'm an optimist by nature, I seriously doubt (4)it. I probably will never know, and my associates won't, either. However, there is no question that controlling death is the ultimate human dream, the one thing that can change everything else. I leave the deeply transforming social and ethical confusion this would cause to another essay. Meanwhile, I take advice from Mary Shelly's [14]*Frankenstein*. Perhaps there are advances we are truly unprepared for.

(Marcelo Gleiser, *Mastering Death*, modified)

From This Will Change Everything by John Brockman, Harper Perennial

注　[1]reincarnate：新しく生まれ変わった

　　[2]theorem：定理

　　[3]cybertechnology：コンピューターやコンピューター・ネットワーク工学

　　[4]thermodynamics：熱力学

　　[5]mitochondria：ミトコンドリア（細胞のエネルギー生産の場）

　　[6]sirtuin：サーチュイン（抗老化遺伝子）

　　[7]apoptosis：アポトーシス（プログラムされた細胞死）

　　[8]respiration：呼吸

　　[9]mclk 1 gene：老化の割合を一定に保つ決定因子

　　[10]*Caenorhabditis elegans*：線虫の一種。多細胞生物として最初に全ゲノム配列が解析された生物

　　[11]human cloning：ヒト・クローンの作製。遺伝的に同一の人間の個体を作製すること

　　[12]inject：注入する

　　[13]Voilà!：フランス語。「ほら，ご覧よ。」

　　[14]*Frankenstein*：フランケンシュタイン博士が死体から作った人造人間にまつわる怪奇小説

問1　著者が下線部(1)で明言していることは何か。日本語で述べよ。（なお，causality は the relationship between cause and effect, mistress は a woman who is in a position of authority or control という意味である。）

問2　下線部(2)にある a combination of these two mechanisms とは何か。日本語で述べよ。

問3　下線部(3)の手順はなぜ必要なのか。その理由を日本語で述べよ。

問4　下線部(4)の it が指示していることは何か。日本語で述べよ。

12 ★★★

次の英文を読んで問いに答えなさい。

Quality improvement in healthcare is a team effort and most effective when it includes people using services and their carers, families, and advocates. These people bring direct expertise in matters of health from their personal experience of illness as well as skills from lives beyond the healthcare system.

Some aspects of healthcare undeniably need to be improved, but the quality deficit needs to be clearly described from every angle. We can do things better or we can do better things, but both usually mean acting differently. Patients, carers, and their advocates are a vital source of different perspectives in healthcare.

The invitation to patients to get involved needs to be both timely and respectful. In a board meeting discussing quality indicators, for example, it is demeaning to refer to the participating parent as "mommy." (1)Looking at someone through this lens blinds us to the other life experiences they may have had in their professional career. We need to respectfully acknowledge all the attributes, qualities, and skills that people bring to the table, whether gained through their patient experiences or other personal or career experiences.

In healthcare improvement we are asking patients to play a range of roles in an invisible script, from telling their story, to being representative of a broader group, to partners in co-production. It's not always clear which of these roles patients are asked to play. Patients can find themselves stuck between two expected roles or trying to find out what is required. In (2)this situation, doing better means improving the relevance and practical impact of every contribution.

The level of patient involvement will differ according to the requirements of projects and the preferences of individuals. At all levels, quality of input trumps quantity. Patients and carers already provide solicited and unsolicited insights into their experiences of services. "Feedback fatigue" can set in if the purpose of further feedback requests isn't clear. New information isn't always better information.

(3) (attention / foundation / is / language / of / paying / quality / the / the / to) for successful dialogue and everyday collaboration. Many patients and carers can describe the pain caused by a single word they encountered while being treated. Especially with new words and labels, it is important that we are respectful toward their owners. For instance, only people with experience of dementia can verify which services are indeed dementia-friendly.

In recent years, we have seen a qualitative expansion of the boundaries of the traditional patient-doctor relationship. Patient advocates are becoming more confident when exchanging knowledge with clinicians and researchers about medical conditions, bringing in their knowledge from outside the medical arena. But (4) we still have some way to go before all clinicians welcome every patient contribution, either during consultations or in discussing service improvements. One example of better healthcare might be that we no longer hear patients, carers, or healthcare professionals say, "I was too afraid to ask or say …"

Beyond these personal encounters, patients also have a key role in organizational change to improve healthcare. The delicate balance of sometimes competing drivers such as speed, volume, integration, and specialization all directly affect people who use health services, so their perspectives need to inform this bigger picture too. Models already exist to involve people, their carers, families, and advocates in all aspects of organizational improvement. The common thread across these is timeliness — involvement early is always better.

Any quality improvement effort can produce unintended collateral damage for patients if the "improvement" is one-dimensional. The flaws of improvement initiatives will be invisible until users miss the refuge of a kitchen with a toaster in a children's ward or the comfort of a biscuit during regular intravenous treatments. (5) Proper collaboration early in the change process can give insight into what these unintended consequences might be and how to avoid them. Collaboration works both ways. With a deeper connection and appreciation of the rationale for decisions and the constraints that we all operate under (organizational, clinical, personal), we can learn together — and that is always better.

For people using services, better healthcare is personal, as we juggle self-managing an illness with the practicalities of daily life. Often, better actually means (6) (a / choosing / least / limited / menu / of / the / worst) of options. To judge what is better from a patient's point of view, we must remember that the starting point is a profoundly disruptive life event. Living through illness gives individuals a unique insight of enormous value to quality improvement efforts. These efforts must recognize the qualitative nature of patient experience and give it equal priority with the experience of healthcare professionals providing clinical services. (7)<u>The two elements fit hand in glove</u>, even if our language and systems don't always reflect it.

（Anya de Iongh and Sibylle Erdmann, "Better healthcare must mean better for patients and carers," BMJ 2018 ; 361 on May 17, 2018 より　一部改変）

注　demeaning　品位を落とす　　　dementia　認知症
　　collateral　付随する
　　intravenous treatments　点滴による治療
　　rationale　理論的根拠　　　　juggle　巧みにこなす

問1　下線部(1)を日本語に直しなさい。

問2　下線部(2)の具体的内容を，本文にそって日本語で説明しなさい。

問3　下線部(3)の（　　　）内の語を意味が通じるように並び替えなさい。ただし，文頭に来る語は，大文字で始めること。

問4　下線部(4)を，本文中の例を用いて，具体的に日本語で説明しなさい。

問5　下線部(5)を日本語に直しなさい。

問6　下線部(6)の（　　　）内の語を意味が通じるように並び替えなさい。

問7　下線部(7)の具体的内容を，本文にそって日本語で説明しなさい。

13

★★★★

富山大   ⏱目標 50 分

次の文章を読み，問いに答えなさい。

　　Should she change the dose of steroids*? Administer a diuretic*? Remove the feeding tube? Dr. Rachel Greenberg makes hundreds of crucial decisions while walking through the dimly lit bays of the neonatal* intensive care unit (NICU) at Duke University Medical Center in Durham, North Carolina. As she checks on the little ones entrusted to her care, some babies become restless in open baby beds beneath mobiles emitting soothing tones; the smallest, weighing less than half a kilogram, sleep in cases of clear plastic. In the corners, computer monitors silently shout messages such as " (A) "

　　Near the end of Greenberg's rounds, the young neonatologist visits one of the newest arrivals, a baby girl with mahogany* skin and thin black hair, recently transferred from a community hospital. She was born 4 weeks too early, and though she's doing better than most in the NICU, (B)a note in her chart concerns Greenberg. Doctors at the community hospital had given the baby antibiotics without testing for an infection. Greenberg wonders whether the drugs were necessary. She had run a blood culture* herself and found no bacteria. Maybe the baby never had an infection. Or maybe she had, and the antibiotics were working. With no way to know, Greenberg continues the medication.

　　Like that baby, the vast majority of the nearly half-million infants born prematurely in the United States are given antibiotics, even without evidence of infection. Many premature infants are kept on the drugs even after blood tests say they are not infected. Yet (C)that practice, once considered the best way to protect a hospital's most vulnerable patients, is now being challenged. " (D) ," says Josef Neu, a neonatologist at the University of Florida in Gainesville.

　　Some studies suggest that even [(E)certain / while / fight / infections / helping], those drugs may encourage others by wiping out an infant's developing gut microbiome* — those trillions of resident microbes with functions as diverse as synthesizing* vitamins and supporting our immune systems*. By disrupting that microbial ecosystem, (F) <u>blanket</u> antibiotic dosing of babies, particularly premature ones, may promote (G) <u>a host</u> of problems later in life, such as asthma* and obesity*. And recent research indicates that long after premature babies leave the NICU, they can hold many antibiotic-resistant microorganisms, potentially endangering not only themselves, but also the wider population.

In all corners of medicine, doctors are waking up to the dangers of antibiotic overuse. But change is coming slowly to the NICU. Another message that pops up on the monitors at Duke is: "[(H)]" Yet many neonatologists hesitate to alter their habits, unable to shake the fear that a baby may die on their watch. "We are working to change our perception … to fight the belief that antibiotics are always the safe thing to do," Greenberg says.

Neu hopes to provide hard evidence with (I) <u>a small clinical trial</u>: A random selection of premature infants who would have been given antibiotics automatically will instead be placed in a nontreatment control group. For 2 years, his team will track their microbiomes and health. Some of Neu's colleagues feel uneasy about withholding antibiotics, but he says answers are needed. "[(J)] This is, I think, one of our biggest questions in neonatal intensive care right now."

Today, babies born as early as 28 weeks routinely survive, as do more than half of those born at 24 weeks although often with significant disabilities. Much of the credit goes to antibiotics, which have prevented infections that a premature infant's immature immune system could not have fought on its own. Those successes spurred a steady increase in routine antibiotic use in the NICU. At last count, three of the top four drugs prescribed in the NICU were antibiotics.

Over time, however, scientists began noticing that antibiotics can increase babies' risk of the very problems the drugs aim to protect against. In a seminal 2009 study in *Pediatrics**, for example, Greenberg's colleague Michael Cotten showed that each additional day of antibiotics significantly increased the odds that a premature infant would develop a serious illness, necrotizing enterocolitis*, or die.

Researchers are still debating when the first microbes colonize us — before or during birth — but Greenberg and many others worry that early use of antibiotics in infants disrupts the establishment of those indispensable residents. The gut microbiome is practically an organ itself, weighing about as much as the liver. It is thought to play a critical role in priming the immune system, and it produces just as many neurotransmitters* as the human brain. Genetic and environmental factors, including antibiotics, shape its makeup early in life. Then, around age 3, a quasi-*stability sets in and we are "stuck with that architecture," says Gautam Dantas, a microbiologist at Washington University in St. Louis, Missouri.

(K)Dantas recently began tracing those dynamics in premature babies, whose microbiomes are just being established. In stool* samples of premature infants from the St. Louis Children's Hospital, he was shocked to discover that every child had been exposed to antibiotics. As a result, none of the samples could serve as controls. Instead, he compared stool samples from premature infants who had been exposed to antibiotics for just a few days to stool from those exposed for a few months. He found that babies on long-term antibiotics had only a 10th of the bacterial diversity of those exposed for just a few days. In addition, their dominant inhabitants were "bad gut pathogens*," he says. "Our speculation is that because of all the high antibiotic pressure, those are the only bugs that can survive, and they probably are coming in from surfaces in the NICU."

Over the past 2 years, (L)Dantas has traced what happened to those impoverished microbiomes after the babies left the hospital. He showed that at first, the premature infants' microbiomes remained restricted. But by 4 to 6 months of age they had become just as diverse as those of full-term babies. Dantas speculates, though, that the premature infants "may never truly catch up" because they lacked a normal microbial complement at times when they reached key developmental milestones.

That legacy might explain a growing number of suggestive links between early use of antibiotics and disorders such as asthma, autoimmune disease*, and obesity. For example, in a retrospective analysis of medical records from 64,580 children, those exposed to antibiotics in their first 24 months were at higher risk of early childhood obesity.

Dantas found another disturbing consequence when he examined the microbiomes of 2-year-olds who had been exposed to antibiotics in the NICU: microbes resistant to every antibiotic he tested. Their guts had basically become a breeding ground for antibiotic-resistant microorganisms. "The picture may not be completely grim, but it's not rosy for sure," he says. "I understand there's a risk of infection, but I just haven't seen compelling data or evidence that showed a clear benefit of those drugs."

From Too many antibiotics can give preemies a lifetime of ill health, Science on April 5, 2018 by Marla Broadfoot, American Association for the Advancement of Science, slightly modified

注 steroids ステロイド製剤（炎症やアレルギーなどの免疫応答を抑える薬の1つ）
diuretic 利尿剤（尿量を増加させる薬の総称）
neonatal 新生児の   mahogany 赤褐色の
blood culture 血液培養   gut microbiome 腸管内微生物相（叢）
synthesizing 合成すること   immune systems 免疫系
asthma ぜんそく   obesity 肥満
Pediatrics 『小児医学』（雑誌名）   necrotizing enterocolitis 壊死性腸炎
neurotransmitters 神経伝達物質   quasi- 準…
stool 便   pathogens 病原体
autoimmune disease 自己免疫疾患

問1　空欄(A)(D)(H)(J)に最もよくあてはまる英文を下から1つずつ選び，その記号を解答欄に書きなさい。

(a) Antibiotics are not always the answer!

(b) What can we do to use these antibiotics more intelligently?

(c) Wash your hands!

(d) We're beginning to recognize that the risk of giving those antibiotics may actually outweigh the benefit

(e) Why did the antibiotics disrupt the immune systems of the selected premature infants?

問2　下線部(B)について，以下の問いに指定された文字数の日本語で答えなさい。ただし読点も字数に数えます。

(a) グリーンバーグ医師が関心を持ったのはどのような事実ですか。30字以上45字以下の文字数で答えなさい。

(b) その事実に基づいてグリーンバーグ医師が抱いているのはどのような懸念ですか。15字以上25字以下の文字数で答えなさい。

〔解答欄〕
(a) [　　　　　　　（45字）　　　　　　　] という事実
(b) [　　　（25字）　　　] という懸念

問3 下線部(C)について，次の問いに答えなさい。

(a) challenged に最も近い意味を持つ語句を下から選び，その番号を解答欄に書きなさい。
 ① disputed
 ② invited to a fight
 ③ ordered
 ④ taken on a trial
 ⑤ inspired
 ⑥ thrown down

(b) that practice の内容を明確にして，下線部(C)を日本語に訳しなさい。

(c) the best way to protect a hospital's most vulnerable patients であることを支持する新生児の現状が，下線部(C)以下の本文に書かれています。これについて次の問いに答えなさい。

 ① 最も適切な英文を探し出し，文頭と文尾の英単語3語をそれぞれ解答欄に書きなさい。
 ② 上記①で探し出した英文を日本語に訳しなさい。

問4 下線部(E)を正しい順序に並び替え，解答欄に書きなさい。

問5 下線部(F)と(G)の語に最もよく当てはまる意味を下から選び，その記号を解答欄に書きなさい。ただし，下の選択肢は(F)，(G)のどちらかに1回しか使えません。

(a) an invitation
(b) a living cell
(c) arranged in layers
(d) heavily dressed
(e) a large number
(f) thorough

問6 下線部(I)について，その内容を65字以上85字以下の日本語で説明しなさい。ただし句読点も字数に数えます。

問7　下線部(K)について，その内容をまとめた下の(a)～(e)の空欄を，指定された文字数の日本語で埋めなさい。ただし，読点も字数に数えます。

- 未熟児で生まれた新生児の便のサンプルを，セント・ルイス小児病院から取り寄せた。
- そのサンプルから，どの新生児も(a)（ 10字以上15字以下 ）ことがわかった。
- その結果，どの新生児の便も(b)（ 10字以上20字以下 ）。
- そこで，(c)（ 25字以上40字以下 ）。
- その結果，(d)（ 40字以上50字以下 ）ことがわかった。
- さらに，(e)（ 20字以上35字以下 ）ことも判明した。

問8　下線部(L)の結果について説明している適切な英文を下から全て選び，解答欄に記号を書きなさい。

(a) There seemed to be a strong link between early use of antibiotics and diseases commonly found among premature babies.

(b) It was found that premature infants' microbiomes became as diverse as those of full-term infants by six months old.

(c) The bad pathogens in premature babies came from the air in the intensive care unit.

(d) For a short time after discharge, there were less diverse microbiomes in premature infants' guts.

(e) A study showed that taking antibiotics after premature infants left the hospital had some influence on them.

(f) Early use of antibiotics surely prevented infections that premature infants' immune systems couldn't fight on their own.

(g) Premature infants' microbiomes had not grown into the expected diversity when they reached crucial periods of development.

(h) It was commonly found that the gut microbiome in premature infants weighed about as much as the liver.

14

★★★★

東京医科歯科大

目標 90 分

次の英文は *European Molecular Biology Organization Reports*, vol. 2, no. 5, 2001 に掲載された記事です。この文章をよく読んで，問 1 から 5 に答えなさい。
＊のついている語句の注は問題のあとに示されています。

The ultimate ethical standard among the medical profession demands that the physician use every means possible to cure the patient's illness — but does this apply in a clinical trial, which is understood to be experimental, not treatment? In a clinical trial, tension exists at the beginning between gaining knowledge that can be used in the longer term to benefit the public health, and the basic right of the patient to receive treatment.

(7)For the scientific profession, the ultimate standard is to produce results that withstand scrutiny. For physicians and researchers, the 'gold standard' in testing new drugs is a placebo-controlled* study in which some of the patients receive no treatment at all. These standards present an ethical dilemma as drug-approval agencies tend to lean toward the need for clear scientific data, which is best gained when a drug is tested against a control, or placebo. Furthermore, it becomes harder to convince patients in First World countries to participate in drug trials when there may be a 30-50% chance of receiving only a sugar pill instead of a helpful medicine.

As a consequence, drug companies are looking increasingly to Third World countries to conduct placebo-controlled trials, and therefore raising much dissent in the medical community, with cries of 'medical imperialism'.

This issue has heated up following the World Medical Association (WMA)* revision in October 2000 of its guidelines, known as the Declaration of Helsinki. First issued in 1964 as the successor to the Nuremberg Code, which was created in response to Nazi doctors' abuses during World War II, the Declaration is generally recognised as a universal foundation of human research ethics, although it does not have the force of law. The new version prohibits the use of placebos when an approved treatment exists, stating that the 'benefits, risks, burdens and effectiveness of a new method should be tested against those of the best current preventive, diagnostic* and therapeutic methods' and that every patient 'should be assured of the best proven diagnostic and therapeutic method.'

The most recent revision was the result of an AIDS drug trial, known as 076, conducted in Thailand and Africa in the mid-1990s, in which pregnant women were given either a placebo or AZT* to determine whether a low-dose treatment could prevent transmission of the disease to (a) their infants. The alternative would have been a non-inferiority trial, in which a drug candidate is tested against an approved medicine; the problem is that such trials may produce results that are more difficult to interpret than placebo-controlled studies.

Due to the accepted ethical standard that one must treat a patient with a life-threatening disease, or not expose her or her offspring to undue risk, trial 076 would have been forbidden in the USA and Europe. But its sponsors, the US Centers for Disease Control and the US National Institutes of Health maintained that it should be permitted in developing countries, since women in these regions generally have no access to anti-HIV medicines. Hence, (b) their thinking was that a 50:50 chance of treatment would be better than no treatment at all, and they argued that the treatment being tested was precisely for use in developing nations where healthcare is minimal. According to an opposing view, 'residents of poor, post-colonial countries must be protected from potential exploitation in research. Otherwise the terrible state of health care in these countries can be used to justify studies that could never pass the ethical standard of the sponsoring country,' maintained Peter Lurie from the Public Citizen Health Research Group.

While the EU and Japan strongly support the revised Declaration, the US Food and Drug Administration (FDA)*, the agency responsible for approving new drugs in the USA, has not yet taken a clear stand. In March 2001, the FDA issued a report in which it stated that 'the FDA has not taken action to include this revision into its regulations.' Furthermore, it notes 'that the action of the World Medical Association did not change FDA regulations.' Paradoxically, the document also states that the FDA 'will accept a foreign clinical study only if the study conforms to the ethical principles contained in the Declaration of Helsinki, here referring to the previous version from 1989, or to laws of the country in which the research is conducted — whichever provides greater protection of human subjects.' In January 2001, the FDA held an internal meeting entitled, 'Use of placebo-controls in life-threatening diseases : Is the developing world the answer?' The subject of the discussion was a placebo-controlled study designed by Discovery Labs, a drug company in Pennsylvania, to be conducted in Latin America, to test a new surfactant* to treat premature infants* with respiratory distress syndrome (RDS)*, a life-threatening condition.

According to Robert Capetola, president of Discovery Labs, previous non-inferiority trials of other drugs had yielded ambiguous results, although they had ultimately been approved, so it was now necessary to test (c) its drug, Surfaxin, against a placebo. 'We had in mind several types of trials and conducted about nine months of discussion with the FDA,' said Capetola. Indeed, FDA documents state that 'a non-inferiority surfactant RDS European trial versus another surfactant is also planned by the sponsor.'

Furthermore, as an incentive for the countries that Discovery was targeting for the placebo-controlled trials, the company proposed to build neonatal* units in areas that lacked them and provide its drug for slightly above the production cost for 10 years, explained Capetola. (d) One such unit has already been built, he added. Capetola believes that the proposed placebo-controlled trial in Latin America was ethical because relatively few infants born with immature lungs are treated in that region. 'Effectively, in these nations, 80–90 % of those needing the drug do not receive any treatment,' he said, adding that representatives from a number of developing countries had asked Discovery to build neonatal units and conduct trials in their countries.

But, it is the regulatory agency that decides whether to accept the results of a placebo-controlled study or to demand a non-inferiority study from the drug's sponsor. And one of the strongest supporters of placebos is Robert Temple, Director of Medical Policy at the FDA's Center for Drug Evaluation and Research. Anticipating the Declaration's coming revision, Temple published a two-part article in September 2000 in the *Annals of Internal Medicine*, laying the groundwork for a scientific defence of placebo use in most trials. Temple — and most scientists — believe that placebo-controlled trials yield the strongest data in drug testing, and, therefore, in all but the most life-threatening situations, (e) such a design is necessary. He said that 'the revised Declaration is too rigid, and does not distinguish between the use of placebos in conditions such as headache, hair loss, allergies, heartburn, or other non-life-threatening conditions that do not place patients who have given their informed consent at a risk of damage or death.' In summary, for the FDA, public health needs in medical research in non-life-threatening situations must receive priority over the individual's right to treatment in a trial, Temple maintains.

In contrast, the World Medical Association holds that the rights of individual patients must always come before the needs of science, and, if not, there is a risk of research abuses like those in the AIDS trials and Nazi Germany, Delon Human, head of the WMA, has said. (4)In other words, ethics and protection of the individual patient must take priority over the needs of science and public health. 'When a clear-cut result is reached in one or more placebo-controlled superiority trials, one ought not to undertake placebo-controlled trials,' Leroy Walters, Director of the Kennedy Institute of Ethics at Georgetown University, said. The next step should be an active control equivalence trial,' he added. Indeed, when the Harvard School of Public Health conducted a randomised equivalence trial of AZT in overseas patients, they reproduced the results of the previous placebo-controlled trial. 'In this case, all patients benefited by being in the study,' Walters said, although he admits that sometimes, some scientific information may be sacrificed in equivalence trials in the name of ethical research.

So, with the FDA's defence of the use of placebos in most circumstances, and the increase of overseas trials conducted by US drug companies, the dispute promises to continue. In June 2001, the new Office for Human Research Protections (OHRP) was created at the US Department of Health and Human Services, replacing the Office for Protection from Research Risks. In January 2001, OHRP's first director, Greg Koski, established a new office to oversee ethical problems caused by conducting trials in developing nations. (5)It may be just a matter of time before the USA decides to uphold the revised Declaration of Helsinki or challenge it.

From Science versus ethics, EMBO Reports Volume 2 Issue 5, 1 May 2001 by Vicki Brower

問1 What do the following words and expressions, which are underlined in the text, refer to? Answer in English.
(a) their
(b) their
(c) its

(d) One such unit

(e) such a design

問2 Decide whether the following statements are true (T) or false (F) and circle the correct answer.

(1) Nazi doctors were punished according to the Declaration of Helsinki.

(2) The revised Declaration of Helsinki is unanimously accepted as the defining document on ethical standards related to drug testing.

(3) The results of the testing of AZT in Africa and Thailand were ambiguous since a non-inferiority trial was used, rather than a placebo-controlled trial.

(4) The US Centers for Disease Control supports studies, such as drug trial 076, where placebos are used in research in Third World Countries.

(5) Robert Temple thinks that the use of placebos is essential to get the most useful data in drug testing research.

問3 Answer the following questions <u>in English</u>.

〔解答欄：各問横 16 cm×3 行〕

(1) Why do some researchers prefer not to use non-inferiority trials?

(2) Why do some drug companies say it is ethical to conduct placebo-controlled trials in Third World countries?

(3) According to Leroy Walters, after a clear result of effectiveness of a drug in a placebo-controlled trial is found, what type of trial should be used in the next experiment, and what is the advantage of that type of trial?

問4 下線部(ア)〜(ウ)を日本語に訳しなさい。

問5 この文章で指摘されている，現代の医療における問題点はどのようなものですか。「医療帝国主義」，「ヘルシンキ宣言」，「アメリカ食品医薬品局」という3つの言葉を必ず使って，600字以内でまとめなさい。

注 AZT：アジドチミジン（azidothymidine）。エイズ治療用に用いられる抗ウイルス薬のひとつ。

diagnostic（*adj.*）＜diagnosis：診断

neonatal：新生児の（生後4週間未満）

placebo：プラセボ。新薬テストの対照剤として用いられる有効成分のない偽薬。

premature infants：未熟児

respiratory distress syndrome（RDS）：呼吸窮迫症候群。新生児，特に未熟児に見られる呼吸障害の総称。

surfactant：界面活性物質

US Food and Drug Administration（FDA）：アメリカ食品医薬品局

World Medical Association（WMA）：世界医師会

Chapter 3 ≫ 脳と精神

15 ★★

🎓 富山大 ⏰ 目標 20 分

Part1

3

次の文章を読み，問いに答えなさい。

(1)It is commonplace among historians of science that the biologists of any age, struggling to understand the workings of living bodies, make comparison with the advanced technology of their time. From clocks in the seventeenth century to dancing statues in the eighteenth, from Victorian heat engines to today's heat-seeking, electronically guided missiles, the engineering novelties of every age have refreshed the biological imagination. If, [(a)], the digital computer promises to overshadow its predecessors, the reason is simple. The computer is not just one machine. It can be swiftly reprogrammed to become any machine you like : calculator, word processor, card index, chess master, musical instrument, guess-your-weight machine, [(b)], I regret to say, astrological soothsayer. It can simulate the weather, lemming population cycles, an ants' nest, satellite docking, or the city of Vancouver.

The brain of any animal has been described as its on-board computer. It does not work in the same way as an electronic computer. It is made from very different components. These are individually much slower, but they work in huge parallel networks so that, by some means still only partly understood, their numbers compensate for their slower speed, and brains can, in certain respects, (2)outperform digital computers. In any case, the differences of detailed working do not (3)disempower the metaphor. The brain is the body's on-board computer, not because of how it works but because of what it does in the life of the animal. The resemblance of role extends to many parts of the animal's economy but, [(c)], the brain simulates the world with the equivalent of virtual reality software.

(Richard Dawkins)

注　predecessor　それより以前のもの　　　soothsayer　占い師
　　lemming　レミング（ネズミの一種）　　economy　身体の営み

問1　下線部(1)を日本語に訳しなさい。

問2　空欄 ［　(a)　］〜［　(c)　］ に最もふさわしい語句を下の(イ)〜(ハ)の選択肢から
　　ひとつずつ選び，解答欄に記号で答えなさい。なお，選択肢では文頭の空欄に対応
　　するものも，小文字で書き始められています。
　　(イ)　even
　　(ロ)　of all these innovations
　　(ハ)　perhaps most spectacularly of all

問3　下線部(2), (3)の単語を言い換えるとしたら，どれがふさわしいか，それぞれ選
　　択肢から一つ選び，解答欄に記号で答えなさい。
　　(2)　outperform
　　　(イ)　do as well as　　　　　　　(ロ)　do as bad as
　　　(ハ)　do better than　　　　　　(ニ)　do worse than
　　(3)　disempower
　　　(イ)　make less powerful　　　　(ロ)　make more powerful
　　　(ハ)　make a little powerful　　(ニ)　make very powerful

問4　以下の(イ)〜(ニ)には，本文の趣旨と異なっているものがあります。異なっている
　　ものの記号を全て解答欄に答えなさい。
　　(イ)　The computer differs from other machines, because it can't be regarded
　　as one machine but a complex set of many machines such as keyboard,
　　monitor, disc drive, processor, and so on.
　　(ロ)　The mystery of our brain is only partially cleared, but we know now
　　that, in contrast to the digital computer, its thinking speed gets slower as
　　the brain becomes bigger.
　　(ハ)　We don't need to worry about our incomplete thinking capacity, because
　　we can network to get necessary information.
　　(ニ)　In spite of a structural difference, it can be said, the computer and our
　　brain carry out the same role, and the brain can often play this role better
　　than the computer.

問5　本文の内容を最も的確に述べている文を本文の中から一つ選び，その最初の三
　　語を解答欄に書きなさい。

16

★★

福島県立医科大   ⏰ 目標 25 分

次の文章を読み，問いに答えよ（＊印の付いた語には注あり）。

In a very real sense, watching a newborn baby grow into a thinking, reasoning adult is one of the wonders of the world. Step by step the baby progresses from an individual with little ability to engage the world into a person capable of understanding complex ideas, planning a complicated social life, reflecting on the meaning of existence, solving problems and a thousand other things. The change from infant to adult is so gradual that we scarcely notice it from day to day. (1)Nevertheless, the transformation is amazing.

Compare children of different ages with one another. Listen carefully to what they say, watch what they do. Of course, every child is an individual, with their own peculiarities and talents. But psychologists have discovered that there are also patterns in how children of different ages behave, patterns which are typical for all children. Most five-year-olds, for example, will have a lot in common with other five-year-olds, just as most ten-year-olds have a lot in common with one another. It is these regular patterns of （　A　） through childhood which concern the developmental psychologist.

Let's look at one little example of how children of different ages think, and the puzzles it raises for psychology : nine-year-old Mary and her four-year-old neighbor, Simon, are playing in Simon's home with his new puppy, Honey. Honey is a *Great Dane, and will one day be a very large dog indeed. Already she stands over 80 centimeters high, although she is only a few months old. She is strong : she can pull both the children around the room on a plastic sled. Mary's mother stops by to take Mary home for tea. With her is Daisy, Mary's dog. Daisy is old and grey. She is a *Chihuahua, a tiny, fragile animal.

Now, both these children have known Daisy all their lives. Both know that Honey is a new puppy. But both become fascinated and confused by the difference in the two dogs' sizes. Simon is particularly puzzled. How can Honey be younger, when she is so much bigger? He becomes convinced that really, Honey must be （　B　） than Daisy. He can't see any other explanation of their sizes. For four-year-old Simon, babies are small and adults are bigger, and that is that. He is simply confused by all efforts to persuade him (2)otherwise.

Mary has a more subtle grasp of the situation. Although she agrees with Simon's general observation about size and age, Mary knows that babies aren't actually defined that way : a baby elephant is always going to be bigger than an elderly mouse. She understands the principle that babies are defined as being the young of the species, rather than by their size, as Simon thinks. But she is still puzzled. We aren't comparing a mouse and an elephant here. Both these animals are dogs. So how can young Honey be so much bigger than old Daisy? To an adult mind, the answer is obvious, but it involves ideas about selective breeding and genetics which are too complicated for Mary to understand. Like Simon, Mary finds the situation puzzling, though her confusion comes from a quite different problem, and is at a different level. Where Simon firmly believes a theory which (C) the facts, Mary is confused by (3)two conflicting theories.

This little domestic episode is not unique. In fact, it provides a classic illustration of the puzzle of how children's minds grow. Each of the two children in my example shows a way of thinking about size, age and species which is very typical of their own age group, and different in kind from one another, and from an adult way of thinking.

So far, no one can fully explain how the human mind develops. Each answer we find opens up new puzzles. (a)Understanding how minds grow is a central part of understanding the very nature of what it is to be human. It's one of the great challenges for psychology, and one of the great intellectual adventures for science as a whole. There are other, more practical reasons for studying how minds grow, too. Not all children develop equally. (b)By understanding normal development, we can better see what has gone wrong for those who fail to develop as they should, and maybe find ways to help them.

From Growing Minds by Stephanie Thornton, Palgrave Macmillan, modified

注　Great Dane：グレートデーン（犬の一品種）
　　Chihuahua：チワワ（犬の一品種）

問1　下線部(1)〜(3)が表す具体的な内容を本文に即して日本語で説明せよ。

問2　（　A　）〜（　C　）の部分に入る最も適切な語をそれぞれ下のア〜エのう

ちから 1 つずつ選び，記号で答えよ。

A ア appearance イ change
　ウ motion エ thought
B ア bigger イ smaller
　ウ older エ younger
C ア contradicts イ fits
　ウ explains エ predicts

問 3 　下線部(a)と(b)を日本語に訳せ。

17

★★

🎓 東京大   ⏰ 目標 15 分

次の英文中で論じられている事例から一般的にどのようなことが言えるか。60〜70字の日本語で記せ。句読点も字数に含める。

Chess masters can exhibit remarkable memory for the location of chess pieces on a board. After just a single five-second exposure to a board from an actual game, international masters in one study remembered the locations of nearly all twenty-five pieces, whereas beginners could remember the locations of only about four pieces. Moreover, it did not matter whether the masters knew that their memory for the board would be tested later; they performed just as well when they glanced at a board with no intention to remember it. But when the masters were shown a board consisting of randomly arranged pieces that did not represent a meaningful game situation, they could remember no more than the beginners.

Experienced actors, too, have extraordinary memory within their field of specialized knowledge; they can remember lengthy scripts with relative ease, and the explanation for this is much the same as in the case of the chess masters. Recent studies have shown that rather than attempting word-by-word memorization, actors analyze scripts for clues to the motivations and goals of their characters, unconsciously relating the words in them to the whole of their knowledge, built up over many years of experience; memorization is a natural by-product of this process of searching for meaning. As one actor put it, "I don't really memorize. There's no effort involved … it just happens. One day early on, I know the lines." An actor's attempt to make sense of a script often involves extended technical analyses of the exact words used by a character, which in turn encourages precise recall of what was said, not just the general sense of it.

From Searching for Memory: the Brain, the Mind, and the Past by Daniel L. Schacter, Basic Books

18

🎓 京都大 　　　　　　　　　　　　　　　　　　　　⏰ 目標 30 分

次の文の下線をほどこした部分(1), (2)を和訳しなさい。

There are various ways of accounting for dreams. Some claim that they are mysterious experiences in which the soul travels out of the body. Others assert that they are the reflections of hidden desires or socially unacceptable urges. Still others are inclined to think that they do not conceal any deep significance.

Some dreams are little more than traces of recent experiences. If, for instance, we spend the day driving across the country, it would not be unusual to dream about driving down a highway. While such dreams are reasonably straightforward, many others appear disconnected and nonsensical. The fact that most dreams have a surrealistic quality — a quality that causes them to be highly resistant to interpretation — has influenced many people to dismiss dreams as altogether meaningless.

According to one scientific theory, here roughly sketched, dreams are the result of the forebrain's attempts to understand the random electrical signals that are generated by the hindbrain during sleep. (1)In normal waking consciousness, the forebrain sorts through various kinds of internal and external sensory data to construct a meaningful view of the world. Faced with a flood of disconnected, random inputs generated by more primitive areas of the brain during sleep, the higher mental centers attempt to impose order on the incoming signals, creating whatever narrative structure dreams have. Many dreams that are just clusters of incoherent images represent incoming groups of signals that the forebrain was simply not able to synthesize.

Not all dreams are, however, utterly senseless. Take, for example, those we have all seen at one time or another in which we are falling, flying, or appearing naked in public. Dreams of this kind most likely have their bases in experiences and anxieties shared by all human beings.

Falling is a good example of a shared dream motif. Psychologists speculate that falling dreams are rooted in our early experiences as toddlers taking our first steps. (2)If this hypothesis is correct, then childhood experiences must have left deep imprints in the brain that are somehow activated in adult life during periods of high anxiety. Some sociobiologists have further speculated that the fear of falling ultimately derives from an inherited instinct or reflex handed down by our prehistoric ancestors, who could fall out of trees during their sleep.

Where all dreams come from is still uncertain, but one can hope for the day when an explanation of their origins is no longer a dream.

— From The Dream Encyclopedia by James R. Lewis, Gale Research

19

★★★

🎓 新潟大　　　　　　　　　　　　　　　　⏰ 目標 30 分

次の英文を読んで，下の問いに日本語で答えなさい。

Over the last 20,000 years, the human brain has shrunk by about the size of a tennis ball. Palaeontologists found (a)this out when they measured the fossilized skulls of our prehistoric ancestors and realized they were larger than the modern brain. This is a remarkable discovery by any standards, since for most of our evolution the human brain has been getting larger. A shrinking brain seems at odds with the assumption that advancing science, education and technologies would lead to larger brains. Our cultural stereotypes of large eggheaded scientists or super-intelligent aliens with bulbous craniums fit with the idea that smart beings have big brains.

Small brains are generally not associated with intelligence in the animal kingdom; this is why being called 'bird-brained' is regarded as an insult (though in fact not all birds have small brains). Animals with large brains are more flexible and better at solving problems. (b)As a species, humans have exceptionally large brains — about seven times larger than should be expected, given the average body size. The finding that the human brain has been getting smaller over our recent evolution runs counter to the generally held view that bigger brains equal more intelligence, and that we are smarter than our prehistoric ancestors. After all, the complexity of modern life suggests that we are becoming more clever to deal with it.

Nobody knows exactly why the human brain has been shrinking, but it does raise some provocative questions about the relationship between the brain, behaviour and intelligence. First, we make lots of (c)unfounded assumptions about the progress of human intelligence. We assume our Stone Age ancestors must have been backward because the technologies they produced seem so primitive by modern standards. But what if raw human intelligence has not changed so much over the past 20,000 years? What if they were just as smart as modern man, only without the benefit of thousands of generations of accumulated knowledge? We should not assume that we are fundamentally more intelligent than an individual born 20,000 years ago. We may have more knowledge and understanding of the world around us, but much of it was garnered from the experiences of others that went before us rather than the fruits of our own effort.

Second, the link between brain size and intelligence is naively simplistic for many reasons. It is not the size that matters but how you use it. There are some individuals who are born with little brain tissue or others with only half a brain as a result of disease and surgery, but they can still think and perform within the normal range of intelligence because what brain tissue they do have left, they use so efficiently. Moreover, it's the internal wiring, not the size, that is critical. Brain volume based on fossil records does not tell you how the internal microstructures are organized or operating. (d)<u>Relying on size is as ridiculous as comparing the original computers of the 1950s that occupied whole rooms with today's miniature smartphones that fit into your pocket but have vastly more computing power.</u>

(Bruce Hood, *The Domesticated Brain*, 2014)

注 palaeontologist　古生物学者
bulbous cranium　球根のような形の頭蓋
garner　獲得する

問1　下線部(a)の具体的な内容を述べなさい。

問2　下線部(b)を和訳しなさい。

問3　下線部(c)について，筆者はどのような具体例を挙げているか。句読点を含め，80字以内で述べなさい。

問4　下線部(d)を和訳しなさい。

20

★★★

千葉大　　　　　　　　　　　　　　　　　　目標 35 分

次の文章を読み，問１から問７の設問に答えなさい。＊が付いている語には本文の後ろに注があります。

Dr. Paul King at Texas Christian University has been an influential scholar in the field of communication studies for 30 years. I spoke to King about his research into "state anxiety in listening performance." Most of us believe that anxiety impacts only the person giving the speech or presentation. Dr. King has discovered that audience members feel anxiety, too.

"We studied research participants — college students — who listened to information knowing that they will be asked questions about it afterward. As time went on, their state anxiety levels just went up and up and up until after they took the test. Then their anxiety level dropped off," King said. According to King, the accumulation* of information results in "cognitive* backlog*," which, like piling on weights, makes the mental load heavier and heavier. "As more and more stuff you need to remember piles on, it creates greater and greater pressure and pretty soon you're going to drop it all."

King says that listening is an exhausting activity because the learner is continually adding material to be retrieved later. This is what he means by "cognitive backlog." Simply put, the longer the task, or the more information that is delivered, the greater the cognitive load. Listening to a five-minute presentation produces a relatively small amount of cognitive backlog; an 18-minute presentation produces a little more, while a 60-minute presentation produces so much backlog that you risk seriously upsetting your audience unless you create a very engaging presentation with "soft breaks" — stories, videos, demonstrations, or other speakers.

King says the majority of current research into memory processing suggests that it's better to study content on two or three occasions for a short period of time rather than do all of it in a single longer session. "What I'm suggesting is that once you make a point, if you just beat the point to death you're not really helping people to process it better and to store the content away in long-term memory."

King applies the results to his graduate class on research methods. If given a choice, most graduate students prefer a single three-hour class to three 50-minute classes. (1)When King taught his class once a week, he found that students returned for the next class having lost most of the information they had learned the prior week. King discovered the "better practice" was to schedule the same content on three separate occasions, such as Monday, Wednesday, and Friday. King said that despite objections, when he made the class compulsory across three shorter sessions his students scored better and exhibited a better ability to remember the complex material.

(2)It takes a large amount of energy to listen and learn. The brain gets tired easily. Remember how exhausted you felt after the first day in a new job or after hours of studying a complicated manual for the first time? It takes energy to process new information.

Learning can be exhausting. The average adult human brain weighs only about three pounds, but it consumes an extraordinary amount of glucose*, oxygen, and blood flow. As new information is taken in, brain activity increases, burning energy and leading to fatigue and exhaustion.

In *Willpower*, author Roy Baumeister explains that we have a limited amount of mental power each day, which becomes used up as our brains consume more energy. He found that completely unrelated activities (resisting chocolate, solving math problems, listening to a presentation) drew on the same source of energy. (3)This helps to explain why we're so tired after using our brains, whether we've been working all morning or simply trying to fight temptation.

The culprit* is glucose, or lack of it. Glucose is a simple sugar manufactured in the body from all kinds of foods, which acts as fuel for the brain. Glucose enters your brain after being converted into chemicals your brain cells use to send signals to one another.

Baumeister talks about a series of experiments designed to measure glucose levels in people before and after doing simple tasks, such as watching a video while words were flashed at the bottom of the screen. "Some people were told to ignore the words; others were free to relax and watch however they wanted. Afterward, glucose levels were measured again, and (4)there was a big difference. Levels remained constant in relaxed viewers but dropped significantly in the people who'd been trying to avoid the words. That seemingly small exercise in self-control was associated with a big drop in the brain's fuel of glucose."

A long, confusing presentation forces your listener's brain to work hard and to consume energy. Your brain cells need ((5) as, as, cells, energy, much, other, twice) in your body. Mental activity rapidly uses up glucose. That's why an 18-minute presentation works so well. It leaves your audience with some brainpower and glucose remaining to think about your presentation, share your ideas, and act on them. (6) Talk for too long and your audience will be unable to concentrate on your content.

出典：Gallo, Carmine. *Talk Like TED : The 9 Public-Speaking Secrets of the World's Top Minds.* St. Martin's Press, 2014. 抜粋の上，一部変更。

注 accumulation：蓄積したもの
cognitive：認知に関する
backlog：未処理の仕事
glucose：ブドウ糖
culprit：犯人（比喩的に）

問1 下線部(1)の問題について，どのような対策が取られたかを説明しなさい。

問2 下線部(2)を和訳しなさい。

問3 下線部(3)が示す内容を日本語で答えなさい。

問4 下線部(4)が具体的にどのようなことであるかを説明しなさい。

問5 下線部(5)の括弧の中の語を文法的に正しい語順に並べ替えなさい。

問6 下線部(6)を和訳しなさい。

問7 次の文章は本文の最初の3段落を書き換えたものです。空欄①〜⑧に入る最も適切な単語を下のa）〜l）から選び解答欄に記号を書きなさい。囲みの中の単語は1回しか使わないこと。

Everyone thinks that only those giving talks feel anxious but, actually, those who are listening also feel this way. This is what has been (①) by Dr. Paul King, a professor in communication studies. Measuring university students for stress as they listened to a talk, King found that the degree of their (②) became greater the longer they had to listen to a lecture if they were aware they would have to do a (③) on material from the lecture afterward.

King describes the stress of listening to more and more and having to try to recall it as "cognitive backlog." As the amount of information that has to be subsequently (④) builds up and up, the pressure on the mind to recall it also builds up to a breaking-point at which none of the information can be remembered. He compares this to carrying a load. You can keep adding a little extra at a time but eventually you can carry no more and you will (⑤) everything you had been holding.

Short presentations of only five minutes create little stress. A (⑥) more is created by longer ones of eighteen minutes, whereas the amount of information constantly added in one of sixty minutes could make the members of the (⑦) very stressed. Because it is so (⑧) for the mind to listen over long periods, King recommends speakers break up long lectures with such activities as watching videos.

a) anxiety	b) audience	c) discovered	d) drop
e) exhausting	f) insisted	g) knowledge	h) little
i) relaxing	j) remember	k) retrieved	l) test

21

★★★

次の空所(1)〜(5)に入れるのに最も適したものを a)〜 h) より選び，マークシートの(1)〜(5)にその記号をマークせよ。ただし，同じ記号を複数回用いてはならない。また，最後の段落の空所（　ア　）に入れるべき単語 1 語を記述解答用紙に記入せよ。

"Decision fatigue" may help explain why ordinary, sensible people get angry at colleagues and families, waste money, and make decisions they would not normally make. No matter how rational you try to be, you can't make decision after decision without paying a biological price. It's different from ordinary physical fatigue — you're low on mental energy, but you're not consciously aware of being tired. And the more choices you make throughout the day, it seems, the harder each one becomes for your brain.

（　1　）Afterward, all the participants were given one of the classic tests of self-control: holding your hand in ice water for as long as you can. The impulse is to pull your hand out, and the deciders gave up much sooner.

（　2　）The researchers interviewed shoppers after shopping and asked them to solve as many arithmetic problems as possible but said they could quit at any time. Sure enough, the shoppers who had already made the most decisions in the stores gave up the quickest on the math problems.

Any decision can be broken down into what is called the Rubicon model of action phases, in honor of the Rubicon river that separated Italy from the Roman province of Gaul. When Caesar reached it in 49 B. C., on his way home after conquering the Gauls, he knew that a general returning to Rome was forbidden to take his army across the river with him, lest it be considered an invasion of Rome. Waiting on the Gaul side of the river, in the "predecisional phase," he contemplated the risks and benefits of starting a civil war. Then he stopped calculating, made his decision, and crossed the Rubicon with his army, reaching the "postdecisional phase."

（　3　）Researchers have shown that crossing the Rubicon is more tiring than anything that happens on either bank — whether sitting on the Gaul side contemplating your options or advancing towards Rome.

Once you're mentally exhausted, you become reluctant to make particularly demanding decisions. This decision fatigue makes you easy prey for sales staff who know how to time their offers. One experiment was conducted at German car dealerships, where customers ordered options for their new vehicles. They had to choose, for instance, among thirteen kinds of wheel rims, twenty-five arrangements of the engine, and fifty-six colors for the interior.

At first, customers would carefully weigh the choices, but as decision fatigue set in, they would start taking whatever was recommended. (　4　) By manipulating the order of the car buyers' choices, the researchers found that the customers would end up settling for different kinds of options, and the average difference totaled more than 1,500 euros per car (about $2,000 at the time). Whether the customers paid a little extra or a lot extra depended on when the choices were offered and how much willpower was left in the customer.

Shopping can be especially tiring for the poor. Some researchers argue that decision fatigue could be a major — and often ignored — factor in trapping people in poverty. Because their financial situation forces them to make so many difficult decisions, they have less willpower to devote to school, work, and other activities that might get them into the middle class. (　5　)

It is also known that when the poor and the rich go shopping, the poor are much more likely to (　ア　) during the shopping trip. This might seem like confirmation of their weak character — after all, they could presumably improve their nutrition by cooking meals at home instead of consuming ready-to-eat snacks which contribute to their higher rate of health problems. But if a trip to the supermarket causes more decision fatigue in the poor than in the rich, by the time they reach the cash register, they'll have less willpower left to resist chocolate bars. Not for nothing are these items called impulse purchases.

© The New York Times

a ）　But why is crossing the Rubicon so risky?

b ）　The whole process can exhaust anyone's willpower, but which phase of the decision-making process is most exhausting?

c ）　For a more realistic test of their theory, the researchers went into that great modern arena of decision-making : the suburban shopping center.

d ）　In other words, because the financially poor have so little willpower, they cannot even decide to blame society for making their life difficult.

e ）　And the more tough choices they encountered early in the process, the quicker they became tired and settled for the path of least resistance by taking a proposed option.

f ）　In one experiment conducted by researchers at Florida State University, shoppers' awareness of their mental exhaustion was confirmed through a simple test of their calculating ability.

g ）　This is significant because study after study has shown that low self-control is associated with low income as well as a large number of other problems, including poor achievement in school, divorce, crime, alcoholism and poor health.

h ）　Researchers at Florida State University conducted an experiment to test this theory. A group of students were asked to make a series of choices. Would they prefer a pen or a candle? A candle or a T-shirt? They were not actually given the chosen items — they just decided which they preferred. Another group, meanwhile — let's call them the nondeciders — spent an equally long period contemplating all these same products without having to make any choices.

Chapter 4 ≫ 心理とコミュニケーション

22 ★★

🎓 高知大　　　　　　　　　　　　　　　　　　　⏰ 目標 25 分

　次の英文はハーバード大学医学部の麻酔学（anesthesiology）教授，Henry Beecher が行った実験について述べたものです。よく読んで問いに答えなさい。

　Henry Beecher was a famous professor of anesthesiology at Harvard Medical School. He was the first to describe so-called battlefield anesthesia※, a situation in which, in combat, soldiers may not even recognize or feel a major wound because of their emotional state. They keep fighting as if nothing has happened to them. Only later, or when someone points it out, does the soldier know that he is wounded. Any parent has seen battlefield anesthesia. When a child falls, she is stunned and motionless, but not in obvious pain. Only when she sees her parent frantically running toward her does she begin to cry.

　In the early 1950s, Beecher continued his research into the phenomenon of the effects of emotion. In one experiment, he divided patients scheduled for removal of their gallbladder※ into two groups. For one group, Beecher paid a short visit on the night prior to surgery. He introduced himself and told the patients that he would see them in the morning. For the other group, Beecher's routine was totally different. He outlined in great detail what would happen to them the next day: At 7:00 a.m. you will be given some medication※ by needle. The purpose of this medication is so and so. Then at 7:30, a hospital attendant will come to your room and take you by stretcher to the preoperative room. There a nurse will start an intravenous drip※. And so on, step by step, until the moment of return to the hospital room. (1)Throughout the explanation, Beecher stopped for questions and made sure that the patient understood what he was saying.

　The results were amazing. The carefully prepared group had fewer problems, a shorter length of stay in the hospital, required less attention following the operation, and consumed less pain medication. In short, this group handled surgery much better emotionally and medically. Their healing was improved. But why?

Mood and emotion are whole-body phenomena that alter the body's physiology※ and chemistry, as well as how that person feels and acts. Surgery is for most people a necessary but uncertain adventure. Uncertainty causes anxiety or fear, which has physiological and psychological consequences. (2)Beecher's careful preparation of his patients apparently lessened the patient's anxiety and thereby positively affected their healing. Patients knew what to expect; there were no surprises. In a lessened state of anxiety, confidence and trust increased, and healing was improved.

Part1

4

From You Are What You Say: A Harvard Doctor's Six-Step Proven Program for Transforming Stress Through the Power of Language by Matthew Budd, M.D. and Larry Rothstein, Crown Publishers, Inc.

注　※ anesthesia＝無感覚
　　※ gallbladder＝胆のう
　　※ medication＝薬物治療
　　※ intravenous drip＝点滴
　　※ physiology＝生理

問1　下線部(1)を日本語になおしなさい。

問2　下線部(2)を日本語になおしなさい。

問3　battlefield anesthesia を日常生活のどのような場面に例えて説明していますか。日本語で述べなさい。

問4　Henry Beecher はどのような実験をし，どのような結果を得ましたか。120字以内の日本語で述べなさい。句読点も1字とみなします。

23

🎓 名古屋大   ⏰ 目標30分

次の英文を読み，設問に答えなさい。

Intelligence may lead to a better paid job and quality of life but, in old age, it has no effect on happiness, new research suggests.

A happy old age is what many people spend their lives preparing for, aiming for financial security and good health in their advanced years. But (1)one thing people need not worry about, it seems, is how intelligent they are. A study of more than 400 pensioners in Scotland reveals that cognitive ability is unrelated to happiness in old age.

The researchers looked at a group of 416 people born in 1921, who underwent intelligence tests at the ages of 11 and 79. At the age of 80, the group was also sent a "satisfaction with life" questionnaire, which had them assess their current level of happiness.

"We found no association between levels of mental ability and reported happiness, which is quite surprising because intelligence is highly valued in our society," says Alan Gow, who carried out the research with colleagues at the University of Edinburgh, UK.

Participants were asked to respond to five statements about their happiness and give a rating on a scale of 1 to 7 according to how strongly they agreed. The statements referred mainly to their current life, but also sought to discover whether, given the chance, they would like to have done anything differently with their lives.

Previous studies have shown that people (2)(as, attributes, desirable, possess, regarded, who) by modern Western society, such as intelligence, money or sporting talent, are rewarded with higher social status, a better paid job and a more comfortable standard of living.

Higher social standing has also been linked to increased happiness. However, Gow and his co-authors suggest that intelligent people may also be more concerned about achievement and more aware of alternative lifestyles, which may lead to dissatisfaction. "Neither childhood IQ nor IQ at age 80 appears to have any bearing on how satisfied you are with how your life has turned out," he adds. "I believe all that is necessary is that you have the ability to carry out your daily tasks."

A spokesperson from the UK charity, Help the Aged, commented, "We have found that older people have a better quality of life, the healthier they are and the more financially independent they are. This supports the suggestion that quality of life in old age is not significantly influenced by intelligence."

He added that other factors, including friendship, also seemed to be important. This is supported by a recent study called the Australian Longitudinal Study of Aging, which found that women had a better quality of life in their older age than men because they had stronger social networks.

From Intelligence is irrelevant to a happy old age, New Scientist on July 15, 2005 by Gaia Vince

Part1

4

注 pensioner　年金生活者
　　cognitive　認知の
　　longitudinal　長期間の

問1　下線部(1)を和訳しなさい。

問2　(2)の括弧内のそれぞれの単語を意味が通るように並べ替えなさい。

問3　高齢期に女性が男性より質の高い生活を送っているのはなぜか。25字以内の日本語で答えなさい。

問4　研究者たちが行なったアンケートはどのような方式で回答するように作られているか。40字以内の日本語で答えなさい。

問5　ガウ（Gow）たちの新しい調査結果によると，知能の高い人々は，実績をあげ生活が豊かになっても，まだ幸福感を得られないでいる。では，ガウは高齢期における幸福の条件として何をあげているか。20字以内の日本語で答えなさい。

24

★★

次の英文を読んで，下の問いに答えなさい。

Americans today choose among more options in more parts of life than has ever been possible before. To an extent, the opportunity to choose enhances our lives. It is only logical to think that if some choice is good, more is better; people who care about having infinite options will benefit from them, and those who do not can always just ignore the 273 versions of cereal they have never tried. Yet recent research strongly suggests that, psychologically, this assumption is wrong. Although some choice is undoubtedly better than none, (1)more is not always better than less.

This evidence is consistent with large-scale social trends. Assessments of well-being by various social scientists reveal that increased choice and increased affluence have, in fact, been accompanied by decreased well-being in the U.S. and most other affluent societies. As the gross domestic product more than doubled in the past 30 years, (2)the proportion of the population describing itself as "very happy" declined by about 5 percent, or by some 14 million people. In addition, more of us than ever are clinically depressed. Of course, no one believes that a single factor explains decreased well-being, but a number of findings indicate that the explosion of choice plays an important role.

Thus, it seems that as society grows wealthier and people become freer to do whatever they want, they get less happy. In an era of ever greater personal autonomy, choice and control, what could account for this degree of misery?

Along with several colleagues, I have recently conducted research that offers insight into why many people end up unhappy rather than pleased when their options expand. We began by making a distinction between "maximizers" (those who always aim to make the best possible choice) and "satisficers" (those who aim for "good enough," whether or not better selections might be out there). We borrowed the term "satisficers" from the late Nobel Prize-winning psychologist and economist Herbert A. Simon of Carnegie Mellon University.

In particular, we composed a set of statements — the Maximization Scale

― to diagnose people's propensity to maximize. Then we had several thousand people rate themselves from 1 to 7 (from "completely disagree" to "completely agree") on such statements as "I never settle for second best." We also evaluated their sense of satisfaction with their decisions.

We did not define a sharp cutoff to separate maximizers from satisficers, but in general, we think of individuals whose average scores are higher than 4 (the scale's midpoint) as maximizers and those whose scores are lower than the midpoint as satisficers. People who score highest on the test ― the greatest maximizers ― engage in more product comparisons than the lowest scorers, both before and after they make purchasing decisions, and they take longer to decide what to buy. When satisficers find an item that meets their standards, they stop looking. But maximizers exert enormous effort reading labels, checking out consumer magazines and trying new products. They also spend more time comparing their purchasing decisions with ₍₃₎those of others.

Naturally, no one can check out every option, but maximizers strive toward ₍₄₎that goal, and so making a decision becomes increasingly daunting as the number of choices rises. Worse, after making a selection, they are nagged by the alternatives they have not had time to investigate. In the end, they are more likely to make better objective choices than satisficers but get less satisfaction from them. When reality requires maximizers to compromise ― to end a search and decide on something ― ₍₅₎apprehension about what might have been takes over.

We found as well that the greatest maximizers are the least happy with the fruits of their efforts. When they compare themselves with others, they get little pleasure from finding out that they did better and substantial dissatisfaction from finding out that they did worse. They are more prone to experiencing regret after a purchase, and ₍₆₎if their acquisition disappoints them, their sense of well-being takes longer to recover. They also tend to brood or ruminate more than satisficers do.

Does it follow that maximizers are less happy in general than satisficers? We tested this by having people fill out a variety of questionnaires known to be reliable indicators of well-being. As might be expected, individuals with high maximization scores experienced less satisfaction with life and were less happy, less optimistic and more depressed than people with low maximization scores. ₍₇₎Indeed, those with extreme maximization ratings had depression scores that placed them in the borderline clinical range.

From The Tyranny of Choice, Scientific American December 2004 by Barry Schwartz

問1　下線部(1)を more と less の内容を明らかにして日本語に訳しなさい。

問2　下線部(2)を日本語に訳しなさい。

問3　下線部(3)の those は，何を指していますか。英語3語で答えなさい。

問4　下線部(4)の that goal は，何を指していますか。その内容を表す英語4語を本文中から抜き出しなさい。

問5　下線部(5)の apprehension about what might have been とは，どのようなことについての心配ですか。同じ文の前の部分で述べられていることを参考にして30字以内の日本語で説明しなさい。

問6　下線部(6)を日本語に訳しなさい。

問7　下線部(7)の indeed は文中でどのようなはたらきをしていますか。次の中から1つ選んで，記号で答えなさい。

(A)　indicating agreement to what has just been said
(B)　introducing a further statement that strengthens the point just made
(C)　emphasizing a particular word

問8　次の(a)～(h)の英文で書かれていることは maximizers と satisficers のどちらに当てはまるか答えなさい。maximizers の場合には M を，satisficers の場合には S を記号として使いなさい。

(a)　Whenever I'm faced with a choice, I try to imagine what all the other possibilities are, even ones that aren't present at the moment.
(b)　I make it a rule to visit no more than two stores when shopping for clothing.
(c)　No matter how satisfied I am with my job, it's only right for me to be on the lookout for better opportunities.

(d) Renting videos is really difficult. I'm always struggling to pick the best one.

(e) I try to focus on the positive parts of the selection I make.

(f) I find it rather easy to shop for a gift for a friend.

(g) I'm a big fan of lists that attempt to rank things (the best movies, the best singers, the best athletes, the best novels, etc.).

(h) "Don't expect too much, and you won't be disappointed" is a commonplace phrase, but I like that advice.

Part1

4

次の英文を読んで問いに答えなさい。

Compliments, or words expressing praise or admiration, are one of the most extraordinary components of social life. (1)If given right, the compliments create so much positive energy that they make things happen almost as if by magic. They ease the atmosphere around two people and kindly dispose people to each other. Of course, there is a way to give them. And, just as important, there is a way to receive them. Everyone needs to know how to do both.

Compliments derive from taking notice of praiseworthy situations and efforts. So they are a mark of awareness and consciousness. We need to cultivate awareness of the good developments that are all around us. Once praiseworthy situations are noticed, the awareness needs to be spoken. In other words, the compliment needs to be put forth into the world in spoken form. We deliver praise. People benefit from being the objects of compliments, but we also benefit from being givers of them. Recipients benefit from knowing that we notice and learning that we value them. (2)So compliments are effective in motivating continued efforts. People try to do more of what brings praise from others.

Compliments are little gifts of love. They are not asked for or demanded. They tell a person they are worthy of notice. They are powerful gifts. But compliments work only if they are sincere reflections of what we think and if they are given freely and not forced. Compliments don't work if they are not genuine. And false flattery is usually highly transparent. (3)A false compliment makes the speaker untrustworthy; it raises suspicions about motives. And that can hurt a whole relationship.

The art of the compliment is not only a powerful social skill; it is one of the most fundamental. You don't need to be an expert to do it well. You just need to be genuine. Compliments are in fact one of the finest tools for acquiring more social skills, because the returns are great and immediate. They escalate the atmosphere of positivity and become social lubricants, helping the flow of conversation. Because compliments make the world a better place, everyone needs to learn how to compliment. For starters, they must be genuine. (4) The more specific they are, the better. "The way you handled that question at the meeting was brilliant. You really brought the discussion back to our plans."

Compliments work best when they are straightforward and not incidental. So you need to clear a little space for a compliment and deliver the praise as a statement. Compliments on appearance are wonderful for making people feel good as they help put people at ease. But they don't work in situations where appearance isn't an issue. Telling a colleague she looks wonderful is always good, except in a formal business meeting.

If compliments are a gift from a donor, their reception is equally a gift — a return gift to the giver. How a compliment is received can invalidate both the giver and the observation that inspired it. There is only one way to receive a compliment — graciously, with a smile. The art of receiving a compliment teaches us an important lesson about life. It tells us that how we feel is highly subjective, known only to us. And it isn't necessarily observable to the world. And often the world is better off without knowing how we personally feel. And so are we (5) because the positive atmosphere created by a compliment, if we appreciate it, can be powerful enough to change our feelings.

(Hara Estroff Marano, "The Art of the Compliment" より 一部改変)

注 social lubricants 社会的潤滑油
  invalidate …を価値のないものにする

問1 下線部(1)を日本語に直しなさい。

問2 下線部(2)を日本語に直しなさい。

問3 下線部(3)はどのような影響を与えるか，本文にそって日本語で説明しなさい。

問4 下線部(4)の具体例を，本文にそって日本語で説明しなさい。

問5 下線部(5)を日本語に直しなさい。

26

🎓 滋賀医科大　　　　　　　　　　　　　　　　　　　　⏰ 目標 50 分

　次の文章を読んで下の設問に答えよ。問 3 に数字で答える以外はすべて日本語で答えること。右肩に ＊ 印のある語には下に注がある。

　If you have ever been on a subway or public bus, you know the rules. Do not make eye contact, stay as far away from other people as the space allows, and never talk to anyone. However, what if the rules are wrong?

　The behavioral scientists Nicholas Epley and Juliana Schroeder approached commuters＊ in a Chicago area train station and asked them to break the rules. In return for a $5 gift card, these commuters agreed to participate in a simple experiment during their train ride. One group was asked to talk to the stranger who sat down next to them on the train that morning. Others were told to follow standard commuter behavior and keep to themselves. By the end of the train ride, commuters who talked to a stranger reported having had a more positive experience than those who did not.

　If the idea of talking to a chance seat-mate makes you uncomfortable, (1) you are not alone. When Dr. Epley and Ms. Schroeder asked other people in the same train station to predict how they would feel after talking to a stranger, the commuters thought their ride would be more pleasant if they sat on their own. Why are what these commuters predict and their actual experiences so different? Most people imagined it would be difficult to start a conversation. They estimated that fewer than half of their fellow commuters would want to talk to them, but in fact, not a single person reported having been rejected, and the conversations were pleasant. According to a 2004 study published in *Science*, commuting is associated with fewer positive emotions than any other common daily activity. By avoiding contact, we are all following a (2) collective assumption that turns out to be false.

　What if the research showed that we would improve our commutes by investing in social capital — interacting＊ with the strangers sitting all around us? The great thing about strangers is that we tend to put on a happy face when we meet one, reserving our displays of irritation for the people we know and love. When one of us, Liz, was in graduate school, she noticed that her boyfriend, Benjamin, felt free to act unpleasantly around her, but if he were forced to interact with a stranger or acquaintance, he would put on a more cheerful face. Then his own pleasant behavior would often improve his mood. One of the advantages of being a scientist who studies human behavior is that when your partner does something you do not like, you can (3) bring dozens of couples into the laboratory and (4) get to the bottom of it. When Liz tested her idea in a laboratory experiment, she discovered that most people showed the " (5) Benjamin Effect."

Many of us assume, however, that our welfare depends on our closest ties, and not on the (6) minor characters in our daily lives. To investigate how valid this assumption was, our student Gillian M. Sandstrom asked people to keep records of their social interactions. She had them count every interaction during the day according to whether it was a " (7) strong tie" or a " (8) weak tie," a strong tie being someone close to them and a weak tie being someone they did not know so well. She found that reserved and outgoing people alike felt happier on days when they had more social interactions.

More surprisingly, interactions with weak ties created relations at least as happy as interactions with strong ties. In a recent study, we recruited people on their way into a busy coffee shop with a $5 gift card. We asked some customers to start a genuine conversation with the staff at the cash register, smiling and having a brief conversation. Others were told to be as efficient as possible: Get in, get out, and then go on with the day. Those who stayed longer to interact left the coffee shop feeling more cheerful. (9) Efficiency, it seems, is valued too highly.

Imagine you are on a large college campus. Even making eye contact to interact with people we walk by can make a difference. Such simple interactions with strangers may ease their sense of separateness; and being acknowledged by others might do the same for us. There should be one consideration, however; another set of studies has shown that people tend to run away from strangers who stare at them too strongly on the street.

Rather than fall back on our mistaken belief in the pleasures of being alone, we could reach out to other people. At least, when we walk down the street, we can refuse to accept a world where people look at one another as though through air. When we talk to strangers, we are likely to gain much more than the " (10) me time" we might lose.

© The New York Times

(出典 http://www.nytimes.com/2014/04/26/opinion/sunday/hello-stranger.html より改変引用。)

注 commuter＝通勤・通学者
　　interact(-ing)＝相互に作用・影響し合う

問1 What percentage of the commuters attempting to start a conversation with other commuters experienced rejection?

問2 What common daily activity is associated with the fewest positive emotions?

問3 Choose the most suitable answer for A—C below :
A. The underlined phrase, "(1)you are not alone," means that
　1. you have friends to talk to.
　2. you are not isolated from others.
　3. you are not the only one who feels that way.
　4. you can contact people by phone.
B. The "(5)Benjamin Effect" concerns people who tend to
　1. behave more pleasantly toward family members than toward acquaintances.
　2. cooperate with experiments in a laboratory.
　3. investigate social capital through experimentation.
　4. act more cheerfully towards strangers than towards people very close to them.
C. (6)Minor characters are people that _____ our lives.
　1. we have stronger connections with in
　2. we have slight connections with in
　3. are main actors in the drama of
　4. we never interact with in

問4 What (2)collective assumption is the author referring to?

問5 下線部(3)の語句 "bring dozens of couples into the laboratory" は，どのような意味なのか本文に沿って説明せよ。

問6 下線部(4)の語句 "get to the bottom of it" は，どのような意味なのか本文に沿って説明せよ。

問7 From the text, give one example of (7)a strong tie, and one of (8)a weak tie.

問8 下線部(9)の語 "Efficiency" は，どのような意味なのか本文に沿って説明せよ。

問9 下線部(10)の語句 "me time" は，どのような意味なのか本文に沿って説明せよ。

問10 Describe a situation from the text in which the author admits that trying to interact with a stranger may be unsuccessful.

次の英文を読んで設問に答えなさい。

Over the course of our species' evolution, the human brain has become highly sensitive to social cues. (1)This sensitivity allows us to distinguish other people's facial expressions and gestures, and to immediately sense, usually accurately, their psychological state. Social cues enable us to figure out what action we might take to help us get what we want while contributing to the good graces of our community. Some writers use the term "social intelligence" to describe this process.

One skill lies at the very center of social intelligence : empathy. Empathy is an active, thoughtful process in which one person fully engages another with the goal of better understanding that person's inner world of thoughts, feelings, and intentions. The process involves developing informed hypotheses about the other's inner world and then improving those educated guesses by compassionately and nonjudgmentally seeking more information. It is partly automatic and unconscious, but also partly a conscious choice. People who are born with good abilities in this area tend to get along well with others. People who are raised in a loving, emotionally caring environment usually become good at it. (2)Sadly, some people don't have either kind of luck. Fortunately though, the parts of the brain that help develop empathy are flexible. That means people can improve in this area if they're willing to make the effort.

A successful empathic experience frequently leads to two people feeling closely connected with each other. They emerge with a clear sense that a bridge has formed between them. This bridge is partly emotional and partly in the realm of thoughts. However, it is only temporary. (3)Empathy is always a work in progress, never a finished product. As you get to know someone, you'll be able to develop increasingly accurate guesses about that person's inner world, but they will always remain educated guesses rather than absolute facts.

A few clarifications of empathy are helpful here. First, note that mimicry (unconscious imitation of another's facial expressions and gestures) does not constitute empathy. And although sympathy (concern for another's pain) is related, it isn't empathy because it doesn't include putting yourself in the other person's shoes. Also, many people think "empathy" refers solely to the ability to tune in to other people's emotions. However, you can't really separate people's emotions from their thoughts and actions. Remember, the word "emotion" literally refers to "motion," and motion implies action. To be truly empathetic, you can't just attend to people's feelings. You must try to understand their way of thinking — their worldview. This requires developing (4)empathetic skills.

For example, you meet your friend for lunch and she immediately begins to cry. Before you say a word, your mind is considering the possibilities: Is she crying because she is happy to see you after a long time? Or has something awful happened that's causing her to be sad? You're guessing about both her feelings (happy, sad) and their cause (a good or bad event).

But, empathy is a process that goes beyond guessing. So you need to give her your total attention and listen without interrupting. You allow yourself to relax in your chair. Finally, you suspend judgment because judging others disconnects you from their inner world. Gradually, your friend tells you that her boyfriend just broke up with her and she feels both sad and angry. (5)This means your original guess was partly correct. Now you understand why she feels the way she does and it is due to a breakup. The development of empathy, with sensitivity and awareness, is a skill that can greatly benefit both oneself and society.

From *Healing the Angry Brain* by Ronald Potter-Efron, New Harbinger Publications

問1　下線部(1)を日本語に直しなさい。

問2　下線部(2)を "either kind of luck" の内容を明らかにして日本語に直しなさい。

問3　下線部(3)の具体的な説明を本文に即して日本語で述べなさい。

問4　下線部(4)の具体的な内容を最終段落の表現を使って英語で答えなさい。

問5　下線部(5)の内容を日本語で述べなさい。

Chapter 5 ≫ 科学と生物学

28

★★

🎓 札幌医科大   ⏰ 目標 40 分

以下の英文を読んで，問 1〜10 の(a)〜(d)のなかからそれぞれ最も適当なものを一つ選び，記号で答えよ。

For 25 years now, Jane Goodall has been studying chimpanzees at Gombe in Tanzania. This has already become a record as the longest project on animals living in the wild. However she intends to carry on her research for the rest of her life, as chimps can live for anything up to 50 years. In this way she hopes to observe the progress of an entire generation of chimps from birth to death.

One surprising discovery of the early years of her research was that chimps used tools. For example they poked small branches into holes in trees in order to extract insects to eat. Before this discovery people had thought that chimps weren't intelligent enough to use tools. Another distinction between chimpanzees and humans had been eliminated.

There are of course, many easily observed similarities. Chimps kiss and cuddle like humans. Furthermore, they are self-aware and can recognize themselves in mirrors, which other animals are unable to do. Strong family relationships are seen to exist and even adolescent chimps run back to mother when they find themselves in trouble! What's more, chimps seem to have some kind of structured system of verbal communication by which they can express a number of abstract concepts.

However, not everything about chimps is so cosy and comfortable. Ten years after she moved to Africa, Jane Goodall was horrified to observe a prolonged war waged by one group of chimps on another "tribe" which had broken away some years earlier. This observation altered her perception of chimps, making them seem, in her eyes, even closer to humans. It had always been thought that humans were the cruellest of animals, and that what made us unique was our habit of making war on one another. The chimps' war showed that this was not the case.

It appears that the usual causes of war, such as disputes over land, a lack of food, or even male control over the opposite sex, were not relevant on this occasion. However, the excitement and enjoyment Goodall witnessed were similar to that shown by humans taking part in war or criminal activity. Even though the younger males were the most aggressive of the group, they were sometimes joined by a single aggressive female. Chimps in the enemy group were hunted individually and unless they managed to escape were killed, without exception, in a cruel, malicious way. After the killing however, the events which took place made it quite distinct from human activity as the victim was often torn limb from limb and then eaten by the victorious monkeys. This behaviour shattered the long time belief that monkeys were both vegetarian and incapable of violence; and indeed this was perhaps the most shocking of Jane Goodall's discoveries, not just for the public at large, but personally as well.

Despite the fact that a lion may kill a zebra for food or a bull may fight to assert its dominance over the herd, this "law of the jungle" must be distinguished from the behaviour of the chimps. It has been claimed that war, seen by many people as a purely destructive force, was in fact a key factor in developing human social organization and the selection of the strongest and most intelligent. Jane Goodall believes that she may have witnessed this in its earliest stage of development.

During the war, some females left the losing side to join with the aggressors in the fighting. Although they were accepted, not one of their babies was allowed to live. This is a common pattern in other animals, and the adoption of infants from alien groups is unknown in other species apart from man. Nevertheless, older chimps may adopt younger brothers or sisters if the mother dies.

This may help us understand why step-fatherhood can be unsuccessful for humans and how difficult it may be to create artificial families. Child-beating is at its most common where stepfathers are concerned. It may be just too difficult for most people to truly accept children that are not their own.

Goodall is currently studying how the early experiences of baby chimps affect them in later life; particularly how a badly mothered chimp will become a bad mother herself. Such research may give us clues about human behaviour and motivation. She writes, "Because chimps are less complex, it is easier to study these effects. The scars of childhood are less apparent where human beings learn how to hide their feelings."

Nowadays, the similarities rather than the differences between humans and chimps, revealed by Goodall's work, are emphasized by people who want to protect them from medical research. In this context A.I.D.S. research is especially controversial, with no apparent middle ground between its supporters and opponents. Goodall herself stated that : "Chimpanzees can help us find out more about human diseases and cures because they can be infected with otherwise uniquely human viruses". She has long been a campaigner against the nonessential use of chimps in medical and scientific research, but has not yet stated her position on their use in A.I.D.S. research. For her "it is not only human beings who are capable of rational thought and emotions like joy and sorrow" and <u>coming to grips with</u> this she hopes will lead to "the solution for many ethical problems about how we use and abuse animals."

注　poke = push or jab with a stick, finger, etc.
　　cuddle = hold lovingly and gently in one's arms
　　cosy = warm and relaxing
　　aggressive = ready or willing to start fights or use violence
　　shatter = damage severely or destroy

問 1　According to the text why does Jane Goodall want to stay in the wild until the end of her life?
　(a)　Because she wants to study a whole life cycle of chimps.
　(b)　Because she feels she hasn't made enough progress.
　(c)　Because she wants to die with the animals she loves.
　(d)　Because she wants to stay a record 50 years.

問 2　According to the text which statement is correct?
　(a)　Humans and chimps both have a sense of humor.
　(b)　Humans and chimps both have family arguments.
　(c)　Humans and chimps both dislike warfare.
　(d)　Humans and chimps both have a "grammatical" language.

問 3　According to the text which statement is correct?

(a) War is an exclusively human activity.

(b) Among the chimps, mature males were the most interested in fighting the war.

(c) Chimps showed mercy to their male enemies.

(d) Some females took part in the war.

問4　According to the text why did the chimps fight?

(a) Over territory.

(b) To win extra females.

(c) For fun.

(d) Because there wasn't enough to eat.

問5　According to the text which statement is correct?

(a) It was known before Jane Goodall's research that chimps sometimes killed and ate their prey.

(b) Not all the aspects of human wars and chimpanzee wars are the same.

(c) Goodall was not surprised to find out that chimps sometimes ate each other, however the public was shocked.

(d) The distinctive thing about war between monkeys is that they kill their enemy.

問6　According to Jane Goodall's research as shown in the text,

(a) society has evolved partly because of war.

(b) chimps will soon catch up with humans.

(c) chimps have much in common with lions and bulls.

(d) mankind will destroy itself through war.

問7　According to the text which statement is correct?

(a) Adoption is unknown among chimps.

(b) Adoption never occurs in nature.

(c) Adoption occurs within chimp families under certain circumstances.

(d) Adopted boys often become child-beaters when they become fathers.

問8　According to the text why is it useful to study chimp behaviour?

(a) We can learn to be better parents.

(b) It can teach us about children's behaviour.

(c) It may help us understand ourselves better.

(d) It may help us understand why some fathers beat their children.

問 9 <u>coming to grips with</u> as used in the text means :

(a) rejecting something.

(b) holding something tight.

(c) sympathizing with something.

(d) understanding something.

問 10 According to the text which statement is incorrect?

(a) Goodall's work showed both differences and similarities between chimps and humans.

(b) Goodall is against using chimps for A.I.D.S. research.

(c) Some people use Goodall's work as evidence to stop the use of chimps in medical research.

(d) Goodall is not against all medical research using chimps.

29

★ ★

大阪大 ⏰ 目標 30 分

次の英文を読んで，以下の設問に答えなさい。

Work on bees illustrates beautifully the time sense of these insects and the application of such a time sense to their amazing ability of direction-finding. Man has long recognized the direction-finding ability of the bee, and, in fact, the term "beeline," meaning a straight line between two points on the earth's surface, was (1)coined in recognition of the fact that a bee returns directly from the source of the food to the hive. The bee's ability to tell time has not been of such common knowledge, although over sixty years ago a Swiss doctor ((i)) the name of Forel made observations on (A)this ability. His observations have been amply confirmed and extended by recent research.

Bees can be trained not only to feed at a particular place at a particular time of day, but they can be trained to feed at two different places at two different times of day or even three different places at three different times of day. If the investigator places a circle of identical feeding trays some distance away from, but completely around a hive of bees, he may then perform the following experiment. Let us say he places food in the tray northwest of the hive at 10 o'clock each morning, in the tray east of the hive at 12 o'clock each day, and in the tray southwest of the hive at 4 o'clock each afternoon. After a few days, ((ii)) making observations without placing any food on any of the trays, he may demonstrate that the bees have been trained to go in the correct direction at the right time of day. (B)The bees come to the experimental tray at the correct time of day, and in such numbers that there can be no question that they are expecting food at the right place and time.

Furthermore, if during the night the entire hive is moved to a new location with new landmarks, the bees still search in the direction and at the time of day to which they had been trained. In addition, if, while the bees are feeding at a tray, one covers the entire tray with its bees and moves the tray to a new position and then uncovers the bees, they will leave the feeding tray and try to find the hive in the direction that would have been expected from the old position. Under these circumstances, the only obvious landmark the bees have for finding direction is the sun. If one covers feeding bees with a black box in the morning and releases them in the afternoon, the bees head directly toward the hive even though the sun has changed position in the meantime. Their time sense has enabled them to ②allow for the change in position of the sun during the intervening dark period. An interesting experiment was performed with a hive of honeybees in which the bees were trained in New York to feed in a given direction. The entire hive with its bees was then transported by jet plane to California. On being released the bees did not head in the same geographical direction because their internal clock was still operating on New York time. It took the bees several days to adjust to the new (　(a)　) time.

The bees' known and fascinating ability to communicate with one another also (　(b)　) the biological clock. When a scout bee locates a group of nectar-laden flowers, it is of obvious advantage to the hive to know about this. Upon returning to the hive the scout goes into a "tail-wagging" dance during which she informs the other bees of the direction and distance of the flowers from the hive. Through observation ports in the hive it has been possible to study and interpret this dance. During the dance the bee indicates the location of the sun in relation to the source of nectar and, even after several days spent without being able to see the sun, the bee will still correctly ③plot the sun's position in its communication of the direction of the last known source of food. While it is clear that bees have an accurate sense of time and navigate to a rich food source using the sun as (　(c)　), it is also true that they may use a prominent landmark to supplement their direction-finding.

From The Voices of Time by J. T. Fraser, University of Massachusetts Press

問1　本文中の下線部①〜③を他の語句で置き換えるとすれば，どれが最も適切か。
　　それぞれ(イ)〜(ニ)からひとつ選び，記号で答えなさい。

① (イ)　changed　　　　　　　　　　(ロ)　created
　 (ハ)　enriched　　　　　　　　　　(ニ)　paid
② (イ)　head for　　　　　　　　　　(ロ)　lose track of
　 (ハ)　permit themselves　　　　　(ニ)　take into account
③ (イ)　avoid　　　　　　　　　　　(ロ)　calculate
　 (ハ)　occupy　　　　　　　　　　(ニ)　search

問2　本文中の空所（　(i)　）と（　(ii)　）を埋めるのに，最も適切な共通の前置詞を答えなさい。

問3　本文中の下線部(A) this ability の意味内容を日本語で簡潔に説明しなさい。

問4　本文中の下線部(B)の意味を日本語で表しなさい。

問5　本文中の空所（　(a)　）〜（　(c)　）を埋めるのに最も適切なものを，それぞれ(イ)〜(ニ)からひとつ選び，記号で答えなさい。

(a)　(イ)　biological　　　　(ロ)　Eastern
　　(ハ)　Greenwich　　　　(ニ)　local
(b)　(イ)　employs　　　　(ロ)　enables
　　(ハ)　ignores　　　　(ニ)　influences
(c)　(イ)　a calendar　　　　(ロ)　a compass
　　(ハ)　energy　　　　(ニ)　light

問6　本文の内容に合っているものを(イ)〜(ホ)からひとつ選んで，記号で答えなさい。

(イ)　ハチの巣をニューヨークからカリフォルニアに移動させたところ，ハチは地理的な目印を失って方向感覚を失った。

(ロ)　ハチの巣を夜のあいだに移動させても，ハチは太陽の位置を手がかりに，間違いなくエサがある場所にたどり着くことができる。

(ハ)　ハチの体内時計はおもに太陽の位置によって設定されているため，しばらく暗闇のなかに置いておくと狂いを生じる。

(ニ)　エサを一定の時間と方向に置いておくと，数日後ハチは，エサの有無にかかわらず，同じ時間に同じ方向に飛んでいくようになる。

(ホ)　ハチが時間を正確に把握していることは，ハチが方位を正確に把握していることと同様，昔から一般によく知られていた。

30

★★

🎓｜福井大　　　　　　　　　　　　　　　　　　　　⏱ 目標 30 分

次の英文を読んで下の質問にすべて日本語で答えなさい。

There is (1)a sad story told about the Californian condor.* These magnificent winged scavengers* became so reduced in numbers in the 1980s that zoologists* decided to gather up the last wild animals and establish a breeding colony. Females were carefully isolated and their chicks fed with hand puppets* in the color and shape of adult birds, just the thing to ensure the babies would turn into real condors, the scientists reckoned.

But when the young birds were released back into the wild, they were incapable of scavenging for themselves. "The normally shy, magnificent foragers* had been turned into barnyard chicks sitting on rooftops," says Franz de Waal, a Dutch primatologist* now working in Atlanta. In short, it had proved impossible, despite every effort, not to taint* the birds' adolescences and disrupt their ability to learn from their peers. It is a problem that affects not just the captive condor but the hand-reared chimpanzee, the zoo-bred gorilla and the tamed baboon.*

In every case, each animal's culture — the milieu* that allows them to learn by example from their fellow creatures — is destroyed by the actions and presence of men and women.

Animal culture would therefore seem to be of unquestionable importance in understanding the natural world. Yet until recently, most scientists thought only humans had culture.

Yes, humans have taken culture "an unprecedented step farther than other animals," de Waal says, but we are certainly not its only possessors. We may have writing, music and drama, but chimps have nut-cracking, Japanese monkeys potato-washing and killer whales the beach-hunting of seals.

All these skills and habits are picked up by individual creatures by watching, learning and occasionally improving on the behavior of their peers. It is like the sushi maker, says de Waal. To achieve such a high skill with food, a beginner must first serve with a master. All the young cook does is bow to customers, sweep the floor, watch and do nothing else. Then after three years of observing, but never practicing, he is suddenly allowed to make his own sushi — and generally does so with confidence.

And thus it is with animals. They assimilate* by observing and imitating, a trend that can produce some interesting variations. Chimps in some forests have learned to use leaves to scrape termites* out of nests, for example, while those from other troops employ sticks. Some perform rain dances during storms, others do not. "Cultural diversity in the animal kingdom probably takes on vast proportions," says de Waal.

Discoveries like these may not seem very important, but de Waal disagrees. "The debate is about nothing less than humanity's place in the universe," he claims.

For too long, we have exploited the idea of human culture in order to set ourselves apart from the rest of the animal kingdom. As de Waal states, culture is too often used as a concept "antithetical* to nature."

In other words, it has been exploited as a barrier to separate humans from the beasts — a dangerous division that needs urgent reconsideration — for, as de Waal argues, the issue "boils down to the choice between whether we are naturally or artificially moral, or whether or not we are the only 'self-made' species on Earth."

We are nothing of the kind, of course. As de Waal makes clear, we are only one of many different cultured creatures who inhabit this planet. (2)To think otherwise is a harmful delusion,* both for ourselves and our fellow earthlings.*

Copyright Guardian News & Media Ltd

注　condor　コンドル
　　scavenger　死体に群がる動物
　　zoologist　動物学者
　　puppet　人形
　　forager　食物をあさる動物
　　primatologist　霊長類学者
　　taint　悪影響を及ぼす
　　baboon　ヒヒ
　　milieu　環境
　　assimilate　集団に同化する
　　termite　シロアリ
　　antithetical　正反対の
　　delusion　錯覚
　　earthling　地球に生きるもの

問 1　下線部(1)"a sad story"の内容を 100 字程度で要約しなさい。

問 2　動物とすし職人との共通点をあげなさい。

問 3　チンパンジーの文化の多様性を示す例を本文中から 2 つあげなさい。

問 4　"otherwise"の意味が明らかになるように，下線部(2)を訳しなさい。

Read the following text and choose from A- I the sentence or phrase which fits each blank (1-8). Write the correct letter in boxes 1-8 on your answer sheet. There is one extra sentence or phrase that is not necessary.

Artificial Intelligence（AI）and the Future of Drones

For many, drones are simply a novel gadget, a fun toy to fly around the neighborhood, snapping aerial images or even spying on neighbors. (1)_____ far beyond their use as robotic toys. In just a few years, drones have enhanced and redefined a variety of industries. They are used to quickly deliver goods, broadly study the environment and scan remote military bases. (2)_____ border surveillance and storm tracking. They even have been armed with missiles and bombs in military attacks.

Entire companies now exist to provide drones for commercial use. The potential of these remote-controlled flying robots is unlimited.

Presently limited by their human controllers, the next generation of drones will be powered by artificial intelligence. (3)_____ But when a machine gains the capacity to make decisions and "learn" to function independently of humans, the potential benefits must be weighed against the possible harm that could befall entire societies.

(4)_____ and the only guide is our imagination. Some of the brightest minds of the past century have already forecast what might happen. Could we be facing a world in which an army of Terminator-like cyborgs send the world into a nuclear holocaust?

For many, the threat of autonomous robots is nothing more than a fictional account by early American sci-fi writer Isaac Asimov. (5)_____ Between 1940 and 1950, Asimov published a series of short stories depicting the future interactions of humans and robots.

(6)_____ the set of rules that dictated how AI could harmoniously co-exist with man. For those unfamiliar, the Three Laws state :

1. A robot may not injure a human being or, through inaction, allow a

human to be harmed.

    2. A robot must obey orders given to it by humans unless the orders conflict with the First Law.

    3. (7)_____

Sure, the Three Laws create compelling fiction, but Asimov introduced readers to a very real and dangerous concept. When a machine is able to function independently of humans, if it can learn and make choices based on its advancing knowledge, what prevents it from overtaking a mortal society?

As AI jumps from the pages of science fiction into reality, we are faced with real-life scenarios in which those Three Laws could come in handy. (8)_____ What if these autonomous killers evolve to the point of ignoring the orders of their creators?

(Adapted from Andrei Tiburca, "AI and the Future of Drones," *Thenextweb.com*, December 1, 2017, https://thenextweb.com/contributors/2017/12/01/ai-future-drones/)

A. After all, Asimov's book *I, Robot* is more than a popular Will Smith action film.

B. AI allows machines such as drones to make decisions and operate themselves on behalf of their human controllers.

C. A robot must protect its own existence regardless of whether such protection conflicts with the First or Second Law.

D. A robot must protect its own existence unless such protection conflicts with the First or Second Law.

E. Drones have been employed in security monitoring, safety inspections,

F. It was in this collection of short stories that the author introduced us to the Three Laws of Robotics,

G. Rapidly growing in popularity, the unmanned aerial vehicles (UAVs) already have been purposed in a variety of scenarios,

H. What happens when robotic military weapons are deployed with the potential to kill millions in a single raid?

I. When it comes to AI, we are entering unknown territory,

次の英文を読んで，下の設問に答えよ。

　Whether we like it or not, the world we live in has changed a great deal in the last hundred years, and it is likely to change even more in the next hundred. Some people would like to stop these changes and go back to what they see as a purer and simpler age, but as history shows, the past was not that wonderful. Knowledge and techniques cannot just be forgotten. Nor can [5] one prevent further advances in the future. Even if all (government) money for research were cut off, the forces of competition would still bring about advances in technology. Moreover, one cannot stop inquiring minds from thinking about basic science, whether or not they are paid for it.

　If we accept that we cannot prevent science and technology from changing [10] our world, we can at least try to ensure that the changes they make are in the right direction. In a democratic society, this means that the public needs to have a basic understanding of science, so that it can make informed decisions and not leave them in the hands of experts. At the moment, the public has a rather mixed attitude toward science. It has come to expect a steady increase [15] in the standard of living, which new developments in science and technology have brought, to continue, but it also distrusts science because it does not understand it. This distrust is evident in the cartoon figure of the mad scientist working in his laboratory to produce Frankenstein's monster. The public has a great interest in science, as is shown by the large audiences for scientific [20] television programs and the many "hits" on scientific Internet homepages.

　What can be done to direct this interest and give the public the scientific background it needs to make informed decisions on subjects like acid rain, the greenhouse effect, nuclear weapons, and genetic[*] engineering? Clearly, the basis must lie in what is taught in schools, but science is often presented in a [25] dry and uninteresting manner there. Children may learn it routinely to pass examinations, not seeing its relevance to the world around them. Moreover, science is often taught in terms of equations. Although equations are a concise and accurate way of describing mathematical ideas, they frighten most people.

[30] Scientists and engineers tend to express their ideas in equations because they need to know the precise values of quantities, but for the rest of us, a qualitative grasp of scientific concepts is sufficient, and this can be conveyed by words and diagrams, mostly without using equations.

Science learned in schools can provide the basic framework, but the rate of [35] scientific progress is now so rapid that there are always new developments that have occurred since one was at school or university. I never learned about modern biology and electronics at school, but genetic engineering and computers are two of the developments most likely to change the way we live in the future.

[40] On which science-related issues will the public have to make decisions in the near future? By far the most urgent is the Human Genome Project. Our best hopes may lie in genetic engineering; by finding the mechanisms of aging, we may be able to produce gene treatments to control some of the ill effects of time. However, the other side of the coin is less promising; if aging is the [45] result of evolutionary adaptation, there are probably many genetic factors at work. Perhaps we will never fix them all. Eventually we may each find our doom forecast by gene analysis. It is very important that the public should be aware of the possible outcomes, and all governments should agree to set guidelines for this kind of research. It probably is not practical to stop all [50] research involving genetic engineering, but we can lessen the threat to human dignity. Some people joke that the reason we have not been contacted by an alien civilization is that civilizations tend to destroy themselves when they reach our stage, but I have sufficient faith in the good sense of the public to believe that we may prove this wrong.

From Black Holes and Baby Universes: And Other Essays by Stephen Hawking, Bantam Books

注 *genetic：遺伝子の ＜gene　遺伝子

設問　次の 5 つの英文(1)〜(5)について，上の文の内容に即しているものに True，間違っているものに False を，解答用紙のそれぞれの左上のマス目に書き込み，本文に言及しながら日本語でその理由を簡潔に説明しなさい。（解答は以下の解答例を参考にすること。）

問題例：The public's mixed attitude to science includes distrust, which is mainly due to a cartoon picture of Frankenstein's monster.

解答例：

False	本文 18〜19 行目によると大衆は，科学に不信感を抱いていて，それは狂気の科学者が実験室でフランケンシュタインの怪物をつくろうとしている漫画に顕著に表わされてはいるが，だからといって決してこの漫画がその不信感の主な原因という訳ではない。

(1)　Some people think the world was purer and simpler until 100 years ago, but history shows that the opposite is probably true.

(2)　Our best hopes for public decision-making may lie in genetic engineering, in which we may find the answers to problems including aging.

(3)　In a democracy, the proper teaching of science should give the public enough understanding to make good decisions on important topics such as the Human Genome Project.

(4)　Good basic science education in schools is progressing so rapidly that the public will soon have to face urgent decisions, including the Human Genome Project.

(5)　Children who learn science routinely using equations, which are very useful for precise quantitative assessments, may not appreciate its relevance to the real world.

Chapter 6 》》 現代社会の諸問題

33

★★

🎓 名古屋市立大

⏱ 目標 25 分

　次の英文は Jason Kingsley と Mitchell Levitz という二人のダウン症 (Down syndrome：知的障害を伴う先天的な病気) の本人たちが著した本に，Joan Ganz Cooney が寄せた前書きの一部です。これを読んで以下の問いに答えなさい。

　The 1990 Americans with Disabilities Act* prohibits discrimination against individuals with disabilities. It has often been described as the most sweeping nondiscrimination legislation since the Civil Rights Act of 1964.* It provides nondiscrimination protection for individuals with disabilities in, among other areas, employment, public services, and public accommodations. Long overdue, this legislation will help greatly to make independent living for many more people with Down syndrome and other disabilities a reality instead of a dream.

　Today, we can be proud of how much the world has changed since Dale Evans told me that children with Down syndrome were nearly always hidden from public view. (A) Times have changed, thanks to parents like the Kingsleys and the Levitzes and to young people like Jason and Mitchell. Parents of other children with Down syndrome have told me how much it meant to them and their own kids to see Jason and Mitchell on "Sesame Street." And now we have events like the Paralympics, television programs like "Life Goes On," and most important, new basic civil rights legislation.*

　Jason Kingsley and Mitchell Levitz make perfectly clear, to those who still may not know, what people with disabilities want. They want exactly what the rest of us want. The very fact that they have written (　(ア)　) emphasizes that too many among us have greatly underestimated the potential skills and abilities of a sizable minority of the population. Jason and Mitchell are young heroes for our time, and, thanks to them and their families and to others like them, the world faced by the new generation of children with Down syndrome is far more accepting than the one into which they were born.

And yet we as a society still have a long way to go. We are overly careless in this country about wasting potential; we are reluctant to invest in young people in order to achieve multiple benefits in the long term. For example, we tend to forget that with enriched opportunities and high expectations many children with Down syndrome grow up to become responsible tax-paying citizens who contribute to their communities in many ways. Jason, now a senior in high school, is looking into higher education and career opportunities, while Mitchell is working and paying taxes and has just moved into his own house. We cannot relearn too often the great lesson of "Sesame Street": if you work with any child who is disadvantaged — physically, intellectually, or socioeconomically — he or she will do better, sometimes amazingly better.

Jason has said, " (B)Give a baby with a disability a chance to grow a full life. To experience a half-full glass instead of the half-empty glass. And think of your abilities, not your disabilities."

Can we do less than he suggests? I think not.

注　The 1990 Americans with Disabilities Act　1990 年全米障害者法
　　The Civil Rights Act of 1964　1964 年公民権法
　　basic civil rights legislation　基本的公民権に関する法律

6

問1　下線部(A)は具体的に何をいっているのか。日本語 100 字以内で説明しなさい。

問2　本文中の空欄(ア)にはこの本のタイトルが入ります。次の中からもっともふさわしいものを選んで番号で答えなさい。
1. *Count Us In*　　　　　　　2. *Leave Us Alone*
3. *Let Us Down*　　　　　　　4. *Cheer Us Up*
5. *Let Us Leave*

問3　下線部(B)を日本語になおしなさい。

次の英文を読んで，以下の問いに答えなさい。

　　The famous ecologist Rachel Carson (1907–1964) was, in her own words, "a solitary child." Brought up in a small town, she spent "a great deal of time in woods and beside streams, learning the birds and the insects and flowers." When she was young, Rachel loved to read and thought she would become a writer. Then she decided to be a scientist, and at first believed that meant giving up writing. But of course (1)it didn't have to mean (2)that at all. She wrote of science and the natural world, and did it so well that all who read her books gained a new awareness of their environment.

　　However, at first, no one paid much attention to what she wrote. Then, in July 1951, Oxford University Press published Rachel Carson's book *The Sea Around Us*. The publisher didn't expect much in the way of sales. What would you think if you were publishing a book about the ocean? There were hardly any humans in the book ; it was all about *reefs and islands and sea creatures and *coral and sea plants. Would you expect many people to read it? Oxford University Press printed a modest number of copies.

　　The publisher was quickly astonished, and out of books. *The Sea Around Us* became a best-seller — a huge best-seller. *The New York Times* called it "the outstanding book of the year." Eventually it was translated into thirty-two languages. It introduced ideas about ecology and conservation to large numbers of people. It was enormously influential. Ecology — which comes from the Greek word meaning "habitation" — is the scientific study of our home : the earth.

　　"We live in a scientific age ; yet we assume that knowledge of science is the special right of only a small number of human beings, isolated in their laboratories. This is not true. The materials of science are the materials of life itself. Science is part of the reality of living ; it is the 'what,' the 'how,' and the 'who' of everything in our experience," said Rachel Carson.

　　" (A)It is impossible to understand human beings without understanding the environmental forces that have molded them physically and mentally," she wrote. Then she attempted to explain that environment. Here is an excerpt from *The Sea Around Us* :

> The Hawaiian islands, which have lost their native plants and animals faster than almost any other area in the world, are a classic example of the results of interfering with natural balances. Certain relations of animal to plant, and of plant to soil, had grown up through the centuries. When man came in and rudely disturbed this balance, he set off a whole series of chain reactions.

The Sea Around Us made Rachel Carson famous, but the last book she wrote, *Silent Spring*, created enemies among powerful interest groups. It took courage to write that book. It was a look at a serious subject — *pesticides — and how they were poisoning the earth and its inhabitants. In *Silent Spring*, Carson attacked the chemical and food industries, and the Department of Agriculture.

(3) <u>They</u> lost no time in fighting back. Rachel Carson was mocked and ridiculed as a "hysterical woman." Her editor wrote, " (B) <u>Her opponents must have realized that she was questioning not only the agricultural use of poisons, but also the basic irresponsibility of a technological society toward the natural world.</u>"

Yet the fury and fervor of the attacks only brought her more readers. U. S. President Kennedy asked for a special report on pesticides. The report confirmed what Carson had written, and it made important recommendations for reducing and controlling the use of pesticides.

The public had been generally unaware of the danger of the poisons sprayed on plants, but now things had changed. Modestly, Rachel Carson said that one book couldn't change much, but on (4) <u>that</u> she may have been wrong.

From All the People by Joy Hakim, Oxford University Press

注　*reef　砂洲
　　*coral　サンゴ
　　*pesticide　殺虫剤などの農薬

問1　下線部(A), (B)を日本語に訳しなさい。

問2　下線部(1) it, (2) that, (3) They, (4) that はそれぞれ具体的に何を指しますか, 本文中から最も適切な箇所を抜き出しなさい。

問3　次の英文の中から, 本文の内容に合致するものを3つ選び, 番号で答えなさい。

1. The famous ecologist Rachel Carson wrote science fiction as well.
2. Printing a modest number of copies was enough for the readers of Rachel Carson's book, *The Sea Around Us*.
3. Not only *The Sea Around Us* but also *Silent Spring* by Rachel Carson had a great influence on a huge number of people.
4. *The New York Times* wrote a critical editorial on *The Sea Around Us* when it was published.
5. Knowledge of science had been shared by a lot of people in the United States, which was one of the reasons why many people read *The Sea Around Us*.
6. Many people read Rachel Carson's *The Sea Around Us*, but only in the United States.
7. The Department of Agriculture was criticized by Rachel Carson in her *Silent Spring*.
8. Rachel Carson was despised and called a "hysterical woman" by her enemies when she published *Silent Spring*.
9. President Kennedy couldn't do anything about what Rachel Carson had written, because he had more important things to do.

35

🎓 奈良県立医科大

⏰ 目標 35 分

次の英文を読んで，設問に答えよ。(*印の語には注がある。)

　Meat has received a renewed wave of attention from environmentalists since the October U. N. climate change report which says that cattle damage the climate, destroy ecosystems*, increase deforestation* and make us unhealthy all at once. (1)Campaigns such as "Meatless Monday" and "Eat Less Meat" encourage individual consumption changes to reduce agriculture's impact. But that solution is too simple : Not all animal agriculture is the same. Greenhouse gas emissions* from cattle farming vary by geographic region, production system and even management practices. While some practices are harmful, others can be good for the environment, provide important nutrients and even supply carbon to the soil, helping fight climate change. "How" these animals are farmed is at least as important as "how many" animals are farmed.

　Cattle production in the United States happens primarily in two ways : by feeding the cattle with grass or corn. All cattle start out eating grass on farmland ; (2)草で育てられる家畜は屠殺されるまで草を食べ続けるものだが，大半の合衆国の家畜は，急速な体重増加を促すために，一生の終わりの時期には穀物を食べさせられる. As you can imagine, the two systems' environmental impacts can be very different.

　The production of beef from corn-fed cattle is well known to be harmful. These farms are some of the worst water polluters* (including water which is polluted from manure* lakes), and contribute to antibiotic resistance* and poor air quality. Corn-fed cattle consume more U. S.-grown corn than any other purpose, worsening the negative impacts of industrial, commercial crop production, including intense soil loss, high greenhouse gas emissions and nitrogen* loss. In many ways, (3)the problem is the corn, not the cow.

　By contrast, a growing body of research shows that grass-fed beef from sustainable systems can supply substantial soil carbon (canceling out some or most of the emissions), maintain wildlife habitats*, improve water filtration* and produce healthy food from otherwise unusable land — most cattle farming land can't be used for other purposes. Because so much land is used to grow corn for cattle, moving toward grass-based systems could free up one-quarter of all usable land on Earth for producing crops directly for human consumption or for other purposes.

But if grass-fed systems offer so many benefits, why do some studies say otherwise? Partly, it's because we haven't been studying beef production holistically*. By focusing only on greenhouse gas emissions, we ignore all other ecosystem benefits that arise from these practices — for example, increasing soil health and resistance to droughts* and floods. Many studies only look at systems where cattle are continuously farmed on the same land, which can lead to soil loss and high methane* emissions.

By contrast, (4) well-managed rotational systems are designed to follow the natural moving patterns of species of grass-eating animals that evolved along with grass and rangeland* ecosystems. The animals are farmed intensely and moved regularly, which prevents damage, increases production, lowers emissions, and supplies more carbon. This is done without any of the chemicals used in standard crop production.

The historical change of grass and rangeland ecosystems for the growing of crops, and the disappearance of native grass-eating animals on these lands has destroyed soil and released huge amounts of CO_2 into the atmosphere. It makes sense to reintroduce cattle farming using well-managed rotational systems as it can renew lost soil carbon on almost useless land at a very low cost.

If we're really going to face the climate challenge, (5) the U. S. government needs to separate itself from the influence of the farming industry and reduce the commercial corn subsidies* that sustain high levels of industrial meat production.

From We Can Fight Climate Change and Still Eat Beef, In These Times on November 21, 2018, by Paige Stanley

注　ecosystems*　生態系
　　deforestation*　森林破壊
　　greenhouse gas emissions*　（二酸化炭素等）温暖化ガスの排出
　　polluters*　汚染するもの［pollute（動詞）］
　　manure*　堆肥
　　antibiotic resistance*　抗生剤耐性

nitrogen* 窒素
wildlife habitats* 野生生物生息環境
filtration* 濾過
holistically* （関連する種々の側面を）総体的に見て
droughts* 干ばつ
methane* メタン
rangeland* 放牧場
subsidies* 〈政府の〉補助金

問1　下線部(1)のキャンペーンが行われた背景と目的について，日本語で記せ。

問2　下線部(2)を英訳せよ。

問3　下線部(3)の指す内容を日本語で（直訳ではなく）具体的に記せ。

問4　下線部(4)の方式と利点はどのようなものか，日本語で記せ。

問5　下線部(5)の主張の根拠は何か，日本語で記せ。

Part1

6

次の英文を読んで，設問に答えなさい。

In most cultures, both parents invest heavily in their children. However, men's investment of time in direct child care is generally less than that of women. (1)This is an evolved strategy that reflects specialization of labor between the sexes. The man provides protection and resources, whether meat in primitive ages or salary in modern days, while the woman does most of the direct care.

Investment by the human father in his children is unique among the great apes such as gorillas and chimpanzees, its mechanism working indirectly through (2)emotions of warmth and attachment. A psychologist interprets warmth as a reward system : fathers enjoy satisfying their children's wishes because it makes them feel good. On the other side of the relationship, warmth plays an important role in children by making it easier for them to accept adult values.

Though mothers and fathers each contribute 50% of a child's DNA, their interest in the child is not identical for several reasons based on the biology of *reproduction. The differences in parental behavior are attributed ultimately to the *irreducible biological difference between male and female parents.

Because (3)parental uncertainty is possible only for fathers, they are less sure than their wives that their children are biologically theirs. By investing in his wife's children, a husband is gambling that the children are his own. Husbands spend less time than wives rearing children, a characteristic that is seen to varying degrees in all cultures.

What is the evidence that greater maternal involvement in child-rearing is an evolved strategy rather than a cultural convention? One type of evidence is the cross-cultural generality of the *asymmetry. A study of traditional societies in Mexico, Java, Peru, Nepal, the Philippines, and several other regions showed that mothers spend far more time than fathers with their children in every society surveyed. Fathers averaged about 8% of their waking hours in child care, and mothers averaged 85%. The (a), in other words, did more than nine tenths of the child care.

Are there any exceptions to this rule? In an isolated group of central African pygmies, known for very close family relations, a lot of time is spent in child care and interactions with children. The father traditionally cleans and grooms the infant. Even there, though both sexes spend more time than average with their children, (b) spend more than eight times more of their day holding their infants than (c).

We might also look for exceptions in modern Western cultures, where technology has made it possible for fathers to raise infants, and families are smaller than was traditionally the case. (d) can specialize in child care, if they so choose and (e) can contribute to the family by earning income outside the home. But the unequal relationship remains, with men doing less than one fifth of the child care.

Western societies have also made it possible (though not easy) for one parent to raise a child or several children alone, by providing income subsidies, health care, education, and other benefits at public expense. In some groups within Western societies, a majority of children are born to unmarried mothers. But again, when only one parent raises a child, it is the (f) in nine tenths of the cases. (4) The primitive adaptation persists in the modern world.

The asymmetry in parental investment extends even to grandparents.

(5) _____.

The human situation is less extreme than that in other great apes, however, where generally the (g) does all the work of child-rearing and the (h) does none. Human evolution seems to have pushed us toward two-parent families, although it doesn't mean that they always function harmoniously.

From *Psychology and Evolution: The Origins of Mind* by Bruce Bridgeman, Sage Publications

注 reproduction : the process by which animals produce new individuals
irreducible : unchangeable
asymmetry : lack of symmetry

問1　下線部(1)の意味に近い英文になるように，それぞれの語群からもっとも適切な
　　語句を選んで，次の文の空欄A〜Cを埋めなさい。解答欄には選択肢の記号で答え
　　ること。

　　In the（　A　）of our human society, we（　B　）our work（　C　）the
sexes.

語群A　イ　reflection　　　　　　　ロ　generation
　　　　ハ　discovery　　　　　　　ニ　development
語群B　イ　have finished　　　　　ロ　have divided
　　　　ハ　have succeeded　　　　ニ　have failed
語群C　イ　instead of　　　　　　　ロ　in spite of
　　　　ハ　according to　　　　　　ニ　as well as

問2　下線部(2)が父子それぞれに与える効果を簡潔に書きなさい。

問3　下線部(3)について，次の(A)(B)に答えなさい。
(A)　parental uncertainty とはどういうことですか。簡潔に説明しなさい。
(B)　下線部(3)のような状況が生じる根本的な原因は何ですか。本文に則して答え
　　なさい。

問4　下線部(4)の意味に近い英文になるように，それぞれの語群からもっとも適切な
　　語句を選んで，次の文の空欄A〜Dを埋めなさい。解答欄には選択肢の記号で答え
　　ること。

　　The（　A　）which（　B　）thousands of years ago（　C　）（　D　）.

語群A　イ　ability　　　　　　　　　ロ　history
　　　　ハ　lifestyle　　　　　　　　ニ　affection
語群B　イ　human beings established　ロ　Western society created
　　　　ハ　many cultures rejected　　ニ　our offspring had
語群C　イ　has been reminded　　　ロ　is insisted
　　　　ハ　is reconsidered　　　　ニ　remains
語群D　イ　even today　　　　　　ロ　in primitive society
　　　　ハ　by our era　　　　　　ニ　in the future

問5　下線部(5)には「通常，孫と祖父母の家の距離に関係なく，母方の祖父母のほう
　　が父方の祖父母よりも孫のことを気にかけ，頻繁に会いに行こうとする」という意
　　味の英文が入ります。語群から適切な単語を選び，次の文の空所1～10を埋めな
　　さい。ただし，同じ単語を2回使うことはできません。また，場合によっては名詞
　　の数を変えるなどの工夫を要します。

　　　Usually maternal grandparents are （　1　）（　2　）（　3　） their
　　　grandchildren and （　4　）（　5　）（　6　） them more frequently than
　　　paternal （　7　）,（　8　）（　9　） the distance between the （　10　） and
　　　the grandparents' homes.
　　語群
　　　more, concerned, instead, less, regardless, to, of, grandchild, go,
　　　want, interested, far, visit, grandparent, that, about, try

問6　a～h には father(s) か mother(s) のいずれかの単語が入ります。fa-
　　ther(s) の場合はF，mother(s) の場合はMを解答欄に書きなさい。

Part1

6

Part 2

英作文編

Chapter 1 ≫ 和文英訳

37 ★★

🎓 福島県立医科大　　　　　　　　　　　　　　　⏱ 目標 20 分

次の文章を読み，全て英語にせよ。

「¹解剖学は記憶しなければならないことが多い」とか「解剖学は耳慣れない用語ばかりでなじめない」などとよくいわれています。実際，²看護学生や³医学生に「苦手な科目は？」と聞いてみると，大概は解剖学を第一に挙げるでしょう。確かに解剖学の教科書は分厚いものが多いし，何のことをいっているのかわからないことだらけで読む気がしないのかもしれません。

（坂井建雄，橋本尚詞『ぜんぶわかる人体解剖図』一部改変）

注　¹解剖学：anatomy
　　²看護学生：nursing student(s)
　　³医学生：medical student(s)

38 ★★★

🎓 福島県立医科大　　　　　　　　　　　　　　　⏱ 目標 25 分

次の文章を読み，下線部(1)と(2)を英語にせよ。

医学部を卒業後，関東逓信病院で2年間，外科系の研修を受け，その後，縁あって千葉県鴨川市にある亀田総合病院に移った。僕の心臓外科医としての修業は，ここから本格的にスタートした。

なぜ心臓外科を選んだのか，その理由はいくつかあった。

(1)まず内科ではなく外科を選んだのは，自分の"手"で患者さんを治したいという気持ちが強かったからだ。¹内科は薬で病気を治す。外科は手術で治す。手術をする

ことで悪いところが目に見える形でよくなる，スパッと治る。手術に対しては，そういう明るいイメージを持っていた。(2)胃潰瘍を患った母が手術を受けてすっかり元気になったのを見て，「すごい」と思ったことがあった。また，子どもの頃にテレビで見た3『ベン・ケーシー』という医療ドラマの影響もあったかもしれない。

（天野篤 『一途一心，命をつなぐ』）

注　1内科：internal medicine
　　2胃潰瘍：gastric ulcer(s)
　　3ベン・ケーシー：Ben Casey

39

★★★★

🎓宮崎大　　　　　　　　　　　　　　　　　　　　　⏰目標30分

Translate the following email, from a student to a professor, into English.

スミス教授

お忙しいところ，すみません。医学科3年のこばやしたろうです。
体調不良のため，今週月曜に行われたテストを受けることができず，すみませんでした。それで，先生に来週火曜に再テストをしていただけることになっていたのですが，体調の方がいっこうによくならず，病院で診断を受けたところ扁桃腺炎ということで，1週間ほど宮崎の中央病院に入院することになってしまいました。ですので，火曜に予定してくださっていた再テストに行くことができなくなってしまいました。せっかく先生が作ってくださった機会を活かせず，申し訳ないです。
また退院したら，すぐに先生の部屋にテストの件などのご相談に行かせていただきます。もし，先生からの僕への連絡がございましたら，この携帯も一日に数回電源を入れてメールをチェックしておりますので，よろしかったらご連絡下さい。
よろしくお願いします。

Chapter 2 》 自由英作文

🎓福井大   ⏰目標15分

　医学部における6年間の学生生活についてあなたが期待すること及び不安に感じることについて，90語程度の英語で書きなさい。

🎓福井大   ⏰目標30分

　人間が持つ感情表現の一つに「笑い」があり，私たちの日常生活の様々な場面で「笑い」が起こります。自分の経験を踏まえて，「笑い」が持つ役割についてあなたの考えを80〜90語の英文で述べなさい。なお，文末に使用した語数を記すこと。

🎓福井大   ⏰目標30分

　日本在住の外国人や外国人旅行者のなかには，医療が必要な場面に遭遇する人もいます。日本社会では，これらの外国人患者に対してどのような備えをするべきとあなたは考えますか。この質問についてのあなたの考えと具体例を90〜100語の英文で述べなさい。なお，文末に使用した語数を記すこと。

🎓金沢大   ⏰目標 30 分

   Write a story <u>in English</u> about the picture below in 80–120 words. The story should be creative and include <u>all</u> the following points :

- Who the people are, and their thoughts and feelings（who are the characters and what are they thinking and feeling?）
- The current situation（what is happening in the picture?）
- The past events（what happened before the event in the picture?）
- The future outcome（what will happen after the event in the picture?）

　　（注）　編集の都合上，実際に出題された絵をリライトしています。

44

🎓長崎大　　　　　　　　　　　　　　　　　　　⏰目標 30 分

図 1 と図 2 を見て，次の 2 つの問いに，それぞれ 100 語程度の<u>英語</u>で答えなさい。

問 1　According to Figure 1 and Figure 2, what is the recent situation of paid parental (child-care) leave in Japan?

問 2　Do you think that more fathers should take paid parental leave? Give at least two reasons to support your opinion.

Figure 1.　Paid parental leave available to fathers

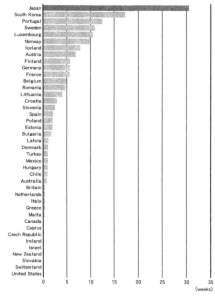

Figure 2.　Japanese workers taking paid parental leave

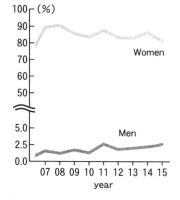

(Adapted from *Parental leave among men reaches 'record high' of 2.65%*, Mainichi Japan, 27 July 2016)

(Adapted from *Japan has the best paternity leave system, but who's using it?*, Nippon.com, 25 July 2019)

🎓 秋田大 ⏰ 目標 30 分

In the past, doctors usually did not reveal bad news about a patient's health directly to the patient; they usually told the family members. However, in recent years, it has become more common for doctors to tell bad news directly to patients. Which do you think is the better way? Answer in English in the space provided. Start by stating your opinion. Give three reasons for your opinion.

〔解答欄：横約 20cm×16 行〕

🎓 浜松医科大 ⏰ 目標 40 分

Write an essay on the following topic.

Your essay should:
1. be a minimum of 150 words,
2. be written using paragraph form,
3. have a minimum of three paragraphs,
4. have a clear introduction, body and conclusion,
5. have a space between each paragraph.
In your essay, your opinions should be clearly expressed.

Topic : A doctor needs good communication skills to be effective.
　　　　Describe your communication skills and give examples of how you have been an effective communicator.

47

★★★★

秋田大

目標 30 分

Newspapers have recently reported that unnecessary ambulance use has become a burden on the finances of local governments. Some people insist that part of the unnecessary ambulance use charge should be paid by those users. Are you for or against this opinion? Answer in English, in 80 to 100 words, starting by stating your position. Give at least two reasons for your opinion.

Chapter 3 ≫ 融合問題

48

★

🎓 熊本大

⏰ 目標 15 分

次の文章の日本語で書かれた部分(1)〜(3)を英語に直しなさい。

Dreams continue to surprise us. We are unable to anticipate them, can't tell when they will happen, or what their topics are likely to be. Even though the dreamer is the only one who invents the dream, he or she is nevertheless merely an unconscious, unknowing creator, not able to select the dream's theme, and equally incapable of recalling it by utter will. As the dream escapes conscious control, and occurs apparently without our input, (1)<u>多くの人々は，自分たちが実際に自分の夢の創作者であると想像することを困難に思うのです</u>.

Dreams tend to amaze us when their contents and progress are out of tune with our waking experience : people and objects appear whom, to the best of our knowledge, we have never encountered ; we talk to individuals whom we have not seen in years ; we find ourselves in unknown locations, move around without limits as to time and space ; or act in a manner we would find alien in our waking lives. (2)<u>夢の中の奇妙なことについて話すとき，私たちは，起きているときの経験や行動とは異なるそれらの特徴を話題にしているのです</u>.

Dreams also make a lasting impression when their events take a dramatic course and when our emotions are strongly involved. Dreams may engage us in adventurous happenings, with rapidly changing situations, placing us at the center of events that lead to a dramatic climax. Dreams may be accompanied by intensive pleasure and feelings of happiness ; alternately, they may become so threatening that we awake in a state of anxiety, with all the symptoms of physical excitement.

Finally, many people are fascinated by dreams because they can integrate their meanings into waking life. Dreams may be understood and interpreted as testimony of actual life situations, as efforts to come to terms with the past, and as an expression of hopes and fears regarding the future. (3)<u>夢の解釈は，意識が</u>

あるときに必ずしも知ることができない私たち自身のさまざまな領域に対する洞察を
もたらします.

From In Search of Dreams (Suny Series in Dream Studies): Results of
Experimental Dream Research by Inge Strauch, State University of New York
Press

Read the passage, then answer the following questions in English.

How Doctors Die

Years ago, Charlie, a highly respected orthopedist and a mentor of mine, found a lump in his stomach. The diagnosis was pancreatic cancer. His surgeon was one of the best : he had even invented a new procedure for this exact cancer that could triple the five-year-survival odds — from 5 percent to 15 percent — albeit with a poor quality of life.

Charlie was uninterested. He focused on spending time with family. He got no chemotherapy, radiation, or surgical treatment. Medicare didn't spend much on him. Several months later, he died at home.

Doctors die, of course, but not like the rest of us. What's unusual is not how much treatment they get compared with most Americans but how little. They have seen what is going to happen, and they generally have access to any medical care they could want. But doctors prefer to go gently.

They know enough about death to understand what all people fear most : dying in pain and dying alone. They've talked about this with their families. They want to be sure, when the time comes, that no heroic measures will happen. They know modern medicine's limits. Almost all medical professionals have seen "futile care" performed. That's when doctors bring the cutting edge of technology to bear on a grievously ill person near the end of life. The patient will get cut open, perforated with tubes, hooked up to machines, and assaulted with drugs.

I cannot count the number of times fellow physicians have told me, in words that vary only slightly, "Promise me if you find me like this that you'll kill me." Some medical personnel wear medallions stamped NO CODE to tell physicians not to perform CPR on them.

How has it come to this — that doctors administer care that they wouldn't want for themselves? The simple, or not-so-simple, answer : patients, doctors, and the system.

Imagine that someone has lost consciousness and been admitted to an emergency room. When doctors ask family members — shocked, scared, and overwhelmed — if they want "everything" to be done, they answer yes. But often they just mean "everything that's reasonable." They may not know what's reasonable, nor, in their confusion and sorrow, will they ask or hear what a physician may be telling them. For their part, doctors told to do "everything" will do it, whether reasonable or not.

Doctors understand that almost anyone can die in peace at home. Nowadays pain can be managed better than ever. Hospice care, which focuses on providing terminally ill patients with comfort and dignity, offers most people better final days. Studies have found that people in hospice often live longer than people with the same disease who seek active cures.

Several years ago, my older cousin, Tom, had a seizure that turned out to be the result of lung cancer that had spread to his brain. With aggressive treatment, including three to five hospital visits a week for chemotherapy, he would live perhaps four months. Tom decided against treatment and simply took pills for brain swelling. He moved in with me.

We spent the next eight months having fun like we hadn't had in decades. We went to Disneyland, enjoyed watching sports together, and enjoyed each other's company. He had no serious pain and remained high-spirited. One day, he didn't wake up; he spent the next three days in a coma-like sleep, then died.

Tom wanted a life of quality, not just quantity. I believe the best way to die is this : death with dignity. As for me, I have told my physician my choices. I don't want any heroics when it is my time to go. I hope to go gentle into that good night. Like my mentor Charlie. Like my cousin Tom. Like my fellow doctors.

From A Fascinating Look at How Doctors Choose to Die, Reader's Digest July 2014 by Ken Murray (with small changes)

Notes

orthopedist：整形外科医	pancreatic cancer：膵臓癌
chemotherapy：化学療法	radiation：放射線
Medicare：アメリカの医療保険制度	

問1　Why do doctors sometimes do one thing for patients and another for themselves when deciding about dying?

問2　What are some of the benefits of doctors doing "everything" for a terminal patient?

Part2

3

以下の英文を読んで問に答えよ。

At 185 centimeters and 95 kilograms, Yuichi Takano knows that he stands out in a crowd in Japan. "Starting from my first year in elementary school, I was always the biggest and strongest kid in my class," he says. He used that size to his advantage. A star soccer player in elementary school, his team was consistently among the best in Hokkaido, with Takano scoring the majority of goals. In high school, his interest turned to baseball, and in his third year he led his team to the semi-finals of Japan's famed national high school tournament.

A

Today, over twenty years later, Takano is still a very good athlete. He spends several hours a week in the weight room, and is an enthusiastic runner. He participates in several races every year and achieved a personal best last month in his favorite event, the 10-kilometer race, finishing in just under 40 minutes.

B

In addition to constant exercise, Takano follows a mostly healthy diet, although he admits that in the last two years he has not always been as (1) about what he eats. "I really love bacon," he says. "I have it for breakfast almost every morning." Perhaps as a result, in those two years he has gained about five kilograms. Additionally, his body fat percentage has risen from 14.5 to 17.0. That, however, is still considered healthy, especially for a man who has just celebrated his 45th birthday. (What is considered normal for men his age ranges from approximately 21 to 24 percent.)

C

According to Takano's Body Mass Index (BMI), which is the most common standard used to determine a person's ideal weight, he is too heavy. An individual's BMI value is calculated by an equation* that takes into account the person's weight and height measurements. This equation is simple: the value is calculated by dividing a person's weight in kilograms by his or her height in meters squared. The World Health Organization classifies these BMI values into four main categories. Those with a BMI under 18.5 are considered underweight. A figure ranging from 18.5 to 24.99 is considered normal, 25 to 29.99 supposedly indicates that one is overweight and anyone with a BMI of 30 or greater is considered obese*. With a BMI value of 27.8, Takano's weight therefore falls into a range that is considered unhealthy. In Japan, the news is even （　2　） for him. Studies indicate that Japanese men may have a greater risk of developing health problems related to weight at lower BMI values than Caucasian* men. Perhaps for this reason, in Japan a BMI of 25 or greater is considered not just mildly overweight, but obese.

D

Critics have long protested that BMI is a very poor method of determining an individual's ideal weight and unfairly labels countless numbers of seemingly healthy people such as Takano fat. The major problem, they claim, is that it does not make any distinctions between differences in body frames or body composition (percentages of a body's fat, bone and muscle). It is determined solely by an individual's height and weight. They see this as particularly disadvantageous to muscular people such as Takano, and thousands of others like him. One of the more famous examples of this is Arnold Schwarzenegger, who before becoming a movie star (and governor of California) was a world champion bodybuilder. At the height of his success, Schwarzenegger had a body fat percentage that was often under 8.5. However, his BMI was well over 30, which would classify him as obese.

E

Many also believe that associating obesity with BMI numbers can be dangerous, in that perfectly healthy individuals who happen to be （　3　） the range of what is considered normal may feel pressure to make major changes to their lifestyles in order to obtain what is considered an acceptable BMI. It is not uncommon for people to participate in severe low-calorie diets or exercise to the extent that injuries occur simply to get their BMI value under 25.

F

Why, then, is BMI considered the standard for determining one's appropriate weight? One reason, of course, is its simplicity; anyone can calculate his or her BMI figure in seconds. Moreover, for those not skilled at calculations, there are numerous online sites that will do the math for them. All they have to do is supply their height and weight. Additionally, the BMI formula is more accurate in calculating an individual's body "fatness" level than weight alone; despite what some critics claim, the range within each classification does allow for some differences in body types. For example, a person whose height is 175 centimeters can weigh anywhere between 57 and 76 kilograms and be classified in the normal weight range. Finally, although measuring body fat percentage is arguably a far more accurate way of determining obesity, the process of doing so is considerably more difficult than measuring one's BMI. (Although there are many bathroom weight scales that claim to be able to calculate a person's body fat percentage in addition to body weight, they are often very inaccurate.) Checking for body fat percentage takes more time than calculating one's BMI and often requires the assistance of a trained professional. Also, those being measured may be asked to remove some of their clothing, which may cause some to feel uncomfortable. For many, the BMI method is preferable due to time and privacy issues.

G

In some ways, the debate over BMI may not be as relevant in Japan as it is in other countries, at least for those at age 40 or above. Rather than BMI, the official guideline for determining whether these people are obese is to measure their waistlines. The maximum "healthy" waistline for men is 85 centimeters; for women, the figure is closer to 90 centimeters. However, here too Takano is out of luck. With a waistline of 89.3 centimeters ("Only two centimeters larger than in high school," he says), he remains an "obese" man in Japan.

*NOTES
equation: mathematical statement showing that two amounts or values are the same. For example, $6 \times 4 = 12 \times 2$.
obese: very overweight, in a way that may be dangerous for one's health.
Caucasian: of a member of a race of people with white or pale skin.

問1　（　1　）〜（　3　）の空欄に内容的にふさわしい英語をそれぞれ1語入れよ。

問2　文章全体の流れを考え，以下の段落を文中のA〜Gのどの位置に入れるのが最も適当か，記号で答えよ。

With obesity rates worldwide continuously rising to ever higher levels, Takano is seemingly one who should be admired as a model of good health, a person who takes good physical care of himself even as he ages. As such, it may come as a huge surprise to learn that by one standard for measuring fitness, he is considered overweight.

問3　以下の質問に英語で（60〜75語）答えよ。

To reach a BMI that is considered within the "normal" range, Takano would need to lose almost 10 kilograms. Do you believe he should try to do this?

問4　以下の文章の "Frank" と "Yukihiro" の下線部にふさわしい英語を入れて完成させよ。それぞれ約20〜30語とすること。

John:　Recently, I've seen several Japanese TV programs about people who are trying to lose a lot of weight really quickly. Just last night there was one that showed a person who lost over 30 kilograms in two months.

Frank:　I don't really like those kinds of shows. In fact, I think they're dangerous, because _____
_____
_____.

Yukihiro:I don't agree. I think these shows are important, especially right now, because _____
_____
_____.

Kyogakusha